JN426119

특수교육학개론

최기창 · 유경훈

태영출판사

머리말

부모가 아동을 교육하고자 할 때, 부모라면 누구나 자녀를 잘 가르치기를 원한다. 그리고 아동의 특성에 맞도록 가르치기를 원할 것이다. 마찬가지로 교사 역시 선생님이라면 누구나 자신이 맡은 아동을 가르치고 싶다. 그러나 아동을 올바로 잘 가르친다는 것은 쉬운 일이 아니다.

교육적 측면에서 아동을 구분할 때, 장애아동, 일반아동, 영재아동으로 구분한다. 그리고 장애아동과 영재아동을 특수아동이라고 한다. 물론 이와 같이 아동을 구분하는 이유는 차별을 위한 것이 아니라 오직 교육적 배려를 아동의 특성에 맞도록 하기 위한 것임은 자명하다.

본서에서는 장애인 등에 대한 특수교육법에 따라 특수아동에 대한 기본적인 이해를 통하여 부모나 교사가 특수아동의 교육적 배려를 올바로 제공하도록 하자는 취지에서 저술하였다.

따라서 본서는 먼저 특수아동과 특수교육에 관하여 기본적인 내용을 설명하고, 이어서 장애아동과 영재아동을 구분하여 기술하였는데, 장애아동 부분에서는 특수교육과 아동의 심리문제 요인, 주의력결핍과잉행동장애, 자폐범주성장애, 정신지체, 학습장애, 불안장애, 신체문제 등에 대하여 언급하였으며, 영재아동 부분에서는 영재아 판별, 학습방법, 영재와 창의성, 영재아를 위한 성인역할, 특수영재 등에 관하여 기술하였다.

다만, 본서에서는 특수교육 대상자 중 정서장애아동과 자폐범주성장애 그리고 영재아동을 중심으로 기술하고 시각장애, 청각장애, 지체장애 등은 신체문제로 요약하여 간단히 설명하였다. 이는 저자의 전공분야로 인한 저술의 한계가 있기도 하고, 지체장애 등은 일반교육 과정에서 일반아동과 동일하게 전개함이 바람직하다고 판단하였기 때문이다.

부디 독자는 본서를 통하여 특수교육에 대한 기본이해를 얻음으로써 향후 선생님으로서 교육현장에서 닥치게 될 여러 유형의 아동을 효과적으로 지도할 영감을 얻기 바란다.

2010. 2.

저자 씀

차 례

제I부 특수교육의 이해

제1장 특수아동과 특수교육 ─ 15

제1절 아동 연구자로서의 교사 …… 16

제2절 특수교육과 인권 …… 18

1. 윤리적 도입방법 …… 20
2. 장애아동의 인권 …… 23

제3절 특수아동과 특수교육 …… 27

1. 특수아동의 이해 …… 27
2. 특수교육대상자 선정을 위한 장애의 구분 …… 29
3. 특수아동의 교육적 필요 …… 31
4. 특수교육 서비스 …… 32

제4절 개별화 프로그램 …… 33

제5절 통합교육 …… 35

1. 통합교육의 정의 …… 35
2. 통합교육의 원리 …… 37

제2장 아동의 심리문제 요인 ─ 39

제1절 개인 위험요인 ··········· 40
1. 유전요인 ··········· 40
2. 태아기 및 육아기상 문제 ··········· 41
3. 신체적 손상, 상처 및 질병 ··········· 41
4. 지능, 자존감, 통제소재 ··········· 42
제2절 개인 유지요인 ··········· 42
1. 자기규제 신념 ··········· 43
2. 방어기제 ··········· 44
3. 대처전략 ··········· 45
4. 생물학적 유지요인 ··········· 46
제3절 상황적 위험요인 ··········· 46
1. 초기 부모-아동요인 ··········· 47
2. 아동초기 가정문제 ··········· 49
3. 초기 스트레스 ··········· 51
제4절 상황적 유지요인 ··········· 52
1. 가정 시스템 요인 ··········· 53
2. 부모요인 ··········· 56
3. 사회 네트워크 요인 ··········· 57
4. 처방 시스템 요인 ··········· 59
제5절 촉진요인 ··········· 60
제6절 아동기 문제 사정 ··········· 60
1. 문제행동 및 원인 ··········· 61
2. 문제행동 사정 및 처방 ··········· 62
3. 문제행동 이론 ··········· 63
4. 역학 ··········· 64
5. 유지요인 ··········· 65

제II부 장애아동을 위한 특수교육

제3장 주의력결핍과잉행동장애 ··········· 69

제1절 특성 ······70
제2절 출현율 ······74
제3절 원인 ······74
1. 생물학적 이론 ······74
2. 내부심리 이론 ······77
3. 심리사회적 이론 ······79
제4절 특수교육 ······79
1. 부모교육 ······80
2. 약물처방 ······81
3. 가족중심 중재 ······82
4. 청소년가족 중재 ······87
5. 학교중심 중재 ······90
6. 아동중심 중재 ······92
7. 식이 중재 ······94

제4장 자폐범주성장애 ―― 95

제1절 특성 ······96
1. 하위유형 ······96
2. 자폐범주성장애의 특징 ······100
제2절 출현율 ······102
제3절 원인 ······103
1. 정신역동이론 ······103
2. 생물학적 이론 ······104
3. 인지이론 ······105
제4절 특수교육 ······106
1. 부모교육 ······107
2. 교육 배치 ······108
3. 가족중심 중재 ······108
4. 구조화된 교수-학습 ······109
5. 행동수정 ······110
6. 자기관리와 학업기술 훈련 ······111
7. 의사소통기술 훈련 ······112
8. 문제행동관리 ······113
9. 약물처방 ······116

제5장 정신지체 117

제1절 특성 118
제2절 출현율 119
제3절 원인 120
1. 생물학적 요인 120
2. 환경 요인 122
제4절 특수교육 122
1. 부모교육 123
2. 체계적인 지원 123
3. 생활기술 훈련제공 124
4. 문제행동에 대한 자문 125
5. 전환기 상담 및 가족지원 126

제6장 학습장애 127

제1절 특성 128
1. 진단 129
2. 학습장애, 부진, 지진 130
제2절 출현율 135
제3절 원인 135
제4절 특수교육 136
1. 짝 읽기 137
2. 철자를 말로 대며 적기 137
3. 학습기술 138
4. 읽기장애 부모/교사 지침 139

제7장 불안장애 145

제1절 특성 146
제2절 원인 146
1. 유전요인 147
2. 가족관계 요인 147
3. 심리적 요인 148

4. 종합적 요인 …… 148

제3절 전개양상 …… 149

제4절 특수교육 …… 151

1. 부모/아동교육 …… 152
2. 통제훈련 …… 153
3. 점진적인 자극 노출 …… 154
4. 이완기술 훈련 …… 155
5. 인지재구조화 …… 156
6. 모델링과 리허설 …… 156
7. 보상 시스템 …… 157
8. 가족과 학교처방 …… 158
9. 개별 탐색 …… 158
10. 신체화 증상 중재 …… 159
11. 부모문제 및 정신처방 …… 159

제8장 신체문제 —— 161

제1절 시각문제 …… 162

1. 특성 …… 162
2. 시각문제 교정 …… 172

제2절 청각문제 …… 175

1. 특성 …… 175
2. 청각문제 관리 …… 177

제3절 운동문제 …… 179

1. 특성 …… 179
2. 문제 교정 …… 181

제III부 영재아동을 위한 특수교육

제9장 영재교육의 정의 및 역사 —— 189

제1절 초기의 영재교육 ···190
제2절 영재교육의 현대사 ···191
제3절 영재아의 정의 및 특성 ···193
1. 영재아의 정의 ···194
2. 영재아의 특성 ···199

제10장 영재아 판별 — 201

제1절 유아 영재판별 ···203
1. 탁월한 성취를 이룬 사람들의 유아기 ···203
2. 영재성과 관련된 부모의 육아형태 ···204
3. 조기의 발견 ···204
4. 일반적인 또는 특수한 능력의 안정성 ···205
5. 인지능력이 가속화되는 시기 ···206
6. 발달의 비동시성 ···207
7. 유치원 조기입학 ···208
제2절 청소년 영재판별 ···208
1. 지능검사 ···209
2. 성취도 검사 ···209
3. 창의성 검사 ···210
4. 교사지명 ···210
5. 부모지명 ···210
6. 또래지명 ···211
7. 자기지명 ···211
8. 산출물 평가 ···211
제3절 영재판별 프로그램 ···213
1. 영재판별 심사기준 ···214
2. 영재판별 참가자의 정서적 측면 ···215

제11장 영재아를 위한 학습방법 — 217

제1절 영재 교육과정의 구성 ···218
1. 교육과정 ···218
2. 영재 지도방법 ···219
3. 외국의 영재교육 프로그램 ···221

제2절 속진학습과 심화학습 ……224
1. 속진학습 프로그램 ……226
2. 심화학습 프로그램 ……227
제3절 정서학습과 리더십 ……230

제12장 영재와 창의성 —— 237

제1절 창의성의 개념 및 이론 ……238
1. 창의성의 개념 ……238
2. 창의성의 이론적 접근 ……241
제2절 창의성 관련변인 ……248
1. 지능과 창의성 ……248
2. 성격과 창의성 ……249
3. 학습된 인식 요소 ……249
4. 심리적 환경과 창의성 ……250
5. 동기의 중요성 ……251
6. 보상과 창의성 ……252
7. 출생순서와 창의성 ……252
8. 지식 ……253
9. 통합과 판단의 보류 ……254
제3절 창의성 학습과 발달 경향 ……255
1. 창의성 발달기법 ……255
2. 창의성의 발달 경향 ……257

제13장 영재아를 위한 성인의 역할 —— 261

제1절 부모와 가정환경 ……262
1. 영재 자녀에게 권한을 부여하는 문제 ……262
2. 긍정적 기대 ……263
3. 이중적 메시지 ……263
4. 부모가 할 수 있는 일 ……266
5. 형제 자매 간의 문제 ……267
6. 또래압력 ……270
7. 학부모회 ……271
8. 기타 ……272
제2절 교사의 전문성 개발 ……275

1. 지속적인 전문성 개발 ······276
2. 전문성 개발 방법과 변화와의 관계 ······277
3. 전문성 개발 학습 ······278
4. 영재교육에서의 잠재적 전문성 개발로서의 속진 ······279
5. 영재교육에서 나타나는 전문성 개발 ······280
6. 교육내용, 전략과 실행의 통합 ······282

제14장 영재아 상담 및 특수영재 —— 287

제1절 영재아 이해 및 상담 ······288
1. 영재아의 이해 ······291
2. 진로지도와 상담 ······296
3. 글쓰기와 독서치료 ······300
4. 스트레스 해소법 ······300
5. 영재아 상담 프로그램 개발 ······302
6. 상담자를 위한 상담활동 ······304

제2절 특수영재 ······306
1. 장애영재 ······306
2. 미성취영재 ······308
3. 여성영재 ······311

***부 록* —— 313**

1. 장애인 등에 대한 특수교육법 ······314
2. 장애인 등에 대한 특수교육법 시행령 ······329

◪ **참고 문헌 / 339**

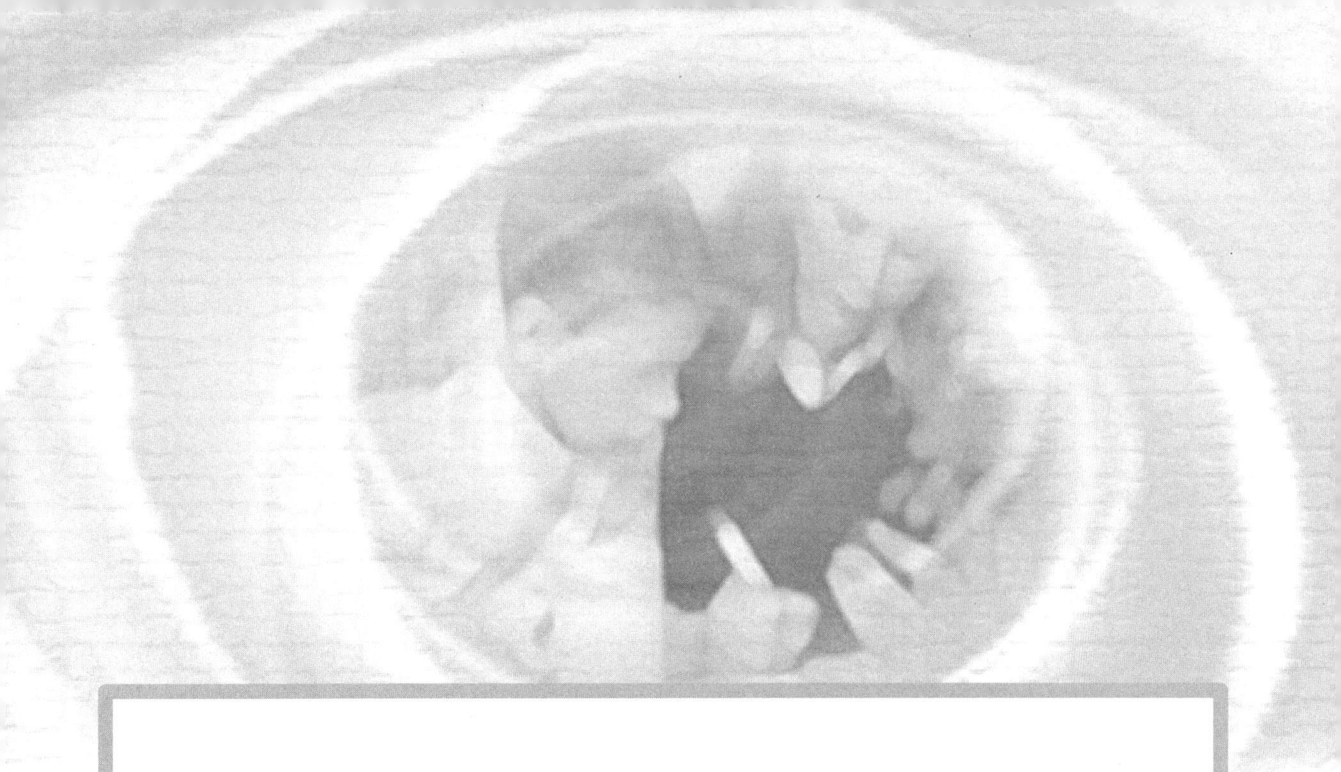

특수교육의 이해

제 I 부

제 1 장 특수아동과 특수교육
제 2 장 아동의 심리문제 요인

특수아동과 특수교육

제 1 장

제 1 절 아동 연구자로서의 교사
제 2 절 특수교육과 인권
제 3 절 특수아동과 특수교육
제 4 절 개별화 프로그램
제 5 절 통합교육

제1절 아동 연구자로서의 교사

교사는 그저 단순히 교단에 서서 가르치는 사람이 아니다. 한 사람으로서의 자연인이 교재를 들고 아이들 앞에 서면 마음이 달라진다. 일종의 사명감이 생겨나는 것이다. 그리고 교사는 '나도 한번 잘 가르쳐 보리라'라는 결심을 하게 된다.

이런 관점에서 보면 '자리가 사람을 만든다'는 말도 일리가 있다. 그러나 교사는 아동을 가르치면서 여기저기 많은 지뢰밭을 만나게 된다. 아동이 왜 내말을 제대로 이해하지 못하는지, 왜 아동들은 나의 말에 집중을 하지 못하는지에 대하여 고민도 하고 좌절에 빠지기도 한다.

저자가 대학원에 다닐 때 근무하던 학교를 잠시 쉬고 대학원에 입학한 학생들이 있었는데 이들의 공통적인 대답은 자신이 아이들을 가르칠 때 가르침에 대한 한계를 느꼈다고 고백하면서 그 한계를 넘어 보고자 대학원에 입학하였다고 말하였다. 물론 이것이 대학원에 입학한 모든 동기를 설명할 수는 없겠지만 아마도 아이들을 가르치면서 고민을 하였던 것은 사실인 것 같다.

교사가 아동을 가르치는데 교사는 기본적으로 여러 가지를 알고 있어야 하나, 무엇보다도 교사는 자신이 가르치는 아동집단 속에서 아동 개개인이 동질적인 것이 아니라 서로 다름을 인정하여야 할 것이다. 아동은 다른 환경, 다른 부모에게서 자라 왔고 하나의 인격체로서 다른 생각, 판단기준, 다른 가치기준을 가지고 있는 것이다.

대부분의 사람들은 자신이 특별하다고 믿는다. 그리고 부모들은 자신의 아이가 남다르고 특별하다고 생각한다. 그래서 많은 부모들이 '우리 아이가 혹시 천재가 아닐까?' 라고 의심하기도 한다. 저자도 우리 아이가 자라면서 언뜻 던진 말에서 감동을 하고 '혹시 천재성?'이라고 의심한 적이 있었다. 그러나 좀 더 관찰하고 다른 아동을 면밀히 살펴보면 대부분은 천재가 아니라 범재이고 그만한 나이에 맞는 언행인 것이다.

그럼에도 불구하고 아이들은 분명 서로가 다른 다양성이 존재한다. 어느 부모는 '어쩌면 같은 부모에서 나온 자식인데도 이렇게 다를 수 있느냐'고 말하기도 한다. 그리고 아동 자신도 자신이 아주 특별하다고 느낀다.

물론 아동은 대부분 다른 아동과 유사한 면도 가지고 있다. 그러나 교사는 그 유사성 만큼이나 다른 점들도 가지고 있다는 점을 명심할 필요가 있다.

교사가 아동의 다양성을 인정하게 되면 아동지도방법도 모든 아동에게 동일하게 적용될 수 없음을 알게 될 것이다. 다시 말하면 한 교사가 한 아동에게 적용하여 효과를 보았던 교수법(敎授法)이라 하더라도 다른 아동에게는 효과가 전혀 없을 수도 있는 것이다. 예를 들어 청각단서를 통한 교수법으로 한 아동을 성공적으로 가르쳤다 하더라도 다른 아동에게는 시각적 단서를 통한 교수법이 더 효과적일 수 있는 것이다.

따라서 교사가 좌절하지 않고 오랫동안 아동을 올바로 지도하기 위해서는 언제나 자신이 가지고 있는 교수방법 한 가지를 고집하여서는 안 되며, 모든 아동에게 효과적인 범용 교수법이란 존재하지 않는다는 점을 명심하고, 열린 마음을 가지고 아동을 다양한 각도로 분석한 후 다양한 방법으로 아동을 지도하여야 하는 것이다.

흔히 교육현장에서 타성(惰性)이란 말을 하게 되는데 이 타성은 아마도 자신이 이전에 생각하고 있었던 방식대로 아동을 지도하기 때문이 아닌가 생각한다.

앞서 언급한 바와 같이 교사가 아동의 다양성을 인정하고 아동을 교수하는데 왕도가 없음을 깨닫게 된다면 아동을 가르치는 방법은 당연히 아동중심 교수방법을 사용하게 될 것이다.

우리나라의 경우 이제까지의 교수방법은 학습지도안을 통한 집단교육에 중심을 둔 듯하다. 이와 같은 방법은 교사는 일방적으로 잘 짜인 학습지도안을 가지고 지식을 전달하고, 아동은 좋던 싫던 교사의 수업내용을 받아들이는 방식으로 수업을 받았다. 이와 같은 방식은 앞서 언급한 아동의 다양성 인정 측면을 위배한 것이고 아동 개인에 맞는 교육을 하여야 한다는 측면을 위반한 것이다.

아무리 잘 설계하고 좋은 프로그램이라 하더라도 아동의 욕구와 흥미를 유발하지 못한다면 당연히 다양성이 인정되지 못한 것이고 아동에 맞는 교육이 이루어지지 못한다. 결국 이와 같은 방식으로는 소기의 목적을 달성할 수 없을 것이다.

따라서 어떤 교수계획이 잘되었다거나 어떤 프로그램이 좋은 프로그램이라는 평가는 교사나 교장과 같은 지도자 입장에서의 평가가 아니라 바로 아동이 평가하여야 한다. 비근한 예로 부모나 교사가 아무리 아동을 사랑으로 가르쳤다고 말하더라도 아동이 사랑받지 못하였다고 생각하면 사랑으로 가르친 것이 아닌 것이다.

마지막으로 교사가 명심하여야 할 것은 '학습'의 중요성이다. 독자도 잘 알다시피 초등학교 시절 공부 잘하던 친구들은 친구도 잘 사귀고 발표도 잘하였다. 그리고 공부 못하던 친구는 사교성도 떨어지고, 일종의 위축된 행동을 자주 보이곤 하였다. 집단따돌림을 받는 아동이 공부를 잘하는 경우는 물론 있긴 하지만 드문 경우인 것이다. 즉, 어떤 아동이 보이는 학습능력은 단순히 학습능력의 문제만이 아니라 아동의 정서상 능력에도 영향을 미치는 것이다.

그런데 우리는 그 반대의 경우도 생각하여 볼 수 있다. 즉, 아동의 정서상 문제가 학습능력을 떨어뜨릴 수 있는 것이다. 우리는 이와 같은 사례를 주변에서 흔히 발견한다. 중학교 다닐 때까지도 공부도 잘하고 친구도 잘사귀며 성실하였던 친구가 어느 계기였던 간에 공부를 못하게 되고 학교에서 말썽꾸러기로 남게 되는 사례는 매우 흔하다.

이와 같은 결과로 볼 때 아동의 학습능력과 아동의 정서능력은 서로 상관성이 매우 높다고 할 수 있다. 즉, 아동의 학습능력이 아동의 정서에 영향을 미칠 수도 있고 반대로 아동의 정서능력이 학습능력에도 영향을 미칠 수 있는 것이다.

이와 같은 내용을 종합하여 볼 때 교사는 아동을 연구하는 최전방에 있는 연구자인 것이다.

제 2 절 특수교육과 인권

21세기에 들어들면서 여러 가지 상황, 특히 교육 상황은 많은 변화를 보였다. 이제 사람들은 인간에게 도움이 되는 것이 진정으로 무엇인가에 대하여 고심하기 시작하였고 진정으로 행복한 삶, 한 사람으로서의 삶의 질(quality of life)이 무엇으로 결정되는가에 대한 생각, 그리고 인간을 하나의 표준으로 생각할 수 있는 존재인가에 대한 생각을 다시 하게 되었다.

이는 실용주의(pragmatism; practicalism)에 대한 회의(懷疑)를 통한 결론인데 이와 같은 철학적 사조를 실존주의(實存主義; existentialism)라고 한다. 사회나 보편적인 인간에게 도움이 된다하여 한 사람으로서의 개인인 인간에게 표준을 강요하여서는 안 되며, 한 인간으로서의 개인은 독특한 개인으로 존재하여야 한다는 생각이다. 그리고 인간의 다양성을 인정하고, 보다 폭넓은 의미에서 인간을 바라다 보아야 한다고 생각한다. 따라서 인간을 생산성의 개념에서 보는 것이 아니라 한 인간이 지닌 내재적인 세계관에 입각하여 한 인간을 바라다 보아야 한다고 믿는다.

이와 같은 배경에서 장애아동 교육에 관련하여 윤리적인 문제가 대두된다. 학습의 원리를 통한 교육은 아동 개인의 행동과 자유를 제약하고 있기 때문이다. 예를 들어 저자는 한 치료실에서 교사가 설탕물을 좋아하는 아동이 올바로 반응하였을 때 젓가락으로 설탕물을 찍어 아동의 입에 넣어 주는 것을 본 적이 있다. 행동수정의 원리에 따르면 이 방법은 강화법이란 한 가지 행동수정기법인데 혹시 한 인간을 마치 동물 취급하는 것은 아닌지 고민할 수 있는 것이다.

또 근래 교사의 아동에 대한 체벌(corporal punishment) 문제로 교사가 경찰의 수사를 받고, 이로 인하여 자살도 하여, 아동의 인권과 사랑의 매라는 측면에 대하여 사회적으로 상당한 논란이 있었다. 이와 같이 아동의 행동을 변화시키기 위하여 사용하는 기법이 윤리적인가 하는 고민은 교육행동을 도입하고 있거나 도입하고자 하는 교사에게 고민일 수 있는 것이다.

그럼에도 불구하고 교육행동은 필요하다. 왜냐하면 아동이 보이는 부적절한 행동으로 인하여 잃을 수 있는 삶의 질과 교육행동을 통하여 얻을 수 있는 삶의 질을 고려할 때 당연히 교육행동은 아동의 삶의 질 관점에서 아동이 얻을 수 있는 효익(效益; benefit)이 더 크기 때문이다.

저자는 매우 위험스러운 발언이긴 하지만 교사가 부적절한 행동을 하는 아동을 개인의 다양성 인정이란 이유로 방치할 경우 직무유기(職務遺棄)로 보고 싶다. 당장 아동에게 거부감이나 불편함을 준다하여, 비윤리적이라고 생각하여, 아동의 부적절한 행동을 내버려 둔다면 이 아동의 행동이 향후 인생에 전반적으로 영향을 미쳐, 이 방치함이 더욱 비윤리적일 수 있는 것이다. 옛말에 '구더기 무서워서 장 못 담구나?'하는 말이 있다. 이는 구더기가 주는 문제점보다는 '장'이 주는 효익이 더 크다는 의미다.

그러나 저자는 교육행동이 지닌 비윤리성을 부정하지는 않는다. 명백히 교육행동에는 비윤리성이 존재한다. 그럼에도 불구하고 장기적인 삶의 질 관점에서 볼 때 교육행동은 필요한 것이다. 이는 매우 모순(矛盾)에 들어찬 말 같지만, 저자의 주장은 부모나 교사가 교육행동은 필요하고 윤리적으로 부적절한 부분이 있음을 알고 있을 경우, 교육행동 방법을 사용할 때 이 비윤리성을 충분히 고려하여 사회적으로 그리고 교육적으로 지혜롭게 해결되어야 할 문제이지, 교육의 원리를 버려야 할 것은 아니라는 것이다.

이와 같은 배경에서 교사가 아동에게 교육을 행할 때 윤리적인 문제를 고려하면 비윤리성이란 지뢰밭은 얼마든지 피할 수 있을 것이다.

1. 윤리적 도입방법

표 1.1 윤리적 방법

도입방법	설 명
윤리성	교사는 처벌적인 수단을 사용하기에 앞서 비처벌적인 방법을 먼저 고려하고 이를 실행하여야 한다.
효율성	도입하여 아동이 얻는 효과와 도입하여 아동에게 발생시킬 수 있는 악영향을 고려하여, 만일 그 효과 정도가 악영향을 훨씬 더 뛰어넘는다면 아동에게 도입하는 것이 바람직하다.
아동능력	아동이 보이는 부적절한 행동 상황에 대하여 제대로 이해할 능력이 있는 지를 검토할 필요가 있다.

1) 윤리성

교육에는 처벌(punishment)에 의한 방법도 있다. 그러나 교사가 교육의 일환으로 윤리적인 방법으로 도입하고자 한다면 먼저 처벌에 의한 방법을 도입하기에 앞서 비처벌적인 다른 교육행동 방법은 없는지를 탐색하여야 한다. 예를 들어, 교육에는 강화(reinforcement)에 의한 방법, 모델링(modeling)에 의한 방법 등과 같은 비처벌적 기법도 있는가 하면 타임아웃(time out; 격리)이나 과잉교정(overcorrection)과 같은 처벌적인 방법도 있다.

따라서 교육의 원리를 도입코자 할 경우 부모나 교사는 처벌적인 수단을 사용하기에 앞서 비처벌적인 방법을 먼저 고려하고 이를 실행하여야 할 것이다. 그럼에도 불구하고 아동의 행동에 변화가 없을 경우에는 가장 윤리적으로 용인 가능한 방법으로 교육행동 기법을 도입하여야 할 것이다.

2) 효율성

교사는 중재로 발생할 수 있는 효과와 손실을 비교하여 생각할 필요도 있다. 즉, 교육행동의 원리를 도입하여 아동이 얻는 효과와 교육행동의 원리를 도입하여 아동에게 발생시킬 수 있는 악영향을 고려하여, 만일 그 효과 정도가 악영향을 훨씬 더 뛰어넘는다면 아동에 대한 교육행동의 원리 도입이 바람직할 것이나, 그 반대로 교육행동의 원리도입으로 인한 악영향 정도가 아동이 얻는 효과를 넘거나 유사한 정도라면 교육행동의 원리도입은 재검토되어야 함이 마땅하다.

3) 아동능력

교육행동의 원리 도입에 있어 교사가 윤리성 측면을 넘어 가장 먼저 고려하여야 할 것은 아동이 교육행동의 원리를 이해하고 있지는 못하더라도 아동이 보이는 부적절한 행동 상황에 대하여 제대로 이해할 능력이 있는지를 검토할 필요가 있다. 만일 인지능력(認知能力)이 떨어져서 아동이 상황을 제대로 이해하고 있지 못하다면 교육행동의 원리도입이 매우 힘들게 될 것이다. 물론 윤리적 측면에서도 문제가 있을 것이다.

예를 들어 아동이 간밤에 오줌을 쌌다하여 교육행동기법으로 아동에게 침대 정리 및 옷 빨기 훈련을 시킨 경우, 만일 아동이 간밤에 실수한 것과 침대 정리 및 옷 빨기가 오줌 싼 것과 연관이 있음을 알고 있다면 이는 매우 효과 있는 방법이겠으나, 반대로 그 인과관계(因果關係)를 전혀 알지 못하고 있을 경우 아동은 각각의 과제(task)를 독립적인 것으로 보게 되어 치료의 효과는 없게 되고 윤리적으로 볼 때 아무런 효과도 없는 벌이 될 뿐이다.

4) 이해

교사가 교육행동의 원리를 윤리적으로 도입하고자 할 때 교사는 막연히 프로그램

지침서에 따라 그냥 교육행동의 원리를 도입하여서는 안 된다. 교사는 먼저 교육행동의 원리에 대한 이해를 충분히 하여야 하며 아동과의 관계형성에 있어 정적 애착을 형성하고 있어야 한다.

우리나라 속담에 '선무당이 사람 잡는다'는 말이 있는데 이는 제대로 알지도 못하면서 섣부르게 행동을 하였다가 일을 그르친다는 뜻이다. 따라서 교사는 교육행동의 원리에 대한 올바른 이해를 하여야 하고, 만일 그 이해가 부족하다고 판단되면 전문가와 상의하여 체계적인 방법을 자문받을 필요가 있다. 즉, 교사는 아동의 교육행동에 집착한 나머지 성급하게 교육행동의 원리를 도입하여서는 안 되며 충분히 아동과의 관계형성과 교육행동의 원리를 이해한 바탕 위에서 교육행동의 원리를 도입하여야 할 것이다.

5) 근거

교사가 아동에게 교육행동의 원리 중 한 가지 기법을 도입하고자 할 때 그 기법이 해당 아동에게 도움이 될 것이라는 증거가 있어야 한다. 이와 같은 증거는 물론 책에서 얻을 수도 있고 전문가(expert)의 자문(諮問)을 통하여 얻을 수도 있다. 예를 들어 우리 선조는 오줌을 싸는 아이에게 '남의 집에 가서 소금을 얻어 오라'라는 방식으로 행동을 수정하고자 하였다. 물론 이 방법은 아동에게 수치심을 자극하여 다음 날 저녁 오줌을 싸지 않게 되는 교육행동 기법 중 하나가 될 수 있을 것이다. 그러나 이와 같은 방법은 하급수준(下級水準; low level)의 교육행동 기법에 해당할 것이다. 왜냐하면 아동에게 처벌적인 방법을 동원한 것이기 때문이다.

아마도 이 보다 조금 더 좋은 방법은 '네가 앞으로 다시 오줌을 싼다면 남의 집에 가서 소금을 받아와야 할 것이다'와 같은 경고가 될 것이고, 이보다 더 좋은 방법은 '내일 밤에 오줌을 싸지 않으면 선물을 사 주겠다'와 같은 방법일 것이다.

물론 이와 같은 방법을 모든 아동에게 적용할 수는 없을 것이다. 왜냐하면 아동의 인지능력과 아동이 오줌 싸는 빈도 등을 고려하여야 하기 때문이다.

따라서 교사는 아동의 행동에 대하여 어떤 방법이 효과적일 것인가 하는 것과 그 방법이 과연 효과가 있다는 증거가 있는지를 확인할 필요가 있다. 특히 교사의 경우는 자신이 사용하고 있는 교육행동 방법이 효과가 있는 방법임을 부모에게 객관적으로 증명할 수 있어야 한다. 왜냐하면 교육에는 시행착오(施行錯誤; trial and error)나 연습이란 존재하지 않기 때문이다.

6) 지지

언젠가 매스컴에서 어떤 종교의 신도가 마귀가 들었다 하여 손으로 때려 결국사망에 이르게 하였다는 보도가 있었다. 그래서 이들이 살인혐의로 구속되었다. 이들은 아마도 이전에도 이와 같은 방법으로 영적 치유를 한 경험이 있을지 모른다. 그리고 어느 종교인은 정신지체 장애인(mental retardation)을 매일같이 구타하는 방법으로 행동을 수정하여 사회의 지탄을 받은 적이 있다. 이 종교인은 학대에 의한 교육방법이 나름대로 효과가 있는 교육방법이라고 생각하였을지도 모른다.

그러나 이들의 의도가 아무리 양보하여 선의(善意; good faith)에 의한 행동이라 할지라도 사회적으로 용인되지 못하고 명백히 사회적으로 지지(支持)를 받지 못한 행동이라 할 수 있다. 따라서 이들의 행동은 무슨 방법을 쓰더라도 정당화되지 못할 것이다. 즉, 교육행동 방법은 반드시 사회적 지지를 받는 방법이어야 한다.

사회적 지지를 얻는 방법은 아마도 보편적으로 용인된 방법을 생각하여야 할 것이다. 이를 위해서는 이후 언급할 정상화의 원리(principle of normalization), 공정성의 원리(principle of fairness), 존경의 원리(principle of respect) 등을 반드시 고려함이 마땅하고 아동중심(child-centered)적인 입장에서 중재법에 진지하게 접근하여야 하고, 아동에게 성공기회를 제공할 수 있는 방법을 찾아야 한다. 물론 아동 개인의 존엄성과 가치를 고려하여 개인의 인권(人權; human right)을 반드시 보장하여야 할 것이다.

2. 장애아동의 인권

일반아동도 마찬가지겠지만 특히 장애아동(children with disability)의 인권은 매우 중요하다. 왜냐하면 장애아동의 경우는 스스로의 인권에 대한 자기의식이 일반아동에 비하여 떨어지기 때문이다. 따라서 교사는 장애아동의 인권에 세심한 배려를 하여야 하고 이들이 윤리적으로 적절하지 못한 대우를 받지 않도록 하여야 할 것이다.

학자들은 장애아동의 인권에 관련하여 흔히 3가지 원리(정상화의 원리, 공정성의 원리, 존경의 원리)를 지적한다. Allen(1969)은 교사가 (장애)아동을 교육하는데 있어 고려해야 할 3가지 원리를 제시하였는데 이 원리는 현재까지도 일반교육이나 특수교육에서 기본이 되고 있다. 여기서는 이 세 가지 원리를 중심으로 장애아동의 인권에 대하여 언급하고자 한다.

표 1.2 장애아동의 인권

원 리	설 명
정상화의 원리	장애아동이라 하여 교육의 목적이나 방법이 일반아동과 달라서는 안 되며 일반아동의 교육 목적과 방법을 사용하여야 한다.
공정성의 원리	아동과 교사 상호간에 권리와 의무가 올바로 제시되고 그 바탕 위에서 서로 합의가 되어야 한다.
존경의 원리	사람은 누구나 한 인간으로 대우받아야 하며 동물이나 하나의 통계치로 취급되어서는 안 된다.

1) 정상화의 원리

정상화의 원리(principle of normalization)는 그 제목만 보고 장애인을 정상인으로 만들어야 한다는 원리로 오해하여서는 안 된다. 정상화의 원리는 장애아동이라 하여 교육의 목적이나 방법이 일반아동과 달라서는 안 되며 일반아동의 교육 목적과 방법을 사용하여야 한다는 원리다.

일반적으로 교육의 목적을 사회적 측면에서 이야기할 때 인재양성을 든다. 인재양성을 통하여 사회는 발전하고 우리 인간들의 문화는 성장할 것이다. 따라서 교육이야말로 우리 사회를 지탱하고 유지 · 발전시키는데 없어서는 안 되는 것이다. 이와 같은 측면에서 장애아동의 경우도 예외일 수 없다.

장애아동이라 하여 사회적 공헌도가 낮을 것이라고 속단하여 인재양성 측면이 아니라 다른 측면에 목적을 둘 경우 이는 장애아동의 인권을 심히 침해하는 것이라 아니할 수 없다.

또 교육의 목적을 아동개인의 측면에서 이야기할 때 그 아동의 삶의 질에 도움이 되도록 하는 것이 교육의 목적이다. 이는 교육의 목적이 개개인의 행복정도를 증가시키기 위한 것인데 이 역시 장애아동이나 일반아동 간 차이가 존재해서는 안 된다.

따라서 정상화의 원리(principle of normalization)는 장애가 있든 없든 아동의 욕구, 지적인 힘, 지식바탕 위에서 아동을 고려하고 교육하여야 한다는 원리다. 예를 들어 단지 장애아동이기 때문에 특수학교나 특수학급에 들어가는 것은 잘못인 것이다.

2) 공정성의 원리

저자는 얼마 전 한 중학교를 방문할 기회가 있었는데 수업시간에 복도에 서서 벌을 받는 모습을 본 적이 있다. 물론 그 이유를 묻지는 않았지만 아마도 준비물을 지참하지 못한 결과거나 교실에서 떠들었기 때문일 것이다. 독자도 아마 학창시절(學窓時節) 이런 경험을 하였을 것이다.

받아쓰기를 못한다고 휴식시간을 주지 않거나, 준비물이 부족하다고 복도에 서 있게 하는 교사의 중재는 당연히 공정치 못하다. 왜냐하면 학생의 학습권(學習權)을 침해하는 것이기 때문이다. 따라서 교사는 조금 더 공정한 다른 방법을 개발하여야 할 것이다.

일반적으로 '공정하다'라는 말의 의미는 '공평하고 올바른 것'을 의미한다. 인간관계에서 공정함을 이야기하기 위해서는 상호간에 권리와 의무가 올바로 제시되고 그 바탕 위에서 서로 합의가 되어야 할 것이다. 이런 측면에서 볼 때, 교사와 학생 간의 공정성은 매우 힘들 수 있다. 왜냐하면 교사의 명령과 학생의 복종을 전제로 하는 경우가 많기 때문이다. 그럼에도 불구하고 교사와 학생 간의 공정성은 당연히 보장되어야 한다. 이는 특히 장애아동의 경우 더욱 그러하다.

공정성의 원리(principle of fairness)는 이와 같은 측면에서의 공정을 의미한다. 예를 들어 교사나 치료사가 아동을 대상으로 어떤 교육행동을 하고자 할 때 해당 아동은 치료방법에 대하여 자세한 설명을 들을 권리가 있고 해당 학생 또는 부모가 그 치료방법이 효과적이라는 증거를 제시받을 권리가 있다. 따라서 교사와 아동 또는 아동의 부모 간에 공정하다 함은 이와 같은 아동과 부모의 권리를 교사가 충족시켜 주어야 하는 것이다.

예를 들어 교사가 명백한 증거도 없이 단순히 자신이 생각한 교육행동 방법이 문제행동(inappropriate behavior)을 치료할 것이라고 믿고 아동이나 아동의 부모와 상의 없이 교육행동기법을 도입할 경우 이는 그 효과를 떠나 공정하지 못한 것이 되는 것이다.

물론 교육행동기법을 사용하여 효과를 얻은 경우는 그 후유증이 적겠지만 만일 자신의 중재방법에 대한 맹신(盲信)으로 그냥 중재법을 사용하였다가 도리어 해를 입힌 경우 그 후유증은 대부분 교사의 책임이 되는 것이다. 이와 같이 불공정으로 인한 문제는 교사가 아동에게 적절한 교육행동 방법을 사용하지 못하고 부적절한 교육행동 방법을 사용하였을 때 크게 발생한다.

윤리적 관점에서 교사가 저지르기 쉬운 불공정 사례는 교사가 아동의 부적절한 행동에 대하여 그저 벌만 주어 적절한 행동 대안을 마련해 주지 못하는 경우(일부 교사는 문제행동의 원인이나 배경을 찾아 처방방법을 강구하거나 예방하려는 노력은 하지 않고 외부로 노출된 모습만 보고 벌만 준다), 단순히 아동이 부적절한 행동을 하고 일부 장애가 있다는 이유만으로 아동이나 부모의 동의 없이 그리고 자신의 노력 없이 그냥 특수학교나 특수학급 등에 보내는 경우(경험이 많은 교사는 자신의 판단을 중시한다. 그래서 자기가 한번 보면 그 아동이 특수학교에 가야 되는지 아니면 자신이 가르쳐서 도움이 될 것인지를 즉각 판단할 수 있다고 생각한다), 교사가 자신이 이제까지 아동을 교육하면서 체득(體得)한 방법이 최선이라고 맹신하고 다른 전문가로부터의 자문을 회피하는 경우(일부교사는 장애아동은 그 특성이 매우 다르고 예후도 다르며, 특수교육 방법도 많이 변화 · 발전되었다는 사실을 간과한 채 자신의 판단만을 신뢰한다. 더 심한 경우는 교육문제에 관한 한 자신보다 더 잘 아는 사람은 없으며 자신이 다른 전문가에게 뭔가를 자문하면 자신의 체면이 손상되는 것으로 착각한다) 등을 들 수 있다.

3) 존경의 원리

존경의 원리(principle of respect)는 한 개인의 권리에 관한 것이다. 즉, 사람은 누구나 한 인간으로 대우받아야 하며 동물이나 하나의 통계치로 취급되어서는 안 된다.

교사가 이와 같은 존경의 원리에 따르고 있는지를 객관적으로 판단하기란 매우 어렵다. 왜냐하면 대부분의 교사는 아동을 존경하고 그들을 사랑하라고 배웠고 머리에는 이와 같은 사실을 익히 익히고 있기 때문이다. 그러나 '글은 글대로 나는 나대로(書自書我自我: 서자서아자아)' 라는 말이 있듯이 배운 것과 행동하는 것은 극명한 차이가 있다. 이점에 있어서 교사는 자폐범주성장애 아동으로부터 배워야 할 것이다. 자폐범주성장애 아동은 배운 것과 행동하는 것에 차이가 없기 때문이다. 교사나 부모가 존경의 원리를 위배하는 경우는 너무나 많다(체벌, 핀잔, 기회박탈, 특수학급 임의배치, 약물남용).

따라서 교사는 손을 가슴에 얹고 자신이 아동을 존경하였는지를 질문하고 그 스스로 자신이 아동을 지도함에 있어 언제나 진정으로 한 인간으로서 존경을 바탕으로 지도한다고 대답할 수 있어야 한다.

제 3 절 특수아동과 특수교육

이 절에서는 특수아동의 삶에 중대하게 영향을 미치고 있고 앞으로도 미치게 될 특수아동과 특수교육에 대하여 언급하고자 한다.

1. 특수아동의 이해

현대는 다양성의 시대다. 학교도 역시 다양한 아동이 공부한다. 또한 통합교육의 시작을 눈앞에 두고 있는 시점에서 장애아동(children with disability)이나 우수아동(優秀兒童)이 있는 학급의 경우 아동이 다양하여 교육의 범위는 넓어진다 할 수 있다. 그러므로 이들에 대한 각각의 배려는 반드시 필요한 것이다. 다양한 아동을 다양하게 교육시키기 위해서는 개별적이고 특별한 방식으로의 교육이 필요하다. 이것이 바로 특수교육이다.

특수아동(特殊兒童)이란 아동이 어떤 부문에서 다른 일반아동과는 다른 아동을 의미한다. 그러나 교육을 대상으로 한 측면에서의 특수아동이란 교육과 관련하여 특별한 서비스를 받아야 하는 아동을 특수아동이라고 한다(Hallahan & Kauffman, 1975).

이와 같은 특수아동은 언제나 일반아동과 다른 것이 아니라 일부분에 대하여 특수한 특성을 가지고 있어 특별한 교육적 서비스를 받아야 하나 대부분의 다른 부문에서는 일반아동과 같은 특징을 가지고 있다.

따라서 이들 특수아동에 대하여 고려하여야 할 점은 일반아동과 유사한 부문은 일반아동과 함께 어울리게 하고 특별한 서비스가 필요한 부문을 교육함에 있어서 그 특수성(장애)을 강조하는 것보다는 그 특수아동이 가지고 있는 잠재력(潛在力)을 발휘하도록 교사가 도와주어야 한다는 점이다.

특수아동을 구분할 때 인간의 차이란 과연 구분지을 수 있는 것인지에 대한 문제가 있다. 그리고 특수아동 구분에서 인간의 차이를 통하여 장애등급을 매기는 것이 과연 가능한가에 대한 문제를 생각할 수 있다.

물론 장애구분이란 사회학적으로 보면 개인적 차이가 존재하는 것일 뿐 다른 의미는 없다. 그러나 (1) 어떤 한 사람을 다른 사람과 구별하여 설명하고 확인하기 위하여, (2) 한 사람에게 의학적, 정신분석학적, 사회적, 교육적 서비스를 제공하기 위하여, (3) 구분으로 인하여 전문가가 연구를 수행하고 일반적 근거를 다른 전문가에게 제시하고 설명하는데 효과적인 의사소통(functional communication)을 하기 위하여, (4) 구분으로 전문가가 하나의 그룹과 또 다른 그룹 간 차이를 분명히 하기 위하여 장애 구분을 하게 되고 나아가 등급을 매기게 되는 것이다.

또한 장애구분은 인간의 차이에 대한 한도와 본질을 설명하는 도구가 된다. 즉, 인간에게 차이를 두게 되는 기준은 최대한 양보하여 의미가 없다 하더라도 교육상 이 차이구분은 필요할 것이다. 왜냐하면 이 분류기준에 따라 아동교육을 실시하는 것이 해당 아동의 삶의 질에 도움이 되기 때문이다.

아동의 구분방법은 아래와 같이 발달적 접근법, 문화적 접근법 등이 있다.

1) 발달적 접근법

발달적 접근법(developmental approach)에서는 보통 '이 나이에서 이런 행동까지를 하여야 하는 정도'로 인간의 차이를 구분한다. 즉 발달적 접근법은 정상적인 육체적, 사회적, 지능적 성장 면에서의 인간발달 과정에서 발생할 수 있는 개인적 차이에 따라 개개인의 한도와 본질을 접근하는 방법이다.

물론 발달적 접근법에 따라 발달수준이 떨어지는 아동이 모두 장애아동은 아니다. 흔히 늦된 아동의 경우 비록 현재 발달수준은 조금 떨어지더라도 장애로까지 보지 않는 경우가 많기 때문이다.

2) 문화적 접근법

문화적 접근법(cultural approach)은 이미 구축된 문화표준에 따라서 정의된 일반인의 문화표준에 따라 차이를 구분하는 방법이다. 이 접근법에서는 인간의 차이를 주어진 사회의 가치에 대한 적응 차이를 살펴봄으로써 설명할 수 있다고 본다.

이 접근법에 따를 경우 정상이라 함은 각각의 문화에 따라 변화될 수 있다. 즉, 문화가 다르면 정상의 척도 역시 다르게 된다. 예를 들어 수년 전 저자의 집에 영국인이 손님으로 왔었다. 그들은 저자의 아들을 보고 수줍음을 많이 타는 아이라고 말하였다. 그러나 저자의 아들에 대한 담임교사의 평가는 '명랑 쾌활하다'였다.

2. 특수교육대상자 선정을 위한 장애의 구분

특수아동은 장애영역과 재능영역으로 구분하여 설명할 수 있는데 먼저 장애영역을 살펴보면, 우리나라 장애인등에 대한 특수교육법 제15조(2008. 2. 29) 및 장애인등에 대한 특수교육법 시행령 별표(2008. 5. 26)에 의하면 아래와 같이 10가지 유형으로 구분하고, 기타로서 그 밖에 대통령령으로 정하는 장애가 있다. 이를 간단히 언급하면 아래와 같다.

1) 시각장애를 지닌 특수교육대상자

시각계의 손상이 심하여 시각기능을 전혀 이용하지 못하거나 보조공학기기의 지원을 받아야 시각적 과제를 수행할 수 있는 사람으로서 시각에 의한 학습이 곤란하여 특정의 광학기구 · 학습매체 등을 통하여 학습하거나 촉각 또는 청각을 학습의 주요 수단으로 사용하는 사람이다.

2) 청각장애를 지닌 특수교육대상자

청력 손실이 심하여 보청기를 착용해도 청각을 통한 의사소통이 불가능 또는 곤란한 상태이거나, 청력이 남아 있어도 보청기를 착용해야 청각을 통한 의사소통이 가능하여 청각에 의한 교육적 성취가 어려운 사람이다.

3) 정신지체를 지닌 특수교육대상자

지적 기능과 적응행동상의 어려움이 함께 존재하여 교육적 성취에 어려움이 있는 사람이다.

4) 지체장애를 지닌 특수교육대상자

기능 · 형태상 장애를 가지고 있거나 몸통을 지탱하거나 팔다리의 움직임 등에 어려움을 겪는 신체적 조건이나 상태로 인해 교육적 성취에 어려움이 있는 사람이다.

5) 정서 · 행동장애를 지닌 특수교육대상자

장기간에 걸쳐 다음 각 목의 어느 하나에 해당하여, 특별한 교육적 조치가 필요한 사람이다.

① 지적 · 감각적 · 건강상의 이유로 설명할 수 없는 학습상의 어려움을 지닌 사람
② 또래나 교사와의 대인관계에 어려움이 있어 학습에 어려움을 겪는 사람
③ 일반적인 상황에서 부적절한 행동이나 감정을 나타내어 학습에 어려움이 있는 사람
④ 전반적인 불행감이나 우울증을 나타내어 학습에 어려움이 있는 사람
⑤ 학교나 개인 문제에 관련된 신체적인 통증이나 공포를 나타내어 학습에 어려움이 있는 사람

6) 자폐성장애를 지닌 특수교육대상자

사회적 상호작용과 의사소통에 결함이 있고, 제한적이고 반복적인 관심과 활동을 보임으로써 교육적 성취 및 일상생활 적응에 도움이 필요한 사람이다.

7) 의사소통장애를 지닌 특수교육대상자

다음 각 목의 어느 하나에 해당하여 특별한 교육적 조치가 필요한 사람이다.

① 언어의 수용 및 표현 능력이 인지능력에 비하여 현저하게 부족한 사람
② 조음능력이 현저히 부족하여 의사소통이 어려운 사람
③ 말 유창성이 현저히 부족하여 의사소통이 어려운 사람
④ 기능적 음성장애가 있어 의사소통이 어려운 사람

8) 학습장애를 지닌 특수교육대상자

개인의 내적 요인으로 인하여 듣기, 말하기, 주의집중, 지각(知覺), 기억, 문제 해결 등의 학습기능이나 읽기, 쓰기, 수학 등 학업 성취 영역에서 현저하게 어려움이 있는 사람이다.

9) 건강장애를 지닌 특수교육대상자

만성질환으로 인하여 3개월 이상의 장기입원 또는 통원치료 등 계속적인 의료적 지원이 필요하여 학교생활 및 학업수행에 어려움이 있는 사람이다.

10) 발달지체를 보이는 특수교육대상자

신체, 인지, 의사소통, 사회 · 정서, 적응행동 중 하나 이상의 발달이 또래에 비하여 현저하게 지체되어 특별한 교육적 조치가 필요한 영아 및 9세 미만의 아동을 말한다.

한편 재능영역은 어떤 분야에 대하여 특수하게 우수한 능력을 가진 아동으로서 이들 역시 특별한 교육 프로그램이 필요하다. 그리고 이에 관련해서는 이후 제2편에서 언급할 것이다.

3. 특수아동의 교육적 필요

인류역사에서 20세기 이전까지는 장애인의 교육적 서비스는 매우 미온적이었다. 특수교육 역사에서 어느 시기에는 장애인을 마귀가 든 사람으로 치부되기까지 하였다. 그러나 20세기 초에 들어 인류는 장애인의 사회적 · 교육적 서비스를 강조하기

시작하였다. 그러나 이 시기는 산업혁명(産業革命; industrial revolution)에 따른 산업화시기로서 생산성과 실용주의 그리고 표준화 등이 강조되던 시기였다.

심지어 경제학자들은 노동과 자본의 관계에서 사람을 자본(資本), 즉 기계(machine)와 노동(labor)의 관계로까지 보게 되었다. 지금도 경제학에서는 노동과 자본의 관계로 경제학을 공부한다. 이로 말미암아 장애인은 생산성이 떨어지는 사람이었다. 그리고 경제발전에 도움이 되는 표준화된 인재양성에 걸림돌이 되었던 것이다.

그래서 사회에서는 장애인을 사회로부터 격리시켜야 한다는 운동까지 발생하게 되었다. 결국 이런 운동의 결과로 특수학교라는 분리교육체제가 만들어졌고 수용시설(생활시설; institution)이 만들어진 것이다.

결과적으로 20세기 중반 이후까지 장애인은 기관에 수용되고 거주이전의 자유마저 박탈당하였다.

그러나 20세기 말부터 장애인에 대한 관점을 다시 보게 되었다. 즉 포스트모더니즘(post modernism)의 대두와 함께 장애인을 생각하는 인류의 패러다임(paradigm)이 변화한 것이다. 모든 사람은 독특한 개인으로서 인정하는 패러다임으로 장애인을 하나의 인격체로 생각하고 배려하며 장애인의 탈시설화(deinstitutionalization), 장애인의 사회통합(inclusion), 장애인의 권리인정 등을 하게 된 것이다.

따라서 여러 국가들은 장애인에게 치료를 제공하고 자립을 위한 재정적인 도움을 제공하는 정책을 수립하였다. 그리고 일반학교에 입학하여 통합교육을 받도록 하는 특수(장애)아동 정책을 수립하였다.

특수교육은 특수아동의 잠재력을 개발하고 장애를 극복시키기 위해서 학교에서 제공되는 일반적인 프로그램 이상의 보충적인 서비스다(Hallahan & Kaufman, 1975). 이와 같은 특수교육은 비단 장애아만이 아니라 영재의 경우에도 마찬가지라 할 수 있다. 특수교육이 정규교육과 차별화된 개념이라면 특수아동은 같은 범주에서 특별한 배려가 필요한 개념으로 이해할 수 있기 때문이다.

4. 특수교육 서비스

특수교육 서비스는 특수교육의 종류로 이해할 수 있는데 크게 일반교육 프로그램과 통합교육 프로그램 그리고 분리교육 프로그램으로 구분된다(Lewis, & Doorlag, 1995). 일반교육 프로그램은 일반학급에서 장애아동이 일반아동과 동등하게 교육을 받는 경우이고, 통합교육 프로그램은 1) 특수교육 상담이 일반학교 교사에게 지원되는 방식과 2) 필요한 시간마다 특수교사가 일반학급에서 직접 해당 아동을 교육하는 방식 그리고 3) 필요한 경우 해당 학급에서 해당 아동을 다른 교실로 이동시켜 분리하여 교육하는 방식이 있다.

마지막으로 분리 교육 프로그램은 1) 분리교육을 하되 일반아동과 사회적 통합이 제공되는 방식과 2) 특수학급에서만 교육하는 방식 그리고 3) 가정에서 분리하여 기숙사 등에서 교육하는 방식이 있다. 한 가지 더 부연한다면 4) 사회교육시스템을 벗어나 집에서 교육하는 방식도 있다.

우리나라의 경우 장애인등을 위한 특수교육법 제17조(2008. 2. 29)에 의하면 특수교육대상자의 배치 및 교육에서 ① 교육장 또는 교육감은 제15조에 따라 특수교육대상자로 선정된 자를 해당 특수교육운영위원회의 심사를 거쳐 다음 각호의 어느 하나에 배치하여 교육하여야 한다. 라고 하여 각호를 일반학교의 일반학급, 일반학교의 특수학급, 특수학교 등 세 가지로 구분하고, ② 교육장 또는 교육감이 특수교육대상자를 배치할 때에는 특수교육대상자의 장애 정도 · 능력 · 보호자의 의견 등을 종합적으로 판단하여 거주지에서 가장 가까운 곳에 배치하여야 한다. ③ 교육감이 관할 구역 내에 거주하는 특수교육대상자를 다른 시 · 도에 소재하는 각급학교 등에 배치하고자 할 때에는 해당 시 · 도 교육감(국립학교의 경우에는 해당 학교의 장을 말한다)과 협의하여야 한다. ④ 특수교육대상자의 배치를 요구받은 교육감 또는 국립학교의 장은 대통령령으로 정하는 특별한 사유가 없는 한 이에 응하여야 한다. 라고 규정하고 있다.

제 4 절 개별화 프로그램

독자 중에서 혹시 장애인은 '정상인의 모습이 되기 위하여 노력해야 할 사람, 즉 표준에 미달한 사람'이라고 생각하는 사람이 있을까? 만일 독자가 이런 생각을 하고 있다면 독자는 아마도 1900년대 중반에 사는 사람의 모습일 것이다.

따라서 '정상(normal)' 또는 '표준(standard)'이라는 기준에 관련하여 대하여 다시 한번 생각해 보아야 할 것이다. 무엇이 정상이고 무엇이 비정상(abnormal)일까? 독자는 진정으로 정상에 해당할까?

우리는 정신지체인을 이야기할 때 지능지수(intelligence quotient; IQ)를 가지고 많이 이야기한다. 지능지수가 100이면 보통의 능력을 가진 사람이라고 말한다. 정상이란 얘기다. 그리고 지능지수가 70정도면 정신지체인이라고 한다(실제 정의는 조금 다르니 관련 자료를 참고하기 바란다). 비정상(abnormal)이란 얘기다. 그러나 이미 수없이 많은 학자들이 이야기하는 것처럼 지능지수 기준은 인간을 평가하는 하나의 기준일 뿐, 우리 인간의 모든 것을 설명하여 주지는 못한다. 예를 들어 지능지수가 좋으나 손재주(학자들에 의하면 손재주는 지능과 연관이 있다고 한다)가 형편없는 사람도 있고, 지능지수(intelligence quotient; IQ)가 떨어지나 손재주가 비상한 사람이 있다. 만일 우리 인간들이 정신지체의 표준을 손재주로 정하였다면 손재주 좋은 사람은 천재가 되는 것이고 손재주가 나쁜 사람은 정신지체인이 되는 것이다.

우리사회가 산업사회가 되면서 우리 인간들은 표준, 정상이라는 말을 좋아하게 되었다. 공장에서 생산한 제품이 기준에 통과하면 합격이고 그렇지 못하면 불량이라고 생각하는 것이다. 이는 공산품(工産品)을 만들어 내는 데는 적합한 생각이고 이것이 우리에게 생활의 윤택함을 주었음도 당연하다. 그러나 문제는 이런 공산품 생산에서나 사용하여야 했을 사고방식을 우리 인간에게까지 적용한 것이 문제인 것이다.

이런 공업화(工業化; industralization)를 위한 사고방식을 인간에게까지 적용하여 표준화시켜 왔다는 말이다. 인간도 하나의 정해진 규격, 정해진 규칙을 만들어, 인간의 다양성 · 독창성을 무시한 채, 실용적인 인간, 사회에서 필요한 인간을 만들어 내자는 생각을 가진 것이다. 그 결과로, 급기야는 인간의 능력을 표준화하여, 최소한 이 정도(표준)는 하여야 사회생활을 할 수 있고, 이 정도(표준)에 도달하지 못한 사람은 비정상으로 도태되어야 한다고 생각한 것이다. 참으로 위험하고 비윤리적인 발상이 아닐 수 없다. 인간에게 어찌 그 한 사람의 능력이나 모습이 표준화될 수 있는가? 어찌 한 사람의 능력이 어떻게 수치로 결정되어야 하고 한 사람의 모습이 다른 사람의 모습과 같아야 한다고 생각할 수 있겠는가?

이와 같은 배경에서 개별화교육(individualized education program; IEP)의 개념이 탄생하였다. 한 사람의 인간은 동일한 표준에 의하여 교육하거나 그 정도를 평가할 수는 없는 것이다. 이는 마치 정원의 식물과도 같다. 어떤 식물은 채송화 같이 작은 식물이 있는가 하면 어떤 식물은 해바라기처럼 키기 큰 식물로 있다. 그것만이 아니다. 개나리처럼 작은 나무도 있고 잣나무처럼 키가 큰 나무도 있다.

이처럼 사람도 정원의 식물처럼 다양한 것이다. 따라서 정원의 식물을 모두 같이 같은 자리에 같은 입장에서 기르는 것이 아니라 각기 식물의 특성에 따라 가꾸는 것과 같이 사람도 그 사람의 특성에 따라 그들을 교육하고 배려하여야 하는 것이다. 이런 관점에서 보면 모든 사람들은 장애가 있든 없든 개별화 교육을 받아야 하며 독특한 개인으로서 인정받아야 하는 것이다. 이것이 바로 개별화 교육(individualized education program; IEP)의 배경이다.

따라서, 개별화교육은 교육 대상자들에게 개인의 모든 개인차를 고려하여 그에 합당한 교수방법을 제공함으로써 학습효과를 극대화하는 방법이다.

미국공법(public law; PL) 105-17의 주요골자는 특수교육에 적합한 아동교육을 위하여 개별화교육계획(individualized education program; IEP)을 작성토록 한 것인데 이 개별화교육계획은 아동이 일반학교에 다니든 특수학교에 다니든 상관없이 아동의 교육욕구를 반영하기 위한 계획이다.

우리나라 장애인등에 대한 특수교육법(2008)에서는 "개별화교육이란 각급학교의 장이 특수교육대상자 개인의 능력을 계발하기 위하여 장애유형 및 장애특성에 적합한 교육목표 · 교육방법 · 교육내용 · 특수교육 관련 서비스 등이 포함된 계획을 수립하여 실시하는 교육을 말한다."라고 규정하고 있다.

제 5 절 통합교육

1. 통합교육의 정의

통합교육이란 장애아동과 비장애아동을 함께 교육한다는 의미다. 이 통합교육

(inclusive education)이란 용어는 분리교육이란 용어와 배치되는 개념으로서, 교육의 정상화라고 할 수 있을 것이다.

통합교육에 있는 장애아동의 경우는 물론 적당한 교육적 기회를 제공하여야 할 것이다. 또한 학습이 유의미한 학습이 전개되도록 노력하여야 할 것이다.

우리나라 특수교육진흥법(1994)에서는 "통합교육이란 특수교육대상자의 정상적인 사회적 능력의 발달을 위하여 일반학교에서 특수교육대상자를 교육하거나 특수교육기관에서의 재학생을 일반학교의 교육과정에 일시적으로 참여시켜 교육하는 것을 말한다."라고 하였고, 장애인등에 대한 특수교육법(2008)에서는 "통합교육이란 특수교육대상자가 일반학교에서 장애유형 · 장애 정도에 따라 차별을 받지 아니하고 또래와 함께 개개인의 교육적 요구에 적합한 교육을 받는 것을 말한다."라고 규정하고 있다.

또 장애 등으로 인한 특수교육대상자는 유치원 · 초등학교 · 중학교 및 고등학교 과정의 교육은 의무교육으로 하고, 제24조에 따른 전공과와 만 3세 미만의 장애영아교육은 무상으로 한다.

그리고 만 3세부터 만 17세까지의 특수교육대상자는 의무교육을 받을 권리를 가지며 의무교육 및 무상교육에 드는 비용은 대통령령으로 정하는 바에 따라 국가 또는 지방자치단체가 부담하도록 하고 있다.

또한 각급학교의 장 또는 대학의 장은 특수교육대상자가 그 학교에 입학하고자 하는 경우에는 그가 지닌 장애를 이유로 입학의 지원을 거부하거나 입학전형 합격자의 입학을 거부하는 등 교육기회에 있어서 차별을 하여서는 아니 된다.

차별을 금지하는 내용의 경우는 아래와 같다(장애인등에 대한 특수교육법 제4조).

① 특수교육 관련 서비스 제공에서의 차별
② 수업참여 배제 및 교내외 활동 참여 배제
③ 개별화교육 지원팀에의 참여 등 보호자 참여에서의 차별
④ 대학의 입학전형 절차에서 장애로 인하여 필요한 수험 편의의 내용을 조사 · 확인하기 위한 경우 외에 별도의 면접이나 신체검사를 요구하는 등 입학전형 과정에서의 차별

2. 통합교육의 원리

통합교육의 원리는 정상화의 원리, 탈수용시설화의 원리, 최소제한 환경, 일반교육 주도, 완전통합으로 요약된다.

1) 정상화의 원리

통합교육의 역사는 30~40년의 역사에 불과하다. 그러나 특수교육 관련 전문가들은 통합교육이 새로운 방식이 아니며 과거 분리교육으로 인한 문제를 본래 교육방식으로 하여야 한다고 주장한다. 따라서 통합교육은 또 다른 교육의 정상화라고 하는 것이다. 즉, 분리교육이 정상적인 교육형태가 아닌 산업화의 산물이었다는 주장이다.

정상화의 원리는 장애인들은 가능한 한 정상적인 사회로 통합되어야 한다는 원리로서 이 원리는 장애인의 교육은 환경제약이 최소한으로 이루어지어야 한다는 개념의 촉매역할을 담당하였다.

2) 탈수용시설화의 원리

탈수용시설화는 장애인의 수용 시설화는 정상인의 횡포이므로 탈수용시설화하여야 한다는 것이다. 이는 도덕적, 윤리적 측면을 떠나 장애인의 삶의 질을 높이고 인간다운 삶을 영위할 수 있도록 하며, 장애인의 경우도 사회의 일원으로서 자신의 능력을 최대한 높여야 한다는 원리다. 또한 장애인도 엄연한 사회적 주체로 활동할 수 있어야 한다는 것이다.

3) 최소제한 환경

최소제한 환경이란 장애아동은 같은 또래집단이나 가정 사회 등으로부터 분리되지 말아야 하나 어쩔 수 없이 분리하여야 할 경우 최소한으로 분리되어야 한다는 것으로서 최소환경 결정에 도움을 주는 다섯 가지 지침은 다음과 같다.

(1) 최소환경 제한은 개별아동의 특성에 따라 이루어져야 한다.
(2) 통합교육을 최대한 노력한 다음 최소제한 환경문제를 생각하여야 한다.
(3) 특수교육을 위한 종합적인 연계서비스를 염두에 둔 최소제한 환경이어야 한다.
(4) 정상아 등의 다른 아이들의 필요성까지도 고려하여 최소통합 환경을 고려하여야 한다.
(5) 최소제한 환경을 제공하였다고 해서 통합교육을 포기하는 것이 아니라 항상 최대한의 통합교육 기회를 제공하여야 한다.

4) 일반교육 주도

일반교육 주도란 모든 아이의 교육은 특수교육 주도가 아니라 일반교육이 주도로 이루어져야 한다는 것이다. 장애인의 경우 장애인이라 하여 능력이 부족한 것이 아니라 장애부분을 제외하고는 충분한 능력을 발휘할 수 있기 때문에, 교육자체가 특수교육이 중심이 되는 것이 아니라 일반교육이 중심이 되고 특수교육이 보조적인 수단으로서 사용됨이 마땅하다는 것이다.

5) 완전통합

완전통합은 장애인의 경우 일반 시민사회에서 주축의 역할을 담당하여야 한다는 생각으로, 교육을 받은 후 사회에서 일반인들과 함께 같이 살아갈 수 있도록 모든 교육은 완전통합(full inclusion)이 이루어져야 한다는 것이다.

아동의 심리문제 요인

제 2 장

제 1 절 개인 위험요인
제 2 절 개인 유지요인
제 3 절 상황적 위험요인
제 4 절 상황적 유지요인
제 5 절 촉진요인
제 6 절 아동기 문제 사정

아동의 심리문제에 영향을 미치는 요인에는 여러 가지가 있을 수 있는데, 이를 분류해 보면 크게 위험요인(risk factors; 문제를 나타나게 할 수 있는 요인), 촉진요인(precipitating factors; 문제를 악화시키는 요인), 유지요인(maintaining factors; 일단 발생된 문제를 존속시키는 요인), 그리고 보호요인(protective factors; 더 심한 악화를 예방하고, 치료 예후와 반응에 의미가 있는 요인)으로 구분지을 수 있을 것이다.

또 이와 같은 위험요인, 보호요인, 유지요인 등은 아동의 생물학적 · 심리학적 성격과 같은 개인요인과 가족, 학교, 또래그룹, 관련 처방기관을 포함한 아동의 정신 사회적 환경 특성과 같은 상황요인 등으로 구분할 수 있을 것이다. 이를 설명하면 아래와 같다.

제 1 절 개인 위험요인

아동 발달에 영향을 미치는 요인에는 유전적 취약성, 태아기 및 육아기상 문제, 아동기 초기손상 및 질병 등을 들 수 있다. 이들은 생물학적 요인에 해당하는데 그 외에도 여러 가지 아동의 심리적 특성과 이에 관련한 신념시스템도 아동의 심리 문제에 위험을 일으킬 수 있다. 또한 낮은 지능, 힘든 기질, 낮은 자존감, 외적통제소재(external locus of control) 등도 중요한 변수가 된다. 이들 생물학적 위험요인과 심리적 위험요인들에 대하여 설명하면 아래와 같다.

1. 유전요인

연구결과, 아동의 기질과 지능과 같은 심리적 특성은 부분적으로 유전 또는 선천요인에 영향을 받는다는 점이 밝혀졌다. 이 영향의 크기는 전체 영향 중에서 30~60% 정도라고 한다. 물론 자폐성장애, 다운증후군, 인격장애 등은 예외지만, 아동의 심리문제는 유전요인으로 발생될 수 있다. 그러나 아동의 심리문제가 확실히 유전요인에 의한 것이라는 확실한 증거는 아직까진 부족하다.

2. 태아기 및 육아기상 문제

태아의 건강은 자궁상태로부터 영향을 받을 수 있다. 자궁환경에 부정적인 영향을 미칠 수 있는 요인에는 산모의 나이, 혈액형 불일치(RH-), 영양실조, 흡연, 음주, 약물사용 등이 해당한다. 예를 들어, 임신 중인 여성이 음주를 할 경우 자궁에 치명적인 알코올 중독을 일으켜, 태아가 소두증(小頭症), 정신장애, 그리고 안면이상 등이 될 수 있다. 풍진(rubella), 매독, 에이즈(AIDS) 등도 산모로부터 태아에 전이될 수 있다.

보통 자궁환경이 나쁜 상태에서 자란 태아는 출생시 체중이 임신기간에 비하여 현저하게 평균 이하가 된다(2kg 이하). 이를 의학적으로 미숙아라고 한다.

임신 중 두뇌손상을 입은 아동은 출생 후 두뇌손상을 입은 아동과 비교할 때 특정분야에서의 결함을 보이지 않고 학습이나 지적 능력 등 전반적인 저하를 보인다. 그 이유는 아동 발달상 중추신경시스템 발달이 아직 이루어지지 않아 기능 분화가 되지 않기 때문이다. 산소결핍증 또는 대뇌피질 손상으로 인하여 유아가 임신 중 두뇌손상을 입게 되면 그 유아는 인지 측면에서 손상을 보일 수 있다. 출산시 병원에서 머리가 거꾸로 나오거나, 난산이었을 경우, 또는 탯줄이 꼬인 경우와 같은 출생시 발생할 수 있는 문제들로 인하여도 유아는 신경손상을 입을 수 있다.

미숙아는 특히 출생 중 두뇌손상을 입을 가능성이 높다. 10개월을 다 채운 유아는 출생 중 보호받는 반면, 미숙아는 두개골이 아직 충분히 발달되지 못하였기 때문에 보호받지 못한다. 임신 중 미숙아가 신경손상을 받으면, 보통 생후 주의집중 문제나 과잉행동 문제를 보일 수 있다.

대부분의 미숙아는 발달지체를 보이지만, 적절한 의료상 치료와, 부모의 정성스런 양육, 그리고 적절한 자극을 주게 되면, 취학연령 이전에 같은 또래아동들을 따라잡게 된다.

3. 신체적 손상, 상처 및 질병

아동기 후 두뇌손상을 입으면 사후조치 적절성과 손상위치, 심각성 정도에 따라

인지손상, 참을성 부족, 행동문제 등이 발생할 수 있다. 예를 들어, 아동이 아동학대나 다중양육으로 인하여 두뇌손상을 입어 전반적으로 심리문제가 발생한 경우와 교통사고로 유사한 손상을 입었으나 안정적인 가정환경에서 회복하고 있는 아동 간에는 상당한 차이가 있을 것이다.

천식이나 당뇨병과 같은 만성적 질환과 암이나 담낭섬유증(cystic fibrosis)과 같은 생명을 위협하는 질병 등은 이들 질병이 아동과 가족에게 계속하여 생물학적으로, 정신적으로, 사회적으로 스트레스를 주기 때문에 가족의 심리상태에 영향을 미칠 수 있다

4. 지능, 자존감, 통제소재

아동은 여러 가지 개인의 심리적 특성들로 인하여 심리문제를 발생시킬 수 있다. IQ검사 결과 지능이 낮으면 품행에 위험이 있으며, 자존감이 낮으면 품행장애나 정서장애위험이 있다.

또한 주요 강화 원천과 자기상황에 대한 중요한 측면에 대하여 통제할 필요가 없다는 신념을 가지게 되면 품행문제와 정서문제를 일으킬 수 있다. 이와 같은 신념을 외적 통제소재라고 한다.

제 2 절 개인 유지요인

일단 심리문제가 발생되면, 그 심리문제의 정도는 심리적 · 생물학적 요인에 따라 그리고 개인 수준에 따라 다르게 유지될 것이다. 이때 자기규제에 대한 신념과 자기규제 기술 등이 중요한 심리문제 유지요인이 된다. 특히 아동 심리문제는 자기 효용신념, 역기능적 귀인스타일, 인지왜곡, 미성숙한 방어기제, 그리고 역기능적인 대처전략으로 유지될 수 있다.

1. 자기규제 신념

예를 들어 아동이 과제완수에 성공하고, 이 성공이 자신의 능력으로 성공하였다고 생각하면, 아동은 자기 효용감이 생겨난다. 즉, 아동이 미래에 유사한 과제에도 잘 할 수 있을 것이란 믿음이 생기는 것이다. 따라서 아동이 높은 수준의 자기 효용감을 갖게 되면 과제완수를 더 효과적으로 할 수 있다. 그러나 낮은 자기 효용감을 가진 아동은 문제를 해결하고자 지속적으로 노력하지 않는 경향이 있다. 그래서 낮은 자기 효용감으로 심리문제를 유지시키게 되는 것이다.

아동이 학습, 사회문제 처리 또는 만성질병 처리에 실패하고, 부모나 교사로부터 실패가 능력부족 때문이라는 말이나 피드백을 받을 경우, 또는(노력보다는) 어쩔 수 없는 질병으로 인한 것이라고 피드백을 받게 되면, 아동은 절망을 배우게 되고, 그로 인하여 우울한 귀인스타일, 즉 아무리 노력해도 성공할 수 없다는 신념을 배우게 된다. 그리고 실패의 탓을 능력부족과 같은 내적(자신은 원래 못하는 사람이고 포괄적이며, 이걸 못하니 다른 것도 전부 못할 것이라고 생각) 고정된(이는 항상 그럴 것이라는 생각) 요인으로 돌리는 경향을 보이게 된다.

또 이들이 성공하였을 경우 그 성공은 운과 같은 외부적이고(능력으로 한 것이 아니라 어쩌다가 성공한 것), 특별한 것이며(이것만 성공한 것이지 다른 것은 그렇지 않을 것이란 생각), 일시적인(항상 성공하는 게 아니라 이것만 성공한 것일 뿐) 요인인 것으로 돌린다. 이와 같은 우울 귀인스타일을 갖게 되면 아동은 무기력해지고 이로 인하여 심리문제 특히 낮은 무드, 학교실패, 약물 처방 지침에 따르는 것에 대한 의지부족 등을 유지시킬 수 있다.

보통 학교에서 발생한 학습된 무력함은 중간 아동기에 나타난다. 그런데 이는 남자보다는 여자에게 더 많이 나타난다. 그러나 이는 학습과제를 아동능력 수준에 맞추어 주고 성공에 대하여 정적 피드백을 제공하여 주며, 능력 탓이라기보다는 실수를 줄이려는 노력부족 탓으로 돌리는 교정 피드백을 제공하여 주면 교정할 수 있다.

학습된 무력감의 반대는 학습된 낙관주의인데, 낙관주의에 의한 사고방식에서는 아동이 성공한 경우 이를 능력이나 기술과 같은 내적(능력에 의한 것, 노력하면 되는 것)이고 포괄적이며(다른 무엇이든 이번처럼 하면 성공할 수 있는 것), 고정된(언제나 성공할 수 있다고 보는 것)

요인으로 보고, 반면에 실패한 경우, 이를 기회와 같은 외부적이고(자신의 능력 탓이라기보다는 다른 환경 탓), 특별한 것이며(이번의 실패에 한한 특별한 경우), 일시적(이 실패는 일시적인 것일 뿐 다른 경우는 그렇지 않을 것) 요인으로 보는 귀인스타일을 보인다.

아동이 학습된 낙관주의를 가질 경우 그렇지 않은 경우보다 더 좋은 적응을 할 수 있다.

부모가 아동을 훈육하면서 일관성이 없이 또는 예측 불가능하게 말이나 체벌을 하게 되면, 아동은 부모에게 반대의견을 말하지 못하고 부모가 보여준 것 같이 타인으로부터도 예측할 수 없는 벌(그들 부모가 보여준 것과 같은)을 받을 수 있다는 점을 배우게 된다. 즉 이런 아동은 자신이 지닌 적대적 의도를 타인 탓으로 돌리는데 특히 타인의 행동이 애매할 때 더욱 그러하다. 이와 같은 적대적 귀인성향은 공격성 규제에 문제를 유지시킬 수 있다.

우울 귀인스타일이나 적대적 귀인스타일 외에 아동이 상황에 대하여 확실하지 못한 해석을 하는 경우, 즉 여러 가지 인지왜곡 문제도 아동에게 정서문제를 유지시킬 수 있다. 예를 들어, 아동이 어떤 상황의 잠재적 위협에 대하여 인지왜곡을 하고 있을 경우 불안을 유지시킬 수 있다.

2. 방어기제

방어기제는 아동이 갈등을 수반하는 부정적인 정서상태를 스스로 규제하기 위하여 사용한다. 갈등은 보통 어떤 사람이 하나의 행동을 하고는 싶으나 그 행동의 결과에 대하여 두려워할 때 생겨난다. 이와 같은 결과에는 부모의 분노반응과 같은 부정적인 외부 사건일 수도 있고, 죄의식 경험과 같은 내부 사건일 수도 있다. 예를 들어 아동이 어머니에게 화를 낼 경우 이 아동은 자신의 분노를 어머니에게 직접 표현하는 것일 수도 있고 어머니의 보복에 대한 두려움 또는 죄의식을 표현하려는 것일 수도 있다. 만일 부모가 아동에게 집안일을 시켰는데 이를 하기 싫을 경우, 아동이 수동적 공격인 원시적 방어기제를 사용한다면, 아동은 집안일을 한다고 하면서도 일을 천천히 또는 불충분하게 할 것이다. 반면에 만일 그가 신경질적인 방어기제를 사용한다면, 그는 자신의 분노를 형제 자매에게 떠넘기거나 형제 자매와의 싸움으로 분노를 해결할 것이다. 또 만일 아동이 승화(sublimation)와 같은 성숙한 방어기제(mature defence mechanism)를 사용한다면, 그는 집안일을 한 후에 부정적인 정서상태와 관련한 신체긴장을 풀기 위하여 축구를 할 수 있을 것이다.

자기 성찰, 유머, 자기주장 그리고 승화는 성숙한 방어기제에 해당하는데, 아동이 이런 방법을 사용할 경우 생산적인 방법으로 불안과 관련한 갈등관리를 할 수 있다. 아동이 우울, 부정, 떠넘기기 등과 같은 신경질적인 방어나 분열, 투사, 수동적 공격 등과 같은 미성숙한 방어기제를 사용할 경우 그 아동은 단기간 동안은 불안 또는 기타 부정적인 정서를 규제할 수 있으나, 장기적으로는 문제가 될 수 있다.

즉, 신경질적이거나 미성숙한 방어기제를 사용하면 심리문제를 유지시키게 되는 것이다. 예를 들어, 아동이 부모에 대한 분노를 형제 자매에게 전가시키게 되면 형제 자매와의 관계에 문제를 입히게 된다.

3. 대처전략

방어기제 구조는 정신분석 이론에 의한 것인데 이에 따르면 보통 사람은 부정적인 정서를 자기 스스로 무의식적으로 규제한다. 반면에 대처전략은 의식적으로 사고를 사용하는 것이다.

대처전략 구조는 스트레스와 인지행동 관련 이론에서 개발되었다. 대처전략은 사람이 스트레스받는 요구와 가용자원(可用資源) 간에 차이가 있음을 인지하고 이 상황을 관리하기 위하여 사용하는 것이다. 대처전략 구분은 문제중심(problem focused) 대처전략과 정서중심(emotion focused) 대처전략으로 구분한다.

후자는 가족사망(bereavement)과 같은 통제할 수 없는 스트레스 대처에 해당하고, 전자는 학교시험과 같은 통제할 수 있는 스트레스에 해당한다. 그 대처전략이 어느 전략이든 간에 이들 간의 차이는 전략이 기능적인가 아니면 역기능적인가에 따라 문제가 달라질 것이다. 〈표 2.1〉은 일부 공통적으로 사용하는 대처전략을 제시한 것이다.

표 2.1 기능적, 역기능적 문제중심 대처전략과 정서중심 대처전략

타입	목적	기능적	역기능적
문제중심	문제해결	정확한 정보 찾음 믿을 만한 충고나 도움을 구함 현실적 행동계획 개발 계획에 의하여 실시	부정확한 정보 찾음 문제 있는 충고 구함 비현실적인 계획 개발 계획에 의한 실시 안함
정서중심	무드규제	사회적 지지와 동조적인 친구사귀기 및 유지 카다르시스와 정서적 과정 재구축 및 인지 재구조화 이완의 일반화 신체 운동	파괴적인 관계 형성 및 유지 문제의 회피 비생산적인 희망적인 생각 약물 및 알코올 남용 공격

* 출처 : Zeider and Endler(1996).

4. 생물학적 유지요인

심리적 특성 외에 생물학적 요인들도 심리문제를 유지시킬 수 있다. 예를 들면 생리자각수준 이상, 신경전달물질시스템 규제 이상, 순환주기리듬 이상, 그리고 기타 신체시스템 이상 등이 일부 심리문제 유지와 관련이 있음이 밝혀진 바 있다. 대개 생물학적 유지요인은 아동의 신경학상 특정 문제와 관련이 있다. 예를 들어, 과다결장(過多結腸)은 유분증 유지와 관련이 있고, 신경내분비 결핍은 신경성 거식증과 관련이 있다.

제 3 절 상황적 위험요인

사람이 지니고 있는 개인적 특성으로 인한 심리문제 유발 및 유지뿐만 아니라, 상황적 요인 역시 아동에게 심리문제를 유발시킬 수 있고, 문제를 유지시키는데 매우 중요

한 역할을 담당할 수 있다. 상황요인은 심리문제요인 중 약 50%를 담당한다.

아동은 부모-아동관계, 여러 가지 가족문제에의 노출, 특정스트레스 등에 의하여 심리적 문제를 일으키게 된다.

1. 초기 부모-아동요인

연구결과 부모-아동 간 애착의 질, 부모가 제공하는 지적 자극 정도, 통제와 양육스타일 등은 아동의 심리적 조정에 중요한 영향을 미치는 것으로 밝혀졌다. 그러나 이 개념은 이 분야에서 일반시민에게 많은 오해를 일으켜 왔다. 따라서 이들 요인에 대한 오해를 줄이고 보다 정확한 이해를 하여야 할 것이다.

1) 모자간 유대

Klaus와 Kennell(1976)은 부모-아동관계 형성은 매우 밀접해야 한다고 주장하면서, 유아가 출생하면 즉각 어머니 살을 맞대는 접촉을 하여야 한다고 주장하였다. 그러나 모자간 유대이론(bonding theory)은 실제 연구결과에서 지지받지 못하였다. 안정적인 모자간 애착유대는 산후 즉시 살을 맞대는 접촉 없이도 형성될 수 있다는 것이다. 이처럼 실증적 지지를 받지 못하였음에도 불구하고, 모자간 유대이론은 미국, 유럽 등 여러 지역에 걸쳐 병원에서 산모와 신생아 처치에 크게 영향을 미쳤다. 그로 인하여 산모와 유아 건강상 신체접촉이 부적절한 상황에서도 밀접하고 빈번한 산모-신생아 접촉을 권장하고 있는 것이다. 이는 모자간 유대에 실패하면, 아동의 심리문제에 영향을 미치고, 아동 성장을 저해하며, 부모가 아동을 학대할 수 있다는 유대이론 때문인 것이다. 그러나 이들 견해들은 이미 많은 연구로 지지받지 못하는 상태다. 반면에 출생 후 즉각적인 아동접촉이 이후 생활에 중요한 것이 아니라 생후 2년간 아동과 일차 양육자 간, 특히 아동-부모 간 애착의 질이 아동의 정신건강 발달에 매우 중요한 것으로 나타났다.

Mary Ainsworth 등(1978)은 실험적으로 모자를 인위적으로 분리한 후에 나타나는 일시적인 유형과 관련한 모자 상호작용 패턴을 세 가지로 설명하였다. 이들은 실험적인 인위적 분리과정을 낯선 상황이라고 하였다. 여기에서 안정애착아동(securely attached children)은 부모와 분리되었다가 다시 만나자 부모에 아주 가까이 근접하였다.

그리고 어머니가 상담사와 대화를 하는 중에 아주 활발하게 어머니 존재를 확인하였다. 즉 그들은 어머니를 새로운 환경을 탐색하는데 있어 안전기지로 취급하였다. 불안정애착아동(anxiously attached children)은 예측할 수 없는 방법으로, 어떤 때는 엄마와 근접하고자 하고, 어떤 때는 엄마에게 근접하는 것을 피하거나 저항하였다. 이런 아동은 어머니와 접촉하기를 원하나 접촉하여 위안받지는 못하였다.

그래서 아동이 안전기지 경험을 제공받지 못하였다. 애착회피아동(anxious avoidant children)은 분리 후 다시 만나도 어머니와 가까이 하지 않았다. 이들은 분리 후에도 어머니에게 되돌아가려 하지 않았다. 그리고 분리되었을 때 우울하지도 않았다.

연구결과 부모에 대한 안정적인 애착은 하나의 예방요인이라는 점이 밝혀졌다. 애착이 형성되면 아동은 안전의 원천을 제공받아, 이후 대인관계에서 지지관계 형성을 발달시키는 모델이 된다. 안정적인 애착이 형성되면 자존감, 긍정적인 정서, 좋은 또래관계, 성인과 좋은 인간관계, 좋은 개인 자율감 등을 발달시킨다.

2) 지적 자극

부모가 유아에게 제공하는 감각운동과 지적 자극은 아동 지적 발달에 매우 중요하다고 한다. 부모가 유아에게 다양한 장난감을 제공하고 여러 가지 지적 자극 기회를 제공하면, 아동의 지적 수준과 IQ에 공헌한다고 한다.

3) 양육스타일

양육에 관련한 여러 가지 문헌을 종합적으로 검토하면, 4개 분면에 부모의 온정과 통제차원을 조합하여 4가지 양육스타일을 만들 수 있다. 그런데 이들 양육스타일은 아동발달에 특히 관련이 있다고 한다. 신뢰적 스타일 부모는 아동을 온정적이고 아동중심적으로 양육한다. 권위적 스타일 부모는 온정적이지 못하고 통제를 강조한다. 이런 부모로부터 양육된 아동은 성인이 되어도 수줍음을 잘 타고, 솔선하기를 꺼리는 경향을 보인다. 허용적 스타일 부모는 온정적이지만 훈육에서 느슨한 모습을 보인다.

이 허용적 스타일에 의해 양육된 아동은 이후 성장한 뒤 계획에 따라 일을 추진하는 능력에 결함을 보이고, 충동통제 능력에도 부족함을 보인다. 방관적 스타일은 지나칠 정도로 통제에서 느슨한 모습을 보이면서도 온정에 있어서도 그 정도가 매우 낮은 모습을 보인다.

이상 부모의 양육스타일에서 부모로부터 사랑(온정)을 받지 못한 아동과 가혹하게 훈육을 받은 아동, 일관성 없이 훈육을 받은 아동 등은 조정상의 문제를 보인다. 이는 특히 체벌의 경우에 더욱 그러하다. 아동이 체벌을 경험한 경우 이 아동은 공격하는 방법이 문제를 해결하는 방법이라고 생각하게 되어 또래와의 갈등을 해결하는데 공격을 사용하는 경향이 있다. 따라서 부모로부터 체벌을 받으면서 자란 아동은 품행문제를 일으킬 수 있고, 싸움꾼이 될 수도 있다.

2. 아동초기 가정문제

부모에게 중대한 개인 조정상의 문제가 있을 경우 그 가족은 가족와해, 부부불화, 형제 자매 탈선 등이 있게 되어 아동에게도 심리문제가 발생할 수 있다.

1) 양육상 문제

부모의 우울증, 알코올 남용, 범죄와 같은 양육조정 문제 등은 다음 두 가지 이유로 아동에게 심리문제를 일으키기 쉽다. 첫째로, 이와 같은 문제로 부모는 아동에게 안정적인 애착관계, 적절한 지적 자극, 신뢰적인 양육환경을 제공하는 능력을 떨어뜨릴 것이다. 예를 들어 우울한 어머니는 자녀가 보이는 불만 신호를 제대로 해석하지 못한다. 그래서 어머니는 안정적인 애착을 형성하기 위해 빠르고 적절한 반응을 보이지 못하게 된다. 그리고 알코올 문제가 있는 아버지의 경우는 자녀에게 양육환경을 제공하지 못한 채, 대개 가정생활에서 매우 말초적인 역할 만을 담당할 것이다.

둘째로 모델링과 부적절한 모방과 강화를 통하여 아동이 부모와 유사한 신념시스템과 행동패턴, 방어기제 그리고 대처전략을 배우게 될 것이다.

2) 부부불화

보통 부부만족은 아이를 낳기 이전과 자녀가 분가한 이후에 높은 수준의 만족을 보이고, 학령기 아동을 가진 가정이 되면서 가장 낮은 만족을 보인다.

이와 같은 결과로 볼 때, 아동 양육과 아동 문제가 부부만족을 줄이는 것으로 보인다. 부부 불만족과 불화가 존재하는 가정에서는 아동의 심리문제, 심각한 품행문제 등이 발생할 수 있다고 한다. 아동이 부부불화나 부부폭력에 노출되면 여러 가지 방법으로 심리문제를 발생시킬 수 있는데 이는 첫째로 아동이 부부싸움이나 부부갈등 또는 부부폭력을 아동이 목격하여 스트레스를 받는다. 이는 특히 불화가 아동문제(안정과 양육, 아동생활 통제에서 부부갈등)와 관련이 있을 경우 더욱 그러하다.

둘째로 부모가 불화를 보일 경우 아동은 부모에 대하여 강한 충성심을 가지고 있음에도 불구하고, 부모 중 한 사람에게 보내는 정적인 제스처가 다른 부모에게 불충(不忠)으로 보여, 혼이 나거나 버림받을까 두려워하게 된다.

셋째로, 아동은 그 스스로가 부부불화에 책임이 있다고 느낄 수도 있다. 그리고 아동 자신이 부부갈등이나 폭력을 예방하는 역할을 담당해야 한다고 생각할 수도 있다.

넷째로, 부부불화로 인하여 부부간 협력으로 적절한 아동양육 환경을 제공하지 못할 수 있다. 부부협력은 부부가 별거 중이거나 이혼을 한 경우에 특히 중요하다. 일반적으로 부부이혼 후 2년간 아동의 20%가 처방해야 할 정도의 중대한 정서 행동문제를 보인다고 한다. 이때 가장 심각한 문제는 부부갈등을 아동에게 분풀이하는 유형과 아동을 호되게 양육하는 문제다. 그러나 부부간에 상호 협력적인 양육을 하게 되면 부모가 이혼한 후에도 좋은 조정이 될 수 있다.

3) 가족와해

와해된 가정은 일관성 있지 못한 규칙, 불명확한 역할, 일상 일의 부재로 인한 혼란스런 가정환경인데, 이때 아동은 심리문제, 특히 품행문제를 일으킬 위험이 있다. 이와 같은 경우 아동은 의사소통 기술과 문제해결 기술을 배우지 못한다. 보통 이 같은 가정(家庭)은 다양한 문제를 가지고 있는데 하나의 위기문제가 발생하면 또 다른 위기문제로 발전한다.

그와 같은 환경으로 인하여 아동이 생활에 대하여 예측할 수 없는 상황이 되어 스트레스가 매우 높게 되고, 이런 가정환경으로 안정적인 애착을 제공받지 못하며, 아동이 필요로 하는 신뢰적인 양육을 제공받지 못하여, 아동은 심리문제를 일으키게 될 것이다.

4) 형제 자매 탈선

품행문제가 있는 손위 형제 자매가 있을 경우 아동 그 자신도 품행문제를 보일 위험이 있다. 탈선한 형제 자매들로 인하여 아동은 부적절한 역할 모델을 제공받을 수 있는 것이다.

3. 초기 스트레스

아동이 적절한 지원을 받지 못하고 안정적인 양육, 또는 지적 자극 욕구를 충족받지 못한 경우, 아동은 심리문제를 유발할 수 있다. 이들 초기스트레스 중에서 가장 중요한 것은 가족사망, 부모-아동 간 별거, 아동학대, 사회적 불이익 그리고 시설양육 등이다. 이와 같은 아동의 초기 스트레스는 아동애착을 통한 관계형성을 방해하는 요인이 된다.

1) 별거와 가족사망

아동이 부모와 별거하거나 부모사망으로 부모 중 한 명을 잃는 중대한 손실을 경험하게 되면 아동은 다양한 문제 특히 우울증과 같은 문제를 일으킬 위험이 있다. 아동초기 부모사망을 겪은 아동은 후에 다른 사망을 겪을 경우 우울증에 걸리기 쉬운 경향이 있다.

2) 아동학대

아동이 초기에 신체적, 성적, 정서적 학대를 받게 되면 아동은 후에 정서문제와 품행

문제로 발전할 수 있다. 학대받은 아동은 계속하여 학대관계에 몰입되어 있을 수 있고 타인을 학대할 위험도 있다.

3) 사회적 불이익

아동초기에 만성적인 사회적 불이익과 가난을 경험하게 되면, 아동은 후에 아동심리문제를 일으킬 위험이 있다. 신체적 건강 이상, 부적절한 영양공급 등은 아동건강에 불리하게 영향을 미칠 수 있고, 그로 말미암아 심리적 안녕에도 영향을 미칠 수 있다.

또한 부모가 사회적 불이익 문제를 이리저리 대처하다 보면, 부모가 여러 가지 스트레스를 받게 되어, 아동이 필요로 하는 안정욕구, 양육욕구, 통제와 지적 자극 욕구 등을 제대로 충족시키지 못할 수 있다.

4) 시설양육

아동이 시설에서 양육받거나 여러 양육자로부터 양육받을 경우, 아동은 후에 심리문제 특히 관계형성 및 유지 등에서 문제를 보일 위험이 있다. 왜냐하면 이와 같이 스스로 안정적인 애착을 경험하지 못한 아동은 후에 사회적으로 지지를 받는 관계형성의 기초가 되는 모델이 부족해지기 때문이다.

제 4 절 상황적 유지요인

일단 아동에게 심리문제가 발생하면, 그 아동은 그 아동이 가진 사회적 네트워크 구성원이 이 문제에 반응하는 방식에 의하여 문제를 지속한다. 아동문제는 가족 내 상호작용 패턴, 지속적인 양육상 조정문제, 학교를 포함한 광범위 사회네트워크 내에서의 요인, 그리고 가족이 처방담당자와 관계하는 방식에 따라 다르게 유지될 수 있을 것이다.

1. 가정 시스템 요인

가정에서 아동은 부모와 형제가 심리문제를 지니고 있을 경우 이들과 상호작용하는 패턴으로 문제를 유지시킬 수 있다. 이와 같은 상호작용 패턴의 예는 많이 있는데, 특히 언급할 만한 것으로서는 우연한 강화, 불안한 애착, 강압적인 상호작용, 과잉관여, 방관, 일관성 없는 부모 훈육, 혼란스런 의사소통, 그리고 삼각관계 등이다. 이와 같은 문제를 유지하게 하는 상호작용 패턴은 혼란스런 가족구조, 부부불화, 그리고 아버지 부재 등이 있는 가정에서 보통 나타난다.

1) 우연한 강화

아동이 상호작용하고자 할 때 부모나 형제가 이에 관심을 보이지 않거나, 계속 또는 간헐적으로 문제를 강화하는 방식으로 아동과 상호작용한다면, 아동 심리문제는 계속 유지될 것이다. 이와 같은 무관심은 관심을 보이는 것만큼이나 단순하다. 부모와 형제는 아동의 문제행동에 대하여 강화시킬 의도는 없었지만 반복적으로 아동의 잘못된 무드나 잘못된 행동을 지적하여 무의식적으로 강화를 하게 된다.

이때 대부분 아동은 그 강화받은 문제행동이 부모강화에 의하여 강화되었음을 알지 못한다. 우연한 강화는 지속적으로 보다는 간헐적으로 제공될 경우 특히 강하게 유지된다.

2) 불안한 애착

아동이 세상을 경험하는데 부모를 안전기지로 사용하는 경험을 하지 못한 아동은 칭얼대거나, 부모로부터 떨어질 때 또는 잠잘 때 우는 등 다양한 형태로 부모와 떨어지기를 거부하는 행동을 보일 수 있다. 이때 부모가 아동을 위안하면서 타인에게 아동을 넘겨주면 아동은 더 강하게 부모와 떨어지기를 거부하는 행동을 보일 것이다. 이는 불안한 애착의 증표다.

3) 강압적 상호작용

강압적 상호작용 패턴은 아동 행동문제 유지의 주요요인이 된다. 이에는 상호간 부적 강화도 해당된다. 품행문제가 있는 아동은 부모와 부정적인 상호작용을 단계적으로 확대하는 패턴을 보인다. 즉, 아동은 부모의 비판과 꾸지람에 대하여 점차 공격이나 파괴행동을 하는 정도가 커지는 방식으로 반응한다. 그러면 부모는 이런 상호작용 교환에 위축이 되기도 한다. 이와 같은 위축으로 아동과 부모 모두는 휴전을 한다.

이와 같은 휴전 경험으로 부모와 아동은 모두 부적으로 강화된다. 아동 측면에서는 높은 수준의 공격성과 파괴행동이 강화되고, 부모 측면에서는 단계적인 확대 패턴에 직면하여 아동으로부터 위축되는 것이 강화된다. 이와 같은 강압적 상호작용 패턴은 권위적 양육스타일로 발생할 것이다.

4) 방관

부모-아동 간 상호작용이 빈번하지 못하면 아동의 심리문제가 유지될 수 있다. 일부 발달이 지체된 유아 및 아동의 경우, 낮은 빈도의 상호작용 패턴, 방관적 상호작용 패턴이면 언어지체와 인지발달 지연을 계속 유지시킬 수 있다는 것이다. 또 중학교 학령기와 청소년기의 경우 부모-아동 간 상호작용 관계가 방관적 상호작용일 경우 품행문제를 유지시킬 수 있다.

감독수준이 낮을 경우, 청소년은 탈선한 또래 그룹과 자유롭게 관여하게 되고, 비행을 하게 된다. 또한 부모-아동 관계가 방관적일 경우 아동은 낮은 자존감을 유지시킬 수 있다. 왜냐하면 부모-아동 간에 상호작용이 없는 것을 아동은 자신이 부모에 의하여 가치 있는 평가를 받지 못하고 있는 것으로 해석할 수 있기 때문이다.

5) 일관성 없는 훈육

부모가 용납할 수 있는 행동과 용납할 수 없는 행동을 규제하고, 그 후속결과를 규제하는 규칙이나 규칙위반에 대한 대처방식이 불분명하거나 분명하지만 일관성 없을 경우, 부모-아동 상호작용 패턴에 문제를 유지시킬 수 있다.

이 경우 아동은 순종이나 불순종 결과가 어떤 것인지를 정확히 알지 못하기 때문에, 부모의 요구에 따르기를 거부할 수 있다. 결국 아동은 용납할 수 있는 행동규칙을 습득하지 못하여 문제행동을 계속할 수가 있는 것이다.

6) 의사소통 문제

아동심리 문제는 의사소통 문제로 인하여 유지될 수 있다. 문제 있는 의사소통 패턴은 부모가 아동 의사를 듣는데 문제가 있거나, 부모가 아동에게 명확하지 못하거나 간접적인 메시지를 주어 나타날 수 있다. 부모가 아동의 의사를 제대로 들을 수 없고, 부모가 아동의 입장에서 아동이 이해할 수 있는 방식으로 명확하고 직접적인 피드백을 주지 못하면, 아동은 낮은 자존감과 심리문제가 유지될 수 있는 것이다.

부모와 아동 상호 간에 의사소통을 제대로 하지 못하는 혼란스런 의사소통 패턴의 경우, 여러 가지 품행문제, 정서적 문제가 유지될 수 있을 것이다. 예를 들면, 아동이 솔직히 말하길 부모가 아동에게 이점을 직접 말하기보다는 "나는 사람들이 솔직하길 바래"라고 말할 수 있다. 이는 간접적인 의사소통 방식인데 이 경우 '만일 우리가 서로 신뢰한다면, 우리는 서로에게 솔직히 말해야 해! 무슨 일이 있었지?'와 같은 직접적인 의사소통이 훨씬 더 효과가 좋다. 즉, 아동에게 보내는 부모의 메시지가 명백하지 못한 부모-아동 간 의사소통 패턴으로 인하여 많은 심리적인 문제가 유지될 수 있는 것이다.

예를 들어, 부모가 아동에게 애매모호(曖昧模糊)한 메시지, 즉 말로 메시지를 표현하였으나 판단하기에 혼란스럽거나, 말로는 정확히 전달하였으나 함께 준 글 메모지에는 그 내용이 불명확할 경우가 있다. 이 경우 아동이 애매한 상황을 명확히 이해하지 못하거나, 부모 요구가 무슨 의도인지를 명확히 분류할 수 없을 경우에 부정적인 효과는 더 커질 것이다. 이 경우 아동 입장에서 혼란스런 메시지가 지시적이거나, 불복종하면 벌을 받거나 부모에게 인정받지 못하게 되는 상황에서 발생한 것이라면 스트레스는 더욱 클 것이다. 즉, 아동은 올바른 지시가 무엇인지는 알 수 없고 그것을 알아내는 방법을 모르거나 달리 좋은 탈출구가 없다고 생각하여 자신이 이해한 방식으로 부모 지시를 수행할 경우 부모에게 불순종하는 것이 될 것이라고 생각한다.

이런 타입의 의사소통은 연구결과 정신질환의 원인이 되지는 않지만, 정신분열을 보이는 가족구성원에게서 발견된다. 그러나 치료경험에 따르면, 이런 타입의 이중적 의무가 담긴 의사소통은 아동의 품행과 정서장애에 상당한 유지요인인 것으로 나타났다.

7) 아버지 지원

아버지가 아동과 시간을 양적으로나 질적으로 시간을 많이 가지면 가질수록, 장기간 아동의 전반적인 조정수준이 좋아진다. 아버지 관여가 높은 가정에서 자란 아동은 생활을 잘하고, 대인관계가 좋으며 유능감과 높은 자존감을 보인다. 가족치료 연구에 따르면, 치료에 아버지가 관여하게 될 경우 성공 가능성이 높아 아버지 관여 정도가 좋은 결과에 대한 좋은 예측변수가 된다고 한다.

2. 부모요인

부모가 아동과 상호작용하는 패턴으로 인하여 문제가 더 유지되는 경우도 있을 것이다. 부모가 아동과 유사한 정서문제를 가지고 있어서 아동에게 모델 역할을 하여 아동 행동 문제를 유지시킬 수 있는 것이다. 또는 부모가 심리문제나 범죄로, 양육에 필요한 대처자원이 부족하게 되거나, 입원이나 투옥으로 인하여 아동을 돌 볼 수 없는 상태로 아동 문제를 유지시킬 수도 있다. 또 부모가 아동발달에 대하여 정확한 지식을 가지고 있지 못하여, 아동행동을 오해하고 문제를 유지시키는 상호작용 패턴을 보일 수 있다.

예를 들어, 고통으로 울고 있는 아동을 보고 부모가 '자기아동이 의도적으로 자신을 힘들게 하려는 것'으로 오해하여 아동을 혼내거나, 반사회적인 공격행동을 우울 징조로 오해하여, 부모가 과잉 관여하는 것 등이 이것이다. 일차 양육자로부터 안정적인 애착관계를 경험하지 못한 부모는 안정적인 애착형성을 위한 내적 작동모델이 부족하여 아동에게 좋은 타입의 관계형성을 제공할 수 없게 된다. 즉, 안정적이지 못한 애착으로 인한 상호작용 패턴 결과로 아동 심리문제가 발생하고 유지되는 것이다.

또한 부모가 아동 정서규제에 필요한 신념과 기술을 가지고 있지 못하여, 부모가 아동에게 신뢰적인 양육환경을 제공하지 못하고, 아동에 대한 처방을 계획적인 반응보다는 즉흥적인 정서적 반응을 하게 되어, 낮은 자존감을 불러오고, 문제해결을 외적 통제소재에서 찾으며, 낮은 자기 효용감, 문제 있는 귀인스타일, 인지왜곡, 미숙한 방어기제, 역기능적인 대처전략 등을 사용하여 결국 부모가 문제를 유지시키는 상호작용 패턴으로 아이를 돌보게 된다.

3. 사회 네트워크 요인

가족 사회네트워크상 문제로 인하여 아동문제를 유지시키는 상호작용 패턴을 만들고 유지시킬 수 있다. 이런 요인에는 가족 스트레스와 사회 지원 수준, 아동 학교배치와 또래관계, 그리고 가족이 살고 있는 공동사회 타입 등이 해당한다.

1) 사회 지원부족

사회지원 네트워크가 부족하고, 대가족과 정적인 관계가 형성되지 못하며, 친구가 없이 사회적으로 고립된 가정의 경우, 부모와 아동은 문제를 유지시키는 상호작용 패턴을 가지게 될 가능성이 높다. 부모와 아동 입장에서 사회적 지원은 개인의 안녕감을 증진시키고, 문제해결에 대한 충고를 받을 체제를 형성하게 하여 준다.

사회적 지원을 효과적으로 하여줄 경우 내분비물, 심장혈관, 면역시스템 기능을 활성화시키는 것으로 알려져 있다. 사회적 지원이 없으면 부모와 아동은 문제 대처능력을 위한 자원이 부족해져서, 문제를 유지시키는 상호작용 패턴으로 빠질 가능성이 높다.

2) 높은 가정 스트레스

부모 실업, 중병, 또는 가족사망과 같은 중대한 스트레스받는 인생사, 그리고 아동 자신의 이동문제, 다툼과 같은 작은 스트레스 사건들이 축적되면 부모와 아동 간의 대처자원이 침식되고, 가족 상호작용에서 문제를 유지시키는 상호작용패턴을 촉진시킬 수 있다. 이와 같은 타입의 스트레스는 가족이 사회적으로 불리한 상황에 있는 경우에 더 많이 나타난다.

부모의 직업 상황도 스트레스와 지원 모두에 영향을 미치는데, 이 상황에 따라 부모가 아동의 욕구에 부응하는 정도가 달라지기 때문이다. 일하는 부모는 그렇지 않은 사람들보다 우울과 같은 정신 건강문제에 덜 영향을 미친다. 재정적 욕구 해결뿐만 아니라, 일이란 부모에 대한 사회지원, 인생목표, 성취와 지위에 대한 부모의 욕구를 채워 주는 역할을 담당한다. 그러나 일이란 또한 스트레스의 원인이다.

직업상 스트레스는 책임, 자원, 작업환경에 대한 낮은 수준의 통제와 관련이 있음이 지속적으로 발견되었다. 과다한 작업부담뿐 아니라 반대로 과소한 작업부담 또한 스트레스를 유발한다. 후자는 지루함을 야기하고, 전자는 피로를 야기한다.

스트레스는 또한 개인책임이 불명확하고 애매한 상황, 시간 압박이 강한 상황, 그리고 직업상 과업이 너무 복잡하거나 극도로 단조로운 상황에서도 받는다. 신체적으로 불편한 작업환경, 동료작업자, 관리자, 부하직원 간의 지원관계 부족 등도 스트레스를 일으키는 상황이다.

특히 여성의 경우 가정일과 직장일 간의 역할 긴장은 스트레스의 중요한 원천이 된다. 근무자가 근무처 변경으로 인하여 사회적 지지 네트워크를 잃게 된다면 특히 스트레스가 많다. 한 사람의 능력을 뛰어 넘는 승진이나, 승진을 기대하였는데도 승진에서 제외되는 것 모두 스트레스를 증가시킬 것이다.

3) 부적절한 교육배치

심리문제 아동을 위하여 적절한 자문과 자문훈련을 하지 못하여 지원을 제공치 못하고, 충분한 준비가 되지 못한 학교에 아동을 배치하면, 아동은 심리문제를 유지시킬 수 있다. 학습에 어려움이 있는 아동은 적절한 치료교사가 없을 경우 점점 더 뒤처지게 될 것이다.

이들 아동은 또한 실패경험을 많이 하게 되거나, '느림보'로 낙인찍히거나 교육적으로 부적절하다는 평가를 받아, 부정적인 자기 평가신념을 가지게 된다. 이들 아동은 또한 교사나 동료 아동과 상호작용하는데 문제를 유지시키는 상호작용 패턴을 만들 수 있다.

4) 탈선 또래그룹 관계

품행문제나 약물남용 문제 청소년은 대부분 비행이나 약물남용 또래그룹을 가지고 있는데, 이들이 이 또래와 계속하여 교류하게 되면 모델과 강화를 받아 결국 청소년 문제행동이 유지될 수 있다.

5) 공동사회 문제

아동품행 문제와 학교관련 심리문제는 여러 가지 공동사회 문제에 의하여 유지된다. 여기에는 사회적 불이익, 높은 범죄지역 주거, 적은 고용기회, 공동사회 폭력에의 노출 등이 해당한다.

4. 처방 시스템 요인

아동이 지닌 심리문제는 아동과 가족이 처방기관과 건강, 교육, 청소년법원, 기타 관련 시스템 내에서의 전문가 등과 관계하는 방식에 의하여 유지될 수 있다. 심각한 심리조정 문제가 있는데도, 아동이나 중요한 가족구성원이 전문가를 거부하거나, 가족 구성원이 아동문제 해결에 대하여 모호한 태도를 보일 경우 더 유지될 수 있다.

이는 교사, 사회사업가, 보호관찰자가 전문가를 거부하는 경우도 마찬가지다. 가족이 아동에게 문제 있음을 부정하거나 아동 치료에 대한 애매모호(曖昧模糊)한 태도를 보이게 되면 아동과 가족 간에 문제해결 상호작용 패턴을 제공하기보다는 문제를 유지시키는 패턴이 된다.

또한 가족이 전에 성공적으로 유사한 상황에서 대처한 경험이 없는 경우 더 지속적인 경향이 있다. 부모와 아동은 문제를 스스로 해결할 수 있는 능력이 있다고 믿어서도 안 되며, 어떤 문제해결법을 종래 하던 대로만 하여서도 안 된다.

또한 대부분 부모나 아동은 전문가나 치료팀과 좋은 관계를 만들고 유지하는 경험을 가지고 있지 못하다. 그리고 아동문제는 아동과 부모가 문제해결을 위하여 치료팀이 제공한 문제해결 공식과 이 치료계획을 거부할 경우 문제가 더 지속될 수 있다.

종학(multidisciplinary)팀 내부 전문가들 간의 협조부족 역시 아동문제를 유지시킨다. 특히 서로 다른 전문가들이 문제해결 공식과 치료계획을 가지고 갈등할 때 더욱 그러하다.

제 5 절 촉진요인

자폐성장애 같은 일부 심리문제는 태어날 때부터 선천적으로 나타난다. 그리고 일차 유뇨증(primary enuresis)과 같은 기타의 심리문제 아동은 발달지체를 보인다. 이 경우 아동은 나이에 적당한 특정 유능감을 발달시키지 못하게 된다.

대부분 심리문제 발병은 상당히 점진적이다. 예를 들어 섭식장애(eating disorders) 아동은 수개월에 걸쳐 점차 신경성 거식으로 발전한다. 그러나 어떤 심리문제는 갑자기 그리고 외상 후 스트레스 장애와 같은 명백한 스트레스 요인에 의하여 발병하기도 한다. 촉진요인은 언제나 나타나는 것은 아니지만, 위험요인과 유지요인을 구분하여 볼 필요가 있다.

왜냐하면 아동의 심리문제는 질병이나 손상, 아동학대, 난폭함, 새 가족 탄생 또는 가족 손실과 같은 생활 스트레스에 의하여 촉진되기 때문이다. 또 심리문제는 청소년기에 들어가고, 학교가 바뀌며, 또래 친구를 잃고, 부모 별거 또는 이혼 등과 같은 라이프 사이클 전환기(transition)에 의하여 촉진될 수 있다. 부모실업, 가족이사, 재정문제 등과 같은 가족스트레스 등도 심리적 문제 발병을 촉진할 수 있다.

제 6 절 아동기 문제 사정

태어나면서부터 아동은 부모를 어렵게 한다. 그래서 '진자리 마른자리 갈아 뉘시며

손발이 다 달토록 고생하시네'란 노래가 나온 것 같다. 물론 부모는 이것을 어려움으로 생각하지 않고 즐겁고 기꺼이 받아들인다. 부모는 아이의 해맑은 미소를 보고 그간의 어려움을 한방에 보내는 것이다. 그래서 아이는 모두 예쁜가 보다.

그럼에도 불구하고 아동의 정서나 행동에 문제가 있는 경우가 있다. 배설에 문제가 있을 수 있고, 섭식에 문제가 있을 수도 있으며, 지나치게 과잉행동을 보일 수도 지나치게 소심할 수도 있다. 부모는 이와 같은 아동의 문제에 대하여 면밀히 관찰하고 조기에 대응하여야 한다. 왜냐하면 이 대응이 적절하지 못할 경우 호미로 막을 걸 가래로 막게 되어 아동 인생전반에 영향을 미치기 때문이다.

아동의 정서나 행동에 문제가 있을 경우, 부모나 교사는 먼저, 1) 어떤 행동이 문제행동인지를 파악하고, 다음으로 2) 왜 이 문제가 발생하는지를 생각하여, 마지막으로 3) 아동 입장에서 이 문제에 대한 최선의 처방법은 무엇인지를 찾아내야 한다.

이와 같은 단계는 언뜻 보기에 간단해 보이나 이는 매우 어렵고도 힘든 과정이다. 이를 각 단계별로 설명하면 아래와 같다.

1. 문제행동 및 원인

1) 문제행동

어떤 행동이 문제행동인지를 파악하기 위해서는 먼저 이 행동이 실제로 처방이 필요한 문제인지를 알아야 한다. 이 때 처방이 필요한 문제행동은 크게 두 가지 측면에서 알아볼 수 있을 것이다. 즉, 하나는 문제행동의 원인이 아동 개인에 있는 것과 이 문제행동의 원인이 아동 개인이 아니라 아동 주위환경에 있는 것이다.

또한 아동의 어떤 행동이 진짜로 아동의 문제행동인지 아니면 그 행동으로 부모나 교사가 귀찮거나 화가 난 것인지를 냉정하게 구분하여야 한다. 예를 들어 아동은 문제가 없다고 하고, 부모나 교사는 문제가 있다고 할 때 과연 이 행동이 문제행동인지를 알아내기란 매우 어렵다.

그럴 리야 없겠지만 간혹 발달수준에 맞는 아동의 행동에 대하여도 부모나 교사의 정서상 문제로 극히 정상적인 아동행동을 문제행동으로 볼 수 있는 것이다(실제로, 부모의 우울증과 같은 정서문제로 부모가 아동의 정상적인 행동을 문제행동으로 몰아간 사례가 있다).

한편 문제행동을 보이는 아동 중에는 여러 가지 증상이 복합되어 나타난다. 예를 들어 아동이 보인 단순한 돌발적인 행동도 불안이나 우울과 같은 보다 심각한 내면화된 문제를 숨기고자 그러한 행동을 하고 있을 수 있는 것이다.

2) 원인탐색

원인을 탐색하는 문제는 매우 중요하다. 원인을 모르고 처방을 한다는 것은 말이 되지 않기 때문이다. 예를 들어 기생충에 감염되어 항문이 가려운 것인데 항문만을 치료한다 하여 치료가 되겠는가? 따라서 아동의 행동에 대해서는 항상 그 행동의 배경을 찾고 그 배경이 되는 원인을 바탕으로 처방을 하여야 하는 것이다.

왜 문제행동이 계속해서 반복하여 발생하는가를 알아내는 방법은 아동이 보이는 문제행동이 어떤 요인에 의하여 유지되는가를 알아내면 된다. 이 문제행동 유지요인에 관련한 언급은 이후 절을 달리하여 설명할 것인데 강화, 관심 끌기, 상황 탈피, 물질적 보상, 기타 요인 등이 해당될 수 있다. 예를 들어 아동이 짜증을 내거나 여동생에게 공격하는 것, 불복종 행동은 관심을 얻고자 하는 행동으로 볼 수 있을 것이다.

2. 문제행동 사정 및 처방

1) 사정

아동 문제행동 사정법은 여러 가지가 사용될 수 있다. 예를 들면 상담, 자기보고, 자기평가, 인지사정, 물리적 · 의학적 사정, 역할극, 부모－교사평가, 소시오매트릭, 직접관찰, 지능검사, 성취도검사, 성격검사, 기타 등이 이에 해당한다.

이때 아동의 문제행동이 동일한 영역이 아닌 여러 영역에서 나타날 경우(예, 사회성, 학습, 지능, 정서)에는 다차원적인 사정접근법이 필요하다.

2) 처방

위 언급한 문제행동 및 원인은 행동의 양상(문제행동의 파악)과 기능(문제행동의 이유)에 해당한다. 이와 같은 문제행동 양상과 기능을 부모나 교사가 정확히 알고 있을 경우 문제는 보다 쉽게 해결될 수 있다. 따라서 문제행동 처방법은 앞서 언급한 문제행동의 파악과 문제행동의 이유를 통한 진단을 토대로 마련하게 된다.

예를 들어 아동의 문제행동이 집이나 학교에서 불복종이라면(양상) 이 행동을 없애면 다른 행동문제도 제거하는데 도움이 될 것이다. 또 아동의 불복종이 관심 끌기로 강화되었고 학교에서는 짝 때문이라면(기능), 아동의 부모는 집에서의 불복종을 무시하게 될 것이고, 교사는 학교에서 불복종하지 않도록 짝을 바꾸어 줄 수 있을 것이다.

3. 문제행동 이론

대부분 아동의 문제행동은 아동이 태어나 생활하면서 교류하는 여러 가지 상황에 의하여 발생한다. 이와 같은 문제행동의 원인을 연구한 이론들을 살펴보면 아래와 같다.

정신역동 관련 학자들은 성적 충동과 유아기 이후의 정신적 특성을 강조한다. 이들은 아동의 양육욕구에 대한 충족을 제대로 하지 못하는 양육실패가 아동기에 영향을 미치게 된다고 한다. 그러나 이 이론은 청소년기에는 어느 정도 관련이 있을지 모르나 실제로 그 증거가 매우 미약하다.

행동주의자들은 아동의 문제행동은 학습되거나 강화되어 나타나게 된다고 본다. 예를 들면 부모가 부적절하게 보상을 하여 주거나, 아동의 우울한 행동에 대하여 가족이 동정심을 가져준다거나, 나쁜 행동을 또래집단이 보상하여 주어 문제행동을 매우거나 강화된다는 것이다. 비슷한 예로 사회학습이론가들도 아동이 타인의 부적절한 행동에 의하여 강화되거나 동기화된다고 한다. 이와 같은 예는 부모로부터 맞은 아동은 공격성을 보이고 부모가 술을 먹거나 약물을 남용하면 이를 배우고 약물을 남용하게 되는 점에서 일부 시사점이 있다.

한편 인지론자들은 인지과정이 왜곡되어 행동문제를 유발하고 유지된다고 한다. 예를 들면 1) 불안이나 우울은 타인으로부터 부정적인 평가를 받고 있다는 잘못된 생각을 가짐으로써 발생하고, 2) 신경성 거식증은 몸매나 체중에 대한 잘못된 신념으로 발생한다고 한다.

생물학적 이론 역시 아동의 문제행동의 원인을 설명하는데 사용된다. 이 모델에 의한 원인 체계는 유전요인, 염색체이상, 중추신경계이상, 스트레스와 기질 등이다. 예를 들면 우울과 같은 장애는 유전요인에 의한 것으로 본다. 또 다운 신드롬과 같은 것은 염색체이상으로 보며 이는 정신지체의 원인이 된다. 마찬가지로 중추신경계 변화는 학습장애나 자폐증과 같은 발달장애를 일으킨다. 신경계 화합물의 불균형과 스트레스 어려운 기질 등은 사회불안이나 ADHD 등 다양한 문제를 보인다.

마지막으로 가족시스템 모델은 아동기 문제행동장애는 지속적이지 못한 양육이나 가족 역기능으로 인하여 발생하는 것으로 본다. 즉, 부모가 보인 갈등이 여러 가지 방향으로 아동행동에 영향을 미칠 수 있다는 것이다. 예를 들면 가족 내 갈등 스트레스가 아동에게 우울, 위축, 고립감을 갖게 할 수 있다고 본다. 또 부모가 서로 위협하고 이혼하겠다는 말을 하여 아동은 미래에 대하여 걱정을 하게 될 수도 있다. 그와 같은 우울감이나 걱정으로 인하여 아동은 집중을 하지 못하게 되고, 동기가 부족해져서 학업성적이 떨어지게 되는 것이다. 부부싸움으로 부모는 아동을 훈육시키는 일을 소홀히 하게 되고 결과적으로 아동의 문제행동이나 산만한 행동이 나타나는 것이다.

앞서 설명한 이론들은 아동의 특정 부분에서는 설명이 가능한 이론일지는 모르나 하나의 이론이 아동의 모든 장애를 설명할 수는 없다. 따라서 아동장애는 복합적으로 이들 이론들을 상호 보완하여 사용하여야 한다.

이와 같은 다양한 접근법에 의한 접근법을 조합하기 위해서는 그 장애의 원인을 정확하게 알아야 한다. 또한 다양한 원인에 의하여 발생한 아동의 경우에는 하나하나 목표를 정하여 문제를 처방하여야 할 것이다.

4. 역학

역학에서는 장애에 대한 선행연구와 행동장애의 결과를 토대로 일반아동과 비교하여 이 장애가 어떻게 다른가를 알아낸다. 그리고 아동의 정상발달, 정신장애, 기타 좌절을 유발하는 요인을 찾아낸다. 예를 들어 발달병리는 어떤 아동과 가족요인이 우울증을 유발하는지를 알아내고, 우울증을 예방할 요인과 우울환자가 정신건강을 찾을 요인이 무엇인지를 알아내며, 무슨 요인이 우울증을 계속해서 유발시키는지를 알아낸다.

역학의 주요 과제는 아동의 행동문제가 지속적인 것인지 아닌지, 또 그들이 성인기에도 문제를 일으킬지 여부를 찾아낼 것이다(예후). 어떤 아동의 행동문제는 호전이 없을 수 있다. 그래서 성인기에도 장애가 될 수 있다. 예를 들어 자폐증, 심각한 정신지체, 공격적 형태의 정신분열증은 평생 동안 지속적인 장애가 된다. 품행장애나 약물남용 같은 청소년 후반기의 심각한 문제는 성인기에까지 지속되고 더 심화될 수 있다.

일부 또 다른 아동 행동문제는 비교적 지속적인 상태로 남는다. 이들은 성인기에도 문제를 일으킬 수도 있고 그렇지 않을 수도 있다. 이는 장애의 심각성이나 초기중재가 어떻게 이루어졌는가 여부에 달려 있다. 예를 들어 ADHD, 학습장애, 공격성, 학교거절행동, 신경성 거식증, 소아장애, 학대 후유증 등이 그러하다.

기타 다른 행동문제는 비교적 덜 지속적이다. 즉, 아동이 자라면서 대부분 소멸되지만 이들 행동문제가 좋지 않은 환경 사건에 의하여 악화될 경우 문제로 남을 수도 있다. 이들 문제에는 걱정, 불안, 배설장애 등을 들 수 있다.

그러나 아동의 행동장애가 지속적으로 나타난다 할지라도 이들 장애의 증상은 동일하게 남지 않는다는 점을 명심하여야 한다. 예를 들어 ADHD 아동은 처방할 경우 성숙하면서 행동문제가 매우 줄어든다. 그러나 행동을 처방하지 않으면 성인기에 다른 문제를 일으킬 수 있다.

마찬가지로 가족에게 어떤 일을 강요하였던 아동은 청소년 후반기에는 공격성으로 변화하고 성인기에도 가족에게 강제하는 모습을 보인다. 유치원생 시절에 금지를 당한 어린이는 아동기에 새로운 상황을 피하고자 하고, 성인이 되어서는 우울해진다.

5. 유지요인

아동 행동문제를 지속적으로 유지하게 하는 요인은 일반적으로 직접적인 요인과 간접적인 요인으로 구분한다. 직접적인 요인은 문제행동에 영향을 더 직접적으로 미치는 요인들로서, 1) 조기 장애, 특히 언어에 영향을 미치는 장애, 2) 아동의 두뇌나 신체상태에서의 중대한 변화, 3) 타고난 학습패턴, 4) 강력한 생물학적 유전요인, 5) 아동의 자존감이나 사회적 학습능력을 위협하는 지속적인 경험들, 6) 아동에게 부적절한 행동패턴을 유도하도록 한 장애물 등이 해당한다.

그리고 간접적 요인은 1) 가난/무주택, 2) 양육갈등/비지속적 또는 소홀한 양육, 3) 부모 중 한 명 조기사망, 4) 가족의 심각한 부적절한 기능, 5) 전반적으로 조직화되지 못한 커뮤니티 등이 해당하는데 가족갈등이나 성폭력 같은 문제들은 청소년기 장애나 음주사용을 증가시킬 수 있다.

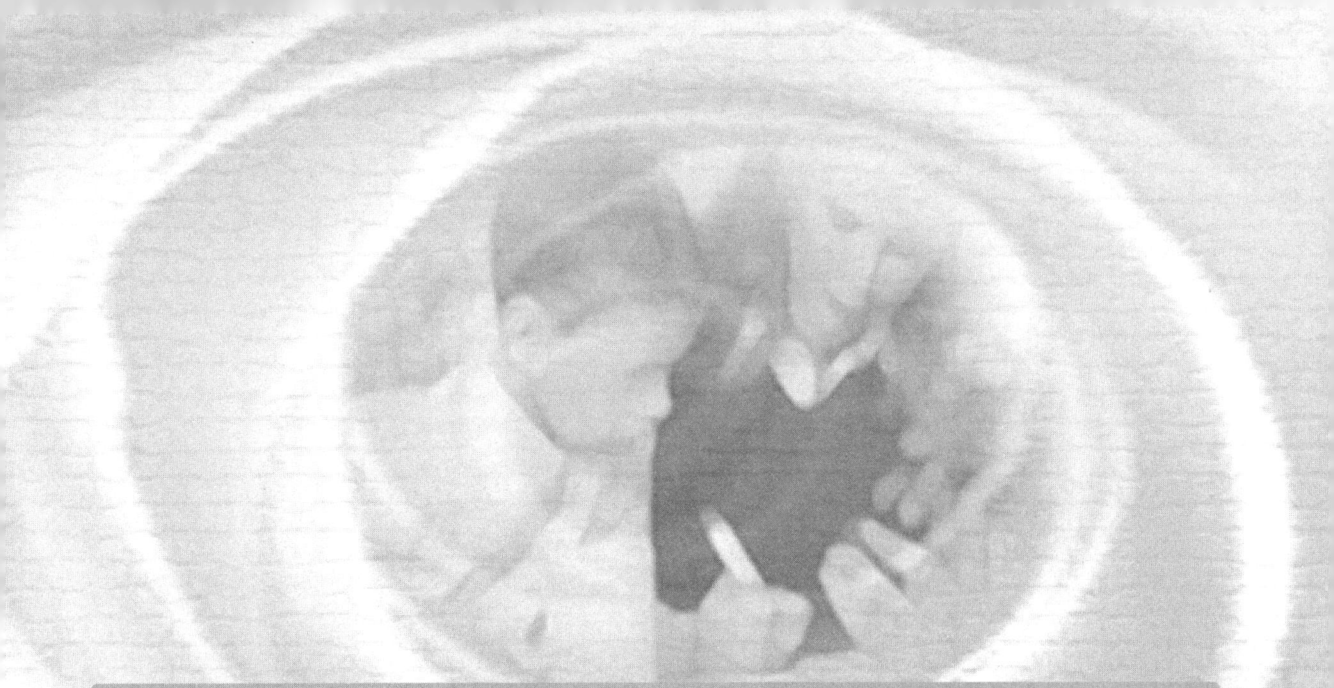

장애아동을 위한 특수교육

제 II 부

제 3 장　주의력결핍과잉행동장애
제 4 장　자폐범주성장애
제 5 장　정신지체
제 6 장　학습장애
제 7 장　불안장애
제 8 장　신체문제

주의력결핍과잉행동장애

제 3 장

제 1 절 특성
제 2 절 출현율
제 3 절 원인
제 4 절 특수교육

제1절 특 성

주의력결핍과잉행동장애(ADHD : attention deficit hyperactivity disorder)는 아동이 일반아동보다 심하게 주의력이 떨어지고, 행동을 하는데 있어서 충동적으로 행동하거나 과잉행동을 보이는 경우를 말하는데 이와 같은 아동은 이로 인하여 학습에도 문제를 보이기도 한다.

따라서 우리나라에서는 근래 광역자치단체별로 다르지만 과잉행동이나 부주의 문제를 조기에 해결하여 주고자 국가적인 사업으로 지원을 하고 있기도 하다.

DSM-Ⅳ-TR에 따르면 주의력결핍과잉행동장애의 진단준거는 〈표 3.1〉과 같다.

표 3.1 주의력결핍과잉행동장애

주의력결핍과잉행동장애의 진단기준
* 아래 주의력결핍과 과잉행동-충동성 가운데 한 가지 이상이 만족되어야 한다.
<u>주의력 결핍</u>
* 다음 중 6개 또는 그 이상의 증상이 나타나며, 최소 6개월간이 증상이 발달 수준에 맞지 않는 정도로 지속되어야 한다.
- 정밀한 일에 세심한 주의를 기울이지 못하거나, 학업, 직업이나 다른 활동을 할 때 조심성이 없어서 실수를 잘함. - 계속하여 과제나 놀이에 집중하기 어려움. - 다른 사람이 말하는 것을 직접 귀 기울여 듣지 않는 것 같음. - 지시대로 따라 하지 못하며 빈번하게 학업, 간단한 일이나 과제를 끝내지 못함(이것이 적대적 행동에 의한 것이거나 지시를 이해하지 못해서 발생하는 것이 아니다). - 조직적으로 작업 및 활동을 하기 어려움. - 지속적인 정신력을 요하는 작업(학업이나 숙제 같은)을 피하거나, 싫어하거나, 거부함. - 작업이나 활동에 필요한 물건을 자주 잃어버림(예 : 장난감, 숙제, 연필, 책 또는 도구). - 외부자극으로 생각이 쉽게 흩어짐. - 일상적인 활동을 자주 잊어버림.

<u>과잉행동 - 충동성</u>

* 다음 중 6개 또는 그 이상의 주의력결핍 증상이 나타나며, 최소 6개월간이 증상이 발달 수준에 맞지 않는 정도로 지속되어야 한다.
* 다음 중 6개 또는 그 이상의 과잉행동 - 충동성 증상이 나타나며 최소 6개월간 발달 수준에 맞지 않는 정도로 지속되어야 한다.

<u>과잉행동</u>

- 손이나 발을 움직거리거나 몸을 뒤트는 등 가만히 앉아 있지 못함.
- 가만히 앉아 있어야 하는 교실이나, 다른 장소에서 차분하게 앉아 있지 못함.
- 부적절하게 어떤 장소에서 지나치게 뛰어다니거나 기어오름(청소년이나 성인은 안절부절 못한다는 느낌만으로 나타난다).
- 평온하게 놀이나 여가활동을 즐기지 못함.
- 계속하여 쉴새없이 움직임(마치 발동기계가 달린 듯이).
- 말을 지나치게 자주 많이 함.

<u>충동성</u>

- 질문이 끝나기도 전에 불쑥 대답함.
- 차례를 기다리지 못함.
- 자주 다른 사람이 하는 말을 방해하거나 간섭함.
  (예 : 대화를 하거나 게임에 불쑥 끼어들어 참견한다).

* 과잉행동 - 충동적 증상이나 부주의증상으로 인한 장애가 7세 이전부터 나타나야 한다.
* 이런 증상으로 인한 장애가 두 가지 또는 그 이상의 환경(학교, 직장, 집)에서 나타난다.
* 임상적으로 사회, 학업 또는 직업 기능에서 심각한 장애가 있다는 근거가 확실하다.
* 증상이 주로 전반적 발달장애, 정신분열 또는 기타 정신질환 과정에서 발생되는 것이 아니며, 다른 정신질환에 의한 것이 아니다(예 : 기분장애, 불안장애, 해리장애〈해리장애는 일관된 자기로부터 분리되거나 분열된 상태를 말함. 자기 자신과 전혀 다른 생각이나 의식 또는 행동방식을 드러내는 사람으로 행세하는 경우〉, 또는 인격장애).

<u>부주의와 과잉행동</u>

* 충동성 중 어느 증상이 더 많은가에 따라 주 부주의형과 주 과잉행동 - 충동성형, 그리고 둘 다 비슷한 정도의 경우 혼합형으로 구분한다.

주의력결핍과잉행동 아동은 보이는 증상이 일반적으로 일반아동이 보일 수 있는 범위를 훨씬 넘게 보인다. 그리고 주의력결핍과잉행동장애의 진단을 위해서는 하나의 세팅(setting)에서는 진단하기 어렵기 때문에, 두 개 이상의 세팅에서 살펴보아야 한다(7세 이전의 아동의 경우는 특히 그러하다). 왜냐하면 주의력결핍과잉행동장애아동이라도 환경이 변화할 경우 경우에 따라 주의력결핍과잉행동을 보이기도 하고 보이지 않기도 하기 때문이다. 즉, 주의력결핍과잉행동장애 아동의 경우 처음 맞는 세팅에서는 탐색하는 기간에 조용하고 차분한 모습을 보이기도 하여 증상이 없는 것처럼 보이나 어느 정도 탐색기를 거치고 나면 여지없이 주의력결핍과잉행동을 보인다.

주의력결핍과잉행동장애는 세 가지 타입으로 구분하는데, 이를 하위 타입이라고 한다. 그 첫 번째 하위 타입은 부주의 타입이고 두 번째 하위 타입은 과잉행동 충동 타입, 마지막 타입은 복합 타입(부주의와 과잉행동/충동이 같이 있는 타입)이다.

주의력결핍과잉행동장애는 아동에게서 흔히 발생하는 정신적인 문제다. 이를 어른들은 흔히 버릇이 없다거나 부모로부터 잘못 배웠기 때문으로 치부하기도 하는데 실제로 주의력결핍과잉행동장애 아동을 보면 그 정도가 심하여 부모나 또래를 괴롭히며 자기 자신의 학습에도 중대한 영향을 미친다.

〈표 3.2〉는 인지, 애착, 행동, 신체건강, 대인관계 조정 측면에서 ADHD 임상적 특징을 제시한 것이다. 인지측면에서의 주요 특징은 짧은 관심기간, 산만성 그리고 행동 결과 예측에 대한 능력 부족 등이다. 보통 사회행동 역할에 대하여는 낮게 내현화되어 있고, 일부의 경우는 낮은 자존감을 보인다. 애착 측면에서 주요 정서상태 특징은 충동통제 부족으로 인한 흥분이다. 이는 낮은 자존감으로 인한 우울한 무드와 동반하여 나타나기도 한다. 행동 측면에서의 특징은 과다한 위험감수, 부주의로 인한 낮은 학교 성적 등이다.

신체건강 측면에서의 특징을 보면 일부의 경우는 음식 알레르기를 보인다. 그리고 싸움이나 약물남용과 같은 반사회적 행동으로 인하여 상처나 치료할만한 문제 등이 발생할 수도 있다. 대인관계 조정상의 특징은 부모, 교사, 또래와의 관계상 어려움이 주요 문제다. ADHD 아동은 충동으로 인하여 놀이 참여가 힘들어 놀이 친구가 적다.

ADHD 아동이 가정에서 사회행동 규제를 내현화하고, 적절한 사회적, 학습적 행동으로 부모기대에 부응하지 못할 경우, 부모-아동 간 갈등관계가 발생한다. 학교에서 ADHD 아동은 교사에게 학급관리 문제를 일으키게 하여, 아동은 정상적인 교육 및 교수방법으로 혜택을 받지 못하게 된다. 이와 같은 이유로, 교사와의 관계는 갈등적이게 된다.

표 3.2 ADHD특성

구 분	특 징
인지	짧은 관심기간, 산만성 행동 결과 예측에 대한 능력 부족 미성숙한 자기언어(내부언어) 낮은 자존감 의식 부족 학습문제와 낮은 학업성취
애정	충동통제 부족 흥분 좌절에 참지 못함 낮은 무드
행동	높은 활동률 운동 발달 지체와 부족한 조절 높은 수준의 위험감수 행동
신체문제	미성숙한 신체크기 및 뼈 성장 미소 신체이상 알레르기 호흡기감염과 중이염
대인관계 조정	부모, 교사, 또래와의 관계형성 문제

ADHD에서 과잉행동－충동성 하위 타입의 경우, 극도의 과잉행동이나 적대적이고 공격적인 행동을 보인다. 학교문제로는 품행문제가 주된 요인으로, 높은 율의 학교문제로 특수교육 배치가 이루어진다. 그들의 가족력을 보면 일부는 약물남용, 범죄와 같은 반사회적 문제를 가지고 있는 경우가 있다.

과잉행동－충동성 ADHD 아동들은 장기적으로 반사회적 품행문제와 낮은 사회조정을 보일 위험이 높다. ADHD에서 주의력결핍, 과잉행동－충동성을 모두 가지고 있는 하위 타입의 아동인 경우, 또래, 학교교사, 가족구성원들과의 관계에 문제를 보인다. 이 두 가지 하위 타입은 모두 신경자극제 치료가 효과를 보이는데, 특히 주의력결핍 하위 타입이 더 적은 양으로도 효과를 보이는 경향이 있다.

제 2 절 출 현 율

ADHD 출현율 연구에서 전반적인 출현율은 1%에서 19%까지로 다양하다. 이는 적용된 진단준거, 연구집단의 인구통계학적 특성 때문에 차이가 나타난 것이다(Cohen et al., 1993; Hinshaw, 1994; McArdle et al., 1995).

ADHD 출현율은 성과 나이에 따라 다르다. 즉, ADHD는 여아보다 남아에게 더 많고, 청소년기 후반에 보다 청소년기 전반에 더 많이 출현한다.

정서장애와 ADHD간 중복문제는 매우 높은 편으로 나타났다. AHDH와 우울증 중복률은 10.5%이고, 불안장애와 ADHD간 중복률은 11.8%이다. ADHD 아동은 대부분 성취문제를 보인다. 그러나 심각한 학습문제는 10~25% 정도다(Hinshaw, 1994). ADHD 아동 중 일부는 언어발달 지체와 배설문제도 보인다.

제 3 절 원 인

ADHD 원인을 위한 이론에는 여러 가지가 있다(Tannock, 1998). 이들 이론을 분류하여 보면 크게 3가지 카테고리로 분류된다. 첫째는 ADHD 원인을 생물학적 요인에 초점을 두는 것이고, 둘째는 ADHD 원인을 주의력 문제, 과잉행동, 충동성으로 설명하고자 하는 내부심리(intrapsychic) 이론이며, 셋째는 이 문제의 발달 및 유지 설명을 심리 사회적 요인 역할에 두는 이론이다. 이들에 대하여 설명하면 아래와 같다.

1. 생물학적 이론

ADHD에 있어 유전요인, 두뇌이상, 신경전달물질 규제이상, 음식, 그리고 낮은 자각

수준 등에 대한 가설이다.

1) 유전요인

유전요인은 과잉행동 유전인자가 유전된다고 보는 이론이다. 일반적으로 유전요인은 쌍생아와 가족연구 결과 기질적 활동에 중요한 역할을 담당한다고 한다. 따라서 어떤 환경요인(자궁내 요인이나 심리 사회적 요인)으로 인하여 유전보유인자의 활동수준이 높아져 ADHD 증상이 나타날 수 있을 것이다(Stevenson, 1992; Hinshaw, 1994). 또 기질적으로 과잉행동을 하는 아동은 임신기나 초기 아동기에 신경학적 손상을 입어 ADHD가 될 수 있다.

또 과잉행동 기질을 지닌 아동들은 특히 부모－아동 간 상호작용이 만족스럽지 못한 관계인 경우 이 증상이 발생할 수 있다. ADHD 아동 일부는 유전의 의한 갑상선호르몬(thyroid hormone) 저항으로 ADHD 증상이 나타나는 것으로 보기도 한다(Hauser et al., 1993).

2) 조직기관 결함이론

ADHD에 관한 초기연구에서는 원인을 조직기관 결함, 아마도 미소 두뇌손상에 의한 것일 것으로 추측하였다(Strauss and Lehtinen, 1947). 그러나 여러 가지 연구를 통해서도 특정 구조적 두뇌손상이상을 발견하지는 못하였다. 그리고 신경심리학적 연구에서도, ADHD 아동의 특성이 될 만한 두뇌손상 부위나 이상과 관련한 독특한 인지결함 패턴을 발견하지 못하였다(Tannock, 1998; Barkley, Grodzinsky and DuPaul, 1992). 그러나 여러 가지 임신 중 또는 주산기 중 두뇌손상을 유발할 만한 요인들은 정상 통제집단 아동들보다 ADHD 아동들이 더 많이 가지고 있었다.

이들 요인들에는 임신 중 문제, 임신 중 산모 흡연, 임신 중 산모 알코올 사용, 출산 중 낮은 태아 심장 박동, 출생시 소두뇌, 미소 신체이상, 낮은 출산 체중, 유아시 높은 질병률, 납중독, 초기 신경학적 손상 등이 해당한다(Taylor, 1988; Cantwell and Baker, 1989; Barkley, 1990).

ADHD에 대한 유전적 가설과 조직기관 결함 가설은 장기치료의 중요성을 시사하고 있다(Kadin, 1975). 단기적 목표에 의한 특수교육에서는 아동이 보이는 특정행동을 제한된 시간에 중재하는 방법인데, 조직기관 결함 모델에 따르면 장기적으로는 이 방법이 가치가 없다. 왜냐하면, 당장은 증상이 사라질지도 모르나 유전 보유인자나 주의력 부족, 과잉행동, 충동성 증상을 유발하는 결함은 그대로 남아 있을 것이기 때문이다.

3) 신경전달물질 규제이상 가설

신경전달물질 규제이상 가설에서는 ADHD 원인을 신경자극제에 의하여 영향을 받는 시냅스(synapses)에서 신경전달물질 규제가 이상하게 이루어지는 것으로 본다. McCracken(1991)은 두뇌에 있는 도파민시스템 규제이상과 노르아드레날린(noradrenaline), 아드레날린(adrenaline) 규제 이상으로 ADHD가 발병한다는 점을 밝혔다.

그리고 메칠페니데이트(methylphenidate)와 덱시드로암페타민(dextroamphetamine)같은 약물처방 효과도 이 시스템에 의한 것이라고 하였다. 희망적인 것은 ADHD 아동의 약 60~90%가 이 신경자극제에 반응을 보인다. 이들은 약물투여를 하지 않으면 그 효과가 사라지지만, 투여 중에는 증상이 줄어들고, 학습과 기능에서 향상을 보인다(Taylor, 1989; Hinshaw, 1994).

4) 알레르기 가설

알레르기 가설에서는 ADHD 증상이 아동이 매일 먹는 음식에 보이는 특정 반응 때문이라고 본다. 원래, Feingold(1975)는 색소가 첨가된 인공음식이 ADHD증상을 보이는 한 원인이 된다고 주장하였다. 그러나 인공음식과 천연음식 간 통제연구에서 뒷받침받지 못하였다(Taylor, 1994a). Egger 등(1985)은 일부 ADHD아동이 독특한 알레르기 경력을 가지고 있다고 주장하고, 알레르기를 일으키는 물질을 찾아 이를 배제시키는 방법으로 음식을 수정하면, 행동과 주의력 문제가 개선된다고 주장하였다. Egger의 이론은 일부 지지를 받았다(Egger et al., 1985).

5) 낮은 자각가설

낮은 자각가설에서는 아동이 보이는 과잉행동과 주의력 문제가 발생하는 이유는 주의를 유발하고 활동수준을 규제하는 자극 신호에 충분히 자각되지 못한 때문으로 본다. 이 가설에 따르면 과잉행동 역시 자극추구 행동인 것이다. 심리 사회적 연구에 의하면 ADHD 아동은 합당한 자극에 대하여 심리 사회적 반응(EEG, 직류전기 피부반응(GSR), 그리고 심장박동수)이 적었다.

그러나 이와 유사한 반응부족이 학습장애, 품행장애아에게도 나타났다(Taylor, 1994a). 그러므로 이 가설에서는 학습세팅에서 생생한 자극을 사용하고, 분명하고 즉각적인 강화제를 제공할 것을 주장한다. 이와 같은 시스템을 따르는 보상 시스템과 운영 프로그램 결과 단기적으로는 유의한 효과를 보였다(Pelham and Hinshaw, 1992).

2. 내부심리 이론

내부심리 이론에서는 ADHD 원인을 주의력 문제, 과잉행동, 충동성 등의 모든 원인은 아래에 언급하는 네 가지 중 한 가지가 주원인이고 나머지는 이 원인에 의한 부수적인 것이라고 주장한다.

1) 주의력결핍 가설

주의력결핍 가설에서는 사람이 주의력을 유지하는데 대한 문제가 있어 과잉행동과 충동성을 포함한 ADHD 특성이 나타난다고 주장한다(예 : Douglas, 1973). 즉, ADHD 아동은 주의력이 필요한 과제를 잘못하여 정상적인 아동과 동일한 수준에 이르지 못하고, 이것이 거듭되면 직접적으로 주의력을 유지할 능력을 가지지 못하게 된다. 이와 같이 주의력을 유지하는데 문제가 발생하면, 그들의 주의력에 빈번히 초점을 두게 되고 이로 인하여 과다한 충동성 과잉행동이 나타나는 행동문제가 발생한다는 것이다. ADHD에 관한 일부 실험연구에서 과제를 수행시켜 본 결과 주의력 유지가 점차 떨어지는 것으로 나타났다. 그러나 그들은 다른 과제에서 일반아동들과 비교하여 선택적 주의력 문제를 보였으며, 자는 동안에도 과잉행동을 보였다(Hinshaw, 1994; Taylor 1994a).

2) 과잉행동 가설

과잉행동 가설은 ADHD에서 과잉행동 문제가 핵심 원인이며 주의력 문제나 충동성으로는 ADHD를 설명할 수 없다고 주장한다(예; Schachar, 1991). 다른 심리적인 문제와 비교하여 과잉행동이 ADHD 아동의 독특한 증상이라는 점에 대해서는 여러 증거가 있다. 그리고 과잉행동이 주의력 문제와 같은 여러 학습유인 문제와 관련이 있다는 증거도 많이 있다(Hinshaw, 1994; Taylor, 1994a).

3) 충동성 가설

이 가설에서는 주의력을 요구하는 과제인 특정자극에서 인지, 행동반응에 문제를 보이는 충동성 때문에 행동규제를 잘 해야 하는 과제에서 낮은 성과를 보인다고 주장한다. 그래서 이 가설에 따르면, ADHD 주 문제는 인지행동적 충동성이나 억제불능에 의한 것이라고 한다(예; Barkley, 1994; Schachar and Logan, 1990). 이 가설에 따르면, 높은 수준의 주의를 요구하는 학습과제에서, ADHD 아동은 체계적이고 인지적인 문제해결 전략을 구사하지 못한다. 왜냐하면 이들이 인지적으로 충동적이기 때문이다. 또한 학습상황과 사회상황에서, ADHD 아동들은 학교 수업활동에 관심이 없고, 또래, 부모, 교사 등과 사회적으로 부적절한 관계를 하게 된다. 왜냐하면 이들은 행동적으로도 충동적이기 때문이다. ADHD 아동이 문제해결 기술과 사회기술을 알고는 있으나, 이들이 그것을 적절하게 학습이나 사회상황에 사용하지 못한다는 증거도 있다(Hinshaw, 1996; Pelham and Hoza, 1996; Abikoff and Hechtman, 1996).

4) 규칙 따르기 결함가설

Barkley(1981)은 규칙 따르기 문제를 ADHD 주문제로 보고 있다. 이와 같은 규칙 따르기 결함이 발생하는 이유는 아동이 특정 반응 단서를 주는 차별자극에 대하여 내적, 외적 언어를 사용하여 반응하는 능력이 부족하기 때문이다. ADHD 아동이 광범위한 언어발달 지체를 보이는 이유도 이런 아동이 내적 언어 발달에 지체를 보이는 일부 증거에 해당한다(Berk and Potts, 1991).

주의력, 충동성, 과잉행동 결함, 규칙 따르기를 위한 여러 가지 훈련 프로그램들이 개발되었는데 이는 크게 보면 인지 - 행동 주의입장에 해당하는 것이다. 학습과제를 관리하기 위한 자기교시훈련과 관계형성문제(특히 또래관계)를 관리하기 위한 사회기술 훈련 등이 이 프로그램의 주타입이다. 그러나 프로그램들을 독립적으로 사용할 경우 소홀한 부분이 있기 때문에 지금은 이를 자극제 치료, 가족중재, 학교중재에 포함시켜 다중패키지 모델로 제공한다(Abikoff and Hechtman, 1996; Pelham and Hoza, 1996; Hinshaw, 1996). Hinshaw(1994)는 보상적 문제해결 기술, 사회기술 훈련 프로그램을 사용하는데 있어 가정, 학교 상황관리 프로그램을 확립하고 점진적으로 자극제 처방을 한 뒤에, 이를 사용하면 효과가 매우 좋다고 주장하였다.

3. 심리사회적 이론

심리 사회적 이론에서는 초점을 크게 ADHD 원인 및 유지요인에서 가족시스템의 역할이나 사회상황에 두고 있다. 가족문제에 관련하여서는 우울, 공격성, 알코올 남용과 같은 부모 심리학적 문제, 부부불화에의 노출, 유아기 중 감입적 양육, 아동기와 청소년기 강압적인 부모 - 아동 상호작용 등이 ADHD원인에 해당한다고 본다(Hinshaw, 1994; Taylor, 1994a; Anastopoulos et al., 1996). 사회시스템에 관련하여서는 낮은 사회 경제적 상태, 시설양육, 또래관계 문제, 학교 교사와의 관계형성 문제와 같은 것이 ADHD와 관련이 있다고 한다(Taylor, 1994a, Barkley, 1990).

이 이론에 의한 중재 프로그램은 가족시스템 기법, 즉 가족치료에 해당한다. 이들 프로그램에서는 초점을 양육기술 향상, 아동의 가족과 폭넓은 사회 네트워크 구성원 간의 관계형성 증진에 두고 있다. 그와 같은 프로그램은 증상과 사회조정 측면에서 단기적인 효과가 있는 것으로 나타났다(Anastopoulos et al., 1996; Barkley et al., 1992).

제 4 절 특수교육

ADHD 아동을 위한 다중 특수교육 프로그램에는 1) 부모교육, 2) 약물 처방, 3) 가족중심 중재(청소년 가족중재 포함), 4) 학교중심 중재, 5) 아동중심 중재, 6) 식이 중재 등이 있다.

1. 부모교육

부모는 주의력 문제, 과잉행동, 충동성 문제에 대하여 명백한 정보를 얻기를 원한다. 따라서 치료사는 이들에게 아동증상이 이 분야에서 현재 의사와 과학자들 연구에 의한 것이라는 것을 알려줄 필요가 있다. 100명 중 1~5명은 이 증상을 겪고 이를 ADHD라고 부른다는 사실을 알려주어야 한다. 부모에게 알려줄 구체적 사항은 아래와 같다.

1) 부모와의 관계는 장애로 인하여 발생한 것

이제까지 주의력 문제, 과잉행동, 충동성 문제 원인과 처방에 있어 여러 가지 오해가 있었다. ADHD는 아마도 부모와 상호작용하는데 과잉행동적인 기질을 가진 유전적인 보유인자에 의하여 주산기 및 생후 초기 요인에 의하여 발생하는 것으로 보았다. 그러나 이전에 존재하던 가족관계 문제로 인하여 ADHD가 호전되지 않을 수는 있지만 가족문제가 ADHD 주원인이 되지는 않는다.

그런데 대부분의 부모가 이 장애로 인하여 자책을 하기 때문에, 대부분의 경우에 관계형성 문제는 이 장애를 유발하는 요인이 아니라, 장애로 인하여 관계형성 문제가 발생한 것임을 알려주는 일은 가치 있는 일이다.

2) 특수교육의 중요성

또한 아동이 2차적인 품행문제나 정서적인 문제로 발전하지 않고, 이 문제에 대처할 수 있도록 도와 주기 위해서는 약물치료, 가정중심 행동 프로그램, 학교중심 행동 프로그램, 적절한 특수교육교수법에 의한 관리가 필요함을 알려주어야 한다. 일부의 경우 음식 알레르기가 역할을 담당하기 때문에, 음식관리도 알려줄 필요가 있다. 이와 같은 방법으로 아동을 지원할 수 있는 강점과 결단력이 있는 가족의 경우는 장기적으로 정적인 결과를 보일 기회를 증가시킬 수 있다.

3) 특수교육 결과

특수교육 결과와 관련하여, 장애아 등의 약 1/3 정도만이 대처법을 배우고, 주의력에 초점을 둔 전략을 배우며, 재교육을 받을 수 있다는 점을 부모에게 알려주어야 한다.

그리고 이 성과는 청소년 중에 매우 점진적으로 이루어지나 약 1/3은 이런 통제에 전혀 성과가 없다는 사실도 알려 준다. 효과가 없는 아동의 경우 보통, 공격성과 반사회적인 행동과 같은 2차적인 문제로 확대되거나, 청소년기 말에 약간의 향상을 보인다는 사실도 알려 준다.

4) 보호대책

부모에게는 또한 모든 가족구성원에게 안전을 보장할 수 있는 아동보호에 대한 정보도 제공한다. 이에는 아동 나이에 따라 계단문, 화재경보, 칼, 라이터, 기타 위험한 물건이 포함된 찬장, 캐비닛, 서랍 등 잠금장치 제공받기, 감전위험을 줄이기 위한 전기장치 등을 제공받기 등이 해당한다.

10대의 경우, 주요 안전에 관한 관심사는 위험감수 행동을 관리하는 것일 터인바, 이에는 자동차나 오토바이 운전하려 하기, 또는 위험감수 스포츠 등이 해당한다. 부모에게는 10대 아동의 희망을 면밀히 들어 보고, 10대 아동의 충동 통제기술을 도울 수 있도록 명백한 한계를 두어야 한다고 충고하여 주어야 한다. 이 위험감수 행동은 ADHD 아동의 경우 상당히 느리게 나타나는 경향이 있어 청소년기 이전에 충동통제를 잘 발달시켜 주어 위험감수 행동을 아예 시도하지 못하게 하여 주어야 한다.

2. 약물처방

약물처방은 신경자극제 처방인데 이는 아동중심 심리 사회적 중재, 가정중심 중재, 학교중심 중재를 포함한 다중 중재 프로그램의 일부로 제공되어야 한다. 그리고 자극제 처방은 가족의사, 소아과의사, 또는 아동 정신과의사와 연계하여 투여하여야 한다 (Hinshaw, 1994; Barkley, 1990; Taylor, 1994b; Gadow, 1992).

자극제 처방은 아동 나이가 4세 이하인 경우 사용하여서는 안 된다. 그리고 심장혈관질환, 정신병, 또는 틱 장애 특히 뚜렛장애인 경우 사용하지 말아야 한다. 자극제 처방은 아동이 불안장애도 가지고 있을 때에는 효과가 덜하다. 부모나 아동이 주의력 문제, 충동성 문제를 관리하는데 대한 약물사용의 부적절성에 대하여 강한 신념을 가지고 있을 경우, 자극제 처방지침 고수율이 매우 나쁘다. 그래서 효과도 초기에는 효과가 조금 있을지라도 후에는 나쁘다.

부모, 학교, 아동에게는 규칙적으로 약물투여기법을 따라야 하므로 장기적인 자극제 약물 비용과 시간 그리고 에너지를 요구한다.

주요 자극제 약물로는 리탈린(methyphendate), 덱시드린(dexamphetamine), 페몰린(pemoline(Cylert)) 등이 있다.

약물에 대한 반응은 적당한 양을 투여하면 주의력 문제의 경우 최대 효과를 보여 사회적 행동기능에 최대효과를 본다는 점을 명심하여야 한다. 치료에서 가장 이상적인 것은 학습과 사회기능을 최대한 향상시킬 수 있는 양을 찾아내는 것이다.

자극제 사용으로 발생할 수 있는 일반적인 부작용은 식욕이 없어지고, 수면문제가 생기며, 두통과 복통이 있을 수 있다. 매우 적기는 하지만, 자극제를 사용하여 발생할 수 있는 가장 우려되는 부작용은 운동 틱과 구어적인 틱 현상이다. 자극제는 뚜렛장애와 관련이 있는 복잡한 틱(이는 ADHD와 매우 복합되어 나타난다)을 갑자기 증가시킬 수 있다. 그런데 약물을 줄이면 이와 같은 부작용은 없어진다. 키, 몸무게 등도 자극제 처방 중에는 성장이 정체될 수 있다. 만일 성장률이 줄어들면 약물을 6주 동안 투약하지 말아야 한다.

신경자극제 처방을 하지 않으면 약물효과는 없어진다. 그러나, 장기적으로, 아동은 이로 인한 내성을 보이지 않는다. 약물 자극제 효과는 단지 ADHD에만 한정하여 효과를 보는 것은 아니다. 일반아와 품행장애와 같은 다른 진단을 받은 아동들도 이 약물에 대한 반응으로 활동성이 줄어든다.

3. 가족중심 중재

청소년기 이전 아동과 청소년들에게는 여러 가지 타입의 가족중재 프로그램이 필요하다. 청소년기 이전 아동의 경우, Barkley(1987)의 처방매뉴얼에서 설명한 행동주의적 부모훈련을 하게 되면, ADHD를 가지고 있는 청소년기 이전 아동의 2/3가 효과를 보였다(Anastopoulos et al., 1996). 이 프로그램은 약 3개월 동안 9주 세션으로 이루어져 있다. 이를 설명하면 아래와 같다.

1) 세션 1

첫 번째 세션에서는 앞에서 설명한 부모교육에 관한 여러 자료들을 준비한다.

2) 세션 2

두 번째 세션에서는 먼저 부모-아동 간 갈등 요인모델을 적고, 행동관리 원리를 살펴본다.

아동의 행동은 (1) 기질과 같은 아동의 본원적 특성, (2) 부모의 본원적 특성, (3) 전반적인 가족 스트레스, (4) 아동행동에 대한 즉각적인 후속결과에 영향을 받는다고 한다.

앞의 세 가지는 중요한데, 주어진 상황에서 아동이 무엇을 하는가에 가장 큰 영향을 받는 것은 그들 행동에 나타난 후속결과에 대한 그들의 기대다. 그래서 이와 같은 간단한 분석을 통하여, 부모가 아동에게 친사회적 행동을 발달시키고자 할 때, 중요한 것은 적절한 친사회적 행동에 대한 보상을 하는 것이고, 반사회적 행동과 부적절한 행동에 대해서는 좋지 않은 보상을 하여 주는 것이다.

이것이 바로 강화기술인데 아동의 행동은 (1) 부모의 특성(어려운 행동을 관리하는데 대한 부모의 기질과 스태미너), (2) 아동의 특성(주로 과잉행동 기질 스타일), (3) 가족 스트레스(부모를 사로잡히게 하고 힘든 아동행동을 다루는데 지쳐감), (4) 성인의 행동에 대한 후속결과에 영향을 받는다.

따라서, 이 네 가지 요인들에 대하여, 특수교육 담당자는 현재 가족 상태를 정확히 파악하기 위하여 질문지 등을 이용하여 부모-아동, 가족-아동 간 현재 상태를 파악한다. 물론 이때 질문의 초점은 앞서 언급한 4가지 요인이 된다.

3) 세션 3

세 번째 세션에서는 부모에게 특정 놀이시간에 사회적으로 정적으로 적절한 행동에는 주의를 기울여 주고, 부적절한 행동에는 무시하는 방법을 가르친다. 특정 놀이는 매일 15~20분 동안 정기적으로 하고, 놀이활동은 아동에게 선택하게 한다. 부모는 아동과 대화를 할 때 지시나 질문은 피한다. 부모는 적절한 행동에 비슷하게 하면 사회적 강화제로 강화하여 주도록 한다. 즉, 부모가 아동의 행동을 인정하거나 설명하여 주고, 그에 대하여 칭찬이나 감격하여 준다. 부적절한 활동을 하면 그냥 무시하도록 한다. 이와 같이 함으로써 아동은 부모-아동 상호작용의 가치를 알게 되어, 후에 부모가 부적절한 행동에 대하여 보다 간결하고 벌을 덜 사용하는 전략을 사용할 수 있도록 하여 준다.

4) 세션 4

네 번째 세션에서는 부모에게 아동이 사회적으로 정적으로 적절한 행동을 하면 주의를 기울여 주고, 아동이 독립적으로 놀고 있는 상황에서 부적절한 행동을 하면 이를 무시하는 방법을 가르친다. 이때 기술적으로 부모가 가능하면 친사회적인 행동을 찾아서 사회적 강화를 제공하면서, 지속적으로 특정 놀이시간 외의 행동을 모니터하게 한다. 그러면 특정 놀이시간 속에서 그리고 놀이시간 밖에서 부모-아동 간 상호작용의 질이 향상되어 아동이 사회적으로 적절한 행동을 하게 될 가능성이 증가한다.

부모가 어떻게 하면 효과적으로 지시할 것인가에 대한 내용도 교육한다. 지시는 부모가 이 지시를 통하여 따르게 할 의도가 있을 때만 지시를 하여야 한다. 이 지시는 명백하고 단순하며 그들이 따를 것이라는 기대가 담긴 톤으로 하여야 한다. 그리고 부모가 아동에게 지시를 할 때는 아동과 눈을 맞추어야 한다. 조건부 아쉬움(qualifying information : 내가 요구한 것을 네가 하였더라면 오늘 너는 좋았을 텐데……라는 식과 같은) 표현은 하지 말아야 한다. 이를 하면 아동은 혼동을 할 수 있고 부모의 지시를 아동이 지시라기보다는 하나의 질문이라고 생각할 수 있다. 지시를 하기 전에 다른 산만하게 하는 것들(예 : TV)은 끄고 지시한다. 지시를 한 후 아동에게 그것을 들어서 정확히 이해하였는지를 확인하기 위해 지시를 반복하게 하는 것이 중요하다. 아동에게 지시 따르기를 훈련시킬 때, 전에 한 번도 따르지 않았던 것으로 하지 말고 과거에 약간 순종하였던 것을 가지고 시작한다. 그리고 아동이 지치거나, 아프거나 또는 다른 산만한 요인이 없을 때를 선택하는 것이 좋다. 그리고 지시에 반응하는데 충분히 집중할 수 있을 때를 선택하는 것이 좋다. 지시에 적절히 비슷하게 반응하게 되면 사회적인 강화를 하여 준다. 이 세션 말기에 부모에게 집안 놀이에서 정적인 강화를 제공하는 연습을 하도록 과제를 제공하고, 세션에서 제공한 지침에 따라 지시에 순종하도록 하는 것을 연습시키는 과제를 제공한다.

5) 세션 5

다섯 번째 세션에서, 부모에게 점수나 토큰을 사용하여 가정에서 보상 시스템을 구축하는 방법을 가르친다. 이와 같은 보상 시스템은 아동이 좋아할 것 같은 매일, 매주, 혜택과 보상목록을 설정하게 하고(강화메뉴), 매일 또는 매주 제공할 일이나 허드렛일 목록을 작성하도록 한다. 일을 하여 벌 수 있는 점수들을 각 일 목록 옆란에 기록하여 두도록 한다. 강화메뉴에서 그 메뉴 아이템을 얻기 위해 필요한 점수들을 강화메뉴 옆에 기록하여 두도록 한다. 8세 이하인 아동에게는 보드 게임에서 사용하는 플라스틱 토큰이나 포커칩을 현찰로 사용한다. 좀 나이든 아동의 경우, 체크표시를 카드에 하도록 하거나, 아동이 언제나 가지고 다닐 수 있는 노트를 사용한다. ADHD 아동의 경우, 친사회적 목표 행동을 한 이후 토큰이나 점수를 즉시 제공하는 것이 매우 중요하다. 아동이 목표과제나 행동을 하는데 있어 더 잘 하거나 더 많은 노력을 보일 때, 추가로 토큰을 제공하는 것도 매우 중요하다. 또 토큰으로 바꿀 수 있는 아이템 중 일부가 상당히 가치가 있는 아이템이 포함된 메뉴 목록인 것도 중요하다. 이와 같은 이유로 부모는 수 세션 이후에 아동과 상의하여 강화 아이템을 수정할 수도 있다.

6) 세션 6

여섯 번째는 교육프로그램에서 이 단계까지는 6주에서 8주가 소요된다. 이 기간 중 부모-아동 간 상호작용의 질은 상당히 향상되고, 여러 가지 정적인 교류를 하게 될 것이며, 아동은 높은 비율로 사회적 강화를 받게 될 것이다. 이것이 다시 도로 아미타불이 되지 않도록 하여 주기 위하여 부모에게 반응대가 사용법이나, 구체적으로 정한 작은 규칙위반에 대한 벌로 토큰을 회수하는 방법, 그리고 명령에 불복종한 것에 대한 토큰 회수법을 가르친다. 불복종을 하게 되면 아동은 그가 부모 지시에 따르면 얻을 수 있었던 바로 그 점수를 정확히 잃게 되는 것이다.

반사회적 행동이나 공격적인 행동에는 강화로부터 타임아웃을 사용하는 방법도 상세히 설명한다. 타임아웃은 부모에게 타임아웃을 적용할 한두 가지 특정 문제를 일으키는 반사회적 행동을 선택하게 한다. 그리고 이 절차의 원리를 설명한다. 타임아웃은 짧아야 하고(나이에 따라 수 분), 냉정해야 하며, 두 번의 경고 이후에 하여야 한다. 타임아웃 중에는 아동에게 부엌 구석과 같은 가족활동에서 멀리 떨어져 있으나 감독하기에 용이한 장소에 앉아 있게 한다. 특정 짧은 시간 말미에, 짜증을 내거나 반사회적 행동이 그치면, 아동이 따르지 않아서 타임아웃이 된 그 명령을 아동에게 한다. 이때 아동이 따르더라도 토큰은 주지 않는다. 그러나 부모는 가능한 적당한 행동에 대하여 즉각 강화를 제공할 기회를 찾는다. 만일 아동이 두 번의 경고에도 따르지 않으면, 아동을 다시 타임아웃 의자에 보내고, 그가 따를 때까지 이 과정을 반복한다. 따른 뒤에는 가능한 바로, 아동이 다른 사회적으로 적절한 활동에 관여한 것에 대하여 부모는 아동에게 강화를 제공하도록 한다. 부모에게는 처음 이 타임아웃을 사용할 때, 수회 동안은 부적 행동이 더욱 증가하다가 점차 타임아웃에 반응하게 되고, 아동이 타임아웃으로 가는 시간이 줄어들게 된다는 점을 주지시켜 주어야 한다. 부모에게는 아동이 의자를 떠날 경우 반응대가의 사용법, 특혜박탈법, 신체제한법 등을 가르친다.

7) 세션 7

일곱 번째 세션에서는 초점을 아동이 욕을 하고, 공격하며, 파괴적인 행동을 포함한 여러 가지 가정 규칙위반에 대하여 강화부터 타임아웃까지를 사용하는 방법을 부모에게 가르치는 것에 둔다. 이때, 아동이 보이는 행동이 ADHD 장애 특성으로 인한 것이지 부모가 싫어서 하는 행동이 아님을 알려 준다.

8) 세션 8

여덟 번째 세션에서는 부모에게 아동이 가게, 식당, 교회 등과 같은 공적 장소에 있을 때 발생하는 아동행동을 관리하는 법을 가르친다. 부모에게 문제를 예상하는 법을 가르치고, 공공 세팅에서 사회적 강화제, 토큰, 반응댓가, 타임아웃을 사용하기 위한 계획법을 가르친다.

9) 세션 9

마지막 세션에서는 향후 문제관리, 학교 교사와 협조적으로 하는 법, 유뇨증과 유분증과 같은 중복문제 다루는 법 등을 다룬다. 사후 세션은 일반적으로 프로그램이 끝난 뒤 한두 달 후에 부모가 9세션 프로그램 중에 배운 양육기술을 계속하여 실행하는데 어려움이 있는 것을 해결하고자 하게 된다.

여기에서 설명한 프로그램은 엄격한 적용보다는 유연한 적용방식으로 하는 것이 좋다. 부모에게는 각각 세션 말에 주요 요점을 설명하는데 각 세션 초기에는 과제를 살펴보고, 행동전략을 사용하는데 어떤 어려움이 있었는지에 대하여 이야기한다. 그리고 이를 해결하여 준다. 만일 그들이 아동에 관한 특정 문제를 가지고 있으면 프로그램 전반에 대하여 부모에게 전화로 백업을 하여 주고, 격려하여 준다. 프로그램의 유연성 때문에, 적대적 반항행동에 대하여 추가적인 행동관리 전략을 행동주의적 부모 프로그램과 혼합하여 사용할 수 있다.

4. 청소년가족 중재

청소년기 이전 아동 중에는 2/3 이상이 가족 중재로 효과를 볼 수 있지만 청소년의 경우 가족 중재는 약 절반 정도에게만 효과가 있는 것으로 나타나고 있다. 행동주의적 부모훈련, 문제해결 및 의사소통훈련, 구조적인 가족치료 등은 ADHD 청소년 중 1/3이 효과가 있는 것으로 나타나고 있다(Anastopoulos et al., 1996). 이는 다른 여러 가지 문제에서 아동 및 청소년에게 가족 중재 프로그램이 효과가 있다는 사실에 비추어 볼 때, 좀 부족한 수치다.

10대에게는 앞서 설명한 행동주의적 부모훈련을 약간 수정하여야 한다(Barkley, 1989). 예를 들어 강화메뉴는 일일 특혜보다는 주말 특혜로 바꾸어 주고, 타임아웃과 규칙위반의 경우에는 부모는 10대가 밖으로 나가 짧게 또래와 정해진 시간 동안 상호작용하지 못하게 하는 것으로 하도록 한다. 그러나 문제해결 및 의사소통훈련, 그리고 가족치료에서는 처방에 청소년을 최대한 개입시키는 포맷으로 한다. 이들 두 가지 방법은 약 10세션 3개월 정도가 소요되며 이 접근법들을 처방과정에 상호 결합하지 못할 이유는 없다(Robin and Foster, 1989).

문제해결과 의사소통훈련은 세 가지 내용, 즉 의사소통훈련, 행동주의적 문제해결, 인지재구조화 처방 프로그램과 구조화된 가족치료다(Robin and Foster, 1989).

1) 의사소통훈련

의사소통훈련에서 경청과 분명한 의사표현법을 가족구성원들에게 가르친다. 경청이란 화자(話者)를 방해하지 않고 요점을 파악하며, 이들이 정확히 이해했는지를 확인하는 것이다. 분명한 의사표현을 하기 위하여 화자는 '나' 언어를 사용하여 자신의 견해나 바람을 정확하고 분명히, 요점적으로 말하고, 비난이나 비판 등은 하지 않으며, 청자(聽者)가 의도한 메시지를 이해했는지 확인할 수 있도록 재확인할 기회를 제공하여야 한다.

2) 행동주의적 문제해결

행동주의적 문제해결에서 10대와 부모는 청소년이 당면한 문제, 즉 식습관, 침대 치우기, 쓰레기 치우기, 전화사용법, 돈 쓰기, 친구 선택하기, 데이트하기, 운전, 숙제하기, 시간지키기, 물품관리, 옷 관리, 옷차림하기, 형제싸움 등과 같은 문제 다루기를 가르친다. 그리고 5단계에 따라 한 번에 한 가지씩 문제해결법을 가르친다. 이들은 (1) 문제 정의, (2) 대안 마련 (3) 대안 평가 및 확인 (4) 해결안 실행 (5) 결과확인이다.

3) 인지재구조화

인지재구조화는 파괴적인 상호작용 패턴을 이루는 부정적인 가족 신념과 부정적인 귀인을 수정하는 방법이다. 이런 파괴적인 상호작용 패턴 신념에는 다음과 같은 것이 해당한다.

· 파괴(ruination) : 그를 밖에 내보내면 그는 마약중독자가 될 것이다.
· 승인(approval) : 내 아이가 내 규칙을 따르지 않으면 내가 나쁜 부모다.
· 완벽주의 : 그는 학교 공부하는 법을 알아야 한다.
· 복종 : 그는 언제나 복종하여야 한다.
· 자책 : 부모규칙은 내 표준에 따라 공정해야 한다.
· 자율 : 그는 다 커서 자기 결정으로 하여야 한다.

문제 귀인은 타인이 자신에게 부정적인 의도를 가지고 있다고 귀인(그는 나를 괴롭히기만 한다)하고, 문제를 비교적 바꿀 수 없는 개인 속성이나 성격 탓으로 돌리는 것이다(그는 책임감이 없고, 우둔하고, 나빠서 그렇게 행동한다는 식이다). 인지재구조화에서는 처음에 부모와 청소년이 하고 있는 엄격하고 양극화된 입장에 대하여 설명을 하여 준다. 그리고 나서 이것으로 인한 부정적인 신념, 귀인 등을 확인하고, 가족구성원들에게 다른 사람의 입장에서 이를 재평가하게 하거나 검증하게 한다. 또는 그와 같은 부정적인 신념을 가졌다는 증거를 찾아내도록 한다. 그리고 나서 그들에게 다른 사람의 행동을 상황적 요인에 의하여 행동한 것으로 보거나 좋은 의도로 보도록 재구성하도록 한다.

4) 구조화된 가족치료

구조화된 가족치료(Minuchin, 1974)에서 전반적인 치료목표는 부모가 자신과 10대 간에 명백하고 적절하며, 허용할 만한 통일된 부모 메시지를 제공하게 하는데 있다. 그리고 부모에 의하여 아동이 분명하고 통일된 지지감을 받게하는 데 있다. 이 한계설정에서 예를 들어 한쪽 부모가 정한 규칙을 다른 한쪽 부모가 무시하는 부모-아동 대립관계가 발생하면 도전이 발생한다. 이와 같은 도전은 청소년이 충분한 프라이버시와 자율성을 보장받지 못한 가족구조와 10대 소년을 유아로 취급하는 가족구조에서 발생한다. 또한 이 도전은 방관적인 가족구조로 인하여 규칙도 없고, 일관성 있는 적용도 제대로 감독되지 못한 가족에서 발생한다.

구조적 가족치료는 주된 관심사 중에서 갈등을 주는 문제를 찾아내어 가족들이 이 문제를 해결하려는 노력을 하도록 하는 방법을 찾아내면서부터 시작한다. 그리고 세션 속에서 가족구성원들을 불러 문제해결시도를 다시 하도록 하고, 그들이 이제까지 고수하여 왔던 스타일 보다 더 자연스러운 문제해결 스타일로 전환시키는 방법을 가르친다. 이때 전문가는 구성원이 이 문제를 해결하고자 노력하는 중에 토론에서 한 구성원에게 가만히 있도록 요청할 수 있다. 예를 들어 토요일에 밤 늦게까지 밖에 있는 것을 허용할 경우 몇 시까지로 할 것인가와 같은 훈육법에 대하여 부모의 주장을 아동에게 조용히 듣고 있도록 할 수 있다. 전문가는 일시적으로 한 가족구성원 편에 서서 다른 구성원과 대립할 수 있다. 예를 들어 전문가는 10대(잠시) 편에 서서 더 많은 프라이버시와 자율성을 주도록 주장할 수 있다. 또는 전문가는 부모 편에 서서 명백한 규칙과 더 많은 감독을 해야 한다고 할 수 있다.

5. 학교중심 중재

학교중심 중재의 목적은 아동에게 적절한 수준의 교사 접촉, 적절한 커리큘럼, 그리고 상황관리 프로그램을 제공하기 위한 것이다.

1) 특수교육적 지원

ADHD 아동이 정규 학급에 들어 있는 경우, 부가적인 치료교수나 주 교실에서 팀에 의한 교수지원이 필요하다. 이와 같은 부가적 지원은 아동에게 구조적인 행동주의적 기법을 사용할 때, 이를 계획하고 교수 프로그램을 수정할 때 필요하다. 정규 커리큘럼을 수정하는 정도는 사정으로 발견한 학습장애와 성취문제 등의 성질에 따라 결정된다. 초등학교에서 대부분의 ADHD 아동은 읽기와 셈하기에서 치료교수가 필요하다. 중등학교의 경우는 특정 과목에 대한 개별 교수가 필요하며, 학습기술 훈련도 필요하다.

2) 자원지원

아동과 학교에 도움이 되는 방법으로 교사는 아동을 교육시스템 내의 적절한 또래와 연합시킬 책임이 있는데 이는 매우 중요하다. 적절한 자원, 적절한 커리큘럼 수정이 없이는 행동관리에 대한 유용한 자원이나 충고를 하기가 어렵다. 왜냐하면 그와 같은 내용은 보통 일반적으로 책임을 지고 있는 학교 교사에게 더 심각한 투입을 요구하는 것이기 때문이다. 사실 학교중재 프로그램이 깨진 경우, 이는 보통 교사가 ADHD 아동이 아닌 다른 일반아동의 요구를 해결하여 주다가, ADHD 아동을 위한 특수교육 프로그램을 제대로 실행하지 못한 경우다.

3) 보상 및 상황관리

ADHD 아동은 가정-학교 보상 시스템과 상황관리 프로그램을 사용하여, 학교에서 적절한 학습기술과 행동을 개발할 동기를 부여할 수 있다는 연구 결과들은 많이 있다 (Dupaul et al., 1991). 특정 목표 행동과 학습목표는 교사, 아동, 부모, 심리학자가 협력하여 정한다. 그리고 보상 시스템에 대하여 합의한다. 이 시스템에서 얻은 점수로 집에서 강화메뉴에 있는 아이템을 살 수 있거나 학교에서 특정 허락된 특혜를 받을 수 있다.

4) 적절한 학습목표

학습목표를 정할 때, 교재 · 교구는 아동 성취수준에 맞추어야 하고 작은 단위로 구분하여야 하며, 진도 참여행동(조용히 앉아 있는 것과 같은)에 보다는 특정 학습과제 달성(워크시트 완성)과 같은 경우에 보상을 한다. 반복적인 과제는 가능한 한 피한다. 아동이 강화제를 받을 수 있는 목표행동을 정할 때, 목표행동들은 상당히 구체적이어야 하고 부적인 방법으로 행동을 그치게 하는 방법보다는 정적인 방법으로 행동을 하게 하는 방법을 가르치는 것에 중점을 둔다. 반응댓가 상황은 규칙위반의 경우에 사용하여 아동이 규칙을 따랐을 경우 벌 수 있었던 점수를 잃게 되도록 한다.

5) 강화제

강화제(8세 이하 아동에게는 토큰 형식으로, 더 나이든 아동의 경우는 체크표시보고서)는 빈번히 그리고 즉각적으로 목표 행동 후에 제공하여야 한다. 강화제를 제공하거나 반응대가를 제공할 때 이것을 조용히 그리고 수업과정 중에 주의를 끌지 않는 방법으로 제공하면 더 효과적이다. 왜냐하면 학급 반응에 따라 강화를 받을 수도 있고 동시에 점수를 잃을 수 있기 때문이다.

일단 아동이 이와 같은 지속적인 보상 시스템에 반응을 보일 수 있고, 아동이 어떤 목표행동을 수행할 것에 동의하며, 교사가 목표에 맞는 보상에 동의하고 목표에 맞지 않으면 반응대가를 제공하는데 동의를 하게 되면 문서화된 상황 계약서를 사용한다.

좀 나이든 아동과 10대의 경우에, 일일 보고 카드 시스템을 사용한다. 각 수업마다 교사는 4~5개 행동 리스트 목록과 카드에 점수를 준다. 이 얻은 점수는 집에서 또는 학교에서 강화메뉴에서 아이템을 살 수 있는 점수로 사용된다.

6. 아동중심 중재

학습기술을 향상시키기 위한 자기교시훈련(Meichenbaum, 1977) 그리고 사회기술을 증진시키기 위한 자의식 훈련과 분노관리훈련(Hinshaw, 1996) 등은 상당히 효과적인 아동중심 중재법인데, 이 방법은 그룹 상황에서 그리고 다중 시스템적인 프로그램의 한 요소로 적절히 제공하여 사용한다.

1) 자기교시훈련

자기교시훈련의 목적은 ADHD에서 보이는 내적 언어 결핍을 보상하기 위한 것이다. 처음에 심리학자는 과제를 하면서 아동이 큰 소리로 자기교시를 하면서 과제를 하게 하여 자기교시법을 가르친다(Meichenbaum, 1977). 자기교시훈련을 위해 선택된 과제는 처음에는 아동 능력 안에 있어야 하고 자기교시기술이 개발되면 점차 도전과제를 사용한다. 자기교시에는 과제가 요구하는 것이 무엇인지(내가 뭘 해야되지?), 계획개발(나는 그림을 하나 그려야해), 계획대로 아동을 안내하기(나는 연필을 잡고 천천히 해야 해), 산만성에 대한 대처(소음을 무시하고, 일을 해야지), 과제행동에 대한 자기 강화(잘 했어) 등이 해당한다.

2) 사회기술훈련

ADHD 아동은 사회기술에 대한 지식이 부족하다. 그보다 이들은 그 기술을 사용하지 못하는 것에 대하여 잘 알고 있지 못하다. 그래서 여러 가지 관계형성 문제를 유발한다. 맞추기(match) 게임의 목적은 아동에게 자기 통제기술을 개발토록 하여 그들의 행동이 사회적 규준에 합당한 정도를 평가할 수 있도록 하여 준다(Hinshaw, 1996). 예를 들어 맞추기 게임에서 다른 그룹 구성원과 협조하는 것을 목표행동으로 정한다. 그리고 나서 공놀이, 줄거리 말하기, 그림 그리기, 또는 학교 공부하기 등과 같은 레크리에이션 활동이나 학습 그룹 활동을 한다.

이 기간 전체에서 전문가는 토큰이나 점수를 사용하여 목표행동을 강화한다. 한 시간 짜리 한 번을 한 후에 아동은 그가 그 시간에 행동하였다고 믿고 있는 정도를 5점 척도로 평가한다. 전문가도 각 아동을 5점 척도로 평가한다. 만일 아동의 평가점수와 전문가의 평가점수가 일치하면, 그 프로그램 초기에는 추가점수(토큰)를 제공한다. 프로그램이 끝난 뒤에 아동은 전문가가 5점 척도로 정한 특정 수준 이상의 점수를 맞으려 노력하여야 한다.

그리고 전문가도 이를 평가하여 매치게임에서 점수가 아동평가와 맞으면 토큰을 제공한다. 대부분 학습 매시간 말에 그룹구성원이 매 점수 차이가 왜 자기평가와 교사평가 간에 발생하였는지에 대하여 토론한다. 이와 같은 토론으로 아동은 더욱 정확히 자신이 사회적으로 적당한 행동을 하였는지 또는 부적절한 행동을 하였는지에 대하여 자의식을 갖게 된다. ADHD 아동은 이 기술이 부족하고 관계형성의 어려움이 여기에서 나오기 때문이다.

3) 분노관리훈련

충동통제 특히 공격행동으로 ADHD 아동은 또래관계 형성에 어려움을 보인다. Hinshaw(1996)은 분노관리 프로그램이 ADHD 아동의 충동적 공격성을 줄이는데 효과가 있다고 하였다(Novaco, 1975; Feindler and Ecton, 1985). 그룹세팅에서 아동에게 충동 분노가 일어날 것 같은 내적 · 외적 사건 에피소드를 인식하도록 가르친다. 그 다음에 그들에게 심호흡하기나, 자각수준을 줄이기 위한 이완(relaxing)하기, 상황 회피하기, 자신이 10까지 세거나 다른 생각을 하여 관심 흐트리기, 그 화를 재구성하여 덜 화나게 하기, 침착하도록 자기교시 사용하기 등과 같은 분노 · 분출을 피하려는 대처전략을 알아내도록 가르친다. 일단 이와 같은 기술을 가르치게 되어, 아동이 배우게 되면 전문가는 점차 화가 나는 상황을 그룹 구성원들에게 증가시키며 노출시킨다. 한 사람이 분노통제 기술을 배우고 있다면, 다른 그룹 구성원들은 그를 화나게 하고 빈정대도록 목록을 정하여 준다. 성공적인 분노통제를 아동이 하게 되면 전문가는 이를 강화한다.

7. 식이 중재

Egger 등(1985)은 일부의 경우 음식 알레르기 검사로 독특한 알레르기 경력을 확인하였는데 우유나 밀 등과 같은 물질이 ADHD 아동에게 알레르기를 일으켰다. 따라서 아동이 이들 음식에 알레르기가 있을 경우 의사와 상의하여 이를 제거하는 것이 좋다.

또한 인스턴트 식품이나 설탕 등과 같은 단음식도 부주의나 과잉행동에 영향을 미친다고 한다.

자폐범주성장애

제 4 장

제 1 절　특성
제 2 절　출현율
제 3 절　원인
제 4 절　특수교육

자폐범주성장애(DSM-V에서는 자폐성장애, 전반적 발달정애를 자폐범주성장애라고 명명할 예정임. 따라서, 여기에서는 자폐장애, 전반적 발달정애, 자폐범주성장애 용어 등을 같은 의미로 혼용하기도 한다.)는 심각한 사회상호작용 문제, 의사소통 문제, 행동 문제다(Cohen & Volkmar, 1997). 이 문제는 초기부터 정확한 진단, 평가 및 관리가 매우 중요한데 이때 부모 교사 간에 파트너십을 갖는 것 역시 매우 중요하다. 또한 자폐범주성장애 청소년이 성인으로 성장하면서, 이 치료의 목적은 가능한 한도 내에서 독립생활에 필요한 기술을 촉구하여 주는 것이 일차적인 목표다.

자폐범주성장애 아동의 예후는 매우 좋지 않다. 60% 이상이 독립 생활을 할 수 없으며, 단지 4%만이 정상아동과 구별할 수 없는 수준에 이른다(Gilberg, 1991). 이들의 예후가 좋은 경우는 정상 범위 내에 든 정상 IQ 아동, 5세 이전에 언어기술을 약간 가진 경우다. 아동이 이와 같은 잠재력이 부족할 경우 생활기술을 발달시키고 극복하는데 심각한 장벽이 된다. 그러나, 미국의 경우 조기 진단과 예방 그리고 적극적인 연구활동으로 그 치료예후가 매우 좋아지고 있다.

제 1 절 특 성

1. 하위유형

사회 상호작용, 의사소통과 언어발달, 상징놀이 발달 등에 현저한 이상을 보이는 아동, 유아 때부터 상동행동 및 상동 흥미를 보이는 아동 등을 자폐증으로 분류한다.

자폐범주성장애의 하위유형으로는 전형적인 자폐성장애 외에도 첫째, 아스퍼거 신드롬(Asperger's syndrome)이 있는데 이는 미약한 상호작용과 미약한 상동증적 행동 및 관심 패턴 등을 보인다. 그러나 이 장애는 언어 발달에서 지체를 보이지 않거나, 지적 발달에 지체를 보이지 않는다는 점에서 자폐성장애와 다르다. 아스퍼거 신드롬은 가끔 사실이나 사물에 대한 기억력에서 탁월한 능력을 보인다(Klin and Volkmar, 1997). 그래서 이들 중 일부를 서번트(Savant)라고도 한다.

둘째, 자폐범주성장애와 유사한 Rett's 증후군 또한 사회, 언어 발달에 이상을 보이고, 상동행동 패턴을 보인다. 그러나 이는 태어나면서부터 나타나지 않는다. 그 보다는 생후 5~30개월 사이에 발생하며, 두뇌 성장이 가속화되지 않아 나타난다. 가장 두드러진 특징 중에는 목적의식이 있는 손운동이 없이 무의식적인 손움직임(stereotyped hand-washing movements)을 나타낸다. 레트 증후군의 경우는 심각한 지적 장애가 동반하며, 대부분 청소년기 이전에 간질이 발생한다. 그런데 이 증후군은 여자에게서만 발견된다(Van Acker, 1997).

세 번째, 아동기 붕괴성장애(disintegrative disorder; 또는 Heller 증후군)는 자폐성장애와 같은 사회행동 문제, 의사소통 문제, 행동 문제를 가지고 있지만, 적어도 두 살까지는 정상적인 발달을 한 후에 발생한다(Volkmar et al., 1997). 이 장애의 특징은 퇴행이다.

〈표 4.1〉은 자폐범주성장애를 분류한 것이고 〈표 4.2〉부터 〈표 4.6〉은 DSM-Ⅳ에 의한 자폐범주성장애 진단 준거다. DSM-V에서는 레트증후군과 소아기붕괴성장애의 경우 자폐범주성장애에서 제외될 예정이다.

표 4.1 DSM-Ⅳ에서 자폐범주성장애의 분류

자폐범주성장애	자폐성장애
	Rett's 증후군
	아동기 붕괴성장애
	아스퍼거 증후군
	기타 분류되지 않는 전반적 발달장애

표 4.2 자폐성장애의 진단기준

자폐성장애의 진단기준
A. 아래 (1), (2), (3)에서 총 6개 이상, (1)에서 적어도 2개 항목, (2)와 (3)에서 적어도 각 1개 항목 이상 해당되어야 한다.
(1) **사회적 상호작용 측면**에서 다음 항목 가운데 적어도 2개 항목 이상 해당되어야 한다. (a) 눈맞춤, 얼굴표정, 자세, 몸짓과 같은 사회적 상호작용을 위한 다양한 비언어적 행동에서 일반아동과 비교하여 현저한 차이. (b) 발달수준에 맞는 또래관계 없음.

(c) 다른 사람과 자발적인 기쁨공유, 관심공유, 성공공유 없음.
(예 : 관심의 대상을 보여주거나, 가져오거나, 지적하지 않음)
(d) 사회적으로, 감정적으로 서로 반응을 주고받는 상호교류 없음.
(2) **의사소통 측면**에서 아래 항목 가운데 적어도 1개 항목 이상 해당하여야 한다.
(a) 언어발달이 지체되거나 언어발달 없음(몸짓이나 흉내내기와 같은 다른 의사소통 시도 없음).
(b) 말을 하는 경우, 다른 사람과 대화를 시도하거나 지속하는 능력이 떨어짐.
(c) 상동증적이고 반복적인 언어나 이상언어를 사용함.
(d) 발달수준에 맞는 자발적이고 다양한 상징놀이나 사회 모방놀이가 없음.

(3) **행동 측면**에서 제한적이고 반복적이며 상동증적인 행동이나 관심 등에서 다음 항목 가운데 적어도 1개 항목 이상 해당하여야 한다.
(a) 강도나 초점에서 한 가지 이상 상동증적이고 제한적인 관심
(b) 특이하고 비효율적인 고정관념(틀에 박힌 일)이나 의식(儀式)에 매달림.
(c) 상동증적이고 반복적인 동작
(d) 사물 일부분에 계속하여 몰두

B. 아래 영역 중 3세 이전에 적어도 한 가지 이상 영역이 지체되거나 없어야 한다.
(1) 사회적 상호작용
(2) 사회적 의사소통에서 사용되는 언어
(3) 상징 또는 상상놀이

C. 레트장애나 소아기 붕괴성 장애에 해당하지 않음.

표 4.3 레트장애의 진단기준

레트장애의 진단기준
* 다음 모두가 반드시 있어야 한다. - 명백히 산전 또는 주산기 발달은 정상 - 명백히 생후 첫 5개월까지는 정신운동 발달이 정상 - 출생시에 머리둘레 정상 * 상기의 정상발달기가 지난 후에 다음의 증상들이 나타난다. - 생후 5~48개월 사이에 머리둘레 성장속도 감소 - 생후 5~30개월 사이에 이전에 습득되었던 목적이 뚜렷한 손기술이 퇴화되며, 이와 더불어 상동증적 손운동(손을 비틀거나 또는 손씻는 것 같은 행동)이 나타남. - 초기에 사회성 발달 상실이 있음(나중에 사회성 발달이 종종 일어나기도 한다.) - 걸음걸이나 몸체의 움직임이 서툼. - 표현 또는 수용언어 발달에 심각한 장애가 있으며 심한 정신운동 지연이 있음.

표 4.4 소아기 붕괴성장애의 진단기준

소아기 붕괴성장애의 진단기준
* 출생 후 적어도 2년 동안 분명한 정상 발달이 이루어지는데, 이는 나이에 적절한 언어적, 비언어적 의사소통, 사회적 관계, 놀이, 적응 행동으로 드러난다.
* 다음 영역 가운데 적어도 2개 영역에서 과거에 (10세 이전에) 습득했던 기술이 임상적으로 심각한 수준에서 상실된다.
(1) 표현 언어 또는 수용 언어
(2) 사회적 기술 또는 적응 행동
(3) 대변 또는 방광조절
(4) 놀이
(5) 운동성 기술
* 다음 영역 가운데 적어도 2개 영역에서 기능장애가 있어야 한다.
- 사회적 상호작용에서 질적인 장애(예 : 비언어적 행동 장애, 친구 관계 발달 실패, 사회적 또는 감정적 상호교류 결여)
- 의사소통에서 질적인 장애(예 : 구두 언어의 지연 또는 결여, 대화를 시작하거나 유지하지 못함,
- 상동증적이고 반복적인 언어 사용, 여러 가지 상징적 놀이 결여
- 상동증적 운동과 제한적이고 반복적이고 상동증적인 행동, 관심, 활동
* 이 장애가 다른 특정 자폐범주성장애 정신분열증으로 잘 설명되지 않는다.

표 4.5 아스퍼거 장애의 진단기준

아스퍼거 장애의 진단기준
* 사회적 상호작용에서 질적인 장애가 다음 가운데 적어도 2개 항목 나타난다.
(1) 사회적 상호작용을 조절하기 위한 눈맞춤, 얼굴 표정, 몸 자세, 몸짓과 같은 여러 가지 비언어적 행동을 사용함에 있어서 현저한 장애
(2) 발달 수준에 맞는 친구 관계 발달 실패
(3) 다른 사람과 함께 기쁨, 관심, 성취를 나누고자 하는 자발적인 욕구의 결여 (예 : 다른 사람에게 관심이 있는 사물을 보여주기, 가져오기, 지적하기 결여)
(4) 사회적 또는 감정적 상호관계 결여
* 제한적이고, 반복적이며, 상동증적인 행동이나 관심, 활동이 다음 가운데 적어도 1개 항목에서 나타난다.

(1) 강도나 초점에 있어서 비정상적인, 한 가지 이상의 상동증적이고 제한적 관심에 집착
(2) 특정적이고 비기능적인, 틀에 박힌 일이나 의식에 고집스럽게 매달림
(3) 상동증적이고 반복적인 운동 매너리즘 (예 : 손 또는 손가락을 퍼덕거리거나 비꼬기, 또는 복잡한 전신 움직임).
(4) 어떤 대상 부분에 지속적인 집착

* 장애가 사회, 직업, 또는 다른 중요한 기능 영역에서 임상적으로 심각한 장애를 일으킨다.

* 임상적으로 심각한 전반적인 언어 발달 지연은 없다(예 : 단음절 단어를 2세에 사용하고, 의사소통을 위한 구를 3세에 사용한다).

* 소아기에 인지 발달이나 나이에 맞는 자기-보호 기술 및 적응 행동의 발달(사회적 상호작용 이외의), 환경에 대한 호기심 발달에 있어서 임상적으로 심각한 지연은 없다.

* 다른 특정 자폐범주성장애나 정신분열증의 진단기준에는 맞지 않는다.

표 4.6 달리분류되지 않은 자폐범주성장애

달리 분류되지 않은 자폐범주성장애의 진단기준
* 사회적 상호작용의 발달에서 아래와 같은 경우에 해당한다. - 언어적 · 비언어적 의사소통 기술 발달문제 - 상동증적인 행동이나 관심 - 위에 언급한 특정 자폐범주성장애, 정신분열증, 분열형 인격장애, 또는 회피성 인격장애의 기준에 맞지 않았을 때 - 늦은 발병 연령, 비전형적인 증상이나 뚜렷하지 않은 증상 - 비전형적 자폐증

2. 자폐범주성장애의 특징

대부분의 자폐범주성장애 아동은 전형적으로 세 가지 결함 특징을 가지고 있다(Volkmar, Klin and Cohen, 1997). 이를 유명한 Lorna Wing의 이름을 따서 Wing의 3요인(triad)이라고 부른다. 이는 사회발달, 언어발달, 행동이다.

유아에게서 처음으로 나타나는 사회행동 이상은 눈맞춤 없음, 사회적 · 정서적 제스

처 사용 없음, 사회 상호작용 부족, 부모를 안전기지로 사용하는 능력이 없는 것과 같은 애착문제, 공감(empathy) 부족, 타인과 함께 즐기거나 자긍심을 갖는 것과 같은 정적 정서 공유에 대한 무관심 등이다.

자폐범주성장애 아동은 일반적으로 언어발달이 지체되며, 언어 사용시 대명사 바꾸어 사용하기(pronominal reversal), 반향어(echolalia), 신조어(neologism), 그리고 특이한 말 표현(idiosyncrasies) 등과 같은 여러 가지 화용상(pragmatic) 이상을 보인다.

대명사 바꾸어 사용하기(pronominal reversal)의 경우 아동은 대명사 너(you) 대신에 나(I)를 사용한다. 반향어(echolalia)의 경우, 아동은 말한 사람이 말한 것과 같은 억양으로 같은 말을 따라 한다.

자폐범주성장애 아동의 경우 대부분 대화주제를 확대하지 않으며 언어 사용에 있어 창조성을 보이지 못한다. 자폐성 장애아의 행동은 고정관념에 사로잡힌 반복패턴을 보인다. 그리고 자폐범주성장애 아동은 관심이 제한된 범주 내에 한정되어 있다. 또한 습관을 강하게 유지하고자 하며, 동질성을 고집하고 변화에 저항한다. 상상놀이나 가장놀이 등은 사실상 존재하지 않는다.

이와 같은 사회적 · 언어적 · 행동적인 결함 외에도, 자폐범주성장애 아동들은 여러 가지 다양한 관련 특성, 특히 정서, 인지, 신체 등이 치료를 받을 만한 수준으로 문제를 보이고 있다. 〈표 4.7〉은 이를 요약한 것이다.

표 4.7 자폐범주성장애의 특징

분류	특 징
대인관계 조정	타인과의 공감 부족, 사회적 상호작용의 원리 이해 부족 사회 상호작용에서 의견교환 부족, 애정적인 상호관계 구성능력 손상
언어	언어 발달 지체, 사회적인 대화 부족, 대화에서 창조적인 언어 사용 부족 대명사를 바꾸어 말함, 반향어, 신조어 만들기(neologism) 언어를 색다르게 사용함(idiosyncratic use)
행동	상상놀이 부재, 타성에 젖은 행동 패턴, 진부한 습관 및 의식, 변화에 저항
정서	부적절한 정서표현, 변화에 대한 강한 거부 정서반응, 아동의 경우 두려움과 공포(phobias)가 일반적임
인지	75% 이상이 IQ 70 이하임, 시공간 IQ는 구어 IQ 보다 높음 능력 존재(잘하는 부분이 한정적으로 존재), 사회문제 해결에 어려움 겪음
신체조건	청소년기 후반에 간질, 아동의 경우 유뇨증과 유분증이 보통임 소수의 경우 자해 행동을 보임(머리 치기 또는 물어뜯기)

자폐범주성장애 아동의 정서표현은 일반적으로 발생하는 사회상황에 부적절하게 표현한다. 예를 들면, 대부분의 자폐성장애 아동들은 조크를 이해하지 못한다. 또 변화에 대한 저항으로 인한 짜증이나 부정적인 정서 모습을 보인다. 또 대부분의 자폐범주성장애 아동은 두려움과 공포심을 가지고 있다.

인지 측면에서 자폐아동의 75% 이상이 IQ 70 이하이고 비구어나 성과 점수가 구어 IQ보다 보다 높다. 일부 자폐증이 있는 아동들은 능력의 섬을 가지고 있는 데 예를 들면, 귀를 통하여 여러 음을 분별하거나 여러 가지 내용을 잘 기억한다. 그러나 대부분은 사회적 또는 대인관계 문제를 해결하는 능력을 가지고 있지 못하다.

신체 발달 측면에서 자폐범주성장애 아동의 일부가 청소년기 후반기에 간질을 보이며, 대다수는 아동기에 유뇨증 및 유분증과 같은 배설문제를 보인다. 또한 일부 아동은 자해에 의한 신체 문제를 유발시키는 데 이런 행동은 머리를 치거나 물어뜯는 행동이 해당한다.

제 2 절 출 현 율

자폐범주성장애는 Leo Kanner가 1943년에 최초로 설명하였는데, 자폐범주성장애의 전형적인 예다. 이 장애의 출현율은 1만명 당 2~5명이다. 남녀의 자폐범주성장애 비율은 3 또는 4 : 1로 남자가 3~4배 높다. 이러한 성간 차이는 자폐범주성장애에만 해당되는 것이 아니고, 자폐범주성장애 이외의 많은 발달 장애들이 남아에서 더 많이 발생된다.

그러나 자폐범주성장애는 정확한 진단을 내리지 못하는 자폐행동을 보이는 아동이 일만명 당 15명 내지 20명으로 나타난다. 또 자폐범주성장애의 발병률은 나라에 따라 현저한 차이를 보이고 있는데, 어느 나라는 일만명 당 2명, 어느 나라는 일만명 당 16명에 달한다고 한다.

우리나라의 경우는 부모들이 자폐범주성장애 아동에 대한 이해의 부족과 사회의 이해 부족으로 인해 심리적 부담으로 자녀가 장애아동이라는 것을 밝히지 않으려는 경향으로 인하여 아직까지 정확한 통계 수치는 알 수 없다.

자폐범주성장애 아동의 경우 IQ가 50 이상이고 구어 IQ가 50 이상인 경우 이것은 예후에 좋은 보호요인이 된다. 5세에 나이에 적절한 언어 발달을 하게 될 경우도 좋은 예후의 징조다.

제 3 절 원 인

자폐범주성장애 원인에 관련한 이론은 3개 부류, 즉 정신역동이론(psychogenic), 생물학적 이론(biogenic), 그리고 인지이론(cognitive) 등으로 구분할 수 있다. 정신이론은 심리사회적 과정이 자폐 원인의 중심이 되고, 생물학적 이론은 자폐범주성장애 발병의 기초가 생물학적 원인에 있다고 보는 것이며, 인지이론은 자폐증의 주원인은 알 수 없는 것이나 특정 인지 결함의 관점에서 증상의 패턴을 설명한다. 이들 세 가지 부류에 대한 주요이론을 설명하면 아래와 같다.

1. 정신역동이론

자폐범주성장애 원인에 관한 초기 이론들은 부적절한 양육에 의한 정서적 어려움을 보이는 사회적 특성, 언어적 특성, 그리고 행동적 특성 등을 원인으로 두어 왔다. 예를 들어, Bettleheim(1967)은 자폐범주성장애는 냉담하고, 비정서적이며, 부적절한 양육으로 인한 아동의 반응이라고 주장하였다. 반향어, 동일성 고수, 진부한 의식고수 등과 같은 자폐범주성장애 문제 특성 일부를 아동의 욕구를 부모가 채워 주지 못하여 아동이 이에 대한 적대의 표현을 하는 것으로 본 것이다. 그래서 정서적인 문제를 가지고 있는 아동을 도와 주는데 초점을 둔 장기간의 비지시적 정신역동적 심리치료를 치료 대안으로 선택한 것이다. 이 치료의 목적은 부모-아동 간의 관계를 보다 아동의 욕구에 따뜻하고 수용적으로 부응하여 주도록 하는 것이었다. 일부의 경우, 부모에 대한 정신치료를 권장하였는데, 이는 부모가 부적절하게 양육한 정서적 문제를 해결하여 주기 위한 것이었다. 이와 같은 이론은 정신역동 관점에서 전쟁 중 부모와 떨어져 있었던 아동에 대한 연구를 통하여 또는 입원이 부모의 따뜻함이 중요함을 강조하거나 이혼 중에 있는 아동을 돕는데 도움을 주었다.

그러나 자폐범주성장애의 원인을 부모의 질과 가족간 상호작용으로 들고 있는 정신역동이론에 관련한 보다 세밀한 연구결과 자폐아동 가족에서 그러한 이상성을 보이지 않아 지지를 받지 못하고 있다(예; Koegel et al., 1983). 정신역동적인 놀이치료와 같은 정신이론에 근거한 처방에 관한 연구, 그리고 안아주기치료(holding therapy)와 온화한 교수법(gentle teaching)과 같은 보다 최근에 나온 치료법들도 효과가 없는 것으로 나타났다(Smith, 1993).

이와 같이 자폐범주성장애에 대한 정신역동이론의 증거가 부족함에도 불구하고, 아직도 인기를 얻고 있다. 이는 매우 불행한 일이다. 왜냐하면, 그렇지 않음에도 불구하고 부모에게 아동장애에 대한 양육 잘못을 한 책임감을 갖게 하는 것이기 때문이다.

최근 연구는 대부분 자폐범주성장애에 대하여 신경학적 원인을 들고 있으며, 주요 치료상 특징이 정서 요인이라기보다는 인지요인에 있다는 점을 지적하고 있다(Bailey et al., 1996). 더구나 행동 연구에서는 자폐아 처방에 있어 비직접적인 정신 방법보다는 직접적인 행동기법의 중요성을 강조하고 있다(Smith, 1993; Bregman and Gerdtz, 1997).

2. 생물학적 이론

자폐범주성장애 관련 생물학적 이론에서는 유전요인, 자궁 환경요인, 주산기 문제, 신경해부학적 요인, 심리사회적 요인, 또는 이들 간의 조합요인들에 대한 설명을 하고자 한다(Bailey et al., 1996). 쌍생아를 통한 연구결과 유전자가 관련이 있을 것이라는 증거가 있다. 또 주산기 문제로 인한 자폐요인이 높은데 이는 연구에 따르면 산모연령, 약물사용, 미숙아 등이 이에 해당한다(Tsai, 1987).

그러나 유전에 의한 정확한 생물학적 특징이나 주산기 감염 문제로 인한 생물학적 특징 등에 대한 연구에도 불구하고 아직도 그 원인은 불분명하다(Bailey et al., 1996).

3. 인지이론

자폐범주성장애에 관련하여 인지이론에서는 이 장애의 특징이 되는 치료상 특징 및 증상에 대한 설명을 인지결함에 중점을 두고 있다. 이 이론은 자폐범주성장애 증상을 유발하는 것으로 보는 인지 역기능 크기에 따라 협의 또는 광의로 분류할 수 있다(Bailey et al., 1996). 여기에서는 사회인지에서의 결핍을 자폐범주성장애의 중심원인으로 본다. 이들에 대한 각각의 증거도 가지고 있다.

1) 정보처리

Hermelin과 O'Connor(1970)는 자폐범주성장애 아동은 정보처리(encoding, sequencing, abstraction)에 어려움을 가지고 있으며 이로 인하여 언어에 지체를 보인다고 하였다.

Sigman(1995)은 사회이해 결핍이 자폐범주성장애아가 대인관계에서 보여주는 어려움의 근본 원인이라는 증거를 재차 살펴보았다. 예를 들어, 자폐범주성장애 아동은 사회적인 추론하기, 추론적으로 바라보기 및 지적하기 등과 같은 사물공유(joint attention)가 필요한 활동에 관여하지 않는다.

Hobson(1993)은 자폐범주성장애 아동은 일반아동과 다르게 얼굴표정 정보를 처리하여, 다른 사람이 보여준 감정에 적절하게 반응하지 못한다는 점을 밝혀 냈다.

2) 마음이론

Baron-Cohen(1995)은 자폐범주성장애 아동은 '마음이론(a theory of mind)'이 없어 상상놀이를 가능하게 하여 주는 능력인 인지표현을 구성할 수 없다고 하였다. 이 이론은 자폐범주성장애 아동이 비밀을 유지하거나 다른 사람의 주의를 사물에 끌기(pro-declarative pointing)와 같은 타인의 정신상태를 보여주는 사회적 행동에서 결함을 보이지만, 타인으로부터 사물을 얻어내기(pro-imperative pointing) 등과 같은 암기학습(rote learning)에 관련한 사회적 행동에서는 결함이 없다는 점을 강조한다.

3) 중앙응집성

중앙응집성이론에서는 자폐범주성장애 아동의 경우 부분에 집중하는 경향을 보여 정보투입 관리에 어려움을 보인다고 한다.

일부학자는 자폐범주성장애의 근본 원인은 중앙응집성(central coherence)에 대한 강한 충동 때문이라고 하였다.

자폐범주성장애 아동은 정보를 전체적인 상황으로보다는 정보 조각들로 처리한다. 이들은 정보처리 투입관리 접근방식이 하향식 접근(top-down approach)이 아니라 상향식 접근(bottom-up) 방식이라는 것이다.

4) 실행기능

실행기능이론(executive function theory)에서는 자폐범주성장애 아동의 주요결함이 문제해결기술에 있다고 한다. Firith와 Ozonoff(1994)는 실행기능 결함이 자폐아동에게 있다고 하였다.

실행기능은 외부상황에 대한 비관여 능력, 원치 않는 반응하지 않기, 계획하기, 인지적인 계획설정 하기와 과제수행하기, 성과 통제 및 교정활동을 위한 피드백 사용하기, 인지 계획을 유연하게 변동시키기 등이 해당한다.

제 4 절 특수교육

자폐범주성장애에는 치료란 없다(Cohen and Volkmar, 1997). 자폐범주성장애 아동에게는 의사소통, 인지 및 행동결함을 도와 주고, 부모에게는 아동에게 더욱 효과적으로 대처하게 하여 아동과 가족이 가능한 한 정상적인 생활을 할 수 있도록 돕는 것이다.

효과적으로 특수교육을 위한 내용으로는 1) 부모교육, 2) 교육배치, 3) 가족중심 중재 4) 구조화된 교수학습, 5) 행동수정, 6) 자기관리와 기술 훈련, 7) 의사소통기술훈련, 8) 문제행동관리, 9) 약물처방 등이 있다.

1. 부모교육

특수교육의 첫 단계는 부모에게 장애를 설명하고 이 장애에 대하여 부모가 잘 알고 있도록 하는 것이다. 부모에게 제공하여야 할 정보는 아래와 같다.

- 자폐범주성장애는 원인을 자세히 알 수 없는 장애다. 이는 만성적이고, 평생 동안 존재하며, 신경발달장애에 해당한다.
- 자폐범주성장애 아동은 다른 사람이 생각하거나 이해하는 것을 추측하지 못하여, 타인의 행동을 예측하지 못한다.
- 자폐범주성장애 아동은 예측 가능한 습관을 유지하기를 강하게 바라며, 세상을 질서정연하게 해 놓고 생활하고 싶어한다.
- 자폐범주성장애 아동은 다른 사람과 관심을 공유하고 사건을 같이 보지 못한다.
- 자폐범주성장애 아동은 다른 사람에 대하여 온정을 가지고 보지 못하며, 다른 사람의 감정에 공감하지 못하며, 효과적으로 의사소통하지 못하고, 다른 사람의 견해를 가지고 입장을 바꾸어 생각하고, 다른 사람의 의견에 동조하지 못하고, 도전 상황에 유연하게 대응하지 못한다.
- 자폐범주성장애 아동은 엄격하게 습관을 반복하기를 원한다. 그래서 창조성 부족을 유발한다.
- 자폐범주성장애 아동은 다른 사람이 무슨 생각을 하는지를 상상하는 데 어려움을 겪어 (예측할 수 없는 생각을 가진) 다른 사람을 매우 위협적인 사람인 것으로 본다. 특히, 만일 다른 사람들이 자폐범주성장애가 있는 사람의 습관을 흐트러뜨릴 경우는 더 하다. 이는 습관에 대한 도전을 하는 타인에 대한 공격을 유발할 수 있다. 종종 이와 같은 공격은 극도의 방법으로 표출될 수 있는데 그 이유는 자폐범주성장애 아동의 경우는 자신이 표출한 공격성의 영향에 대하여 잘 알지 못하기 때문이다.

· 장기적으로 구조화된 교수와 기술훈련 등을 통하여 자폐범주성장애에게 타인과의 의사소통, 지기 돌보기, 문제행동 피하기, 생산적인 습관기르기 등을 가르치는데, 이와 같은 상당히 구조화된 교수접근법은 자폐범주성장애 아동들이 매우 예측 가능한 환경을 필요로 하기 때문에 선택하는 것이다. 이들이 성인이 되어 얻는 독립성의 정도는 그들이 아동시기에 받은 구조화된 교수법의 정도에 따라 다르게 나타난다.

2. 교육 배치

자폐범주성장애 아동 처방에서 중요한 문제는 자폐범주성장애 아동을 특수학교에 보내 배타적으로 가르쳐야 하는가 또는 통합학교에 보내 장애 없는 학생과 같이 공부시키고 추가적인 교육을 시켜야 하는가의 문제다(Harris and Handleman, 1997).

이 접근법에서 어느 방법이 더 효과적인가에 대한 비교 연구는 아직 없다. 그래서 이 문제에 관한 정책과 실행 결정은 윤리적인 측면과 실용적인 측면에 의하여 영향을 받는다.

윤리적 측면에서 보면, 자폐범주성장애 아동은 매일 정상적인 생활을 할 수 있는 기회를 제공하여 주어야 하므로 통합학교에서 공부하도록 하고 추가적인 교육을 실시하는 방법이 좋다는 데 폭넓은 지지를 받고 있다.

그러나 실용적인 측면에서 보면, 통합학교에서 자폐범주성장애 아동에게 충분한 지원을 하고 있지 못하다. 그와 같은 환경에서는 자폐범주성장애아에게 적당한 교육지원을 제공하기란 어렵기 때문이다.

따라서 자폐범주성장애 아동에게 필요한 자원이 풍부한 특수교육 시설을 중심으로 하는 것이 보다 더 쉽다. 물론 국가 정책, 자폐범주성장애 운동 단체의 생각, 지방정부나 자원봉사자 그룹의 지원금 등의 방법에 따라서 통합교육이 좋은지 특수교육이 좋은지를 결정하여야 할 것이다.

3. 가족중심 중재

자폐범주성장애 프로그램에서 가장 강조하고 있는 것은 부모와의 관계를 협조적으로 하라는 것이다(Marcus et al., 1997). 그 이유는 물론 가족중심중재법도 중요하지만, 부모에게 많은 전문적 지원이 필요하고 슬픔을 이겨내는 과정이 필요하기 때문이다.

가장 좋은 것은 Schopler이 개발한 TEACCH 프로그램과 같은 강력한 구조화된 교육 프로그램 또는 Lovaas가 개발한 강력한 행동관리 프로그램 같은 것을 사용하는 것이 최상의 해결책이다(Smith, 1993; Lovaas, 1987; McEachin et al., 1993; Schopler, 1997; Howlin and Rutter, 1987; Schreibman and Koegel, 1996; Koegel and Koegel, 1996; Bregman and Gerdtz, 1997).

4. 구조화된 교수-학습

TEACHH 시스템을 개발한 Schopler 등은 구조화된 학습이 자폐범주성장애에 가장 효과적인 방법이라고 한다(Schopler, 1997). TEACHH은 자폐범주성장애 아동에게 결함(의사소통 문제와 사회 인지 문제와 같은)을 인정하게 하여 세상을 이해할 수 있게 하여 주고 학습을 구조화시켜 장점을 최대한 살리도록 한다.

자폐범주성장애 아동은 특별한 시각처리 능력과 좋은 기억력 그리고 여러 가지 독특한 특정 관심을 보인다. 그래서 학습활동을 구조화시켜 아동이 성공적 성취에 기대하는 것이 무엇인지를 시각적으로 알 수 있게 하여 준다.

치료활동은 주로 과제과정에 대한 기억에 의존하도록 한다. 그리고 과제 내용은 아동이 보인 특정 관심분야에 둔다. 그래서 예를 들면 언어발달이 늦을 경우 구어 교수보다는 과제완수 단계 사진을 사용한다. 만일 아동이 장난감 자동차에 관심을 가지고 있다면 이를 통하여 세기나 언어를 가르친다.

Schopler 등은 두 명의 치료사가 참여하는 시스템을 사용하는데, 한 명은 아동 치료사이고 또 한 명은 부모 상담사다(Schopler, 1997). 각 치료 접촉에서 아동치료사는 아동을 직접 치료하고 부모를 위한 가정 교수 프로그램을 매주 제공한다.

동시에 부모 상담사는 부모와 같이 생산적인 습관 개발과 문제행동관리를 위한 미래관리 계획 및 검토를 하게 된다. 부모를 불러 아동치료사가 개발한 프로그램을 보게 하고 이를 매일 집에서 20분 동안 하도록 한다.

일반적인 프로그램에서는 4~5개 활동이 포함되어 있으며, 이는 아동의 강약점 프로파일에 맞춘 것이다.

Schopler 등은 그와 같은 프로그램 활동을 두 권으로 제시하였는데(Schopler, et al., 1979, 1980), 그에 의하면 부모에게 매우 구조화된 습관을 아동이 개발하도록 한다. 같은 시간, 같은 공부 장소를 매일 사용하고 환경을 산만하지 않게 한다. 과제학습물들은 왼쪽에 두고 과제가 끝나면 학습물들을 오른쪽에 있는 "마침"이라고 적힌 상자에 넣는다. 부모에게 아동을 대상으로 하여야 모든 방법을 가르치고 나서 이를 부모가 실제로 하여 보도록 하며 간단한 언어로 피드백을 제공하여 준다. 이와 같은 구조화된 접근법은 같은 것을 요구하고 습관 변화에 저항하는 자폐범주성장애 아동의 경우 매우 유용하다.

5. 행동수정

행동수정은 자폐범주성장애 아동의 기술 습득 및 문제행동 감소를 보인다고 한다(Smith, 1993; Lovaas, 1987; McEachin et al., 1993; Schopler, 1997; Howlin and Rutter, 1987; Schreibman and Koegel, 1996; Koegel and Koegel, 1996; Bregman and Gerdtz, 1997). 행동수정에서는 기술과 결함에 관한 발달상의 분석을 기초로 하여, 습득한 행동 분석이나 특정 상황에서의 부족한 기술 등을 분석함으로써, 매우 구체적인 처방 목표를 설정하고, 이 목표를 달성하기 위한 행동기법들을 정한다.

부모, 학교교사, 기타 일차 전문가들이 관여하여 프로그램을 실행한다. 이 프로그램에서 사용하는 의사소통, 기술개발, 문제행동관리 등을 위한 처방법들을 〈표 4.8〉에 제시하였다.

표 4.8 자폐범주성장애 아동 행동수정 전략

도메인	문제	처방전략
기술 발달	이해 능력 부족	의사소통 단순화; 발달수준에 맞는 학습물 선택; 대과제를 소과제로 나눔
	시도 능력 부족	아동이 선택한 과제, 성고가능성이 높은 과제, 동기를 극대화할 수 있는 과제로 구조화 학습
	지속성 부족	실패한 것에 대한 시도와 성공한 성과에 대하여 자연적인 즉각 강화

	일반화 부족	다양한 상황에서의 기술 훈련과 이 학습된 기술을 회상하도록 촉진
언어 의사 소통	언어기술 부족	언어사용 직접교육; 사인언어 교수
	사교적 언어사용 실패	모델링, 코치하기, 차별강화, 말보다는 의사소통에 중점
	대화교환 부족	대화 코치
	사회적 고립	상호작용 기간계획
문제 행동	변환환경에 대한 공격 또는 자해	위험자극 제거 또는 이들의 둔감화, 자기 통제기술 코치, 문제행동 자기관리에 대한 강화
	뭔가 피하거나 얻고자 자해나 공격성을 보임	바람직한 강화제를 얻기 위해 필요한 기술 코치 또는 부적 자극 피하기(만일 이것이 적당하다면) 회피자극 둔감화와 그에 접근하면 강화 타입아웃 사용 또는 위에 언급한 모든 내용과 연계하여 제한 방법 사용

6. 자기관리와 학업기술 훈련

자폐범주성장애 아동은 자기관리와 학업기술에 어려움을 보인다(Bregman and Gerdtz, 1997). 따라서 이들을 훈련시켜야 하는데 이를 위하여 모든 커리큘럼에서는 아동 발달단계에 맞아야 한다.

낮은 IQ나 제한된 언어사용으로 아동이 이해하는데 어려움을 겪을 수 있다. 따라서 간단한 언어나 그림 의사소통기법이 사용된다. 큰 과제의 경우는 보다 더 작게 자르고, 성공할 가능성이 높은 수준으로 다룰 수 있는 과제로 만든다. 아동이 시도하려 하는데 문제가 있을 경우 자기가 흥미 있는 재료를 선택하게 하도록 격려하고, 과제 성공이 극대화될 수 있도록 구조화한다. 그래서 만일 아동이 새로운 기술을 익히고, 새로운 학습을 시도하려 하면, 이미 마스터한 기술과 관련이 있는 것으로 전이시키도록 한다.

아동이 새로운 학습을 배우는데 지속성이 부족하면, 강화를 간헐적으로 제공하여 해결하도록 한다. 이에는 고정간격 강화법과 고정비율 강화법이 있다. 강화를 제공할 때에는 아동에게 즉시 제공하여야 하며, 인위적인 강화제(예 : 단 것)보다는 자연적으로 발생하는 강화제가 좋다.

한 상황에서 배운 것을 다른 상황에서도 하게 하는 일반화는 자폐범주성장애 아동 교육에 있어 중요한 문제다. 이상적이라면 아동에게 새로운 학습기술을 여러 환경에서 하도록 촉진하고 격려하여야 한다. 또 그렇게 하도록 강화하여야 한다. 왜냐하면 이는 일반화 기회를 증대시키기 때문이다.

7. 의사소통기술 훈련

교사는 언어 의사소통 훈련시에 아동의 발달수준에 맞추어야 한다. 만일 약간의 언어기술이 있다면, 이를 가지고 구축해 주어야 한다. 그러나 아무 언어기술이 없다면, 사인언어를 먼저 가르쳐야 한다. 왜냐하면, 이는 후에 언어발달을 촉진시키기 때문이다(Schuler et al., 1997).

촉진, 모델링, 격려, 강화, 유사한 성공 또는 노력에 대한 강화와 피드백 등을 중간 정도의 구조화된 세팅에서 하루 30분 정도씩 하게 한다. 아동의 말하기, 언어기술은 있지만 적당한 사회 상황에서 이를 사용하지 못할 경우, 자연 세팅하에서 의사소통 시도에 대하여 강화를 하여 주면 사회적인 말과 의사소통을 증가시킬 수 있다(Prizant et al., 1997).

처음에는 강조점을 말보다는 의사소통에 둔다. 아동이 시도하려 하지 않고 타인과 사회적인 상호작용을 하려 하지 않으면, 교사와의 상호작용, 부모와 또래간의 계획, 사회 상호작용 시도 등을 촉진하고, 노력하거나 비슷하게 대화를 하면 강화를 하여 준다.

억양의 적절한 사용, 비구어 제스처, 반향어 교정, 대명사 바꾸기, 신조어 만들어 말하기 등과 같은 문제에 대한 의사소통기술을 세련화시키는 것은 위에 설명한 코치기법을 사용한 행동 훈련을 통하여 할 수 있을 것이다.

비디오 모델링과 비디오 피드백 방법은 이 과정에 유용하다. 그러나 이는 오래 걸리고 힘든 과정이다. 이것은 자폐범주성장애 아동이 자신과 타인을 보는 방법 때문에 그러하다. 자폐범주성장애 아동은 웃거나 비구어 제스처와 같은 사회적 신호를 이해할 수 없어서 이들은 사회규칙을 배워야 하고 이를 따르는 법을 알아야 한다. 이는 어른이 제2외국어를 배우는 것과 같다. 이는 매우 느린 과정을 요구한다. 이는 자신에 관련한 사건에 대하여 적절히 이해하는 능력이 부족하기 때문이다. 그래서 자폐범주성장애 아동은 그에게 발생한 사건을 경험하는 데 어려움을 가지고 있다. 그리고 이들을 가지고 타인과 함께 사회적 상호작용으로 대화하는 데 문제를 보이는 것이다. 이와 같은 배경에서 Jordan과 Powell(1995)은 자폐범주성장애 아동을 가르치는 데는 평가적인 이해기술을 개발하게 하여 사건에 대한 개인적 애착감을 알게 함으로써 에피소드적 · 자선적 메모리 기억을 할 수 있도록 하여야 한다고 주장하였다. 그와 같은 기술 개발은 보다 대화적인 상호작용을 기초로 회상에 관한 촉진 및 코치와 매일 일어난 사건에 대한 회고를 하게 하는 방법으로 제공하여 주어야 할 것이다.

8. 문제행동관리

자해, 공격, 파괴적인 행동이 발생하면, 이 문제를 유발하는 상황요인을 사정하고, 장애아동과 네트워크 구성원들에게 이 어려움을 해결하여 주기 위한 프로그램을 개발하여 주는 것이 교사, 부모의 중요한 역할 중 하나다.

문제행동의 빈도를 줄이기 위한 중재는 그러한 행동을 유지시키는 사전 행동과 후속 결과에 대한 기능적 분석을 통하여 하여야 한다. 광범위한 생태학적(ecological) 사정도 필요한데 여기서는 개인 특성과, 공격과 자해행동을 유발하는 아동과 양육자 간에 가지고 있는 행동강화 패턴으로 인하여 발생할 수 있는 신체적 · 사회적 환경관련성 요인 등을 알아보아야 한다(Oliver, 1995).

1) 자해행동

자해행동을 유지시키는 원인에는 보통 일반적인 행동 패턴이 있는데(이는 공격행동에도 동일하게 적용된다), 이에 대하여는 Oliver(1995)가 상세하게 설명하고 있다. 이 중 첫 번째 패턴은 사회 고립기간이 너무 길어서 아동이 사회 접촉을 매우 필요로 하여 문제행동이 나타나는 경우다. 이에 대한 반응으로 양육자는 아동의 접촉 욕구가 만족될 때까지 아동에게 사회적 접촉을 제공하여 준다. 이때 아동은 문제행동을 더 많이 할 수 있다. 왜냐하면, 이것이 양육자의 관심으로 정적인 강화를 얻어 왔기 때문이다. 그러면 또

양육자가 문제행동의 반응으로 더 많이 제공하여 줄 것이다. 왜냐하면, 어른은 그가 보인 관심으로 문제행동이 그치면 성인은 결국 안심(이는 부적인 강화와 관련이 있다)을 하게 되기 때문이다. 그래서 자해행동이 계속 유지된다.

두 번째 패턴은, 양육자가 아동에게 요구를 하게 되고 아동이 문제행동을 하여 그 요구를 그치게 하는 패턴이다. 이 에피소드가 그치면, 후에 부모가 요구를 하면 아동은 더 많이 문제행동을 하게 될 것이다. 왜냐하면, 과거에 이와 같은 요구를 문제행동으로 그치게 한 적이 있기 때문이다(부적강화). 성인은 문제행동에 대한 반응으로 요구를 그치는 경향이 있다. 왜냐하면, 그러면 아동의 문제행동이 그치기 때문이다(부적 강화).

2) 환경요인

문제행동에 대한 환경적 위험요인에는 잠자기 - 잠에서 일어나기 사이클 파괴, 일상적인 습관 파괴, 생애 전환기, 많은 요구를 하는 권위적 사회환경에서 생활, 교사와 학생비율이 높아 학생과 교사나 양육자 간에 접촉이 매우 제한적인 접촉이 있는 사회적 상황에서 생활, 양육자가 아동의 순간적인 욕구와 좌절인내 등에 대하여 민감하지 못한 사회적 환경에서 생활하는 것 등이 해당한다(Oliver, 1995).

3) 개인특성

문제행동에서 개개인의 위험요인에는 좀더 높은 수준의 지적 장애, 낮은 적응행동, 제한적인 표현언어, 복합된 자폐범주성장애, 복합감각 운동장애, 그리고 뚜렛과 같은 특정 신드롬이 있는 경우 등이 해당한다. 이와 같은 위험요인들 대부분은 양육자의 요구를 줄이거나 양육자와 사회적 접촉을 하고자 하는 욕구를 줄이고자 할 때 효과적으로 선택대안을 마련하는 방법을 제한하게 만든다(Oliver, 1995).

4) 기능분석

(1) 의의

기능적인 분석을 통하여 잠재적인 중재법을 찾아낼 수 있는데, 이들은 크게 3가지

카테고리로 구분된다. 즉, 문제를 일으키는 선행사건을 바꾸고자 하는 자극통제(stimulus-control 중재)법, 문제행동의 후속결과를 바꾸어 더 이상 강화를 시키지 않는 목적인 상황관리(contingency-management) 중재법, 그리고 아동에게 더 적응적인 반응을 하게 하여, 문제행동에 의하여 아동의 욕구에 충족시키는 것과 마찬가지의 효과를 보이나 적응행동의 형태로 반응하게 하는 훈련법이 이에 해당한다(Yule and Carr, 1987).

(2) 기능분석시 고려사항

아동의 문제행동과 공격이나 자해 행동관리에 대한 첫 단계는 철저한 기능분석이다(Oliver, 1995). 자폐범주성장애의 경우에 그와 같은 분석에 추가적으로 여러 가지를 고려하여야 한다.

첫째, 자폐범주성장애 아동은 타인에게 비위협적인 여러 상황을 위협적이거나 스트레스를 주는 상황으로 인식한다. 이러한 상황에는 자신의 습관을 흐트러트리는 것이라고 생각하거나, 하나의 활동에서 다른 활동으로 전이시키려 하는 것에 대한 반항이다.

둘째, 자폐범주성장애 아동들은 타인이 무슨 생각을 하는지, 그들이 어떻게 행동할 것인지를 추측할 수 없다. 그래서 자폐증 아동의 대부분은 타인의 행동을 예측하지 못하며, 혼동하고 스트레스를 받는다.

셋째, 자폐범주성장애 아동들은 타인에 대한 공격이나 자해에 대한 결과를 명백히 예측하지 못한다.

넷째, 자폐범주성장애 아동들은 공격을 포함한 자신의 감정 통제에 어려움을 보인다.

다섯째, 반복적 자해(머리 치기와 같은)는 그 효과를 예측할 수 있기 때문에 일부 자폐범주성장애 아동의 경우 우연히 강화되어 나타날 것이다.

(3) 대안제시

문제행동이 나타날 경우에 철저한 기능분석을 한다. 문제행동 원인이 확인할 수 있는 환경자극에 의하여 나타날 경우, 그와 같은 환경을 그냥 제거하면 된다. 그러나 대부분의 경우는 이것이 불가능하다. 그 이유는 자극이 한 과제에서 다른 과제로 이동한다든지 학교 가는 것과 같은 아동환경에 필요한 부분이기 때문이다. 이와 같은 경우에 만일 아동이 이 자극에 놀라면, 이를 점차 누그러뜨리는 둔감화를 시켜야 할 것이다. 만일 그가 이에 대처할 수 없다고 느끼면, 자극 발생 예측, 스스로 이완하기, 자극이 제시되었을 때 스스로 흐트러뜨리기와 같은 대처 행동을 코치한다. 그리고 이에 반응하면 강화를 하여 준다.

일부 문제행동이 차별자극에 대한 반응이라면, 다른 일이 일어나게 하여 아동에게 뭔가를 얻게 하거나 뭔가에서 벗어나게 한다. 문제행동이 뭔가를 얻고자 하는 행동(예 : 관심)이라면, 기능적으로는 동일하지만 덜 파괴적인 방법을 가르쳐서 바람직한 강화제를 얻게 하여 준다.

문제행동이 두려움을 피하고자 하는 행동이라면 아동에게 그에 대한 둔감화기법을 사용하고, 이것이 발생하였을 때 두려운 상황에 대처한 것에 대하여 강화를 하여 준다. 적당할 경우 두려운 상황을 피하는 데 있어 덜 파괴적인 방법을 사용하도록 대안적인 방법을 알려 준다.

9. 약물처방

약물처방은 자폐범주성장애의 경우 그 효과가 매우 제한적이다(Lord and Rutter, 1994). 안정제인 할로페라돌(Haloperadol)은 자폐범주성장애 아동의 공격성을 줄이는데 효과가 있는 것으로 나타났으나, 부작용이 있다. 따라서 장기적인 부작용(tardive dyskinesia)은 피할 수 없을 것이다.

제 5 장

정 신 지 체

제 1 절 특성
제 2 절 출현율
제 3 절 원인
제 4 절 특수교육

제1절 특 성

정신지체(MR, mental retardation; 지적 장애라고도 함)는 간단히 말하여 지능지수(Intelligence Quotient; IQ)가 낮은 경우다. 일반적으로 지능지수 기준으로 정신지체를 판별하는 방법은 일반인들의 지능지수 평균을 100으로 두고, 표준편차가 15인 경우 2표준편차 이하, 즉 일반인의 평균치 100보다 30점이 낮은 지능지수 70을 넘지 않은 경우를 진단기준으로 한다.

그러나 비록 지능지수가 70을 넘지 않는다고 할지라도 생활기능 등의 측면에서 별다른 문제가 없을 경우에는 정신지체로 보지 않는다.

정신지체는 18세 이전에 두 개 이상 영역에서 심각한 장애로 인하여 일반인의 지적 기능보다 현저하게 뒤떨어지는 경우를 말한다. 정신지체의 진단기준은 〈표 5.1〉과 같다.

표 5.1 정신지체의 진단기준

정신지체의 진단기준
* 평균 수준 이하의 지적 기능을 보인다.
- 개별 지능 검사에서 70 이하의 지능지수(유아의 경우는 지적 기능이 유의하게 평균 이하라는 임상적 판단)
* 다음 항목 가운데 적어도 두 가지 항목에서 현재의 적응 기능결함이나 장애를 동반 한다.
- 의사소통 - 자기 돌봄 - 가정 생활 - 사회적 기술과 대인관계 기술 - 지역사회 자원의 활용 - 자기 관리 - 기능적 학업 기술

- 직업
- 여가
- 건강 및 안전

* 18세 이전에 발병한다.

* 지능장애의 수준을 반영하는 심각도에 근거한 진단은 아래와 같다.

경도 : 지능지수 50~55에서 약 70까지
중등도 : 지능지수 35~40에서 50~55까지
중도 : 지능지수 20~25에서 35~40까지
최중도 : 지능지수 20 또는 25 이하
정도를 세분할 수 없는 정신지체 : 정신지체라는 강한 심증은 있지만, 표준화 검사에 의해 지능을 측정할 수 없는 경우

일반적으로 정신지체는 여러 기능영역에서 장애를 보이는 반면, 자폐범주성장애는 일부 기능영역에서 장애를 보인다(사회성, 의사소통 등). 그런데 자폐범주성장애의 경우는 적어도 75%가 정신지체도 나타낸다.

정신지체 진단/사정은 기능장애가 나타날 수 있는 다양한 영역을 살펴보고 내리게 된다. 또 아동의 지적 기능을 평가하여 내리게 된다. 그러나 현재 개발되어 있는 검사방법들은 대부분 단어나 언어이해를 요구하여 대부분의 정신지체인이 이에 응답하기에는 너무 어렵다. 그래서 지적 기능에 대한 올바른 평가를 내리기란 쉽지 않다.

직접 행동을 관찰하는 방법은 사회화 문제와 부적절한 행동의 내용을 구분하는데 유용하다. 또 직접적인 관찰에 의한 방법일 경우에는 진단뿐만 아니라 향후 처방에도 매우 도움이 되므로 직접적인 관찰은 매우 중요한 방법이다.

제 2 절 출 현 율

정신지체 출현율은 약 2~3%이다(Scott, 1994). 그리고 이 중 80%는 경도에 해당하고,

12%는 중등도, 7%는 중도, 그리고 1% 정도가 최중도에 해당한다. 이들 중 25~50% 정도는 중대한 품행, 정서 또는 전반적인 발달문제를 보이며, 12~15%는 시각손상을 가지고 있고, 8~20%는 청각 손상을 보이며, 15~30%는 간질을, 그리고 10만 명당 20명이 심각한 문제행동을 보인다(British Psychological Society, 1994).

정신지체의 예후는 인지기능 수준과 밀접하게 관련이 있다. 그리고 이 인지기능 수준은 아동기, 청년기에도 변하지 않고 지속적으로 남아 있다.

보통, 중도 또는 최중도 정신지체의 경우는 거의 변하지 않으며, 인지기능 발달이 더 빈약한 경향이 있다. 그러나 경도 정신지체는 좀 더 좋은 예후를 나타내는 경향이 있다. 부연하면, 다운증후군, 프래절 X증후군의 경우는 다른 형태의 정신지체 보다 좀 더 천천히 지적 능력이 발전하는 경향이 있다. 그리고 나이가 들어감에 따라 좀 더 많은 장애가 나타날 수 있다. 정신지체인은 나이가 들면서 적절한 행동법이 점진적으로 호전된다. 그러나 도리어 퇴행하는 경우도 가끔 나타나기도 한다.

제 3 절 원 인

1. 생물학적 요인

정신지체의 주된 원인은 생물학적 요인과 환경요인이다. 특히, 임신 중 생물학적 요인은 태아의 두뇌발달에 영향을 미친다. 정신지체를 유발할 수 있는 임신기 문제에는 다음과 같은 것들이 있다.

(1) 기형, 특히 신경계통에 문제가 있는 기형
(2) 불구 또는 머리나 장기의 비정상적 성장
(3) 손상 또는 임신 중 알코올의 사용과 같은 기형 발생물질로부터의 피해 등.

1) 기형

기형은 염색체 이상이나 유전적 장애를 의미하는데 이는 다음과 같은 것들이 있다.

(1) 프래절 X 증후군

프래절 X 증후군(Fragile X syndrome : 취약 X 증후군)은 염색체 이상에 의한 것으로 남아의 경우 지능 저하, 큰 고환, 긴 얼굴, 튀어나온 턱, 크고 뚜렷한 귀 등 특징적인 얼굴을 보이며, 여아는 대개 다양한 지능 저하만을 보이는 질환이다.

(2) 프라더-윌리 증후군

프라더-윌리 증후군(Prader-Willi syndrome)은 15번 염색체에 유전자 이상이 발생하고, 이로 인해 시상하부(시상의 아래쪽에서 뇌하수체로 이어지는 부분이다. 사람 뇌의 아랫면에 보이는 시신경교차에서 유두체에 이르는 사이가 시상하부다) 기능에 장애가 발생하는 질환으로, 연령과 개인에 따라 나타나는 증상은 다르다. 이는 저 신장, 성기 발육부진, 비만 그리고 학습장애를 특징으로 하는 질환이다.

(3) 다운증후군

다운증후군(Down syndrome)은 가장 흔한 염색체 질환으로서, 21번 염색체가 정상인보다 1개 많은 3개가 존재하여 정신지체, 신체기형, 전신기능 이상, 성장장애 등을 일으키는 유전 질환이다. 즉, 21번 연색체가 일반인들은 두 개인데 이들은 3개라는 것이다.

신체 전반에 걸쳐 이상이 나타나며 특징적인 얼굴 모습을 보여 쉽게 관찰할 수 있고, 지능이 낮다. 출생 전에 기형이 발생하고, 출생 후에도 여러 장기의 기능 이상이 나타나는 질환으로서 일반인에 비하여 수명이 짧다고 하나 과학의 발달로 반드시 그렇지는 않다.

2) 신진대사

신진대사 문제도 정신지체를 초래할 수 있는데, 이는 페닐케톤뇨증(지능장애, 담갈색

모발, 피부 색소 결핍 등이 초래되는 상염색체성 열성 유전성 질환. 이는 단백질을 분해시키지 못하는 장애로서 조기에 발견하여 치료하면 치료가 가능하다. 이를 게을리하면 정신지체 등의 장애를 유발한다)과 리이만-픽병(간, 비장, 폐, 골수, 뇌 등에 해가 되는 양의 지질이 축적되는 유전성 대사질환) 등과 관련이 있다.

3) 기타

산소결핍, 두뇌손상, 중독(납중독 등) 등도 정신지체를 유발한다. 우연한 사고로 유아나 아동이 두뇌를 다치게 되면 아동은 인지발달과 관련하여 매우 불행한 결과를 초래할 수도 있다. 특히 산소결핍, 두뇌손상, 중독에 의한 두뇌 손상의 경우는 더욱 그러하다.

2. 환경 요인

환경요인 역시 정신지체에 많은 영향을 미치는데, 부모의 인지기능 결함, 빈약한 교육경력, 일관성 없는 훈육, 낮은 사회 경제적 수준 등이 이에 해당한다. 이는 정신지체의 위험요인이라기 보다는 유지요인에 해당할 것이다.

제 4 절 특수교육

일반적으로 정신지체인 가족을 도울 때, 교사는 아래와 같은 문제를 다루기 위한 사정과 중재서비스를 준비하여야 한다.

- 부모교육
- 체계적인 지원
- 생활기술훈련 제공
- 문제행동에 대한 자문
- 전환기 상담 및 가족 지원

1. 부모교육

정신지체 자녀를 위한 부모교육의 목적은 부모와 가족구성원에게 아동발달상 정신지체가 의미하는 바를 이해하도록 돕는 것이다. 대부분의 부모들은 정신지체 진단의 의미를 이해하고 인정하기가 어렵다. 왜냐하면 자신의 아동이 건강할 것이라는 기대를 무너뜨렸기 때문이다.

대부분의 부모들은 충격을 받고, 부정한다. 따라서 교사는 부모 및 가족구성원에게 진단에 관하여 분명하고 통일되며 확실한 메시지를 줄 수 있도록 도와 주어야 한다. 왜냐하면 부모가 아동장애에 대한 부정을 극복하고, 장애를 받아들이게 하며, 현실적인 방법으로 다루게 하는 방법을 제공하여야 하기 때문이다.

부모에게는 아동의 인지 능력 및 적응기술의 정상적 상태, 심리적 · 정서적 상태, 생물학적 요인, 정상적인 생활을 하기 위해 아동에게 필요한 지원 등에 대한 정보를 제공하여 주어야 한다. 그리고 이와 같은 진단을 하게 된 진단도구 등을 분명하게 알려주어야 한다. 그 이유는 부모에게 애매한 정보를 제공하여 주어, 아동이 장애가 없다거나, 자라면 해결될 것이라는 막연한 신념을 갖게 하여 주어서는 안 되기 때문이다.

2. 체계적인 지원

전반적인 사정과 진단 정보 피드백 이후, 교사는 정신지체 아동과 가족에게 적당한 지원을 제공하기 위한 체계적인 지원 역할을 하여야 한다. 이때, 아동의 욕구에 부응하고, 가족이 지니고 있는 양육 부담에 대한 지원의 적절성을 고려하여 정기적으로 수정, 검토한다.

이를 효과적으로 실천하기 위한 체계적 지원 방법은 아래와 같다.

- 아동과 가족지원 필요성을 구체적으로 언급한다.
- 정확한 지원행동 계획에 대하여 가족과 전문가 네트워크로부터 동의를 얻는다.

- 지원제공에 있어 전문가 네트워크 구성원의 책임과 역할에 대하여도 동의가 있어야 한다.
- 재정적 부담이 될 수 있는 지원 제공 방법 역시 동의가 있어야 한다.
- 정기적인 검토 시간을 마련하여야 한다.

이와 같은 시스템에서 누군가가 중심이 되어 주체적으로 실행하여야 하는데, 주 담당자가 없을 경우 아무리 좋은 시스템이라도 그 지원은 혼란스럽게 될 것이다.

3. 생활기술 훈련제공

포테이지 프로그램(White and Cameron, 1987)은 부모나 교사가 체계적으로 여러 가지 생활기술을 장애아동에게 가르치는 데 매우 유용하다. 행동수정 원리 역시 기술 발달 프로그램과 부모와 스태프가 장애아동을 지원하는데 유용하다(Yule and Carr, 1987).

정신지체의 처방은 특수교육적 지도방법에 따라 1) 언어나 사회적 방법, 적절한 행동방식 지도, 2) 부자연스럽고 부적절한 행동(공격성, 자해, 자기 자극 등) 지도 등에 초점을 맞춘다. 이를 사회기술 커리큘럼이라고 한다. 이 방법에서는 아동과 환경 간의 교류패턴에 초점을 둔다. 즉, 아동을 환경에 포함시키면서 환경과 관계를 수정시키는 것이다. 여기에서의 초점은 개인과 환경 간 교류의 질을 높이고 변화시키는 것이다. 이 방법에서는 특정문제 영역에 대하여 강조점을 둔다. 이의 대표적인 것이 바로 사회기술 커리큘럼이다.

사회기술 커리큘럼(social skills curriculum)에서는 장애아동의 부적절한 행동(소리 지르기, 산만한 행동, 과잉행동)은 그 아동이 배울 기회를 얻지 못하였거나 배울 기회가 있었는데 배우지 못한 것으로 보고 체계적으로 아동을 교육할 커리큘럼을 만든다(Carter & Sugai, 1989). 즉 사회기술훈련을 통해서 아동을 복잡한 사회에 살아가도록 준비시켜야 한다고 생각하는 것이다.

사회기술 커리큘럼은 연구자에 따라 그리고 아동의 능력에 따라 다르다. 따라서 교사나 부모가 사회기술 커리큘럼을 통하여 아동을 교육하고자 할 때에는 아동에 맞는 커리큘럼을 정하고 그 기준 커리큘럼에서 해당 아동에게 합당하도록 수정하여 사용하는 것이 좋다. 〈표 5.2〉는 사회기술 커리큘럼의 한 가지 예를 제시한 것이다(Goldstein et al., 1983).

표 5.2 사회기술 커리큘럼

1. 사회기술(1)
1. 듣기 2. 대화시도하기 3. 대화하기 4. 질문하기 5. '고맙습니다'라고 말하기 6. 자기 소개하기 7. 다른 사람 소개하기 8. 인사말하기
2. 사회기술(2)
9. 도움요청하기10. 함께하기 11. 가르쳐 주기 12. 지도에 따라 하기 13. 사과하기 14. 다른 사람 신뢰하기
3. 감정기술
15. 자기감정알기 16. 자기감정 표현하기 17. 타인감정 이해하기 18. 타인의 분노 다루기 19. 애정 표현하기 20. 두려움 다루기 21. 자기 보상하기
4. 선택기술
22. 허락 얻기 23. 물건같이 쓰기 24. 타인 돕기 25. 협상하기 26. 자기통제하기27. 똑바로 서 있기 28. 놀림에 반응하기 29. 의견충돌 피하기 30. 싸움 피하기
5. 스트레스 관리기술
31. 불평하기 32. 불만에 대답하기 33. 게임 후 스포츠맨십 보여주기 34. 당황한 일 다루기 35. 따돌림 다루기 36. 친구를 위하여 서 있기 37. 설득에 반응하기 38. 실패에 반응하기 39. 모순된 이야기 다루기 40. 일러주는 일 다루기 41. 힘든 대화준비하기 42. 집단 압력 다루기
6. 계획기술
43. 할 일 결정하기 44. 문제의 원인 알기 45. 목표정하기 46. 자기능력 알기 47. 정보수집하기 48. 중요순대로 문제 정리하기 49. 결정하기 50. 과제에 집중하기

4. 문제행동에 대한 자문

정신지체 아동이 자해, 공격, 파괴적인 행동을 할 경우, 교사는 이 문제를 유발하는 상황요인을 사정하고, 정신지체 아동과 네트워크 구성원들에게 이 어려움을 해결하여 주기 위한 프로그램을 개발하여 주어야 한다.

문제행동의 빈도를 줄이기 위한 중재는 그러한 행동을 유지시키는 사전 행동과 후속

결과에 대한 기능적 분석을 하여야 한다. 이에 관해서는 제4장 자폐범주성장애에서 언급한 방식, 즉 제4절 8. 문제행동관리 방식을 동일하게 적용한다. 이를 참고하기 바란다.

5. 전환기 상담 및 가족지원

부모, 형제, 기타 가족 구성원에게는 정신지체 진단, 취학 전환기, 학교 졸업, 취업하기, 분가, 부모노쇠, 부모 죽음 등과 같은 전환기에 대한 상담이 필요하다.

초기에, 부모가 자기 자녀가 정신지체아라는 말을 들으면, 슬픔으로 충격을 받고, 부정하며, 실망, 분노, 죄의식 등과 같은 정서적 혼란이 발생하고, 후에는 결국 이를 수용하게 된다.

그런데 부모에게 장애라는 사실을 알려주는 방법에 따라 부모의 서비스 만족 정도는 달라진다. 따라서 부모에게 장애라는 사실을 알려줄 때 매우 조심스럽게 접근하여야 하는데 이때 고려 사항은 아래와 같다(Quine and Rutter, 1994).

- 교사와 부모간 관계
- 부모의 관심사를 이해
- 교사의 부모 정서공감
- 의사소통의 방향 및 명확화

가족은 능력 있는 아동의 모습을 잃었다고 생각하고, 슬픔과정이 발생하다가 이후 점차 약해진다(Goldberg et al., 1995). 전환기에는 더욱 가족 슬픔이 커지는데, 이는 가족이 전환기마다 다른 건강한 아동과 비교하여 생각하기 때문이다. 예를 들면, 학교에 입학하고 졸업하는 경우가 그러하다.

인생 후반기에 분가하는 전환기가 있을 수도 있다. 또 부모가 자신들이 죽을 경우에 대한 우려 역시 걱정거리가 된다. 왜냐하면, 부모가 죽으면 장애아동을 누가 돌볼 것인가 하는 것이 매우 큰 관심사가 되기 때문이다.

학 습 장 애

제 6 장

제 1 절 특성
제 2 절 출현율
제 3 절 원인
제 4 절 특수교육

제1절 특 성

학습장애는 읽기장애, 쓰기장애, 셈하기 장애로 구분되는데 가장 중요한 문제는 읽기장애다. 이는 사회기술로서의 문자 중요성 때문이기도 하고, 읽기문제와 품행문제간에 분명한 관련이 있기 때문이기도 하다. 따라서 다른 학습장애보다 읽기장애가 훨씬 중요하다. 이와 같은 이유로 여기에서는 주된 관점을 특정 읽기장애(읽기지체나 난독)에 두고자 한다.

학습장애 진단 변수에서 가장 주목할 만한 특징은 학습장애는 주로 정신적 사정에 기초하여 진단한다는 것이다. 즉, 진단은 표준화된 검사를 하여 나이와 지능수준에 비하여 현저하게 떨어질 경우 학습장애 진단을 내린다.

읽기장애 하위타입으로 읽기지체와 전반적 읽기문제가 있는데 읽기지체는 읽기기술에서 심각한 지체를 가지고 있으나 정상지능인 경우에 해당한다. 이는 초기 언어장애와 관련이 있으며, 남자가 3배 높다. 그리고 아버지가 읽기장애를 보일 경우 가족내 유전적인 장애 위험이 상당히 높다. 그리고 품행과 특정 읽기 지체간에도 관련이 있다.

반면에 전반적인 읽기문제는 IQ가 낮은 상태에서 읽기 문제가 발생한 경우다. 이는 남녀간에 비슷하게 나타나며, 가벼운 신경장애, 시각운동 기술 문제, 사회적 불이익과 관련이 있다. 학습지진과 관련이 있는 것이다. 즉, 이후에 언급하겠으나 학습장애 진단에서 먼저 아동의 학습문제가 정상적인 학업성적, 학습기회의 부족, 부족한 교육환경, 문화적 요인에 의한 것일 경우 학습장애로 볼 수 없다.

또 영양결핍, 감각상의 결함(가령 시각문제)의 경우도 마찬가지다. 그러나 학습문제가 이러한 다른 결함으로 인한 학습문제 범위를 확실히 초과하는 것일 경우는 학습장애로 진단될 수도 있다. 이와 같은 문제는 학습장애 진단에서 매우 애매한 점이다.

학습장애를 진단하기 위해서는 학습문제가 여러 가지 모습, 즉 체계화 능력 부족, 과제집중력 결핍, 지각상 문제 등으로 나타날 수 있기 때문에 이들에 대하여 상세히 살펴보아야 하고, 인지적, 행동적 특징이 서로 영향을 끼칠 수 있다는 점을 명심하여야 한다.

예를 들어 아동의 언어적 결함이 사회적 위축을 불러올 소지도 있다. 그리고 사회문화적 요인과 같은 환경 변수도 고려하여야 하는데 환경변수에는 사회 경제적 상황, 학교에서의 아동의욕, 경쟁능력, 성취 방향, 또는 태도 등이 해당한다. 마지막으로 생물학적 요소를 중요하게 고려하여야 한다.

1. 진단

학습장애 아동을 진단할 때 가장 중요한 초점은 인지활동이다. 특히 지능검사 점수와 실제 성취도검사 점수 사이의 불일치 폭이 어떠한지에 대하여 면밀히 살펴보아야 한다.

그러나 지능검사 점수와 성취도 검사 점수 간의 불일치 정도를 학습장애 지표로 사용하는 것에 대한 논란의 여지는 아직도 존재한다. 지능검사와 성취도검사 간 차이로 아동의 특정 결함이나 문제점을 밝혀 내기 어렵다는 것이다. 그래서 대신 읽기능력과 청취력이 평가의 초점이 되어야 한다고 주장하는 학자도 있다.

〈표 6.1〉~〈표 6.3〉은 학습장애 진단기준을 제시한 것이다.

표 6.1 읽기장애 진단기준

읽기장애 진단기준
* 읽기의 정확도 또는 이해 능력을 평가하기 위한 개별 표준화 검사에서, 읽기 성적이 개인의 생활 연령, 측정된 지능, 그리고 나이에 적합한 교육에 비해 기대되는 정도보다 현저하게 낮다. * 위항의 장애가 읽기 기술이 요구되는 학업의 성취나 일상생활을 현저하게 방해한다. * 만일 감각 결함이 있다면, 읽기장애는 통상적으로 감각 결함에 동반되는 정도를 초과해서 심한 정도로 나타난다.

표 6.2 셈하기 장애 진단기준

셈하기 장애 진단기준
* 개별 표준화 검사에서, 셈하기 능력이 개인의 생활 연령, 측정된 지능, 그리고 나이에 적합한 교육에 비해 기대되는 정도보다 현저하게 낮다. * 위항의 장애가 계산이 요구되는 학업의 성취나 일상생활을 현저하게 방해한다. * 만일 감각 결함이 있다면, 셈하기 능력 장애는 통상적으로 감각 결함에 동반되는 정도를 초과해서 심한 정도로 나타난다.

표 6.3 쓰기장애 진단기준

쓰기장애 진단기준
* 개별 표준화 검사(또는 쓰기 기술 기능 평가)에서, 쓰기 능력이 개인의 생활 연령, 측정된 지능, 그리고 나이에 적합한 교육에 비해 기대되는 정도보다 현저하게 낮다.
* 위항의 장애가 쓰기 능력이 요구되는 학업의 성취나 일상생활을 현저하게 방해한다. (예 : 문법적으로 올바른 문장과 체계적인 문단을 쓰는 능력)
* 만일 감각 결함이 있다면, 쓰기장애는 통상적으로 감각 결함에 동반되는 정도를 초과해서 심한 정도로 나타난다.

2. 학습장애, 부진, 지진

일반적으로 학교 현장에서는 읽고, 쓰고, 셈하기를 제대로 못하는 학생들을 학습부진아로 지칭하고 있다. 이는 물론 학년에 따라 그 기준이 다르겠으나 기본적으로 읽고, 쓰고, 셈하는 교육이 동서고금을 막론하고 학교교육에서 기본이 되고 있기 때문인 것으로 보인다. 또한 이런 능력은 이 사회를 살아가기 위해 필수적으로 요구되는 능력이 된다. 또한 학교교육에서 국어와 수학은 도구교과로서 다른 모든 학습의 기초가 되기 때문일 것이다. 이와 같은 기준은 절대적 기준에 의한 학습부진아 지칭법이다.

한편 학습부진아를 보다 세분하여 정상적인 학업능력을 가지고 있으면서도 내적·외적 환경에 의하여 설정된 교육목표에서 제시된 최저 학업 성취수준에 도달하지 못한 학습자를 학습부진아로 보기도 한다(차영보, 2001). 이와 같은 기준은 상대적 기준에 의한 학습부진아 지칭법이다.

이와 같은 일반적인 개념 외에도 비슷하게 사용되는 학습지진이나 학습장애가 있는데 학문적으로는 이를 구분하여 설명한다. 이들 개념을 정리하면 아래와 같다.

1) 학습지진

학습지진이란 용어의 개념은 발달적인 개념이 강조되는 용어로서 아동의 학업 성적이 부진할 경우, 지능지수를 기준하여 정의하는 것이 보통이다. 즉 선천적으로 지적 능력에 문제가 있어 그 학습능력에 성취 정도가 떨어질 수밖에 없는 아동을 의미한다.

이와 같은 개념은 학습부진의 원인을 아동의 개인능력과 연계하여 아동 개인의 능력에 초점을 둔 개념이다. 따라서 아동이 지적으로 능력이 있으면서도 학습상 성취 정도가 낮은 아동은 이 개념에서 제외된다 할 수 있다. 그런데 이와 같은 개념은 정신지체와 어떻게 구분될 수 있는가 하는 문제가 있는데, 현재 정신지체의 정의는 DSM-Ⅳ에 따르면 의사소통, 스스로 돌보기, 집안 생활, 사회적 관계/대인관계 방법, 일상적 자원의 활용, 스스로의 통제와 공부방법, 작업, 여가시간, 건강과 안전의 기능'(APA, 1994, p. 39) 등 기술영역(skill area)에서 적어도 두 개 이상의 영역에서 심각한 장애로 인하여 일반적인 지적 기능보다 현저하게 뒤떨어지는 경우를 말한다.

이러한 정신지체 장애의 시작은 18세 이전에 나타난다. 일반적으로 정신지체는 기능 영역의 대부분은 아니지만 많은 부분에서 장애를 보인다. 이러한 장애는 총체적으로 발달상의 장애로 인한 것일 것이다.

반면에 학습지진 아동들은 경도 정신지체와 같은 학습상의 문제를 가지고 있으나 그 정도가 가벼운 아동들이다. 즉 지적 능력이 부족하여 전반적인 학습능력이 부족한 경우다. 이와 같은 관점에서 볼 때 학습지진 아동들은 정신지체와 일반아동 간 중간 부분에 해당한 것으로서 정신지체 장애에까지는 해당하지 않으나 학습상의 문제가 존재하는 아동으로서 지능지수가 정신지체의 경계선상에 있는 아동으로 볼 수 있다.

2) 학습장애(learning disability)

학습부진과 학습지진 간 구분에 다른 분류로서 학습장애가 있다. 학습장애 진단에서 학자들은 먼저, 차이공식(discrepancy formulas)을 사용한다. 이 차이기준은 아동이 지닌 선천적 능력과 아동이 보인 성취간의 차이를 통하여 그 차이가 현저할 경우 학습장애로 본다는 기준인데, 보편적으로 이 방법을 진단에 사용한다. Cone와 Wilson(1981)에 따르면, 차이를 알아내기 위하여 사용된 접근법은 학년수준별 편차, 표준점수의 비교, 회귀분석, 기대치공식 등을 사용한다. 그러나 Hanna, Dyck, Holen(1979)은 편차와 기대치 공식을 사용할 때, 통계적 · 개념적 약점을 언급하였다.

두 번째는 지능지수를 통한 판별인데, 학습장애아는 정상평균지능이나 그 이상을 가지고 있다고 한다(Smith & Luckasson, 1995). 이와 같은 주장을 근거로 학습장애를 지능지수로 진단한다. 즉, 지능지수가 정상에 해당한 아동 중 학습이 일반아동과 비교하여 현저한 차이를 보이는 아동을 학습장애로 보는 것이다. 이 정의에 관련하여 학자들은 (a) 지능을 측정하기 위해 사용하는 도구가 정신측정(psychometric) 도구로 부적절하다는 것(Siegel, 1989), (b) 현저한 차이(severe discrepancy)를 결정하기 위하여 지능과 성취를 사용한다는 것(Grahan & Harris, 1989; Stanovich, 1989), 그리고 (c) 지능과 학습장애아 간의 관계 등에서 문제점을 제기하기도 한다.

그 정의가 어떠하든지간에 임상적인 면에서 정신과 의사나 임상심리 전문가에게 가장 많이 쓰이는 미국의 정신의학회(APA)의 정의에 의하면 학습장애는 "읽기, 쓰기, 셈하기 등을 평가하기 위해 개별적으로 표준화된 검사를 시행했을 때 나이, 학교교육, 그리고 지능수준을 고려하여 기대하는 수준보다 2 표준편차 이상의 차이가 있을 때 학습장애로 보고 있다.

대부분 학습장애는 학교에 입학하여 학업기능을 습득하지 못할 때 비로소 나타나게 된다. 이들 아동들은 대부분 읽기에서 실패하지만 셈하기, 쓰기, 혹은 다른 교과에서도 낮은 성취를 보이게 된다. 저학년에서는 주의집중 부족, 주의 산만, 낮은 운동기능 등으로 인한 연필사용 기능문제, 쓰기 및 읽기 학습의 어려움 등의 특징을 나타낸다.

고학년에서는 교육과정이 점점 더 어려워짐에 따라, 문제는 다른 영역, 즉 사회 혹은 과학과 같은 영역에서도 나타난다. 또한 학업에 여러 해 동안 계속된 실패 후에는 정서적인 문제로 발전되며, 다른 아동들과 비교하여 학업성취도가 낮다는 것을 점점 더 의식하게 된다.

3) 학습부진 (school underachievement)

학습부진을 일반적으로 말할 때 학습성취도가 낮은 경우로 이해하고 있으나 위에서 언급한 학습지진이나 학습장애와 구분되는 개념이다. 즉, 아동이 학습을 할 능력을 충분히 지니고 있음에도 불구하고 공부를 할 기회가 별로 없었거나, 교사의 지도방식상 문제, 학업방법상 문제 등으로 인하여 학습성취도가 떨어지는 것을 의미한다. 일반적으로 학습부진이라고 하면 아동이 지니고 있는 잠재적인 능력(potential ability)에 비하여 아동이 보이는 학업성취(school achievements) 정도가 매우 미흡한 경우 사용하는 용어다. 이 개념은 학교나 학부모들이 아동을 평가할 때 흔히 사용하는 용어다. 따라서 보다 광범위한 의미를 담고 있다 하겠다.

이때 아동이 지닌 잠재적인 능력을 알아보는 데는 일반적으로 사용하는 지능검사를 사용할 수도 있겠고, 학급 내의 다른 아동의 성취 정도와 비교하여 알아보기도 하고, 학년이 변화하면서 아동의 성취 추이를 통하여 알아볼 수도 있을 것이다.

물론 학습부진아나 학습장애나 학습지진아들에게는 기타의 장애, 즉 정서장애, 정신지체, 청각장애, 시각장애 등 신체적 혹은 기능적 장애가 없어야 할 것이다. 그런데 이와 같은 언급을 하면서 한 가지 학습장애와 학습부진 간의 구분에 관련한 것이 하나의 쟁점이 된다. 즉, 학습지진은 지능지수가 낮은 탓으로 인하여 그 성취도가 매우 느려 소기의 성취를 하지만, 그 성취가 일반적인 기준에 도달하지 못하는 것으로 볼 수 있는 것이므로 학습장애나 학습부진과는 다른 개념으로 볼 수 있다. 그렇다면 학습부진과 학습장애 간의 차이는 무엇인가? 이와 같은 문제점으로 인하여 이들 개념을 아래에서 보다 명확히 하고자 한다.

4) 학습장애-학습부진 간 비교

학습부진과 학습장애, 이 두 유형의 차이점과 공통점을 찾는 요인측면에는 학업성취 패턴, 지적 기능, 요구되는 교육과 학습성취 등이 있다.

첫째, 학업성취 측면에서 보면, 학습부진은 학업영역 전반적으로 그 성취가 낮은 성취도를 보이지만 학습장애는 일부나 어느 특정영역에서 낮은 학업 성취도를 보이는 특성을 보인다. 따라서 이들 간 차이는 학습부진은 교과목 전반적으로 차이를 보이는 반면, 학습장애는 특정분야에 국한되는 경향을 보인다는 것이다. 또한 이들 학습부진과 학습장애 간 지능지수는 정상적인 지능지수를 지녀야 한다. 만일 정상적인 지능지수를 지니지 못하는 경우에는 정신지체나 학습지진으로 분류될 수 있을 것이다. 이와 같은 관점에서 볼 때 학습지진은 자신의 능력을 열심히 발휘하고 있음에도 불구하고 선천적인 능력의 부족으로 인하여 성취를 내지 못하는 것으로 볼 수 있고, 학습장애나 학습부진은 아동 자신에게 능력이 있음에도 불구하고 어떤 이유로 인하여 능력을 발휘하지 못하는 집단으로 볼 수 있는 것이다.

표 6.4 정신지체와 학습지진, 학습부진, 학습장애 간 구분

문제유형	지능지수	학습성취	요인	교육	예후
정신지체	낮음	전반적 부진	개인능력 부족	특수교육적 접근	인생전반
학습지진	낮음	전반적 부진	개인능력 부족	자신의 능력 범위 안에서 발달	인생전반
학습부진	보통 이상	전반적 부진	개인능력 있음	중재를 통한 효과가 있음	예후 좋음
학습장애	보통 이상	특정분야 부진	특정분야를 제외하고 개인능력 있음	특수 교육적 접근 필요	특정분야 인생전반

둘째, 교육과 학습 성취 면에서 보면, 학습부진의 경우는 아동에게 교육의 필요성 주지와 아동에 대한 배려 그리고 아동의 동기를 부여하여 줄 경우 성취가 용이하게 이루어지는 경향을 보인다. 그러나 학습장애는 학습기술 습득상의 문제로 인하여, 즉 학습전략 구성에 관한 문제점이나 미소두뇌 기능이상 등으로 인하여 특수 교육적 접근을 통하여 교육을 하여야 하며 그 성취 정도도 매우 미흡하게 나타난다. 〈표 6.4〉는 정신지체와 학습지진, 학습부진, 학습장애를 몇 가지 요인으로 구분하여 차이를 설명한 것이다.

〈표 6.4〉에서 보는 바와 같이 정신지체와 학습지진은 지능지수가 낮고 그 문제가 인생전반에 걸쳐 영향을 미치나 학습부진과 학습장애는 지능지수가 정상이상이나 교육을 통할 경우 그 예후가 정신지체나 학습지진과는 다르게 효과를 보인다.

학습부진 아동은 그 예후가 매우 좋으며, 학습장애의 경우는 적절한 지원을 하지 못할 경우 그 장애로 인하여 인생전반에 영향을 미칠 수 있다.

Morris(1985)는 특정 언어장애 하위분류에 관한 연구를 검토한 연구에서 하위 분류시스템을 특정 읽기장애 아동이 특정 철자와 셈하기 장애, 특정 언어장애로 구분하고, 이 원인은 음운지식(phonological awareness) 결함에 의한 경우와 연속적인 기억 결함에 의한 경우가 있다고 하였다. 특정 읽기장애 하위타입에서 아동의 강점을 중심으로 활용한 치료상 읽기 프로그램 시도는 전반적으로 성공적이지 못하였다.

제 2 절 출 현 율

영국의 경우 1,200명 이상의 영국 9~10세 아동을 대상으로 한 출현율 연구 결과 Lewis, Hitch 그리고 Walker(1994)는 3.9%가 학습장애 또는 난독증(dyslexia)이었으며, 1.3%는 셈하기 장애, 2.3%는 셈하기와 읽기장애였다. 읽기장애 남녀비율은 3 : 1이었다.

그러나 셈하기 장애와 혼합된 읽기－셈하기 장애 남녀 비율은 약 1 : 1이었다. 만일 IQ 점수가 90 이상이고, 그들 성취점수 지수가 85 이하이면 특정 학습장애로 진단한다.

Maughan(1995)은 문헌 검토를 통하여 난독증을 가진 아동은 음운과정에 중대한 결함이 있으며, 음운기술에 중대한 결함이 있으면 이후 성인기까지 문제가 계속된다는 점을 발견하였다. 그러나 난독증 아동 중 대부분이 가족지원, 학교 보충수업, 정기적인 읽기 훈련 및 동기부여 등을 제공하면 성인기에 많은 향상을 보인다. 이후 생활에서 좋은 조정여부는 그 사람의 강점에 맞는 직업 선택과 주요 문서 등의 검토가 필요하지 않는 직업 선택에 달려 있다. 정적인 자기 이미지 개발, 반사회적 행동 감축 등도 정적인 조정과 관련이 있다.

제 3 절 원 인

읽기장애나 난독증의 원인은 읽기기술 발달이론 구조로부터 이해할 수 있다. 전통적으로 읽기발달 기술구조에 관련한 이론은 두 가지가 있었다. 음운론(phonic)에 따르면, 아동은 읽기 위하여 먼저 문자와 관련한 소리를 익혀야 하고 그 다음에 이를 음운형성 블록(phonic building block)을 사용하여 모든 단어를 읽고 철자에 맞추어 쓰게 된다고 주장한다(Perfetti, 1985). 이는 아동이 '문' 이라는 단어를 구축하려면, ㅁ, ㅜ, ㄴ 과 연계된 세 소리를 구축하여야 한다는 주장이다. 반대로 통문자론(whole-language)에 따르면 아동은 각 문자나 소리를 개별적으로 조각내어 인식하기보다는 전체적으로 인식한다는 주장이다. 이 이론에 따르면, 친숙하지 못한 단어소리는 아동이 이들이 발생한 상황적 의미로 추측하고, 교사의 피드백을 통하여 배우게 된다는 것이다(Goodman, 1976). 그래서 아동은 '문'이라는 단어를 문소리나 '문을 닫는다'는 문장이 있기 때문인 '문'으로 추측한다.

음운론에서는 음성기법을 통하여 아동에게 읽기 기술을 가르친다. 이는 아동에게 각 문자마다 소리를 전달하는 법을 가르친다. 한편 통문자 이론에서는 아동에게 여러 가지 상황적인 방법으로 아동에게 문자를 가르치는 방법을 개발한다. 예를 들면, 보고 말하기(look-and-say)법을 들 수 있는데, 이 기법은 아동에게 주어진 상황에서 전체 단어를 인지하는 법을 가르친다. 이들 이론들이 읽기 실험연구나 읽기장애아에 대한 연구에서 모두 지지를 받은 것은 아니다(Snowling, 1996). 그러나 아동은 읽기기술 발달수준에 따라, 양육자의 친밀성에 따라, 그리고 정확한 성과 비용과 이득에 따라, 음운기억(phonic-decoding) 전략과 통문자(whole-language) 전략 모두를 사용하는 것은 틀림이 없다.

가장 폭넓게 지지받는 읽기 이론에서는 리듬인지와 두운법(alliteration)이 아동 읽기기술에서 가장 중요한 전조(precursor)라고 주장한다(Snowling, 1996). 이와 같은 입장은 '문'과 같은 단어의 경우 이를 아동은 이를 ㅁ과 ㅜ으로 나누어, 이 기술을 사용하여, 친숙하지 못한 단어 군, 순, 푼 등을 읽는데 사용할 수 있다. 이는 韻(rhyming)이 있는 단어 중에서 유사소리(phonological similarity)에 관한 지식, 그리고 韻(rhyming)이 있는 단어 중 유사모습(orthographic similarity)을 사용하는 것이다. 여러 가지 증거에 의하면 어린 나이에 음운 유사성(phonological similarity)과 단어 중 유사모습(orthographic similarity)을 인식하는 기술을 개발한 아동들은 글을 잘 읽게 되며, 그렇지 못한 아동들은 읽기 문제를 보인다.

제 4 절 특수교육

읽기장애 아동을 위한 치료 프로그램에서는 아동능력 사정과 가족 내 잠재적 자원,

읽기장애 아동을 교육하기 위한 학교, 전문가 네트워크 등이 중심이 되어야 한다.

읽기장애아를 위한 프로그램들은 모두 아동 성취도에 따라 난이도를 증가시키는 방법으로 구조화시켜야 한다. 교재 · 교구 역시 연속적으로 제시하여야 하고, 읽기와 철자기술에 대한 지식을 키울 수 있는 방법으로 하여야 한다(Thompson, 1990).

읽기 훈련과 음운지식(phonic awareness)을 향상시키기 위한 연습 등의 기법이 상황적 단서사용과 의미중심 전략에 초점을 둔 방법보다 더 좋은 결과를 보인다(Snowling, 1996).

읽기장애 아동을 위한 특수교육기법을 설명하면 아래와 같다.

1. 짝 읽기

매일 조금씩 짝 읽기를 하는 부모/교사 관여방식은 읽기장애 아동에게 매우 효과적이며 예방적인 전략이다(Topping, 1986; Hewison, 1988). 이 전략에서 부모/교사는 아동과 함께 앉아 아동이 혼자서 읽을 수 있을 때까지 같이 읽는다.

이 국면 중에, 아동이 실수를 하게 되면 부모/교사는 적절한 발음으로 모델링시킨다. 일단 이동이 혼자서 읽게 되면, 부모/교사가 읽는 것을 도와 주지 않고 듣고만 있으면서 비구어적인 신호만을 사용한다. 아동이 이때 실수를 하거나 어려운 발음인 경우 부모/교사가 이를 고쳐 주기 위하여 비구어적인 신호를 보내는 것이다. 그리고 계속해서 읽어 간다.

짝 읽기 과정은 부모/교사가 도와 주는 하나의 일상적 패키지로서 Vygotsky (1962)는 이를 아동이 읽기기술 개발에 도움을 주는 것을 비계(scaffolding)라고 하였다.

2. 철자를 말로 대며 적기

철자에 대한 다중감각접근법을 사용할 경우 특정 읽기장애 아동에게 효과가 있음이 밝혀졌다. 특히 말로 철자를 대며 적는 방법은 매우 효과적이다(Thompson, 1990).

특정 단어를 익히기 위하여, 아동에게 먼저 단어를 베끼게 한다. 아동은 그것을 베끼면서 그것을 큰 소리로 말한다. 그래서 철자를 익히면서 시각적, 청각적, 운동신경을 동시에 사용하도록 한다. 다음으로 아동에게 글자마다 무엇을 적었는지를 확인하게 한다. 부모/교사는 이 과정을 세 번 계속하여 반복한다.

그러고 나서 이제는 이를 보여주고 암기하여 쓸 수 있도록 한다. 이 과정은 몇 개의 단어를 가지고 3일 동안 연속하여 시행한다. 이렇게 하면 대부분의 아동들은 이 단어를 배우게 된다.

이와 같은 다중감각접근법은 부모/교사와 함께, 일반적인 초등학교 철자 커리큘럼에서 사용할 수 있다. 그러나 치료에서는 매주 몇 단어 철자를 가르치고, 아동에게 가장 높은 성취율을 보이는 속도로 하는 것이 효과가 좋다. 이때 동기부여를 위하여 보상 차트를 같이 사용하는 것이 좋다.

3. 학습기술

읽기장애 아동은 어느 정도는 학습기술을 잘 발달시켜 읽기장애 문제를 해결할 수 있을 것이다. 이와 같은 학습기술을 도와 줄 수 있는 방법으로 시간관리(time management), 적극적인 읽기(active reading) 등이 있다(Butler and Hope, 1995).

1) 시간관리

시간관리 기술에는 세 가지가 있는데 이는 시간대(time slots) 달력 만들기, 공부 물(work materials) 나누어 적절한 시간에 우선순위 매겨 두기, 학습계획 실행 중 문제해결하기 등이다. 시간대(time slots) 달력 만들기에서는 공부를 아침에 잘할 수 있는지 저녁에 잘할 수 있는지, 집중 시간은 어느 정도인지(대부분 십대는 50분 정도이다)를 고려하도록 하고 공부와 쉬는 시간을 조언해 준다.

공부물(work materials) 나누기에서 고려할 사항은 50분 동안 할 수 있는 양이 어느 정도인지를 고려하게 한다. 이는 연속적으로 고려 할 수 있고, 단일 시간과 다음 시간간 연계하여 고려할 수도 있다.

학습계획 실행 중 문제해결법에서는 학습계획의 전반적인 목표에 우선 순위를 매기도록 하고, 정기적인 강화와 쉬는 시간을 두게한다. 이때 각 계획을 완수하였을 때 강화를 받도록 하여 준다. 당연히 계획은 어그러질 수 있을 것이다. 따라서 문제해결법에서는 즉흥처리하기(improvising), 재스케줄하기, 좌절 피하기 등을 사용한다.

2) 적극적인 읽기

적극적인 읽기(active reading)는 교재에서 적극적으로 의미를 뽑아 내는 습관과 추출한 점을 응집력 있는 지식구조로 적극 기억하도록 하는 것을 의미한다(Butler and Hope, 1995).

첫 번째 단계는 교재를 제목 없이 살펴보고 전체를 읽는 것이다. 두 번째 단계는 이 과정에서 자세히 읽어 대답하여야 할 주요 문제 목록을 별도로 적어 두도록 한다.

세 번째 단계는 질문을 마음 속에 담고 각 절을 읽는 것이다. 그리고 각 절 마지막에 그 절을 읽어서 제기된 문제에 대한 대답을 적어 두도록 한다. 이 과정을 모두 하였을 때, 네 번째 단계로 이동한다.

네 번째 단계는 질문과 대답을 다시 두 번 읽는다. 그 다음에 대답을 덮어 버리고, 질문을 한번 더 하고 대답을 외워서 하게 한다. 그 다음 단계는 이 대답의 정확성을 검토하는 것이다.

마지막 단계는 교재 · 교구를 시공간적으로 제시하여 눈길을 끌게 하고, 공부 내용을 빈번하게 살펴보기 좋게 벽에 인지지도(cognitive map)를 게시한다. 이를 요약하면 아래와 같다.

- 스캔
- 질문
- 읽고 대답을 적는다.
- 다시 읽고 대답을 적는다.
- 질문에 대답을 암기한다.
- 대답의 정확성을 검토한다.
- 새로운 인지지도를 그리고 이를 벽에 게시한다.

4. 읽기장애 부모/교사 지침

1) 아동에게 현실적이 될 것

교사/부모는 아동에게 정직하게 말하고, 틀린게 없다고 말하지 않는다. 그리고 부모/

교사는 아동에 대하여 누구보다도 더 잘 알고 있어야 한다. 즉, 아동은 학습장애를 가지고 있다. 그리고 읽기나 셈하기 기술에 문제가 있는 아동이 게으름이나 불복종 또는 질병에 의한 것이 아니라 학습장애를 가지고 있다는 사실을 인정하여야 한다.

아동이 가지고 있는 주요문제는 연속적인 심볼조작(문자의 모습, 소리와 같은)을 제대로 하지 못하는 데 있다. 다른 아동과 비교하여, 학습장애 아동은 연속적인 심볼을 인지하고 기억하며 사용하는 데 문제를 보인다. 대부분의 학교수업은 읽기, 철자, 셈하기 등이고 이 수업은 심볼을 사용하는 방법이기 때문에 문제가 있는 것이다. 이런 아동들은 색맹이 색을 구분하는 데 일반인과 다른 전략을 사용하는 것과 같이 다른 전략을 사용한다.

2) 부모에게 현실적이 될 것

아동의 문제는 부모로 인한 것이 아니다. 따라서 부모를 책망할 필요가 없다. 읽기장애는 부모가 잘못된 방법으로 아동을 길러 발생하는 것이 아니다. 교사나 부모가 아동에게 교육할 때, 아동의 읽기문제로 좌절을 겪은 적이 있었을 것이다. 이제부터는 아래와 같은 방법을 사용한다.

- 아동에게 정적으로 접근한다.
- 아동이 숙제하는 습관을 기를 수 있도록 한다.
- 아동이 매일 책을 읽도록 한다.
- 아동에게 매일 철자법을 공부하게 한다.

3) 정적인 접근을 할 것

교사나 부모는 아동에게 학습에 대하여 이야기할 때 정적인 접근을 한다. 아동에게 부모/교사가 자기 편임을 알게 한다.

아래는 부모/교사가 아동에게 다르게 말해 주는 방법을 제시한 것이다.

- 너는 학습문제를 가지고 있지만 배울 수 있어, 나는 네가 명석하여 할 수 있다는

걸 알아!

· 숙제를 하고 난 다음 놀러 나가자. 내가 도와 줄께!
· 매일 같이 나와 같이 즐겁게 공부하자.
· 매일 조금씩 조금씩 철자 공부를 하자.
· 나는 네 편에 언제나 있고 너는 잘할 수 있다는 것을 명심해라!

4) 과제를 일상화할 것

부모나 교사는 아동의 과제 시간과 장소를 매일같이 고정화시킨다. 이때 아동이 피로하지 않은 시간을 선택한다. 아동이 과제하기에 적당한 조용하고, 편안하며 따뜻한 장소를 선택한다. 필요하다면 펜, 연필, 마커 등과 백과사전들을 제공하여 준다.

과제시간 시작시 무엇을 할 것인지를 분명히 말해 준다. 대부분의 학습장애 아동은 매우 빨리 과제를 해 버린다. 따라서 아동에게 각 주제에 대한 시간 할당량을 정하도록 한다. 일부 아동은 이와 같은 계획을 잘 수립할 수 있으며, 혼자서 잘 따른다. 만일 아동이 이를 잘하면 이를 칭찬하여 준다. 그렇지 않으면 이동이 계획할 때 계획수립을 도와 준다. 만일 이를 따르는 것이 문제라면 점수 시스템을 사용하는데 각 세션계획을 잘 수립하여, 이를 수행하면 점수를 주어, 이것이 축적되면 각 세션 말에 보상으로 상을 준다.

성공기회를 극대화 하기 위한 시스템 설계도 하는데 이는 큰 과제를 작게 잘라서 하면 된다. 만일 이와 같은 시스템으로 합리적인 과제 시간관리가 되지 못할 경우, 교사와 상의하여 아동의 과제 부담을 줄여줄 것을 상의한다.

아동이 과제를 하고 있을 때 부모나 교사는 도움을 제공할 수 있다. 만일 아동이 발음이나 철자법을 알기를 원할 때, 부모나 교사는 아동에게 필요한 정보를 제공한다.

이때 읽어 주거나 철자를 완전히 알려주는 것은 피한다. 왜냐하면, 독립적으로 과제하는 기술 발달을 저해하기 때문이다. 필요할 경우 같이 읽고 철자를 대는 시간을 별도로 설정한다. 이를 위한 지침은 아래와 같다.

(1) 아동이 읽는 것을 들어줄 것 : 짝 읽기

10~15분간 매일 시간을 정하여 아동과 읽기를 한다. 산만하지 않은 장소를 선택한

다. 다음은 짝읽기 단계를 제시한 것이다.

① 아동에게 읽을 책을 선택하게 한다.
② 나란히 앉아 같이 책을 본다.
③ 책을 같이 읽으면 읽는 속도와 리듬을 맞추어 제시간에 같이 읽는다.
④ 아동이 혼자 읽을 수 있으면 아동의 팔을 잡는다. 이는 교사나 부모는 조용히 있고 아동이 혼자 읽는다는 신호다.
⑤ 아동이 틀리면 5초 이상 그냥두지 않는다. 아동에게 읽은 단어가 무엇인지를 묻고, 고쳐서 읽게 하며 그를 칭찬한다. 음운적으로 분석하려 하지 말고 철자법을 가르치려 하지 않는다.
⑥ 15분 이상 읽지 않는다. 그리고 읽은 내용에 대하여 아동과 이야기한다. 스토리에서 제시된 질문을 한다. 그리고 아동이 묻는 질문에 대답을 한다.
⑦ 가능한 한 인내한다. 아동에게 조용한 목소리로 말한다. 그리고 지시는 짧고 간단하게 한다.

위 방법을 짝 읽기라고 하는데 부모/교사와 짝 읽기를 하는 아동은 그렇지 않은 아동보다 세 배의 속도 향상을 보인다. 이 같은 결론은 영국에서 수백 명의 아동을 대상으로 한 연구에서 밝혀진 사실이다. 이 짝 읽기는 아동이 재미있는 것을 읽고, 그들이 부모/교사로부터 얻는 도움받는 양을 통제하며, 성공에 대하여 칭찬을 받고, 가능한 한 덜 혼이 나는 독서 방법이다.

짝 읽기를 하면 부모 역시 아동 실수에 대한 고통없이 아동과 즐기면서 읽을 수 있는 방법이다. 무엇보다도 짝 읽기는 특정 장애를 가진 아동에게 유창한 읽기를 도와준다.

(2) 철자 배우기를 도와 줄 것 : 동시적인 구어 철자 발음

10분간 매일 시간을 정하여 아동에게 철자를 도와 준다. 철자 목록은 짧아야 하고 5단어를 넘지 않는다. 같은 철자 목록을 한 줄로 3일 동안 사용하여야 한다. 즉 일주일에 10단어를 넘어서는 안 된다는 것을 의미한다.

아래는 이에 대한 과정을 언급한 것이다.

① 목표 단어를 적거나 목표 단어를 플라스틱판에 적어 둔다. 그리고 아동에게 읽는 법을 가르치고 그 의미를 설명한다.
② 아동에게 목표단어를 베끼게 하고 이를 쓴 다음 동시에 말하도록 한다.
③ 그가 쓴 단어가 목표단어에 맞는지를 확인하도록 한다. 목표단어를 암기하여 세 번 제대로 썼을 경우 다음 단어로 이동한다.
④ 아동이 두세 번 반복하여 제대로 베끼면, 잠시 동안 목표단어를 보게 하고 이를 암기한 다음 기억하여 쓰게 한다. 이때 다 쓰고 나면 그 이름을 대도록 한다.
⑤ 쓴 단어가 목표단어와 같은지를 확인하게 한다. 그리고 그 단어를 제대로 썼을 경우 다음 단어를 같은 방법으로 하도록 한다.
⑥ 이와 같은 일을 3일간 연속으로 하여 일상적으로 하게 되면 칭찬을 하여 준다.

이와 같은 방법의 철자학습을 SOS(Simultaneius Oral Spelling)라고 한다. 옥스퍼드 대학의 Lynrtte Bradley 박사는 이 방법은 단순한 쓰기나 반복법과 같은 철자 학습법보다 두 배 정도 효과가 좋다고 하였다. SOS는 동시학습법이다. 아동이 SOS법을 사용하면, 아동은 감각 채널을 사용하여 새로운 단어 쓰는 법을 알게 된다. 아동은 새로운 목표단어의 새로운 철자법을 알기 위하여 시각, 청각, 운동법을 사용하게 된다. 아동은 또 실수를 찾아내기 위하여 지능을 사용한다. 이 SOS법은 과잉학습법에 해당한다. 각 단어를 3일 동안 계속 연습한다.

이는 아동이 새로운 단어를 익히는 방법에 대하여 알게 된다. 이 방법은 매우 느리다. 1주일에 단지 10단어를 배울 수 있는 것이다. 그러나 학습장애 아동에게는 매우 효과가 있다.

Memo

불 안 장 애

제 7 장

제 1 절 특성
제 2 절 원인
제 3 절 전개양상
제 4 절 특수교육

제1절 특 성

사회 공포증이나 불안장애는 사회적 상황이나 행동 상황에 대하여 현저하게 그리고 지속적으로 두려움을 보이는 특징이 있다. 이들은 보통 가족구성원과 같이 자신이 잘 알고 있는 사람을 대상으로 한 사회 역할 수행에는 문제가 없으나, 잘 알지 못하는 사람과의 교류나, 자신이 부정적인 평가, 홀대, 난처한 입장 등에 처할 수도 있다고 느끼는 상황이 되면, 사회적 공포감을 나타내게 된다. 이들은 이와 같은 상황에 접했을 때 흔히 공황적 증상을 보이게 된다.

아동의 경우는 낯선 상황에서 "눈물, 위축" 등의 모습을 나타낸다. 이들은 고통을 주는 사회 상황을 피할 수 없는 경우 사회 공포증을 지닌 사람은 자신의 공포심이 불합리하다는 것을 스스로 알면서도 사회적 공포감을 갖게 된다. 이 같은 장애는 일상 생활을 심각하게 방해한다.

일반적으로 사회불안 아동을 진단하는 도구는 상담, 자기보고 척도, 자기측정, 부모 및 교사 척도, 생리적 평가 등이 있는데, 이들 도구를 통한 검사결과와 실제증상 간에는 언제나 높은 상관관계에 있는 것은 아니기 때문에 여러 가지 수단을 함께 활용한다.

예를 들면 불안이 겉으로는 드러나지는 않으나 심장 박동수 등과 같은 생리적 측면에서의 변화가 나타날 수 있는 것이다.

제2절 원 인

아동의 경우 불안과 위축 원인은 아직 완전히 파악되지는 못하였으나 긴장 상황에 대한 생리적 취약성, 가족관계 요인, 생활 속의 긴장 상황, 사회에 대한 걱정, 통제불가감, 행동억제 등과 같은 아동 특성이 복합되어 있는 것으로 보인다.

생리적 취약성은 유전적 요인에 해당하는데 긴장상태를 맞이하게 되면 아동은 심각한 분기 상태에 이르게 되고, 그에 따라 불안장애를 일으키게 된다.

표 7.1 사회불안/위축의 원인

원 인	내 용
유전요인	이란성 쌍생아보다는 일란성 쌍생아가 더 사회 공포증에 일치된 모습을 보였다.
가족관계 요인	불안아동은 환경이 주는 위협감을 자신의 부모에게서 그대로 이어받는 경향이 있다.
심리적 요인	사회불안 아동은 자신이 처한 사회적 상황 속에서 최악의 결과가 발생할 수도 있다고 생각한다.
종합적 요인	불안/위축은 여러 가지 요인이 상호작용하여 나타나는데 그와 같은 문제는 민감하면서도 위축적인 기질, 고도의 자각적 상황에 대한 높은 생리적 취약성이 있는 상태에서 촉발된다.

1. 유전요인

유전요인의 예는 쌍생아 연구에서 알 수 있는데, 이란성 쌍생아보다는 일란성 쌍생아가 더 사회 공포증에 일치된 모습을 보인다. 또 불안장애 혈족은 일반가족보다 사회 공포증 위험이 더욱 큰 것으로 나타났다.

그러나 이와 같은 유전적인 것은 어떤 특정한 장애가 아니라 일반적으로 존재하는 부정적 감정 경향일 수 있다. 즉, 불안감을 지닌 부모에게서 불안감을 지닌 아동이 길러지는 것처럼 부분적으로는 환경적 요인의 반영일 수 있다는 것이다.

2. 가족관계 요인

가족관계 요인도 아동의 사회불안이나 위축에 강하게 영향을 미치는 것으로 나타났다. 예를 들어 불안아동은 환경이 주는 위협감을 자신의 부모에게서 그대로 이어받는 경향이 있다.

다시 말하면, 아동은 부모가 보여주는 신중함과 경계심, 회피 모습 등을 지켜본 후 그것을 자기 자신이 처한 상황 속에서 그대로 모방하려는 경향을 보이는 것이다.

아동의 사회 불안과 관련된 기타의 가족관계 변인에는 과보호, 부모-아동 간 애착 결핍, 애착붕괴 등을 들 수 있다.

한편, 부모가 불안장애나 우울증, 약물 남용 등일 경우, 생활 속에서 여러 가지 긴장 상황, 그 중에서도 특히 사교적 상황이 불안이나 위축에 영향을 미칠 수 있다.

기타 아동의 사회불안과 위축을 예측케 하는 것에는 아동 자체의 특성이 있을 수 있는데 이 특성에는 사회불안, 통제불가감, 행동억제 등이 해당한다.

3. 심리적 요인

사회불안 아동은 자신이 처한 사회적 상황 속에서 최악의 결과가 발생할 수도 있다고 생각한다. 한편, 사회 불안아동은 흔히 통제불가감을 받는다고 하는데 이것은 곧 일반적 의미에서의 학습된 무기력을 말하는 것이다.

이 때의 아동은 자신의 행동이 자신 주변 환경에 거의 아무런 영향도 미치지 못할 것이라는 느낌을 지니게 된다. 이 같은 사실은 왜 불안아동 상당수가 우울증 증상도 함께 나타내는지 설명해 줄 수 있을 것이다.

행동억제는 조용하고 위축적이며 소심한 행동을 하고 말하기를 주저하며, 낯선 성인과의 교류와 같이 새로운 상황을 맞이하면 신경적으로 자각 상태가 되는 등의 타고난 특징적 기질을 스스로 감내하는 것이다.

행동억제는 많은 아동에게 영향을 미치며 아동기의 여러 가지 불안장애와 관련이 있을 수 있다. 왜냐하면 행동억제 상태하의 특징적 행동들은 회피, 종속성, 수동성 등을 주요 기본 요소로 하고 있기 때문이다.

4. 종합적 요인

결국 여러 가지 요인이 상호작용하여 아동의 사회 불안과 위축을 불러일으키는데 그 같은 문제는 민감하면서도 위축적인 기질, 고도의 자각적 상황에 대한 높은 생리적 취약성 등이 함께 존재하는 상태에서 시작된다. 즉, 그러한 상태에 있는 사람은 성장과정에서 사회적 측면과 관련된 일련의 부정적인 상황들을 맞이하게 되면 자신의 주위 환경과 관련해 학습된 무기력이나 통제불가감을 갖게 되는 경향이 있을 수 있으며 그로부터 다시 생리적 자각이 촉발될 수도 있다.

이렇게 될 때 그는 잠재적 위협이 없는지 자신의 환경을 일일이 조사해 보게 되는 동시에 사회적으로 불안감을 가지게 되며 사회적 상황을 더욱 회피하는 방향으로 이어진다.

제 3 절 전개양상

사회 불안이나 위축은 여러 가지 요인들로 인하여 지속될 수도 있다. 예를 들어, 아동이 학교 부적응에 대해 부모에게 불만을 토로할 경우, 그 결과로서 부모로부터의 적극적인 관심을 많이 받게 될 수도 있다. 그러한 관심은 공감 표시, 격려, 신체적 애착 표시 등의 형태로 나타날 것이다. 한편, 아동이 고된 일이나 긴장감이 생기는 상황(예, 파티에서 부모를 돕는 일)을 회피하고자 할 경우에도 그는 자신이 사회 불안이나 신체상의 부정적 증상(예, 위통)을 겪고 있다고 주장함으로써 자신에게 주어질 어떤 책임으로부터 벗어나는데 도움을 얻을 수 있을 것이다.

사회 불안 및 위축의 주요 측면 중 하나인 행동억제는 일정한 전개양상을 지니고 있다. 예를 들면, 억제되어 있거나 기질적으로 다루기 힘든 아동의 경우, 흔히 섭식패턴과 수면패턴이 일정하지 않고, 새로운 상황을 접할 때 스스로 회피해 버리며, 적응을 잘 하지 못하고, 기분이 급변하며, 혐오자극(예 : 큰 소리)에 과민하게 반응한다. 반대로, 덜 억제되어 있거나 기질적으로 다루기 쉬운 아동은 보다 긍정적인 기분을 지니며 적응을 잘하는 특징이 있다.

그런데 억제와 적응이라고 하는 두 가지 특징은 사람이 나이가 들어감에 따라 개성으로 자리매김되는 것으로 보인다. 예를 들면, 억제된 상태의 아동은 취학 전 시기 중에 부끄러움이 보다 많아지고 타인을 보다 두려워하게 되며 경계심을 보다 많이 품게 되고 더 내성적이 된다.

아울러 시간이 지남에 따라 더욱더 나약해지게 되고 성인에게 의존하게 된다. 이것은 새로운 상황이 초래될 때 특히 그러하며, 억제 상태의 아동은 그러한 상황을 맞이하게 되면 적응력 있는 아동과 비교해 바람직하지 못한 생리적 자각 현상(예, 심장 박동수의 증가)과 정서적인 반응을 보다 더 많이 나타내게 된다.

어릴 때부터 억제를 보인 아동은 취학 연령대가 되면서 집 이외의 새로운 사회적 상황을 탐색하는데 보다 주저하도록 만든다. 그 같은 주저는 정상적인 놀이행동에 부정적인 영향을 미치고 아동이 사회적 관계를 진전시켜 나가는데 필요한 사회적, 인지적 기술 등을 획득하지 못하게 만듦으로써 결국 아동이 사회적 상호작용을 하는 동안 보다 불안감을 갖게 되고 그러한 교류를 회피하게 되며 나아가 소외감을 느끼게 된다. 그리고 아동이 그와 같은 사회적 기술 실패를 염두 해 두게 되면 불안정감과 함께 자존감 저하를 경험할 수 있으며 이로부터 분리나 사회 불안장애와 같은 상태로 발전하는 경향을 보일 수 있다.

어릴적 놀이행동 발달은 타인 의사의 경청, 타인 의견의 이해, 친구 관계의 개념 이해, 공격성을 배제한 문제해결, 효율적 의사전달, 자기주장 등과 같은 이후의 사회적 행동들과 밀접한 관련이 있어, 이상과 같은 능력을 갖추지 못한 아동은 사회적 관계가 결핍되기 쉬운 경향이 있고 치료를 필요로 하게 된다.

놀이행동 및 사회적 행동의 전개에 있어서는 성별 차이도 주목의 대상이 되어 왔는데 취학전 남아의 경우 블록과 움직이는 장난감을 가지고 노는 경향이 많은 반면 여아는 연기놀이, 식탁 차리기 등을 더 좋아하는 경향이 있다.

그리고 여아는 전통적으로 여성스럽다고 간주되는 장난감을 가지고 노는 경향이 많은 반면 남아는 주로 남성다움을 보여주는 장난감을 더 좋아한다.

또 남아는 여아와 비교하여 신체적으로 보다 더 적극적이고 바깥에서 시간을 더 많이 보내는 경향이 있는데 이것은 경쟁심을 유발시키기는 하지만 동시에 사회적 접촉이 보다 빈번하고 지속적으로 이루어지도록 해 준다.

남아는 1) 사회적 관계 속에서 적대감과 강제력을 이용하고, 2) 문제를 해결하고자 할 때 분노를 나타내며, 3) 경쟁적인 단체 경기를 더 좋아하고, 4) 또래로부터의 영향을 민감하게 받는 등의 경향이 여아보다 훨씬 높다.

사회 불안이나 사회 위축 아동의 경우 사회적 고립, 낮은 사회 기술발달 등이 심해지면 우울증, 자기 비하, 고독 등과 같은 청소년기의 여러 문제를 보일 수 있다. 기타 약물 남용, 학습과 직장 생활 문제, 대인관계 약화 등도 나타난다.

하지만 이상과 같은 예후들은 따뜻한 가정환경, 학습능력, 사람은 사회적 활동을 충분히 겪어야 하는 존재라는 인식 등이 주어질 경우 회복이 가능하다.

사회 불안이나 사회 위축 아동을 치료하고자 할 경우 중요한 것은 그 같은 문제가 주로 사회기술력의 결핍이나 이미 발달되어 있는 사회적 능력의 발현을 저해하는 사회불안으로 인해 비롯된 것임을 아동 본인에게 주지시키는 것이다.

제 4 절 특수교육

불안관리 프로그램에서는 치료 목표를 유지요인을 바꾸는데 역점을 두고 보호요인에 중점을 두어야 한다. 이들 내용들을 살펴보면 다음과 같다. 이는 각각의 치료교육법이라기 보다는 특수교육 단계에 해당한다.

- 부모/아동교육
- 통제훈련
- 점진적인 자극 노출
- 이완기술훈련
- 인지재구조화
- 모델링과 리허설
- 보상 시스템
- 가족과 학교처방
- 개별 탐색
- 신체화 증상 중재
- 부모문제 및 정신처방

1. 부모/아동교육

불안에 대해여 아동과 부모를 교육할 때, 불안은 세 가지 단계가 있다는 점을 설명하는 것이 좋다. 이는 아래와 같다.

· 두려운 것에 대한 생각
· 걱정에 대한 신체적 느낌
· 아동이 놀라운 상황을 피하고자 하는 행동패턴

1) 두려운 것에 대한 생각

불안의 근본 뿌리는 걱정에 대한 생각과 상황을 두려운 것으로 보는 것이다. 개를 두려워 하는 아동은 개를 하나의 위협으로 보는 것이다. 그 이유는 아동이 자율적으로 그 개가 아동을 물 가능성을 생각한 것이다. 물론, 개를 가장 좋은 친구로 볼 수 경우 아동은 개를 위험한 것으로 보지 않을 것이다.

2) 걱정에 대한 신체적 느낌

위험하다는 생각 이후 발생하는 2차 현상으로 신체적 상태가 있다. 아동의 몸은 위험스러운 상황에 대한 걱정으로 위험과 싸우거나 그것을 피하고자 준비를 하게 된다. 이와 같은 불안에 대한 신체적 현상(자율자각)에는 혈관에 아드레날린이 들어가고, 심장박동이 빨라지며, 호흡이 가빠지고 근육이 긴장된다. 호흡이 가빠지면 어지럼증이 생긴다. 근육이 긴장되면 두통이나 복통이 생긴다. 가끔 심장박동이 빨라지거나 어지럼 고통과 같은 이와 같은 신체변화는 그 자체만으로도 놀라게 하고, 이는 더욱더 신체적인 변화를 일으키게 한다.

3) 행동패턴

걱정에 대한 생각과 이와 동반한 신체적 느낌은 아동으로 하여금 놀라운 상황을 탈출하거나 피하게 만든다. 이는 놀라운 상황을 아동이 피하고자 하는 행동패턴이다. 만일 아동이 훈련 없이 그러한 상황에 직면하게 되면, 아동은 매우 놀라게 되어 탈출을 하고자 발버둥치고 소리를 지르게 될 것이다.

이때 보통의 경우 부모와 아동은 강제적인 접근법을 사용하여, 걱정이 사라질 때까지 이 위험상황에 그대로 있는다. 물론 아동이 너무 무서워하면 피하도록 한다. 그러면 그 이후 아동은 놀라운 상황을 피하는 것이 습관으로 되게 된다. 이는 불행하게도 불안을 악화시키는 방법이다.

아동이 불안을 다루는 법을 가르치는 것은 훈련상황에서 불안을 다루는 법을 배우고, 실제로 놀라운 상황에 들어가서 그가 배운 기술을 사용할 수 있게 하여 주는 것이다. 이 처방에는 불안 다루기 훈련, 불안이 없어질 때까지 불안 상황에 부딪치기다. 불안, 위험한 생각, 불안감, 고통, 어지럼 회피행동 패턴을 제거하는 방법은 불안요인에 부딪쳐서 이겨 내는 것이다.

2. 통제훈련

통제훈련은 놀라운 상황에서 여러 가지 다양한 대처전략 사용 통제를 통하여 이를 이겨 내도록 돕는 방법이다. 간단한 방법으로, 아동이 불안을 느낄 때, 그가 느끼는 정서적, 신체경험을 확인하도록 가르친다. 아동은 불안을 일으키는 독특한 정서적 · 신체적 경험 체계를 가지고 있다. 그런 불안감 중 일부는 두통과 복통이다. 또 과잉혈액순환(hyperventilate)이나 머리가 몽롱한 느낌을 가질 수도 있다.

또 어떤 아동들은 편한 마음을 가지지 못하고 동요한 방식으로 행동한다. 그러므로 교사나 부모는 면밀한 인터뷰, 그림그리기, 퓨펫의 방법으로 이동이 가진 핵심적 · 정서적 · 신체적 불안 경험요소들을 알아 낸다. 일단 이것이 확인되면, 아동에게 10점 척도로 위험한 상황에 들어가게 하여 강도를 높여 간다. 이 척도는 또한 이완 기간 훈련 중에도 아동의 정서 – 신체상태 경험을 하여주는 데 사용된다.

아동에게는 놀라운 상황에서 발생하는 불안유발요인('위험스럽다는 생각')을 확인하도록 가르친다. 가족 세션에서, 애매한 일련의 상황을 제시하고, 가족구성원에게 이 상황이 위험한 상황인지 아니면 위험한 상황이 아닌지를 넓게 해석하도록 한다. 이는 가족구성원이 상황을 위협으로 인식하는지, 위협으로 인식하지 않는지를 해석할 수 있게 하여 주어, 아동이 일반적으로 다른 사람이 보이는 민감함보다 자신이 더 민감한 것은 아닌지를 해석할 수 있게 한다.

Kendall(1992)은 개인과 그룹치료 환경에서 인지적 자기통제기술(그리고 아동의 기타 불안 관련 관리기술)에 도움이 될 수 있는 연구를 하였는데, 예를 들어 주인공이 여러 가지 해석이 가능한 애매한 상황을 보여주는 만화를 보여주고 있다. 이 만화를 아동에게 보여주며 이 만화 주인공이 무슨 생각을 하고 있는지를 적게 한다. 교사/부모는 이 반응을 사용하여 아동의 불안유발 인자내용 역할을 덜 위험중심인 방법으로 할 수 있게 하여 준다.

이때, 아동에게 위험스럽다고 생각하는 것을 다른 방법으로 해석하게 하고, 그렇게 할 경우 보상을 하여 준다. 이는 불안에 대한 인지재구조화다. 인지재구조화는 불안에 있어 매우 중요한데, 이를 설명하면, 놀라운 상황에서 접근 및 회피적인 행동은 아동이나 부모에게가 그 상황에서 어떤 타입의 행동을 하는지를 기록하게 한다. 예를 들면, 어둠에 대한 걱정이 있는 경우, 이 아동이 자기 침대에서 자는 지, 부모 침대에서 자는지를 기록한다. 공포증을 가진 아동의 경우, 그들이 집에서 매일 멀리 가는 정도를 기록한다. 병에 대한 공포가 있는 아동의 경우 치과 의자에 앉아 수 분 정도를 세어 기록한다.

그리고 이완기술, 대처적인 자기진술, 자기강화, 부모, 교사 또는 또래의 지원, 접근 행동에 대한 부모의 강화 등과 같은 대처반응 등을 모니터한다.

3. 점진적인 자극 노출

불안의 가장 효과적인 치료법은 노출이다(Ollendick, King and Yule, 1994). 즉, 불안을 극복하기 위하여 아동은 반드시 불안이 가라앉을 때까지 두려운 자극에 노출되어야 한다. 이 노출에는 비교적 짧은 기간 동안 위협적인 자극을 약 10단계로 나누어 점차 증가시켜 대처하는 방법이나, 장기간 동안 위협상황을 상당히 높여주는 방식이 있다. 아동이 위협상황에 점차 노출될 때, 그리고 불안을 줄이는 이완기술을 사용하여 각 상황에 대처법을 배웠을 때, 이는 체계적 둔감화법이 된다. 'flooding(홍수법)'은 매우 두려운 자극을 연장하여 노출시키는 처방법이다.

둔감화법은 홍수법보다 훨씬 덜 스트레스를 준다. 그러나 보통 대부분의 세션에서는 둔감화법을 사용한다. 이때 아동에게 실제 두려운 자극에 노출시키거나 두려운 자극을 인지적으로 제시하여 준다(상상으로). 실제 노출은 매우 효과적이다. 그러나 많은 시간과 체계적인 준비가 필요하다.

4. 이완기술 훈련

두려운 상황에 노출시키기 위하여 사전에 부모/교사는 아동에게 다양한 대처기술을 가르친다. 특히 이완, 인지재구조화, 자기강화를 가르친다(Ollendick, King and Yule, 1994). 이완기술은 아동으로 하여금 심리적 자각 수준을 바꾸게 하여 준다. 이 방법에서는 아동에게 전문가, 부모, 또래 또는 비디오 테이프 등의 방법을 사용하여 가르친다.

아동이 이완법을 부모/교사로부터 배웠을 경우 부모/교사－아동 간 불안유지 상호작용을 없애는데도 도움이 된다.

이완교수법을 부모에게 가르칠 때, 부모/교사가 먼저 이 과정을 하는 모습을 모델로 보여 준다. 천천히 침착한 언어, 반복적인 교수로 아동이 이완상태가 되도록 한다. 그리고 실행하기 전후에 아동의 이완 정도가 어느 정도 인지를 10점 척도로 평가한다. 1은 완전한 이완상태이고 10은 극도의 불안을 나타낸다.

대부분의 아동은 처음 시도에서도 약간 이완되었다고 말할 것이다. 그러면 이를 칭찬하여 주고 아동을 해석하며 그의 이완기술을 세련되게 하여 준다. 부모는 그 다음에 매일하도록 하고, 이와 같은 훈련을 매일하면 칭찬하여 준다.

일부 아동의 경우에는 이완훈련을 하면, 더 긴장하게 된다. 이는 아동이 보통의 경우 무시하였던 신체긴장을 훈련을 통하여 알게 되었기 때문이다. 패닉 발작 아동의 경우는 특히 더한데 그 이유는 신체동요가 패닉 발작 신호일 것으로 생각하기 때문이다. 그와 같은 경우에 한번만 하거나 훈련기간을 매우 짧게 한다. 또한 아동에게 정규적으로 불안 정도를 평가하게 하고 불안이 증가하면 시각훈련을 하도록 하여 준다. 일부 아동의 경우, 근육이완 훈련을 완벽하게 하지 못할 수도 있다. 중요한 것은 이 훈련으로 불안감이 실제로 얼마나 줄어드는가이다.

5. 인지재구조화

인지재구조화 또는 자기교시 대처기술은 덜 위협적인 방법으로 애매한 상황을 재해석하도록 하고, 이 대안적 해석의 타당성을 검증하도록 하며, 그와 같은 검증 이후 자기강화를 사용하도록 하는 방법이다(Beck et al., 1985). 자기교시기법에서 아동에게 위험스럽다고 생각하는 것에 대하여 달리 생각할 수 없는가에 도전하도록 하고, 재앙이 발생할 것과 다른 덜 위협적인 결과에 대해 증거를 검증하도록 하며, 그리고 그들이 상황을 덜 위협적인 것으로 보아 검증한 것에 대해 스스로 보상을 하도록 하는 것이다. 그래서 개 공포증을 가진 아동에게 인지재구조화 기술을 코치하는 방법에서는 내적 언어를 수행하도록 한다.

- 위험스럽다 그리고 나를 물 것이다(위험스럽다는 생각)
- 아니, 달리 보면 나의 친구가 되기를 원해(도전)
- 나는 도망 안 갈거야. 나는 뛰지 않았고, 그가 나를 물지 않았어. 그는 친하기를 원해(검증)
- 잘 했어(보상)

인지재구조화는 Beck의 불안에 대한 인지치료에서 나왔다(Beck et al., 1985). 이 기술은 가족세션에서 가르치는 것인데, 부모/교사에게 놀라운 상황에서 이 대처기술을 사용하도록 아동을 촉진하는 법을 가르치는 것이다. 그리고 이들이 효과적으로 전략을 사용한 것에 대하여 지지와 강화를 제공하여 주는 것이다. 가족구성원 특히 부모가 불안 문제를 가지고 있는 경우, 이들은 스스로 이 기술을 사용하여 아동에게 '위험스럽다고 생각하는' 습관을 버리도록 하여 줄 수 있다.

6. 모델링과 리허설

두려운 자극 노출에 대처하는데, 이완기술과 인지재구조화 기술을 사용하는 모델을 아동에게 관찰하게 한 후 리허설을 하면 과정을 잘 이해할 수 있게 하여 준다(Prins, 1994). 아동이 모델을 좋아하면 할수록 그리고 그 모델에 대한 존경심이 크면 클수록, 그 효과는 더욱 좋다. 부모(또는 일차 양육자)는 높은 존경심을 가지고 있어, 아동은 발달과정의 일부로 부모와 동일시한다. 그래서 부모에게 아동을 위한 좋은 불안관리 모델이 되도록 코치한다. 부모가 위험 - 위협 - 중심 가족 문화를 가지고 있으면, 그들에게 일상적인 불안관리기술을 가르쳐 주어 위험 - 위협 - 중심 가족 문화 영향을 줄여 준다.

이와 같은 가족 중재에 부가하여, 아동과 유사한 모델을 사용하면 아동 불안관리 기술에 특히 효과적이다. 그래서, 불안문제를 가지고 있는 아동이 노출 중 이완기술과 인지재구조화 기술로 문제를 해결하지 못하는 경우는 이 모델에 의한 방법이 이상적이다. 이와 같은 모델링 타입은 가족중심 치료세션과 함께 동시에 운영하는 그룹치료 프로그램 내에서 불안장애를 위하여 제공된다. 걱정을 극복하는데 진보를 보인 아동들은 아직 그렇지 않은 아동의 모델이 될 수 있을 것이다. 대안으로서, 노출에 대처하는 아동의 비디오 테이프를 모델로 사용할 수 있다. 예를 들어, 이는 불안처방에서 약물치료와 관련 있을 때 적절하다. 모델을 관찰한 후 아동은 리허설 형태로 모델의 대처과정을 흉내내게 될 것이다.

7. 보상 시스템

불안자극 노출 과정에서, 이후 아동의 동기를 증가시키기 위하여, 보상 시스템은 대부분의 불안 - 처방 계획의 중요한 부분이다. 아동이 노출 에피소드를 견디면 강화제로 강화하고 격려하여 준다. 또 노출 에피소드마다 점수 시스템을 도입할 수도 있고 이 점수가 축적되면 강화메뉴에서 아이템을 구하게 할 수 있다. 그와 같은 시스템을 개발하는 데, 상황노출목록을 적어 두고 이를 어려움 순으로 정렬한다. 그리고 각 상황에 대한 점수 부여를 가장 어려운 대처 상황에 가장 많은 점수를 주는 방식으로 부여한다. 노출상황목록에 따라 바람직한 보상 목록도 계획하고, 아동이 이들을 인식하고 있는 가치에 따라 서열을 매겨 둔다. 이 보상 시스템에서 얻은 점수를 강화메뉴에서 살 수 있는 점수 한도를 아이템 반대편에 적어 둔다. 이때, 이 보상 시스템에서 얻은 점수를 강화메뉴에서 살 수 있는 점수 한도는 아동이 3~4개 불안을 일으키는 상황에 성공적으로 대처하여 강화메뉴로부터 뭔가를 얻을 수 있는 수준의 점수이어야 한다. 이와 같은 광범위한 보상 시스템 타입은 주 단위로 보상을 하는데, 두려운 상황에 성공적으로 노출하게 되면 칭찬과 상을 주는 방식으로 즉각적인 보상과 연계하여야 한다. 일단 보상 시스템이 가동되면, 부모에게는 체계적으로 우려 섞인 말을 무시하는 방법을 코치한다. 이는 해가 없는 일을 우려하는 습관을 아동이 깨게 하게 하기 위한 것이다.

8. 가족과 학교처방

가족이 중점적으로 아동에게 대처기술, 노출과정 관리 및 보상 시스템을 사용하게 되면 처방 성과 기회가 증가한다(Dadds et al., 1992). 그 이유는 아동의 위협중심 인지 세트와 회피행동을 유지시키는 가족 상호작용 패턴을 없애 주며, 부모가 가진 문제해결 잠재력을 충분히 사용하게 하여 주며, 아동이 회복하기를 바라는 부모의 희망을 충분히 보여주게 할 수 있다. 학교의 관여는 아동이 학교에서 불안을 보이거나 학교 가기를 거부하는 경우 매우 중요하다. 학교 스태프는 두려운 학교중심 상황 노출에 대하여 지지와 강화를 하여 줄 수 있다.

9. 개별 탐색

전반적인 불안장애 또는 다중복합 불안장애를 가진 아동은 보통 안정, 안녕에 대한 욕구가 충족되지 않은 것이 핵심적인 불안요인이 되는 경우가 있다. 이와 같은 불안의 경우에는 다중 자극과 상황에 대한 불안 표현을 찾아 낸다. 노출과 대처기술 훈련이 효과적이지 못한 경우, 개별 탐색 작업을 하여 핵심적인 위험관련 신념 또는 불안 구조를 확인하는 것이 좋다. 이러한 타입의 과정에서는 아동이 보이는 다중 불안 표현에 대한 초기 탐험으로부터 시작한다. 주제는 보통 치료사와 아동이 같이 정하여, 불안의 핵심내용을 찾아내게 된다(Wolfe, 1992). 그리기, 미술, 기타 매체 등을 사용하여 아동이 그런 표현을 하도록 돕는다(O'Conner, 1991). 이와 같은 활동 타입으로 명백한 노출 목표를 찾아내고, 도전과, 검증과 자기보상기술을 사용하게 하여 준다.

10. 신체화 증상 중재

불안중심 신체고통 호소(복통, 두통, 어지럼과 같은)의 경우는 의학치료 전문가 관여가 필요하며, 이들 전문가와의 협조가 필수적이다. 그래서 가족과 아동은 그 신체증상의 개념화와 그에 대한 효과적인 관리를 위하여 통일된 메시지를 받도록 하여 주는 것이 필요하다(Blagg, 1987).

소아과 의사가 아동이 주장하는 복통이나 두통이 조직기관상 아무런 이상이 없다고 하고, 부모와 아동이 이를 아동의 경험이 상상에 의한 것으로 해석하거나 아동이 거짓말을 하고 있다고 믿을 경우 문제가 발생한다.

이를 해결하는 한 가지 방법은 소아과 의사, 아동, 부모가 같이 만나는 것이다. 그리고 심리학자와 소아과 의사가 같이 복통, 두통, 어지럼증은 자율신경 시스템 과잉 자각으로 인하여 발생하는 불안관련 신체적 증상임을 설명하여 주는 것이다. 그들은 실제로 상상이 아닌 실제인 것이다. 신체검사, 피검사, 또는 X 레이와 같은 일반적인 의학적 검사는 자율과다 자각을 검사하기 위한 것이 아니다. 이 방법들은 복통과 두통을 야기시키는 장문제(腸問題 : intestinal obstruction), 손상(lesions), 종양(tumors), 그리고 질병과정을 탐지하기 위한 것이다.

11. 부모문제 및 정신처방

부모문제 처방은 부모가 심리적 문제나 양육상 어려움이 있는 경우에 필요할 것이다. 특히 부모가 자신의 개별문제나 양육문제를 피하기 위하여 하는 행동이 아동문제를 유지시키는 경우에는 매우 필요하다.

예를 들어 부모가 어떤 상황이나 동물 등의 사물에 두려움을 보이는 경우 아동도 같이 두려움을 보일 수 있으며, 부모가 우연한 강화로 '애는 이것을 무서워해!'라고 말하게 되면 아동은 그 대상이나 상황을 무서운 것으로 간주하고 극도로 두려움을 보이는 것이다.

따라서 부모의 심리적인 문제가 아동에게 영향을 미치게 되거나 아동의 행동에 대한 우연한 강화가 아동에게 더욱 두려움을 유지시키게 되는 것이다.

Memo

신체문제

제 8 장

제 1 절 시각문제
제 2 절 청각문제
제 3 절 운동문제

제 1 절 시각문제

1. 특성

취학 아동의 약 20% 정도는 시각문제를 가지고 있으며, 읽기문제를 지닌 아동의 70%가 눈 움직임, 깊이인식(depth perception), 목표물 찾기 관련 시각문제를 지니고 있다고 한다.

모든 가정에는 TV가 있고, 대부분의 가정에는 컴퓨터가 있어, 아동은 몇 인치 안 되는 이미지에 무한정 얼굴을 대고 있어, 아동이 게임, 스포츠, 가족 활동을 통하여 시각 발달을 도울 수 있는 기회를 잃게 되는 것이다.

결과적으로 비록 아동이 글자를 익히고 입학하였다 하더라도 시각적으로 미성숙한 상태에서 학교에 입학하게 되어, 입학하자마자 시작되는 읽기와 쓰기에 직면하게 되면, 시각시스템에 과도하게 스트레스를 받는다. 그래서 어떤 아동은 숫자와 단어 사이에 무슨 공간이 있느냐고 불평하기도 한다. 이와 같은 아동은 의외로 많다.

여기에서 시각문제란 선명하게 보는 문제만이 아니다. 실제로 학습에 문제가 있는 아동은 평균 이상의 시력(acuity)을 보이며, 시력(snellen)검사를 통과하였으나, 감지되지 못한 시각문제를 지닌 채 학교에 들어갈 수 있다. 그래서 이들은 학습문제, 주의력 문제나 읽기학습, 급우와 어울리기 등과 같은 문제를 보일 수 있다. 이런 행동과 증상은 이후 성취의 한 부분이 되고, 학교생활 중에 계속 문제로 남는다.

성공적인 학교생활은 비단 시력(acuity) 뿐만 아니라 시지각(vision)에 달려 있기도 하다. 원근조절(accommodation), 시선고정(visual fixations), 시선추적(visual tracking), 쌍안시(binocular fusion), 지각(perception) 등도 아동이 정확히 보거나 학습과제 등을 이해하는데 장벽이 된다. 아래에서는 이에 관련한 문제들에 대하여 설명하고자한다.

1) 원근조절

원근조절(accommodation)은 거리 차이를 눈으로 구분하여 보는 능력이다. 이는 나이에 따라 변화되는데 아동은 일반적으로 생후 4개월이면 양 눈을 사용하여 시각적으로 추적할 수 있고 사람과 사물이 앞으로 오는지 멀어지는지를 알게 된다.

원근조절은 생후 2개월부터 이루어지고 10대 기간 동안 성숙해질 때까지 계속 발달된다. 원근조절은 눈 근육과 자동화된 신경시스템에 달려 있는데 청소년기 이전 아동은 아직 이 능력을 제대로 제어하지 못하여 초점을 한 곳에서 다른 곳으로 이동할 때 어려움을 겪는다. 그래서 칠판을 빨리 보고 다시 책상을 보는 일이 스트레스 상황인 것이다.

이런 아동은 교사가 무슨 말을 하고 있는지 알려고 노력하게 된다. 그래서 아동의 스트레스 수준이 시각정보를 처리할 한계를 넘어 학습이 어려워진다.

이들은 또한 목표물을 지나쳐 버리게 되어 다시 초점을 조절해야 하는데 이것 때문에 교사가 말하거나 칠판에 쓰여 있는 것을 보는데 상당한 시간이 걸리게 된다. 원근조절 문제 증상은 아래와 같다.

- 가까운 지점에서 목표물 잃음
- 눈을 지나치거나 미달시킴
- 책상과제를 하다가 멀리 보는 일(선생님을 보는 일)을 제대로 못함
- 칠판을 보다가 책상으로 시선 이동에 어려움
- 흐릿하게 보임
- 가까운 지점은 한 눈을 사용함
- 눈 사용을 바꾸어 가면서 봄
- 가까이 있는 과제 수행 후 두통
- 두 개의 모습을 봄
- 눈에 충혈
- 졸림
- 집중력 부족

아동이 초점을 맞추지 못하거나 가까이 오는 사물을 명료하게 보지 못하면 운동, 놀이, 스포츠를 제대로 하기 어렵다. 이런 아동은 야구, 배구, 축구를 하다가 얼굴 쪽으로 공이 오면 양 눈 사용 능력을 잃고 한 눈으로 초점을 맞추게 된다. 이 문제로 인하여 순간적으로 볼에 시선을 잃게 되어 언제 어디로 공이 떨어질지에 대한 판단 능력이 없어지게 된다.

만일 공의 이미지가 두 개일 경우 공이 두 개로 보일 것이다. 그래서 이 아동은 어느 공이 진짜 공인지 결정해야 하는데 이때 아동은 아무 이미지에나 발을 휘둘러 댄다. 그래서 야구에서 공치기가 거의 불가능하다. 공이 자기에게 너무 빨리 오기 때문이다.

사람은 누구나 원근조절(accommodation) 문제를 경험한다. 10대부터 멀리에서 가까이로 초점을 변경하는 능력은 점차 없어진다. 즉, 점차 원시가 되는 것이다. 그래서 40대가 되면 전화번호부, 신문지 등에 있는 작은 글씨가 흐려지고 대부분의 중년들은 안경을 끼고 읽어야 한다.

2) 시선고정

시선고정(visual fixations)은 가장 기본적인 시각문제 중 하나다. 시선고정은 일정기간 하나의 목표물에 초점을 두는 것을 의미하는데, 시선고정 능력은 시간, 스트레스량, 사용하는 눈 시간량에 따라 다양하다.

아침이나 책을 처음 읽기 시작할 때 아동은 일정 기간 초점을 맞출 수 있으나, 읽기 과제가 계속되면 초점을 유지하려는 스트레스가 빠르게 증가하고 이해력이 떨어진다.

일부 아동은 수초 만에 불편해 하는 경우도 있는데, 이런 아동은 대부분 읽기와 쓰기, 스포츠에 어려움을 겪는다. 왜냐하면 초점을 잃기 전에 짧은 시간 안에 정보를 모두 수집하여야 하기 때문이다. 그래서 자신에게 닥친 과제나 사물을 전반적으로 보는 능력이 갑자기 줄어 들어 이 짧은 시간에 초점을 맞추고 자기 시각 내에 들어 있는 구조를 얻어 내야 한다.

아동이 한 곳 초점에서 다른 초점으로 시지각(vision)을 이동할 때마다 아동은 원근조절을 하여야 하는데, 이 능력이 부족하면 아동은 필요한 시각 정보를 얻어 지각적 결정, 즉 낱자와 단어의 의미를 이해하지 못하게 된다.

아동이 능력 이상으로 시선을 고정해야 하면, 아동은 스트레스 징조를 보이며 눈에 눈물이 나고, 피로해지며, 손을 꽉 쥐고, 머리를 흔든다.

가장 주목할 만한 증상은 눈이 계속 움직이는 문제이며 눈이 한쪽에서 다른 쪽으로 집중되는 모습을 보이고 몸이 따라 간다. 이는 마치 주의력이 없는 것으로 보이지만, 실제로는 시선고정을 유지할 근육과 시각제어 능력을 가지고 있지 못하기 때문인 것이다. 시선고정 문제 증상은 아래와 같다.

- 목표지점에 초점 유지 못함
- 눈물
- 피로
- 스트레스
- 스포츠, 운동 활동 어려움
- 눈을 한쪽에서 다른 쪽으로 계속 움직임
- 수업정보를 얻지 못함
- 짧은 집중기간
- 읽을 자리를 잃음
- 낱자와 단어를 거꾸로 읽음
- 행동문제

3) 쌍안시

아동의 시각시스템이 양 눈으로 들어온 이미지를 하나로 통합하지 못하면 아동은 둘, 또는 다른 이미지, 흐릿한 이미지를 보게 된다. 이것이 쌍안시인데 이 원인 중 하나는 눈근육 불균형인데, 이를 보상하기 위하여 시각시스템에서는 사물에 초점을 맞추려 하고, 한 눈에서 다른 눈으로 초점을 이동할 때 자동적으로 한 눈을 막거나 억제한다. 이로 인하여 아동이 읽은 자리를 잃고 단어를 건너뛰며 읽을 자리를 못 찾게 되어 기능이 낮아진다.

어떤 8세 아동은 그가 연필이 4개로 보인다고 하는데 이와 같은 문제는 왜 이 아동이 학교생활이 어렵고 스포츠에 관심이 없는가를 설명할 수 있을 것이다.

이 아동에게 시각 검사를 하면 문제의 심각성이 드러나는데, 이 아동은 의자가 4개로 보여 손으로 각 부분을 만져 본 후, 엉덩이를 팔쪽으로 보낸 후 앉는다.

아동이 쌍안 초점(binocular focus)에 문제가 있는지 확인하는 방법은 아동에게 쌍안경이나 현미경 등과 같은 한 번에 양 눈으로 보는 것을 보게 하고 어려움이 없는지 물어보는 것이다. 보통 이들은 모든 것을 보는 것이 스트레스라고 말하고 양 눈 중 한 눈으로 보거나 한 눈을 막고 보고 싶다고 말할 것이다.

이와 같은 긴장(strain)이 아동의 눈을 피로하게 하여 피곤하거나 졸리게 만들며 두통이나 충혈 같은 증상과 눈을 비비거나 하는 증상이 나타난다.

이런 아동들은 전형적으로 저항 또는 회피(fight-or-flight)적인 태도를 취하며 교실 활동이 스트레스받기 때문에 피하거나 이것이 제대로 되지 않으면 산만한 행동을 하게 된다.

쌍안시(binocular vusion)는 초등학교 학생의 학업 능력에 중대한 영향을 미치는데, Metzger와 Schur(1967)는 3학년 학생과 쌍안시 유지 능력과 학업 성적 간에는 관련이 있다고 하였다. 쌍안시 문제 증상은 아래와 같다.

- 두 개로 보임
- 눈을 선택적으로 봄
- 의자에서 이상한 자세
- 단어 건너뛰기
- 열이나 행 숫자 놓치기
- 초점을 두려고 피로함
- 힘든 과제 피함
- 한쪽 눈을 가림
- 머리를 기울임
- 눈에 경련(특히 한쪽만 사용한 경우)
- 읽기와 쓰기 문제
- 낱자를 반복함
- 신체 긴장

· 눈을 한쪽 구석으로 모음
· 읽거나 쓸 때 머리를 책상에 기댐

4) 시선 추적

읽기와 같은 단순한 것도 여러 가지 다른 시각적 기술이 성공적으로 기능하여야 한다. 이 중 주요기술 중 하나가 시각적으로 추적(track)하는 기술인데 책을 시각적으로 따라 가고 사물이 공간에서 움직이는 것을 시각적으로 따라 가게 하는 기술인 것이다.

이는 읽기에 매우 중요한데 그 이유는 아동이 과제에 대한 자기 위치를 잃지 않게 해 주고, 낱자나 단어를 거꾸로 읽지 않도록 해 주기 때문이다.

추적 또는 선 따라 읽기는 시선교정을 거듭하는 과정인데 초등학교 저학년 아동이 느리게 읽기를 하는 것은 시선고정하는 시간이 길기 때문이다. 이 시간량은 학생이 나이가 들어감에 따라 줄어 든다. 체육 활동 시간에 시선고정시간이 증가하면 아동은 공을 추적하기 힘들어지고 공을 잡는 능력에 방해가 된다.

Koslowe(1995)는 시각적 추적 문제가 읽기문제를 보이는 100명 초등학생의 주요 시각결함이 나타나는 점을 발견하였다. 이들 아동 모두는 정규 학급에 있고 모두 안경이 필요한 학생이었다. 실험결과 41% 아동이 시각추적에 문제를 보였고, 6% 아동이 굴절이상(refractive error), 4% 아동이 사시를 보였다.

시각문제와 학생 성취간 관련성을 연구하기 위하여 Johnson, Nottingham, Stratton, Zaba(1996) 등은 81명의 시각문제 위험에 있는 학생을 선정하였는데 이들 학생의 2/3가 행동문제로 인해 특수학급에 있었으며 이 학생의 대부분 85%는 적어도 시각검사 항목 중 하나에 실패하였다.

그리고 가장 심각한 영역은 시선 추적(tracking), 근거리, 원거리에서의 시력(acuity)문제, 쌍안 깊이인식(binocular depth perception) 문제였다.

Johnson과 Zaba(1994)는 대학원생과 문맹 성인 간 시각 차이를 조사하였다. 이들 간 차이는 시선 추적에 있었다. 대학원생 모두 시선 추적 검사에 통과하였으나 문맹 성인은 39%만이 시선 추적검사에 통과하였다. 이는 놀라운 결과이기는 하나 사람이 읽을 수 있기 위해서는 선을 따라 눈을 움직여야 하고 다시 선을 바꾸어야 한다는 점에서 보면 이상한 이야기가 아니다. 시선 추적 문제 증상은 아래와 같다.

- 자기 위치 잃음
- 단어 빼먹음
- 눈 대신 머리를 움직임
- 페이지에 그리기 어려움
- 눈이 교차되거나 안팎으로 향한 눈
- 천천히 반응
- 스포츠 추적 어려움
- 낱자나 단어 거꾸로 읽음
- 건너뛰어 읽거나 같은 줄을 다시 읽음
- 충분히 내용을 이해 못함
- 선택적으로 양 눈을 각기 사용함
- 중심선 문제
- 공 잡기 어려움
- 낮은 성취 잠재력

중심선(midline) 문제 아동은 시선 추적에도 문제를 보인다. 이들은 신체 양쪽을 통합할 수 없어, 신체 왼쪽은 왼쪽 과제를 수행하고 오른쪽은 오른쪽 과제를 수행한다. 그리고 이것이 눈에서도 나타난다. 즉, 책 줄에서 중심선 문제 아동의 추적문제는 중심선 왼쪽은 왼눈으로, 오른쪽은 오른쪽 눈으로 읽게 된다. 이 때문에 양 눈 사이에 앞뒤가 맞지 않게 되며 중요한 문제는 오른쪽 눈으로 줄 끝을 읽고 나서 아동은 다시 줄을 바꾸어 내려가서 왼쪽 눈으로 읽기를 시작해야 하는데, 눈이 서로 간에 의사소통되지 못하여 다음 줄 어디부터 읽어야 할지 알지 못하게 된다. 이 경우에 아동은 줄을 건너뛰거나 같은 줄을 다시 읽거나 이전 줄로 다시 돌아가게 되는 것이다.

중심선 문제는 쓰기 능력에도 영향을 미친다. 이 문제가 있는 아동은 시각적인 중심선을 교차하여 자기 이름 쓰기조차 어려울 수 있다. 아동이 중심선을 교차하면 아동은 왼쪽부터 오른쪽으로 시선이 옮겨져야 하는데, 이것이 힘든 아동은 이 문제를 보상하기 위하여 머리를 돌려 한쪽 눈을 막아 버리거나 머리를 책상에 낮게 두거나 심지어 한 손으로 눈을 가려 버릴 것이다.

5) 사시

교차된 눈(crossed eye)이라고 불리는 사시(strabismus)는 양 눈이 같이 가지 않는 것이다. 이 경우 한 눈 또는 양 눈은 코로부터 앞으로 또는 뒤로 이동한다.

이는 보통 눈 근육의 강도가 불균형이기 때문에 나타나며 만일 이 상태를 교정하지 않으면 두뇌 시각시스템 일부가 없어질 수 있다.

양 눈간 협응이 이루어지지 못하면 쌍안시(binocular vision)를 일으키게 된다. 그래서 양 눈은 서로 다른 이미지를 보아, 한 눈은 선명하게 의도한 물체를 보지만 다른 눈은 관련 없는 이미지를 보고 있게 된다. 결과적으로 두뇌는 한쪽 눈으로부터 온 정보를 억제해야 한다. 따라서 이 상태를 교정하지 않으면 한쪽 눈을 계속 억제하면 소위 외눈박이가 된다.

사시 출현율은 4% 정도다. 출생시 나타나지 않고 아동이 2~5세경에 나타나기 시작하며 미성숙한 상태로 태어난 아동은 평균치 보다 10~14% 사시 확률이 더 높다. 일부의 경우 생후 3개월에도 나타나기도 한다. 사시 증상은 아래와 같다.

- 두통
- 한 눈이 흐리게 보임
- 두 개로 보임
- 무의식적으로 한쪽 눈을 막음
- 한쪽 눈을 가림
- 눈이 같이 움직이지 못함
- 하나 또는 양 눈이 돌아감

6) 우성화된 눈

아동이 한쪽 눈에 대한 우성화가 없으면, 이는 발달적으로 편측성이 충분히 이루어지지 못한 것이다. 이들은 신체 왼쪽 활동을 신체 왼쪽으로, 오른쪽 활동은 신체 오른쪽으로 하는 단계에 있는 것이다. 이런 아동은 읽기, 쓰기에 문제가 있다. 왜냐하면, 좌우에 대하여 알지 못하기 때문이다.

7) 시각메모리

읽기 능력과 시각기억 간에는 상당한 관련이 있다. 아동의 시각기억은 생후 초기부터 발달하기 시작한다. 아동은 먼저 자기와 놀고 돌봐 주는 부모와 익숙한 사물과 친숙해지며 9~10개월이면, 아동은 시야에서 사물이 없어지면 찾는 능력이 생긴다.

철자를 아는 것 같은 간단한 읽기 관련 과제는 시각기억에 달려 있다. 만일 아동이 낱자 '가'를 기억하지 못하면 다음에 그것을 본 적이 없게 된다. 그러므로 단어로 연결된 것을 배울 기회가 없는 것이다.

"과자" 같은 간단한 단어를 읽는데도 시각적인 연속기억(visual sequential memory)이 필요한데 이 연속기억은 아동이 낱자를 기록하고 기억하는 능력이다. 즉 '과'를 보고 다시 '자'를 보는 능력이며 만일 아동이 이를 하지 못하면 '자과'라는 단어를 생각할 수도 있고 그 단어 의미를 알지 못하게 된다.

이와 같은 시각적 연속기억 학습훈련은 낱자나 숫자가 적힌 작은 블록이나 다양한 크기의 블록, 여러 동물, 구슬, 장난감차 등을 가지고 훈련시킬 수 있다.

시각적 연속기억 교육방법은 간단한 것부터 복잡한 방법까지 복잡할 수 있다(예 : 연필을 꺼내 다섯 번째 줄과 여섯 번째 줄에 가서 똑같은 것에 동그라미하세요).

8) 형태지각 구분문제

아동이 배경 이미지에서 주요 목표물을 구분하지 못하는 문제를 형태지각 문제라고 하는데 이에 문제가 있을 경우 학습에 심각한 문제를 유발할 수 있다. 만일 교사가 페이지 그림 중 하나에 색을 칠하라고 한 경우, 이 문제가 있는 아동은 초점을 잃고, 자기 생각에는 올바르게 색을 칠한다고 생각하여, 아동은 페이지 모두에 색을 칠할 것이다.

형태지각(figure-ground) 문제가 있는 아동은 종종 배경을 막아 내려고 얼굴을 내용물 가까이에 대고 학습하는 모습을 보이며 시각시스템의 스트레스를 줄이려 한다.

이들 중 많은 아동은 양 눈을 같이 사용하지 못하며 시선을 한 눈에서 다른 눈으로 바꾸어 가며 두기 때문에 자기 시선 위치를 잃게 된다.

9) 시각－운동 문제

일부 아동은 시각시스템을 통하여 얻은 정보를 사용하는데 문제를 보인다. 두뇌가 정보를 받아들이지 않거나 올바른 처리를 하지 못하거나 특정 활동에 필요한 다른 감각시스템에 정보를 보내지 못한다.

이런 아동을 보면 마치 두 개의 다른 세상, 즉 시각의 세계와 운동의 세계가 따로 있는 것처럼 보인다. 가장 좋은 예는 아동이 벽을 향해 걷는 것이다. 그는 벽을 보았지만 자기가 걷고 있는 것과 아무런 관계없이 걷는 것이며, 이런 아동의 경우 시각과 운동이 분리되어 매번 마루 매트로 걸어가게 된다. 이들은 매트를 보는 것처럼 보이지만 시각이나 고유 감각시스템이 올바른 정보를 처리하지 않아 그런 행동을 보이는 것이다. 즉, 자기가 본 것과 거리가 움직이는 것 간에는 관계가 없는 것이다.

시각-운동 문제는 언제나 심각한 것은 아니다. 그러나 아동에게 손상이 있는 것과 유사하며 아동은 대부분 공을 칠 수도 받을 수도 없다. 그래서 공이 운동장에 튕겨지고 있는 것을 잡거나 땅에 대는 것이 매우 어려우며 다른 아동 틈에서 달리고 릴레이하는 일은 재앙으로 마무리될 수도 있다.

이와 같은 시각적인 문제가 있는 많은 아동들이 체육시간을 빼먹고 숨으며 아픈 척하거나 체육시간이 있는 날 집에 하루 종일 있으려 한다. 체육시간에 보이는 일반적인 시각문제는 아래와 같다.

- 둘로 보임, 특히 얼굴을 가까이 댐
- 공받기, 치기를 하기 어려움
- 공이 한 사람에서 다른 사람으로 간 것을 시선으로 따라 가지 못함
- 선생님의 지시를 오랫동안 집중하지 못함
- 주의를 기울이지 못하고 딴 짓하며 원하는 목표물에 초점을 두고자 눈을 다시 제자리로 돌리지 못함

- 중심선(midline) 문제로 왼쪽 공을 오른손으로 잡지 못함
- 공 잡을 때 깜박거리거나 머리를 돌림
- 늦음(예를 들어 공이 간곳을 알지 못해 공잡으러 늦게 달려감)
- 우둔함 : 조절되지 못함
- 선수들 사이나 주위로 돌아다니지 못함

2. 시각문제 교정

시각문제 교정을 위한 핵심중재법은 예방, 렌즈치료, 시각치료 활동 등이다. 그러나 부모, 교사, 시각전문가가 협력하여 설계하고 프로그램을 제어하여 아동을 도와 주어야 한다. 그리고 교사에게 많은 책임이 있는데 이는 아동의 쓰기, 읽기 그리고 시각문제를 의미하는 여러 활동들을 교사가 확인할 기회가 많기 때문이다.

만일 아동이 학습이 어려우면 아동의 보는 능력에 대하여 우선 평가해 보아야 한다. 시각에 문제가 있음에도 이를 알지 못하고 단순히 학습이 안 된다고 하는 것은 참으로 문제다.

1) 예방

시각문제 예방이란 시각 능력은 여러 연령층에 있어, 나이에 맞는 시각 기회를 제공하는 것이다. 과잉학습이나 너무 가까이 보는 가정 내 활동이 근시를 일으킨다는 연구결과는 명백한 증거다. 물론 TV에 너무 가까이 있거나 컴퓨터 프로그램, 게임을 너무 가까이에서 하는 것은 근시를 부른다.

의사들은 안경, 학습용 렌즈나 읽기용 안경을 끼어서 시력문제를 예방할 것을 권장한다.

일부 초등학교 1~2학년은 시각적으로 미성숙하고, 읽기와 쓰기 활동을 장시간 책상에서 초점을 두어 활동하기가 어렵다. 장시간 시각 활동을 하기 위해서는 시각이 좋아야 한다. 그러나 그렇지 못하면 스트레스가 많아 책상에 가까이 머리를 두는 일을 하게 된다.

이들은 예방렌즈 치료, 즉 글자를 크게 해 주는 읽기용 안경을 쓰면 도움이 된다. 이 안경은 스트레스를 줄여 주고 장시간 동안 책상에서 공부하는데 도움을 준다. 그러나 원거리 칠판에 있는 것이 흐리게 보일 수 있어, 원거리를 볼 때는 원근거리용 안경을 사용하게 하거나 안경을 벗게 하는 것이 좋다.

안경 도움이 없을 경우, 스스로 공부를 열심히 하려는 아동은 근거리 과제를 계속하려 하여, 아동은 근시가 되고 칠판 보는 능력을 잃게 된다. 만일 아동이 전문가 진단을 받아 문제가 없는데도 불구하고 계속 읽기 문제를 보이면, 시각 전문가에게 학습렌즈를 의뢰하는 방법도 좋다.

2) 렌즈치료

렌즈치료는 읽기나 얼굴 가까이나 멀리 오는 활동으로 생기는 스트레스를 줄이고자 안경이나 콘택트렌즈를 사용하는 방법이다. 안경은 근시, 원시, 난시에 대한 굴절을 교정하는 것이다.

아동을 처방할 때, 아동에게 책상 과제수행이나 독서할 때 안경을 벗도록 하는데도 아동이 안경을 벗으려 하지 않으면 근시에 대한 강력한 호감을 유지하려 하는 것이다.

안경을 끼면 아동은 일부 운동기술에 문제를 보이는데 그 이유는 공 등의 사물이 얼굴 가까이 옴에 따라 초점이 점점 없어지기 때문이다.

반대로 원시아동은 가까이 있는 것을 보기 위하여 교정렌즈를 끼어야 한다. 그리고 칠판을 보기 위해서는 안경을 벗어야 한다. 그러나 이들은 렌즈치료 처방에 해당되지 않을 수도 있어 안경을 끼기 위해서는 전문가의 도움을 받아야 하고 의사에게 안경 사용법을 물어 보아야 한다.

3) 시지각 치료

시지각 치료(vision therapy)는 학습에 필요한 기술을 향상시키기 위하여 렌즈, 프리즘, 또는 일련의 훈련을 하는 방법이다. 시지각 치료를 하면 효율성과 처리 능력을 증대시키며 또한 시선고정(visual fixationss), 시선 추적(eye tracking), 수렴(convergence), 쌍안시(binocular vision), 시각메모리(visual memory), 시각연속기억(visual sequential memory)과 같은 기능문제를 해결하는데 도움이 된다.

비교적 새로운 종류의 치료법인 고등 시지각 치료(advanced vision therapy)에서는 시지각 향상을 위한 장비(컴퓨터 프로그램)를 사용한다.

시지각 치료 그 자체로 하거나 기능적 시각문제를 위한 렌즈치료를 병행하여 사용하며, 이와 같은 치료법을 통하여 아동은 장시간 동안 과제에 참여할 수 있게 된다. 그러면 이들은 보다 이해가 증진되어 읽고 쓰기가 가능해진다. 따라서 전반적인 학습 성취가 높아지고 또한 치료는 자존감을 키우고 운동기술과 행동을 향상시킨다.

양 눈을 조절하는 문제는 그 장애의 근원이 양 눈을 수렴하여 사용하는데 있으며 이와 같은 장애는 아동이 한 눈을 억제하거나 막아서 생기거나 자기 눈을 선택적으로 억제하여 나타나는 것이기 때문에 시지각 치료(vision therapy)가 유용한 방법이다.

이는 성공률이 매우 높으며 수렴 결함치료를 시지각 치료로 한 아동과 성인 2/3가 성공적으로 읽기 문제를 교정하였다. 그리고 쌍안 문제를 위한 치료법 중 하나로 강한 눈(strong eye) 위에 안대를 붙이거나 양 눈 중 한 곳에 안대를 붙이는 방법이다. 이 안대는 하루 종일 떼지 않으며 지속시간은 아동의 나이와 시지각 결손(visual deficit)에 따라 다르다.

시선 추적(visual tracking)은 하나의 학습된 기술로서 아동은 자기기술을 향상시킬 수 있으나 이를 향상시키기 위해서 아동은 시선고정, 초점, 수렴을 양 눈 모두 발달시켜야 한다.

시선 추적 결함치료는 아동이 쉽게 따를 수 있도록 대형 목표물부터 시작하고, 일부 전문가는 각 눈을 분리하여 시선 추적기법을 사용하고, 다시 양 눈을 할 것을 권하고 있다.

어린 아동의 경우 아동에게 머리를 조용히 유지하고 눈만 사용하도록 하고 만일 아동이 목표물 따르는 것에 많은 고통을 겪으면 고유감각계 시스템(proprioceptive system)과 촉각계 시스템(tactile system)을 추가할 수 있다.

아동에게 손가락을 대고 목표물에 대고 이동하게 하며 또 다른 기술로는 아동에게 머리를 조용히 유지하고 책상을 가로질러 가면서 자기 눈이 따라 가게 한다.

시선고정, 수렴, 양안 초점 향상을 위한 한 가지 효과적인 시지각 치료방법을 예로 들면 10피트짜리 끈을 문고리에 붙이고 색깔이 다른 구슬을 끈 속에 넣고 구슬 하나는 얼굴 가까이, 또 하나는 중간에, 나머지 하나는 멀리 둔다.

아동에게 끈 끝을 잡고 끈을 코 근처에 대고 구슬을 조절하여 각각의 구슬에 초점을 두게 하고 눈을 움직여 초점을 다른 구슬에 두고, 각 위치에서 각각의 구슬 안에 초점을 두게 한다. 이때 구슬 두 개가 보이면 양 눈을 함께 통합하지 못함을 의미한다.

안경, 시각치료, 수술치료 등을 병합하면 사시(strabismus)를 교정할 수 있으며 상당히 높은 성공률을 보이는데 특히 아동이 어릴 때 치료를 받은 경우 효과가 더 좋다.

전문가는 사시아동 부모에게 아동이 너무 성장하기 전에 치료할 것을 권하며 너무 늦는 일이 발생하면 사시가 고착화되어 치료가 어려워진다. 즉, 만일 시각치료를 너무 늦게 하면 근육 교정을 하고 아동 눈을 같이 사용하게 훈련을 시켰더라도 눈 사용 양상이 두뇌와 시각시스템에 고착되어 있을 수 있다.

일부 사시의 경우 수술이 필요하나 다행히 대부분은 눈 근육훈련으로 처방되며 안대는 강한 눈이나 각 눈 중 한 눈에 선택적으로 사용하여 반대편 눈 근육을 사용하게 할 수 있으므로 양 눈이 동시에 훈련된다.

제 2 절 청각문제

1. 특성

이제까지 학자들은 중추청각처리장애(central auditory processing disorder)에 대하여 완전히 밝혀 내지 못하고 일부만 밝혀 내었다. Katz(1992)는 (1) 해독(decoding), (2) 허용－퇴색 메모리(tolerance–fading memory), (3) 통합(integration)에 장애가 있는 것으로 보았다. 청각문제 증상은 다음과 같다.

· 주의력 간격이 짧음
· 방향 따라 가기 못함

- "뭐?"라고 자주 한다.
- 큰 소리나 갑작스런 소리에 과민함
- 활동을 바꾸기 어려움
- 주어진 순서대로 방향을 따라 하지 못함
- 소리나 지시에 반응이 늦음
- 균형잡기 부족
- 소리를 듣고 방향을 알지 못함
- 언제나 큰 소리로 말함
- 말, 언어 능력이 떨어짐

1) 해독문제

해독(decoding)에 문제가 있는 아동은 들리는 소리를 감지해 내는 능력에 어려움을 보인다. 이런 아동은 청각 자극과 과거에 경험한 것을 지식으로 연결짓지 못하며 글자를 소리와 연계하지 못하고 단어를 사물과 연결짓지 못한다.

이런 형태의 문제는 해독 때문이며 음운상 글자를 소리로 연결짓지 못하는 해독 문제를 가진 것이다. 이런 아동은 새로운 기술이나 활동을 배우는데 새로운 단어를 학습하지 못하게 된다.

2) 허용-퇴색 메모리

허용-퇴색 메모리(Tolerance-Fading Memory; TFM)는 아래 두 가지 문제를 둘러싼 장애다.

첫째로 허용-퇴색 메모리 문제 아동은 청각 분류(auditory figure ground)에 문제를 가지고 있어, 시끄러운 환경에 스트레스를 받는다. 그래서 시끄러운 운동장에서 아동은 벗어나려고 하고(회피반응), 공격적으로 된다(저항반응).

둘째로 허용-퇴색 메모리는 부족한 청각연속 메모리(auditory sequential memory)와 관련이 있다. 이런 아동은 이들이 배경 소음에 방해되어 있을 때 지시를 처리하고 기억할 수 없다. 만일 아동이 압도된 소음에 있는데 세 가지 일을 시키면 아동은 첫 번째와

세 번째는 수행할 수 있으나 두 번째는 못한다. 비록 단어가 말초청각수용기(peripheral auditory receptor)를 통해 들어 갔더라도 두 번째까지는 듣지도 않았던 것 같은 것이다.

3) 청각 통합문제

청각 통합(auditory integration)은 청각 정보와 다른 감각시스템으로부터의 감각이 혼합된 문제로서 이런 아동은 청각검사 결과가 정상이지만 고유감각 정보와 소리의 위치를 연결시키기 어렵다. 예를 들어 두뇌는 누군가 뒤에서 오는 것을 듣지만 어느 방향인지는 알지 못한다.

4) 귀에서 청력이나 어음 이해도가 떨어지는 현상

중추청각 처리에 문제가 있을 경우 아동은 소리를 경험하는 능력이 떨어진다. 이와 같이 귀에서 청력이나 어음이해도가 떨어지는 현상(auditory deprivation)을 보이는 아동은 청각자극으로 충분히 상호작용하지 못하며 소리를 들을 기회를 잃게 되어, 청각식별(auditory discrimination)과 청각 형태지각(auditory figure-ground), 연속기억(sequential memory) 발달이 지체된다.

생후 1년 내에 빈번한 귀 감염을 경험한 아동의 50%는 청력이나 어음이해도가 떨어지는 현상을 경험하여 말-언어발달을 지체시킨다. 이는 다른 중추청각신경시스템(CANS) 구조와 기능에도 마찬가지 영향을 미친다. 따라서 말초청각구조(peripheral auditory structure)와 기능에 의한 청력손실은 어떤 경우라도 조기에 처방되어야 한다.

2. 청각문제 관리

청각문제는 여러 가지 방법으로 처방하고 관리할 수 있다. 의학이나 수술 등으로 질병, 기형(deformities), 손상으로 인한 구조적 기능적 문제를 교정할 수 있다.

청력문제의 경우 두 가지 외부 전략으로 도움을 주는데 이는 증폭(amplification)과 환경 변화다.

1) 증폭

청각장치(보청기)는 말초청각 부위로부터 중추청각신경시스템(CANS)으로 보내는 소리의 강도(intensity)와 음높이(pitch)를 증폭하는데 유용하다.

전문가들은 검사에 의하여 일정 수준 청력손실을 입은 아동에게 보청기를 처방한다. 요즘 음높이(pitch)와 톤(tone)에 더 민감한 장치가 개발되고 있으며 일부 장치는 배경소음을 길러내 주기도 하지만 증폭장치가 중추청각처리(central auditory processing) 문제를 언제나 향상시키는 것은 아니다. 어르신들이 보청기가 너무 시끄러워 벗어 버리는 것을 본 적이 있을 것이다. 이는 이 장치가 그냥 소리만이 아니라 모든 음을 증폭시키기 때문이다. 마이크 스피커도 증폭기인데 이 스피커를 방 근처에 두고 청취자 수준에 맞추어 틀면 된다. 여러 곳에 이것을 두면 극장에서 서라운드(surround)로 영화를 보는 기분이 된다.

학교에서 청력 손실 2명 아동을 위한 스피커를 자리 부근에 두고 관찰한 결과 교사는 이 스피커가 두 아동에게만 도움이 된 것이 아니라 행동문제 아동에게도 도움이 되었다고 하였다.

2) 환경변경

청각문제를 지닌 일부 아동은 특정 음높이를 들을 수 없거나 소리를 분간하지 못하고 중요한 소리에 집중하지 못하는 아동이다. 이들에게는 여러 가지 소리 환경(조용한 교실부터 시끄러운 체육관까지)에 대처하는 법을 가르쳐야 한다. 물론 아동에게 모든 세팅을 제공할 수는 없지만 집이나 교실세팅에서 아동의 듣기나 초점두기에서 필요한 것부터 증폭시켜, 반드시 필요한 것을 즉시 보도록 하고 적정한 사회적 행동을 하도록 하여야 한다.

그리고 냉장고 소리, 팬 돌아가는 소리, TV 소리 등이 있는지 확인하여, 아동이 듣기를 바라고 반응하기를 원할 때 이와 같은 소리를 제거하도록 한다.

가족게임을 할 때도 마찬가지로 중요한 대화를 위하여 아동에게 조용한 방으로 데리고 가기도 하며 아동이 숙제하는 동안은 다른 소음을 내지 않도록 한다(접시 닦기 소리, 세탁기 소리 등).

교실에서 교사는 잠시 환경으로부터 소리가 있는지 들어 보고 아동이 조용히 공부해야 할 때 다른 소음은 없는가? 빛이 깜박이지는 않는가? 교실 밖 운동장에서 다른 아동들이 깔깔대고 있지 않는가? 등을 살펴본다. 동시에 조용히 읽는 시간에 다른 반 학생들이 복도를 지나가고 있는지 확인한다. 체육시간에 메아리가 치는 경우도 아동에게 방해가 될 수 있다.

일단 이런 소음 요인을 찾아내면 청각문제 아동이 이에 대처할 방안을 생각한다. 예를 들어 이 아동들에게 이 문제에 견디어 보도록 하고 이런 아동 가까이 선다. 이렇게 하면 교사의 목소리만이 아니라 시각적인 단서를 아동에게 제공할 수 있으며 만일 소음이 일부 아동을 방해하면 이들을 창밖으로 이동시킨다.

제 3 절 운동문제

1. 특성

운동문제는 고유감각 문제로 유발될 가능성이 높은데 이는 아동에게 매우 굴욕적인 모습이 된다. 이들은 학교 숙제하느라 고생이고 체육관에서 운동하느라 고생이다. 그런데도 부모나 교사는 이를 아동이 노력하지 않은 탓으로 돌린다.

멍한 얼굴을 한 아동은 실제로 손이나 팔을 어디로 보내야 하는지 알려고 노력하고 있는 것일 수도 있다. 즉, 고유감각계 시스템(proprioceptive system)을 효과적으로 사용하는 능력이 결여되면 서툴고 부조화된 운동을 낳을 뿐만 아니라 학습도 부진해지는 것이다.

이런 아동은 자주 넘어지고, 다른 학생들을 건드리며, 벽에 달려가 부딪치며, 가장 간단한 스포츠 활동에도 참여하지 못한다. 그래서 이들은 또래에게 따돌림이나 무시당한다. 더구나 다른 아동들이 등 뒤에 대고 "바보", "멍청이"같은 말을 하기도 한다.

당연히 이들의 자존감은 떨어진다. 이들은 우울해 보이고 위축되어 보이며 비행을 할 수도 있다. 사회적으로 이들은 자기 나이 그룹 아동을 피하고 대신 컴퓨터 게임, TV, 어린 아이들과 놀기 등을 한다.

1) 부족한 신체지식과 스키마

일반적으로 고유감각 문제는 신체지식, 편측성, 방향성 등과 관련이 있다. 만일 이들에 문제가 있는 아동일 경우 몸이나 다리를 움직이라고 하면, 아동은 요구받은 부위를 움직일 수 없을 것이다.

또 신체지식 부족은 아동의 신체 스키마(body schema) 발달을 저해한다. 신체 스키마가 없으면, 편측성(laterality), 방향성(directionality), 방향식별(directional discrimination) 등의 발달 단계를 계속할 수 없다. 그래서 이런 아동을 위한 올바른 교정 프로그램을 정하기 위하여 이들 개념을 고려하고 평가하는 일이 매우 중요하다.

2) 낮은 운동계획

만일 아동이 운동계획(motor plan)을 할 수 없다면 유목적적인 운동이나 운동기술을 계획하고 수행하지 못한다. 의사, 물리치료사, 작업치료사들은 이를 통합운동장애(dyspraxia), 운동신경장애(apraxia), 발달통합운동장애(developmental dyspraxia)라고 부른다.

아동이 운동계획을 하지 못하면 서툴고, 부조화된 증상으로 나타나는데 이는 아동이 고유감각-전정(proprioceptive-vestibular) 감각시스템 역기능에 의한 것이다.

아동이 운동계획을 하지 못함으로써 발생하는 가장 중요한 문제 중 하나는, 신경시스템이 아동의 추가적인 운동을 만들어 낼 운동파일을 발달시키지 못하는 것이다. 다시 말하면, 아동이 기술을 시도할 때마다 중추신경시스템(central nervous system; CNS)에서 시작된 참조(reference)할 것이 없는 것이다. 왜냐하면, 뉴런 간 이루어진 연결세트가 없기 때문이다.

이는 현재 직면한 운동기술이 이전에는 전혀 시도해 보지 못한 완전히 새로운 기술처럼 보이며 운동계획 능력이 부족한 아동은 낮은 운동기술 발달 단계에 머물게 된다.

예를 들어 민주는 깡충깡충 뛰기를 원할지 모르나 실제로 시도하면 마루를 뛸 때마다 첫 번째 움직이고, 두 번째는 어느 발을 움직여야 할지 생각이 없다. 그녀는 운동을 계획할 수 없기 때문에 그냥 발을 앞으로 움직여서 조절되지 못한 뛰기와 점프를 거듭하는 것이다.

운동계획 능력이 부족하면 아동기 초에 발견되는데, 3~4세경인데도 인형에 옷을 입히고 하는 일이 어렵다. 걸음마기 아동은 자동차를 밀수는 있어도 3세경이 되어야 제대로 자동차를 가지고 놀 수 있다. 그런데 취학전 아동이 되어도 운동계획 능력이 부족한 아동은 좌절하고 마루에 자동차를 세게 부딪친다. 그들은 자동차를 마음 속의 방향감 없이 앞뒤로 힘을 쓴다.

이와 같은 놀이나 과제를 반복하여 실수하면 아동은 스스로 흥분하게 되어 교실활동을 부적절하게 함으로써 흥분을 풀려고 한다. 그래서 운동계획 능력이 없는 아동은 자신에게도 좌절이 되고 부모-교사에게도 좌절이 된다.

그러나 부모가 공놀이를 시킬 때 왜 그가 공을 20번이나 받지 못하는지를 설명하는 것이 중요하며 많은 반복을 통하여 일부 아동은 약간의 선행학습 특수기술(splinter skill)을 개발할 수는 있으나 선행학습 특수기술로는 다른 기술로 전이되지 못한다. 추가적이거나 유사한 운동기술을 배울 때 이 선행학습 특수기술(splinter skill)을 사용할 수 없는 것이다.

고유감각 문제를 지닌 아동은 아동마다 서로 다르며 만일 어떤 아동이 고유감각 문제를 지니고 있다고 의심한다면, 가정이나 학교에서 나타난 문제 목록을 만드는 것이 좋고, 이를 발달단계와 비교하여 일반적인 고요감각 문제인지를 확인한다. 비록 이 목록이 많긴 하지만 고유감각 시스템(proprioceptive system)이 제대로 기능하지 않는 아동의 증상이 서로 다르다는 것을 알 수 있을 것이다.

2. 문제 교정

고유감각(proprioceptive) 문제를 줄이기 위한 운동 프로그램을 개발할 때, 부모나 교사는 문제의 원인이 신체내부로 들어오는 감각정보 실패라는 점을 명심하여야 한다. 고유감각 시스템은 근육, 관절, 힘줄, 연결조직 등이 해당하므로 프로그램 활동을 도입할 경우에는 이들을 고려하여 아동 신체운동을 시작하고 마쳐야 한다.

따라서 아동에게 도움이 될지 여부의 열쇠는 운동이며, 이 운동은 이전에 아동이 경험한 것과 다른 종류의 운동이어야 한다. 이미 아동이 신체운동을 사용한 것을 또 하면 아동에게 도움이 되지 못한다. 예를 들어, 기술을 반복시켜 아동에게 공받는 것을 연습시켰다면, 이는 더 이상 아동에게 도움이 안 된다. 왜냐하면 고유감각 시스템에 어떤 다른 정보가 들어가게 해야 하기 때문이다.

아동이 신체부위 명칭을 댈 수 없는 경우, 이 아동은 진실로 신체부위가 거기에 있는지 몰라서 이름을 댈 수 없는 경우도 있으며 이들은 그 신체부위를 느끼지도 못하는 경우도 있다.

1) 고유감각 수용기 문제 교정

고유감각 시스템에 문제가 있는 아동에게 다른 느낌을 효과적으로 불어 넣어주는 방법은 5가지가 있으며 이는 아래와 같다.

- 근 수축(tonic contraction)과 근 스트레칭(tonic stretching)
- 관절압박(joint compression)과 관절 반작용(joint reaction)
- 관절 근 수축(joint tonic contraction)
- 운동할 때 근력(force the muscle)량 증가
- 운동수행 시간 증진

(1) 근 수축과 근 스트레칭

근육수축(contraction)과 스트레칭(stretching)은 근육이 움직일 수 있는 모든 것이 해당한다. 물론, 근육이 움직이는 관절(joint)도 해당한다. 아동이 팔꿈치를 구부려 어깨에 손을 대면 일부 근육은 수축이 되고, 일부는 스트레칭이 되어 늘어난다. 팔꿈치를 펴면 근육은 다시 줄어 들고 길어지는 것이 반대로 되며 이런 종류의 활동은 약한 문제를 보이는 아동에게 도움이 된다.

또 어떤 아동의 경우는 운동에 무게감을 주어 도움을 줄 수도 있으며 무게를 늘려가면 근육이 사용할 힘의 양이 증가한다. 이 때 관절(joint)로 전달될 무게의 양도 증가하기 때문에, 아동의 연령에 따라 가벼운 것을 사용하고, 사이즈에 맞는 의료용 공, 아동

신체에 맞는 운동(팔꿈치 펴기)을 사용한다. 기타 근 수축(contraction)과 근 스트레칭 활동에는 밀고 당기기 형태의 운동이 있으며 이런 종류의 운동은 토끼뜀이나 줄다리기 놀이가 있다.

(2) 관절압박과 반작용

관절압박과 반작용(joint compression and reaction) 역시 근육을 사용하는 것이다. 이 목표는 아동에게 관절 자체의 차이를 알려주는데 있다. 관절압박은 손으로 걷기(허리, 팔꿈치, 어깨압박), 트램블린 뛰기(발목, 무릎, 엉덩이, 척추압박), 머리로 공 균형 잡기(목, 척추, 엉덩이 무릎, 발목압박) 등이 있다.

아동이 스쿠터 보드에 앉아 발을 벽에 대고 힘껏 벽을 밀면 발목(ankle), 무릎, 엉덩이, 척추를 압박하게 된다.

관절수축(joint contraction)의 가장 좋은 예는 평행봉 매달리기, 손으로 평행봉 매달려 걷기, 무릎으로 매달리기 등이며 체조운동을 하면 관절수축에 효과가 좋다.

농구 자유투, 마루에서 손으로 슛하는 것 등을 하는 것도 압박과 수축에 도움이 된다. 아동은 슛을 준비하면서 발목관절, 무릎, 엉덩이, 손, 팔, 어깨 등을 구부리게 된다. 또 아동이 잡고 있던 공을 마루로 밀치면서 아동은 관절이 팽창하면서 슛이 된다.

(3) 관절 근 수축

관절 근 수축(joint tonic contraction)은 관절이 바람직한 위치를 잡도록 관절 주위 근육 전체를 수축하는 것이다. 예를 들어 한 발로 서서 균형을 잡으려면, 아동은 발 근육의 근 수축(tonic contraction)을 사용하여야 한다.

초등학교 교사가 체육시간에 사용하는 대부분의 활동은 근 수축운동이다. 한 사람이 양쪽 뒷다리를 잡고 들어 올리고 한 사람은 손으로만 걷는 활동이 이것이다. 손으로 걸을 경우 사람의 손, 허리, 팔꿈치, 어깨, 척추 등이 모두 수축되고, 잡은 사람의 손가락, 손, 허리, 발, 발목, 무릎, 엉덩이, 몸통도 수축된다.

(4) 근력 증가

아동에게 여러 가지 방법으로 운동기술을 사용하게 하여 근력을 증가시킬 수 있다. 어린 아동의 경우, 가벼운 무게를 추가하여 줌으로써, 아동이 움직이는데 사용하는 허리나 발목에 힘을 증가시키도록 할 수 있다.

이와 같은 무게 있는 물건 등으로 힘을 추가함으로써 고유감각으로 보내는 정보의 양을 증가시킬 수 있다. 이와 같은 무게 있는 물건을 통한 훈련 프로그램(weight-training program)은 아동에게 더 크고 더 무거운 공을 주어 운동하게 하는 방식이며 이와 같은 활동을 매일 같이 할 경우 도움이 된다.

이와 같은 활동들은 보통 사지를 사용하는 느낌을 세게 얻도록 하는 방법으로서, 팔 굽혀펴기, 로프 오르기, 스쿠터 보드타고 스스로 굴려 마루를 가로 지르기 등은 좋은 방법이다.

(5) 운동수행 시간 증진

운동수행 시간 증진은 반복적이다. 이 목적은 신체 특정 부위에 고유감각을 느끼도록 하는 것이기 때문에, 아동시스템에 충분한 정보가 제공될 수 있도록 충분히 운동기술을 반복하여야 한다.

예를 들어 만일 아동이 편측성으로 우성화된 쪽(lateral preference)을 발달시키지 못한 경우, 아동의 우성화된 사지(오른 손잡이는 오른쪽 발과 다리)에 색다른 느낌을 만들어 주어야 하며 이 느낌을 만들어 주기 위하여 선호사지(preferred limb)라고 생각하는 쪽을 다른 쪽보다 더 많이 사용하도록 할 필요가 있다. 이는 오직 신체의 한쪽만을 여러 날 동안 계속 사용하도록 할 필요가 있는 것이다.

보통 체육교사는 한쪽 손만으로 공을 드리블 하게 하고 돌아올 때는 다른 쪽 손만으로 드리블하도록 한다. 이 방법은 편측성 선호가 이미 발달된 아동에게는 좋지만, 그렇지 못한 아동에게는 좋지 못하다. 왜냐하면, 손을 계속 바꾸면 편측성 선호가 부족한 아동에게는 도리어 강화가 되기 때문이다.

2) 운동계획 문제교정

운동계획(motor planning)을 할 수 없는 아동은 보통 하나 이상의 신체지식 문제를 가지고 있다. 이런 아동의 운동계획을 발달시키기 위해서는 먼저 신체부위 확인 능력을 평가하고 신체지식(body awareness), 편측성(laterality), 방향성(directionality), 방향식별(directional discrimination) 단계를 통하여 보다 진보적으로 움직일 수 있는 활동을 사용하여야 한다.

이와 같은 방식으로 아동은 먼저 신체부위를 배우고, 다음으로 이를 사용하는 법을 배우게 된다.

아동이 운동계획 능력을 갖지 못한 이유는 신체 스키마(body schema)와 직접적인 관련이 있으며 운동에 대한 과거 기억을 가지고 있지 못하고 지기 신체부위 위치에 대한 지식이 없거나 신체 나머지 부분과 관련지어 그 부위를 사용하는 방법을 모르는 것이다.

또한 어느 정도의 힘으로 신체 움직임을 하여야 하는지, 사물조작을 위하여 손을 어느 정도 힘으로 움직여야 하는지 알지 못한다. 또 운동계획 능력이 없으면 중력과의 관계에도 어려움을 겪어 자주 넘어진다.

이런 경우 앞서 언급한 고유감각 문제교정법 5가지 기법을 설계하여 운동계획의 어려움을 극복시킬 수 있으며, 전정활동도 제공하여 줄 필요가 있다. 왜냐하면 전정계 시스템(vestibular system) 영향을 받기 때문이다.

체육교사와 일반교사는 아동에게 운동계획법을 가르칠 좋은 위치에 있다. 아동이 대근육 운동계획을 할 수 있기까지 아동은 소근육 운동을 하기는 힘들 것이다. 따라서 체육교사는 움직이고 있거나 움직일 필요가 있는 신체부위를 알도록 체육 운동을 조합할 기회를 가지고 있다.

이때 활동은 적극적이어야 하는데 처음에는 매우 단순한 운동계획 기술부터 시작하고 매트로 터널을 만들고 아동에게 옆이나 천장을 건드리지 않고 터널을 통과하게 한다. 또한 다양한 방법, 즉 왼손이나 팔을 사용하지 않고 터널을 통과하게 한다. 아동을 뒤로 통과하게도 하고, 발을 먼저 넣어 통과하게도 하며, 왼발을 들고 통과하게도 하고, 오른쪽 발을 들고 통과하게도 한다.

더 복잡한 운동계획 기술을 위해 몇 가지 장비를 사용하여 아동에게 하나의 선에 한 개 또는 여러 개의 의자를 놓고 의자 다리를 건드리지 않고 통과하게 한다.

또 다른 기술, 즉 양다리로 평형보드(balance board)에 균형을 잡게 하고 한쪽 다리로 균형을 잡게 하며 아동에게 받침대(bolster) 기어가기, 로프를 사용하여 스쿠터 보드 당겨 목적지 가기, 평행봉 매달리기, 평행봉 걷기 등을 하게 한다.

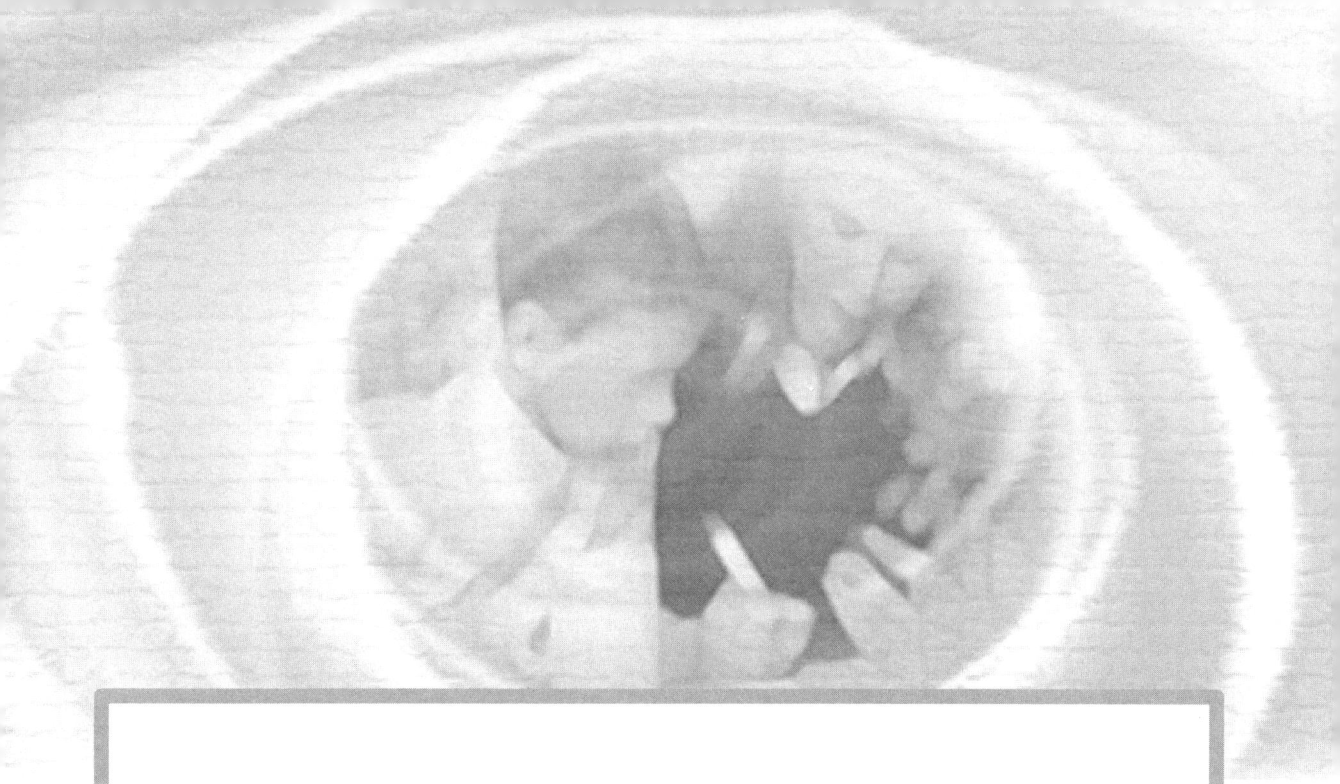

영재아동을 위한 특수교육

제 III 부

제 9 장 영재교육의 정의 및 역사
제 10 장 영재아 판별
제 11 장 영재아를 위한 학습방법
제 12 장 영재와 창의성
제 13 장 영재아를 위한 성인의 역할
제 14 장 영재아 상담 및 특수영재

영재교육의 정의 및 역사

제 9 장

제 1 절　초기의 영재교육
제 2 절　영재교육의 현대사
제 3 절　영재아의 정의 및 특성

제 1 절 초기의 영재교육

각 문화와 시대에 따라 영재에 대한 정의는 서로 다르게 정의되어 왔으며 현재와 같이 일반적인 학업성적이나 예체능 분야, 과학 등의 영재가 항상 바람직한 영재로 간주되어 왔던 것은 아니다. 서양의 경우 고대 스파르타에서는 전투기술과 지도성이 뛰어날수록 영재성을 인정받았다. 군대교육을 받게 될 후보자들은 출생과 동시에 선별되어서 신체적으로 결함이 있거나 강하지 못한 아이들은 죽음에 직면할 수밖에 없었다(Meyer, 1965). 아테네에서는 사회적 지위와 성별이 기회를 결정했다. 상류층 그리스인들의 남자 아이들만이 읽기, 쓰기, 산수, 역사, 문학, 예술, 체육 등을 교육받을 수 있었다. 로마교육은 건축, 공학, 법학 등을 강조하였으며 초등교육은 소년소녀가 받았지만 고등교육은 남자들만 받을 수 있었다. 르네상스 시대의 유럽 몇몇 국가에서는 창의적인 영재들을 부와 명예로 보상해 주었다.

동양의 경우 7세기경 중국의 당나라에서는 비범한 재능을 보이는 아동들은 왕궁으로 불러 재능을 계발시켜 주었다. 고대 중국인들은 영재성의 다중 재능 개념을 수용했을 뿐만 아니라 모든 아동들은 사회적 계급에 상관없이 그들의 능력에 적합한 교육을 받아야 한다고 믿었다. 재능의 방면은 문학, 지도력, 상상력, 독창성과 독서속도, 기억용량, 추론, 지각과 같은 지적 능력과 사고력을 가치 있는 것으로 생각하였다(Tsuin-Chen, 1961). 일본에서는 출신 성분에 따라 기회가 결정되어 사무라이 자녀들은 유교경전, 무술, 역사, 작문, 서예, 도덕, 예절 등을 교육받았다(Anderson, 1975). 한국의 고대 영재관련 연구는 조선시대의 영재교육에 관한 고찰과 과거의 장원급제와 연관된 유전적인 경향을 분석(이방현, 2007; 이현욱 · 장남기, 2000)하고자 하는 시도가 있지만 아직도 활성화되지 않은 실정이다.

한편 근대 초기 미국에서는 능력과 경제력을 갖춘 아동들은 중등학교와 대학교육을 받을 수 있었다. 1870년부터 대공황이 있을 때까지 일부학교에서는 계열구분, 월반, 교육과정 압축, 특별학급 등을 운영하였다. 이후 1920~30년대의 '보통사람 시대'에서는 공평성을 강조하였다. 따라서 초기 미국에서는 영재에 관해 크게 관심을 보이지 않았다. 의무교육법에 따라 모든 학생들이 교육을 받을 수 있었으며 특정한 기준에 미달이 학생들의 성취에 도움을 주는 것과 같이 평등의 원리가 중요시되었던 시대적 추세로 영재들을 위한 특별한 서비스는 거의 없었다(Abraham, 1976; Greenlaw & McIntosh, 1988).

유럽에서도 역시 영재에 대한 제도는 갖추지 않았지만 지적으로 유능한 아동을 판별하여 교육시키는 경우는 있었다. 그러나 영국사회에 팽배해 있던 계급의식에 대한 불만으로 평등주의자들은 이미 혜택을 받고 있는 것처럼 보이는 영재들을 위해 교육비를 사용하기를 원하지 않았다. 그 결과 1990년대 후반까지 영국에서의 영재교육은 이루어지지 않았다(Gross, 2003).

제 2 절 영재교육의 현대사

현대에 있어 영재의 개념은 지능의 측정을 통하여 이루어지는 경향으로 시작되었다. Galton은 지능이 시력, 청력, 후각 등과 같은 감각에 대한 예민성과 관련이 있다고 주장하면서 시청각 변별력이나 반응시간을 통하여 지능을 측정하였다. 그는 '유전적 천재(Hereditary Genius, 1869)'에서 지능의 유전성을 강조하였으나 이런 이론은 우수한 가계나 귀족들은 좋은 환경, 부, 특권, 기회 등을 같이 물려받는다는 사실을 간과하여 서술되었다고 비판되기도 한다. Binet의 지능검사는 지적 능력이 부족하여 정상적인 수업을 받기 힘든 아동을 선별하는 목적으로 고안되었는데 이 검사에서는 정신연령이라는 개념을 사용하였다. 이후에 이 검사는 보통 아동 또는 보통 이상의 아동들에게도 사용될 수 있다는 것이 입증되었다.

Terman은 1916년 Standford-Binet 지능검사를 개발하여 상위 1%(IQ 135 이상)에 해당되는 1,528명(남자 856, 여자 672)의 영재를 판별하여 종단적으로 연구하였다. 이들은 검사지, 질문지, 인터뷰, 서신교환 등의 방법으로 50년에 걸쳐 9회 이상의 조사를 통하여 추적 연구를 실시하였다. 이들은 지적으로 우수한 학생들이었을 뿐 아니라 심리적, 사회적, 신체적으로 보통 사람들보다 더 건강하였다. 그러나 가장 성공한 영재와 그렇지 못한 영재 사이의 차이를 보여주는 주요한 지표가 부모의 학력과 가치관이었다는 점에서 유전과 환경의 구분이 불명확하다는 비판을 받고 있다. 이처럼 지능검사만으로 영재를 판별하는 것은 한계가 있으며, 이러한 방법으로는 예술적, 창의적 영재, 특정한 영역에서의 영재를 확인할 수 없을 수도 있다.

한편 Hollingworth(1942)는 IQ 165인 학급과 IQ 145인 학급을 나누어 직접 가르치면서 18년간 연구를 수행하였는데 영재아동은 성인이 되어서도 영재성을 발휘하였으며 조기에 영재를 발굴하여 최적의 교육적 경험을 제공해 주어야 한다고 주장하였다. 영재 판별에 있어서도 개인지능검사, 부모와 아동과의 면접, 교사나 교장의 추천, 아동의 사회적, 정서적 성숙도 등이 포함되어야 한다고 하였다. IQ 140 이상의 학생들은 학교에서 절반의 시간을 낭비하고 있으며 170 이상의 학생들은 대부분의 시간들이 아무런 도움이 되지 않는다고 하였다. 또한 지적 발달이 연령과 신체발달보다 먼저 이루어지기 때문에 사회적 · 정서적으로 문제가 나타난다고 하였다.

1957년 러시아의 인공위성 스푸트니크호의 발사는 미국으로 하여금 교육, 특히 과학과 영재교육 분야에 관심을 갖도록 하였다. 미국과 러시아의 양적, 질적 교육의 비교에 대한 보고서들은 영재아들에 대한 무관심이 예술, 과학 및 각 전문 분야에 큰 손실이 되고 있다고 발표하였다. 1970년대 중반부터 영재교육에 대한 열기가 전 세계적으로 확산되었으며 미국에서는 법률이 제정되고 특별기금이 조성되어 영재교육을 위해 집행되었다. 또한 많은 교육자들이 영재교육에 지대한 관심을 갖고 연구하기 시작하였다. 1973년 미국의 국가 수월성보고서는 '고요속의 위기' 라는 표현을 사용해서 미국이 미래의 지도자가 될 영재들을 소홀히 하고 있다고 지적하였다. Herrnstein과 Murray의 'The Bell Curve'는 IQ와 인생에서의 성공을 인과관계가 있는 것으로 가정하였을 뿐 아니라, IQ와 인간의 가치를 동등하게 취급하고 인종차별적인 결론을 도출했다는 비판을 받기도 했으나 일부지능 연구자들은 검사된 IQ가 교육, 직업, 범죄 등과 같은 삶에 중요한 요인과 관계가 있으며, 가정환경이나 인내력과 같은 요인 역시 인생의 성공에 영향을 미친다고 주장하였다.

Tannenbaum(1979)은 스푸트니크의 여파를 '영재교육의 도화선'이라고 하였다. 영재들이 판별되고 속진과 능력별 집단편성이 실행되었다. 영재들은 교육과정을 조기에 이수할 수 있게 되었으며 초등학교에서는 외국어를 가르치게 되었다.

우리나라에서는 2000년 1월에 영재교육진흥법이 제정되고, 2002년 4월 영재교육진흥법 시행령이 고시된 이후, 공교육 차원의 초·중등학교에서의 영재교육은 법적·제도적 장치를 마련하게 되었으며, 2007년 12월 제2차 영재교육진흥 종합계획이 수립되어 우리나라의 영재교육은 한 단계 더 발전할 수 있는 기반을 마련하게 되었다. 이 계획안에 따르면(국정브리핑, 2007. 12. 14) 교과부는 앞으로 영재학급 운영수를 대폭 늘리고, 교육활동 이외의 재량활동, 특별활동 시간에도 영재반을 운영할 것이며, 조기 영재 발굴을 위하여 현행 초등학교 4학년 이상인 영재선발 대상 연령을 수학·과학 분야에서는 3학년, 예체능 분야는 1학년 수준으로 낮추고, 영재 선발을 위한 영재성 검사 도구를 새로 개발하기로 하였다. 이 계획안에서는 각 지역 교육청마다 1개 이상의 영재교육원을 설치하고, 소외계층을 위한 영재교육 담당교사를 양성하겠다는 계획도 마련하고 있다.

영재교육에 대한 인식이 확산되어 감에도 불구하고 아직도 많은 영재들이 적절한 영재교육을 받지 못하고 있다. 영재교육이 엘리트 우대적 발상이라는 비판하에 일반적으로 사람들은 영재들의 재능을 인정하면서도 평등의 원칙을 고수한다. 그러나 장애를 가진 학생들과 마찬가지로 영재들도 그들의 요구와 능력에 합당한 교육을 받을 만한 권리가 있다. 영재들이 전문성을 신장할 수 있도록 돕는 것은 국가의 의무이며 그들의 권리와 행복이고 결과적으로는 사회 전체에 기여하는 바가 클 것이다.

제 3 절 영재아의 정의 및 특성

학교는 사회에서의 삶을 준비하고 연습하는 곳으로서 서로간의 다양성을 배우고, 개인의 개성과 재주들을 발견하고 키우는 곳이다. 그러나 대개의 교육과정이나 수업방법들이 다양성을 보이는 학습자들의 능력 분포의 중간 부분에 속하는 보통 능력의 학습자들에게 초점을 맞추어 진행되고 있는 것이 현실이다. 이와 같은 교육 현실은 능력이 매우 뛰어나거나 현저하게 낮은 특수 학습자들에게 부적합한 수업의 문제를 낳고 있다.

일반적으로 평균보다 현저하게 높은 상위 2~3 %에 속하는 특수 학습자들을 영재아(gifted student)라고 하며, 반대로 하위 2~3 %에 속한 학습자들은 특수아(special student)라고 한다. 모든 학습자들의 능력에 맞는 교육의 기회가 균등하게 주어져야 하는 것이 교육이 중요한 목적이라고 볼 때, 일반 아동들보다 뛰어나거나 부족한 면을 좀 더 많이 지니고 있는 특수아동에 대해 충분히 이해하고, 개별화교육프로그램(Individualized Education Program : IEP) 등의 적절한 방법을 통해 그들의 능력을 계발시키기 위해 노력하는 것은 교육자들의 당연한 역할이라고 볼 수 있다.

일부 교육자들과 학부모들은 영재아들의 재능을 계발해 주지 않거나 지원해 주지 않는 것을 문제점으로 인식하지 못한다. 그들은 일반적으로 '영재아들은 스스로 그들의 재능을 계발할 수 있다.' 또는 '도움이 정말로 필요한 부진아들에게의 도움이 더 중요하다.'고 생각하는 경향이다. 능력이 매우 우수하거나 재능이 있는 학생들에게 특별한 서비스를 제공하는 것은 가난한 자들을 무시하고 부유한 자를 대접하는 것만큼 불공평하다고 느끼고 있다. 물론 학습 속도가 느리거나 신체적, 심리적 장애를 가진 학생, 그리고 언어나 문화적 차이로 인하여 학습에 어려움이 있는 학생들의 권리는 충분히 보호되어야 한다. 이와 동일한 논리로 영재성과 재능을 가진 학생들 역시 그들의 능력에 상응하는 교육을 받을 권리가 있다. 영재아들의 특수한 기능과 능력 계발을 소홀히 하거나 그들의 교육적 열망과 직업 세계에서의 성취를 좌절시키는 것 또한 불공평하고 비민주주의적인 일인 것이다.

1. 영재아의 정의

누가 영재이며 영재교육의 대상이 되어야 하는가 하는 문제는 아직까지도 하나의 합의점을 찾지 못하고 있으며, 영재의 개념에 대해서는 수많은 정의가 공존한다. 영재성에 관한 정의는 우리가 어떻게 영재를 개념화하느냐에 따라 영재의 판별이 결정되고, 또 그 아동들을 대상으로 교육이 행해지기 때문에 매우 중요하다. 옷의 첫 단추를 잘못 끼우는 것같이, 영재의 정의가 잘못 개념화되면 영재판별이 제대로 이루어지지 않고, 따라서 영재교육의 효과는 극대화될 수 없고 문제는 꼬리에 꼬리를 물고 그 심각성을 더해 가기 때문이다(강갑원 외, 2008).

보편적으로 수용되는 '영재', '재능', '영재성'에 관한 합의된 정의가 없이 전문가들조차도 이러한 용어들을 일관성 없게 사용하는 경우가 많다. Cox는 영재라는 용어 대신에 '유능한 학습자'라는 용어를 선호했고 Renzulli는 '영재행동'이라는 말을 제안했다. Renzulli의 세 고리 모형이론에서 영재는 평균 이상의 일반 혹은 특수 능력, 높은 과제 집착력(동기), 높은 창의성을 지니고 있는 사람이라고 되어 있다. Stankowski의 영재성 정의 범주에는 수행 결과에 따른 정의, IQ 정의, 퍼센트 정의, 재능 정의, 창의성 정의가 포함된다. Gagné는 영재성을 선천적 능력으로, 재능을 학습된 능력으로 정의하여 동기와 같은 개인적 요인과 가정과 교사의 환경적 요인이 재능계발에 영향을 미친다고 하였다. Tannenbaum은 영재를 사고를 창의적으로 하는 사람, 어떤 형상물을 창의적으로 만들어 내는 사람, 무대에서 예술적 재능을 창의적으로 표현하는 사람, 자신의 직무를 창의적으로 수행하는 사람으로 분류하였다.

Gardner는 인간의 능력을 단일한 IQ를 사용해서 평가하는 것을 비판하면서 이러한 평가의 대안으로 언어지능, 논리-수학 지능, 공간지능, 신체-운동지능, 음악적 지능, 대인관계 지능, 내성지능, 자연관찰 지능, 실존지능과 같은 9가지의 다중 지능(Multiple Intelligence)을 제안하였다. 최근 미국 등지에서는 'MI 학급'이 많이 출현하고 있는데, 여기에서는 개인이 지닌 각각의 모든 지능에 가치를 부여하고 개개인의 뛰어난 지능에 적합한 사고기술과 정보를 가르친다(김청자, 2009).

한편, 일부 연구자들은 정서적 영재성의 개념을 제안한다. 정서지능이란 존재와 인간의 의미에 유달리 관심이 많고 타인을 더 많이 사랑하고 배려하는 것과 관련된다. 또 어떤 연구자는 정서지능을 정서적 충동을 통제하고 타인의 감정을 이해하며 타인과의 관계를 잘 유지할 수 있는 능력으로 보았다. Sternberg의 삼원지능 이론은 지적 영재성의 세 가지 범주, 즉, 분석적, 종합적, 실제적 영재성을 강조하였다. 그는 최근 타인의 요구와 복지에 대한 관심이라고 할 수 있는 '지혜'를 그의 실제적 영재성의 하위요인으로 첨가하였다. 영재성에 대한 Sternberg의 암시적 이론에 따르면 수월성, 희귀성, 생산성, 입증가능성, 가치 등을 보여주는 행동을 하는 사람을 영재라고 한다.

Ritchart(2001)는 지적 특성에는 창의적 사고성향, 반성적 사고성향, 비판적 사고성향을 포함시켜야 한다고 주장하였다. 그는 영재교육이라는 용어를 재능계발이라는 용어로 대체할 것을 주장한다. 재능계발이라는 용어를 사용함으로써 다양한 방법을 활용한 판별의 필요성을 제기하고 모든 학생들을 위한 프로그램이 개발되어야 할 것을 의미한다.

영재에 대한 일부 정의는 조작적으로 정의되어서 판별의 지침이 되기도 한다. 학생들의 능력을 정상분포 곡선으로 나타낼 때, 오른쪽 상위 3% 이내의 능력이 뛰어난 학생들은 일상적인 교수활동 이상의 특별한 교육 프로그램이 요구되는 학생들이다. 1972년에 내려진 미국 교육부의 영재에 대한 정의에는 영재성과 재능이 있는 아동이란 취학전, 초·중등학교 수준에서 지적, 창의적, 특정 학문 영역, 지도성 등의 영역에서 수행능력이나 시각예술 등에 있어서 높은 능력을 보이는 외현적 능력이나 잠재적 능력을 소유하고 있는 아동이라고 하였다. 이들의 일반지능, 특수한 학업적성, 창의적 혹은 생산적 사고, 리더십, 시각 및 공연예술, 심리 운동 능력은 일반적인 학교에서 제공하는 평범한 지원과 활동 이상의 것이 요구된다. 이 정의는 영재와 재능아들에게는 '일반아들에게 제공되는 프로그램과는 차별되는 교육 프로그램과 서비스'가 필요하다는 것을 인정함에 따라 영재 프로그램의 개발을 정당화했다. 또한 이 정의는 영재교육 프로그램의 두 가지 기본적 목적, 즉 영재와 재능아들이 그들의 높은 잠재력을 계발할 수 있도록 도움을 준다는 것과 창의적 지도자와 문제해결자를 전문적으로 교육시켜 사회에 공급하는데 있다.

또한 Terman은 교사 추천과 IQ 검사 점수로 영재학생 1, 500명을 판별하여, 종단연구를 실시한 결과 영재학생들이 학문적으로 우수하다는 점 이외에 다음과 같은 특성을 보인다고 주장한다.

① 연령에 따른 자신의 역할에 잘 적응한다.
② 매우 뛰어난 성취수준을 보이고 보다 쉽게 학습한다.
③ 많은 취미생활을 즐긴다.
④ 많은 책을 즐겨 읽는다.
⑤ 신체적으로 매우 건강하다.

이렇듯 수많은 학자들에 의해 다르게 정의되고 있는 영재의 개념이 주장되고 있으나 최근 일반적으로 영재교육에 받아들여지고 있는 미국의 국가영재센터를 운영하고 있는 학자인 Renzulli가 제안한 세 고리 모형에서의 정의와 한국의 영재교육 진흥법에서의 정의를 대표적으로 살펴보기로 하겠다.

1) Renzulli의 세 고리 모형

사회에 공헌하는 창의적, 생산적 사람이나 위인들에 대한 기술을 바탕으로 Renzulli(1986, Renzulli & Reis, 1991)는 "영재 행동이란 평균 이상의 일반 혹은 특수 능력, 높은 과제 집착력(동기), 높은 창의성과 같은 세 가지 기본적인 인간 특성의 상호작용으로 나타난다. 영재아와 재능아는 이러한 특성들을 소유하고 있거나 장차 발달시킬 가능성이 있는 아동으로서 인간이 수행하는 잠재적으로 가치있는 분야에 이러한 특성들을 적용하는 아동이다"라고 하였다.

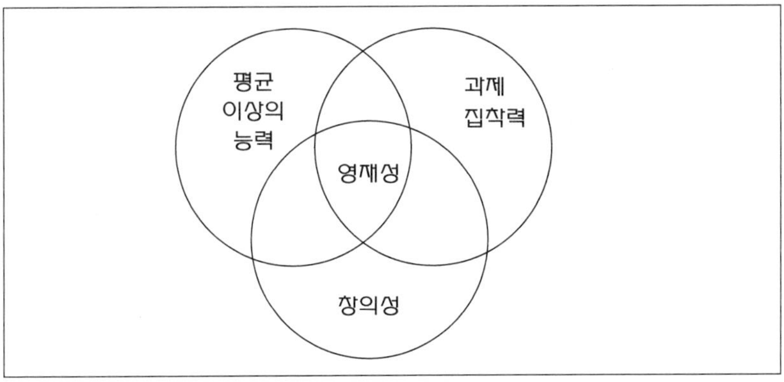

[그림 9-1] Renzulli의 세 고리 모형

평균 이상의 능력에는 일반능력과 특수능력이 포함되는데 일반능력이란 추상적 사고, 언어 및 추리력, 공간관계, 지각력, 기억력, 어휘력, 언어유창성, 외부 환경에 대한 적응력, 새로운 환경의 조성능력이 있으며 특수능력에는 하나 이상의 전문영역의 지식 또는 수행영역을 조합하여 활용하는 방법 등이 포함된다. 과제집착력이란 과제해결에 대한 열의 또는 과제에 대한 긍정적 태도를 뜻하며, 창의성은 사고의 유창성, 융통성, 독창성, 경험의 개방성, 상이함과 새로움에 대한 수용, 호기심, 사려성, 모험심, 정신의 유머감각, 의지력 등을 포함한다. 이러한 세 가지가 일반 영역과 특수한 수행 영역에서 결합될 때 영재 행동이 유발될 수 있다고 본다.

2) 우리나라 영재교육진흥법

우리나라의 영재교육진흥법 제2조 1항에 의하면 '영재는 재능이 뛰어난 사람으로서 타고난 잠재력을 계발하기 위하여 특별한 교육을 필요로 하는 자'를 말한다. 제5조 1항에서는 '영재교육대상자는 일반지능, 특수학문적성, 창의적 사고능력, 예술적 재능, 신체적 재능, 기타 특별한 재능이 있는 자'를 말한다.

영재와 유사하거나 관련이 있는 용어들의 의미를 살펴보면 다음과 같다.

첫째, 영재아(gifted)를 특수아의 한 범주에 넣는다면 학문적 우수아(academically talented)로 간주하는 경향이 있다. 고도의 영재(highly gifted)란 IQ가 160~170 이상으로 인구 중에 0.03% 미만의 아동이 이 그룹에 속한다.

둘째, 재능아(talented)는 영재아와 동의어로 쓰이고 있어 예술적 영재아 또는 예술적인 재능을 모두 포함하는 광의의 의미다. Gardner는 재능아는 문화와 시대의 변천에 따라 다르고 영재의 한 개념 속에 포함된다고 할 수 있으며 대인관계가 뛰어나거나 대화에 능숙한 것도 재능의 하나가 될 수가 있다고 하였다.

셋째, 조숙아(precocious child)는 나이에 비해서 기대 이상으로 역량을 보이는 아동으로 조기에 재능이 비상하게 싹트는 아동을 말하며 인지적인 면과 예술 등의 영역에서 조숙한 현상을 보이는 아동이 있다.

넷째, 신동(prodigy)은 10세 이전에 특별한 영역에서의 능력이 어른 수준에 이른 경우를 말한다.

다섯째, 천재(genius)는 어떤 영역에서 극단적으로 고도의 수준에서 능력을 발휘한 사람을 말하며, Webster 사전에는 대개 IQ 140이나 그 이상의 지능의 지능지수를 가진 사람 또는 탁월한 정신적 우수성, 창의성과 능력을 부여받은 사람을 말한다.

따라서 영재는 능력이 뛰어난 사람을 말하는데 지적 능력, 사회적으로 가치가 있는 여러 가지 능력, 과제 집착력, 자존심, 창의성 등과 같은 비지적 요소가 중요하며 영재성이 계발되어 특수재능으로 발현된다. 그리하여 영재란 특정한 분야에서 뛰어난 능력을 보이거나 탁월한 재능을 나타내는 사람을 말한다.

2. 영재아의 특성

영재들은 신장, 외모, 인지능력, 언어능력, 흥미, 학습 양식, 동기, 성격, 정신 건강과 자아개념, 습관과 행동, 생활 배경과 경험, 그리고 기타 여러 가지 측면에서 일반아동과 어떻게 다른지에 대하여 또는 그들의 다양한 교육적 요구에 대하여 학자들이 많은 관심을 가지고 있다.

여기서는 Terman의 연구를 중심으로 영재의 특성에 대해 소개하고자 하는데 이것은 영재들의 일반적인 특성에 관한 것으로 여기서 설명되는 모든 특성들은 모든 영재나 재능아에게 해당되는 것은 아니다. 예를 들면, 지능이 아주 높은 영재들은 일반아동에 비해 정서적으로 더 민감하고 교우 관계에 더 많은 문제가 있다(Dauber& Benbow, 1990).

Terman의 연구 중에서 가장 많이 인용되는 것은 영재들이 일반아동에 비해 더 훌륭한 인물이 되었다는 것이 아니라 이들이 심리적 · 사회적으로 더 잘 적응하고 더 건강하다는 것이다. 지금으로부터 약 100여 년 전인 1895년에 Lombroso는 "천재들은 점차 퇴화되는 조짐을 보이고 있는데 그 대표적인 특징으로는 어눌한 말씨, 작은 키, 쇠약한 몸, 창백한 얼굴색, 구루병, 대머리, 기억 상실, 불임, 심각한 두뇌 퇴화(특히 좌뇌) 등을 보인다"라고 주장하였다. 그러나 Terman의 연구는 영재가 나약하고 매력이 없으며 정서적으로 불안정하다는 Lombroso의 주장을 일축하면서 영재는 아동기에서부터 다양한 환경에 잘 적응하고 정서적으로 안정되어 있을 뿐만 아니라 자아존중감이 높고 직업 세계에서 성공 경험을 많이 한다(Terman & Oden, 1947; Sears, 1979)고 하였다. Terman과 Oden(1947)은 영재의 특성을 다음과 같이 요약하고 있다.

> 영재들의 신체적 조건은 일반아동들보다 약간 더 좋다. 지적인 면에서 영재들은 일반아동들보다 언어 사용, 수 추리, 문학과 예술 등에서는 우수하지만 산수 계산, 철자 쓰기, 역사와 사회교과의 사실적 정보 기억은 그렇게 우수하지 않다. 영재들은 다양한 흥미를 갖고 있으며 매우 자발적이다. 그들은 일반아동들보다 읽는법을 더 쉽게 배우고 더 많은 책을 읽는다. 동시에 그들은 수집하는 것을 좋아하고 취미가 다양하며 놀이와 게임에 관해서도 많은 지식을 갖고 있다.
>
> 영재들은 자신의 지식을 자랑하거나 과장하는 경향이 적다. 그들은 자제력이 강하고 사회적인 태도가 아주 건전하며 정서적 안정성 검사에서도 높은 점수를 받았다.

이처럼 영재들이 신체 및 정서적인 측면에서 건강하고 안정되어 있는 것으로 주장하는 Terman의 연구는 오랫동안 영재들을 이해하는 중요한 잣대가 되었으나 최근의 영재교육 연구자들은 영재성의 정의가 다양한 것만큼이나 영재들의 특성도 다양하다고 주장한다.

영재아 판별

제 10 장

제 1 절　유아 영재판별

제 2 절　청소년 영재판별

제 3 절　영재판별 프로그램

영재교육에 선행되어 이루어져야 할 중요한 작업 가운데 하나가 영재아를 판별하는 것이다. 타당성 있고 신뢰로운 판단 근거나 도구를 개발하여 영재판별을 실시하는 것은 영재교육에 있어 무엇보다도 시급한 과제다. Borich와 Tombari(1995)는 영재의 판별 기준을 지능, 성취수준, 창의성, 과제 지속성의 4가지로 구분하여, 확정적이라기보다는 융통적인 판별 방법을 제시한다.

첫째, 지능의 정상분포에서 상위 2～3%에 해당되는, 즉 지능지수 130 이상이 되면 영재교육 프로그램을 받을 수 있는 능력이 있다고 판단한다(Dembo, 1981). 그러나 지능지수 130이라는 기준만으로는 충분치 않으며 다른 준거를 함께 고려해야 한다.

둘째, 성취수준은 백분위수에 기준을 두어 판단하지만 이것은 각 교과 영역마다 달리 결정된다. 흔히 기준 백분위는 정답률이 90% 이상일 때 영재 수업을 받을 능력이 있는 것으로 간주한다.

셋째, 창의성과 관련하여 추상적인 원리를 문제해결에 적용하고, 호기심과 질문이 많으며, 비범한 반응을 보이고, 풍부한 상상력을 지니고 있으며, 중요한 사건과 그렇지 않은 사건을 잘 변별하고, 서로 다른 목적들 간의 관계성을 정확하게 탐구하는 등의 행동특성이 관찰될 때 담임교사나 학부모 등 학생 주변의 교육관계자의 추천으로 판단한다.

넷째, 영재성은 높은 수준의 과제 지속성에 대한 존재 유무로 판단할 수 있는데, 구체적인 내용은 학습에 대해 조직화된 접근을 고안하는 능력, 세부적인 것에 집중하는 능력, 스스로 부과한 높은 성취 기준, 자신의 목적을 성취하려는 지속성, 자기의 수행을 평가하려는 의지와 능력, 책임감, 학문적 과제에 대한 높은 열정 등을 포함한다.

이러한 판별의 과정은 객관적 평가자료와 주관적 평가자료를 모두 포괄하며, 다음과 같은 순서로 진행되는 것이 일반적이다.

- 제1단계 : 교사, 학부모, 친구 또는 자기 자신에 의한 추천
- 제2단계 : 지능검사, 성취도검사, 창의성검사, 인성검사 등의 표준화검사의 실시
- 제3단계 : 실험 실습, 연주 등의 수행검사
- 제4단계 : 교육 프로그램에 배치하여 관찰 과정을 거치면서 점차적으로 영재성이 나타나는 경향 관찰

제 1 절 유아 영재판별

대부분의 어린 영재 유아들은 주목받지 못하고 있는데 이는 유아들이 영재성을 알아보는 교사가 없는 사설 어린이집이나 보육센터, 가정에 산재해 있기 때문이다. 또한 많은 전문가들은 유아들이 어려서 나타내는 징후들이 매우 불안정적이어서 이러한 징후들이 커서도 계속 나타날 것인가에 대하여 매우 회의적으로 생각하고 있는 것이다. 이러한 상황 때문에 우리는 가능성이 있는 유능한 유아들을 교육시키거나 — 특히 어려운 환경에 있는 유아의 경우 — 확인할 수 있는 소중한 기회를 놓치는 것이다.

우리는 출생에서 7세까지의 유아들의 영재성에 대하여 대체로 어떤 분야에서든지 간에 의미심장하게 탁월한 능력을 보여주는 유아를 영재유아로 간주한다. 또한 또래 유아보다 훨씬 빠르게 발달하는 유아도 포함시킬 수 있다.

유아영재 판별 근거는 다음과 같은 연구에서 제시된다.

1. 탁월한 성취를 이룬 사람들의 유아기

영재유아와 관련된 초기의 연구로는 저명한 성인의 유아기 시절을 회고해 보는 연구들이 있다. 이러한 전기문 형식의 연구는 가족에 대한 부정적인 관점을 가진 사람이나 매우 긍정적으로 생각하는 사람들을 광범위하게 조사하여 요약한 것에 의하여 이루어진다.

명백하게 그들은 유아기적에 조숙하였으며 가족으로부터 지지와 격려를 받았다. 많은 영재유아 가정에서 일반적인 교육과정의 학교를 모두 다닌 것은 아니었으며 종종 어릴 때부터 학교를 다니지 않는 경우도 있다. 어떤 가족들은 장기적인 안목으로 성공과 성취를 위한 탁월한 능력과 결부된 자기신뢰감, 독립심, 자기주도성, 창의성을 기를 수 있도록 해 주었다(Olszewski-Kubilius, Kulieke, & Buescher, 1987; Olszewski-Kubilius, 2003).

2. 영재성과 관련된 부모의 육아형태

재능있는 아동들의 유아기를 기술한 연구들에서 그들은 평범하지 않은 뛰어난 부분이 존재하는 특별한 프로파일을 갖고 있었다.

Gross(1993, 2004)는 8세 이하에 영재아로 판명된 호주의 아동들에 관한 종단 연구를 실시하였다. 이 아동들은 일찍 걷고, 말하기와 읽기를 시작하였었다. 영재아동들의 유아기는 좀 더 나은 환경의 가정과 연관되는 경향이 있다. 그들의 부모는 읽기, 놀기, 리듬타기, 노래하기, 흥미 있는 곳에 견학가기와 같은 중요하고 결정적인 활동들을 하는데 유아들과 많은 시간을 보낸다.

재능있는 아동에 대한 세 편의 종단연구에서 가정에서 인격적이고 효과적인 지원이 중요하다는 것을 지적하였다. Robinson, Lanzi, Weinberg, Ramey와 Ramey(2002)는 헤드스타트에 참여한 저소득 계층의 유아들을 대상으로 3학년 5000명을 조사한 결과 학업적 성취가 상위 3% 이내에 드는 아동들은 부모의 교육 정도가 높았으며 평균적인 빈곤수준을 벗어난 정도였지만 수입이 높은 경향이며, 자녀들의 수가 적었고, 아동중심의 양육태도를 지녔으며, 아동들의 학교에 관심이 많았다. 이러한 경향은 학년이 높을수록 그 효과가 더욱 커졌다.

8세에 영재아로 판명된 20명의 아이들을 포함한 107명의 캘리포니아 중류층 집단을 대상으로 초기 유아기의 환경 조사 결과에서 다른 일반아 집단과 영재아 집단 간에 사회적 계층, 부모의 교육 정도, 직업지위에 있어 차이가 있었으며, 양육태도도 차이가 나타났다. 예를 들어, 3세의 경우 장난감, 게임, 다양한 물체, 언어적 자극, 자존감, 애정, 따뜻함, 학습과 관련된 경험 등이 이루어졌다. 또한 부모의 관심, 가족참여, 활동자극, 부모의 책임성에 있어서도 차이가 있었다.

3. 조기의 발견

영재아 부모들을 대상으로 조사한 연구들은 영재 부모가 자녀가 다른 아이들보다 조숙하거나 어떤 특정분야의 기술이 빠르게 발달한다는 것을 잘 발견해냈다는 점을 밝혀 냈다.

몇 가지의 검사도구가 영재 부모들을 위하여 고안되어져 점점 더 근거 있는 도구로 발전되어 오고 있다. 그러나 대부분의 그러한 도구들은 영재에 관하여 지식이 많고 비교적 학력이 높은 부모들에게 사용되어져 왔다. 이 가운데 하나는 학령전 아동이나 유치원 아동인 6세 이상을 위한 도구로 교사용 척도인 WISC-IV 검사의 표준화를 위한 샘플집단 점수와 비교하여 타당도를 인정받았다.

Washington 대학교의 Robinson 센터에서 아이들을 데리고 방송국 초대에 응해준 부모들의 유아를 대상으로 아동 발달의 표준화된 검사지의 평가와 함께 부모의 자필보고서가 수집되었다. 예를 들면, 첫 번째 연구대상의 반 이상이 IQ가 132 이상이었으나 다른 대상자들은 특정영역에서의 조숙성이 꼭 IQ와 상관있는 것은 아니었다. 두 번째 연구에서 엄마들의 보고서에 의하면 걸음마기 아기들이 사용했던 언어는 2개월 뒤에 나타나는 언어들과 상관이 높았다. 세 번째 연구에서 반 이상이 논리 · 수학적 사고 점수 중 한 가지 점수 이상이 상위 2% 안에 들었으며 부모의 체크리스트와 아동들의 검사 점수 사이에 상당한 상관이 있는 것으로 나타났다. 이러한 발견들은 부모의 추천 방법이 영재 유아를 발견하는데 타당성이 있으며 또한 표준화된 측정도구는 매일 그들과 지내고 있는 양육자들에 의해서 보여지는 영재 행동을 측정하는데 매우 유용하다는 것을 알 수 있다.

Wechsler Preschool and Primary Scale of Intelligence 평가척도 또한 유아의 능력을 객관적으로 측정하는 방법이다. 이미 언급했듯이 평가척도는 평균 이상의 교육을 받은 부모들에 의하여 사용되어져 왔으며 이러한 연구에서 나타난 긍정적인 결과들이 완벽한 증거로 받아들여지기는 어려운 실정이다. 나이든 아동들과 마찬가지로 다양한 경로를 통한 판단이 하나의 정보보다 정확할 것이며, 이것은 특히 육아 경험이 미숙하거나 완전한 평가를 할 수 없는 부모들의 자녀나, 자신의 아이가 영재아로 판별되는 것을 좋아하지 않거나, 영어로 읽고 쓸 수 있는 소양이 없는 부모들의 아이들에게도 영재성이 나타난다는 점에서 중요하다. 사실, 영재아를 발견하는데 있어서 심리측정적 도구는 매우 유력한 판별도구로 활용되고 있다(Robinson, 2005).

4. 일반적인 또는 특수한 능력의 안정성

일반아의 경우 조기의 발달적 평가는 매우 안정적이지 못하며 생애의 초기에 특별한 인지적 능력을 갖는 유아를 발견해 내기란 어떤 면에서 성공적이지 못할 수도 있다. 앞서 제시되었던 부모-영재 발견 연구들에서는 학업적인 측면에서 지능과 특별한 능력이 있는 것 외에도 능력이 증가하는 속도가 또래의 유아보다 우위를 차지하는 것도 포함된다.

높은 지능을 갖는 것으로 선택된 2~5세 유아들을 대상으로 1~4년 뒤에 다시 지능검사를 측정했을 경우 .59~.75의 상관을 나타내는 것으로 밝혀졌다. 일반아를 포함한 전체 대상 유아들의 지능 평균점수는 같은 기간 동안에 거의 증가하지 않았다(Robinson & Robinson, 1992). 또한 유치원이나 유아원의 276명의 수학적 조숙아를 2년 동안 조사한 결과 또래와 비교했을 때 대부분의 하위 검사항목(수학, 언어, 시·공간, 추론과 기억)에서 의미 있는 차이를 보였다. 이러한 것은 Mattew effect(빈익빈 부익부)를 나타낸 것이라고 볼 수 있다(Robinson, Abbott, Berninger, Busse, & Mukhopadhyay, 1997).

Nancy Jackson(1992)은 1학년 이전에 읽기를 잘하는 아동들을 대상으로 연구를 실행한 결과 어떤 아이들은 매우 영리한 아이들이었지만, 어떤 아이들은 보통 수준의 아이들이었다(Jackson, 1992). Jackson은 초기에 읽기를 하는 유아들은 계속 읽기능력에 있어 뛰어났으며, 그들이 초기에 익혔던 어휘들이 이후에는 좀 더 성공적인 읽기 수행에 도움을 주는 방향으로 변화한다고 하였다. 최근의 사례연구(Stainpthorp & Hughes, 2004)가 그러한 점을 설명해 준다.

양육자들에 의한 판단 없이 어린 유아들의 발달측정 점수에 의거한 영재성 판별은 그렇게 확고하게 유지되지는 않는 경향이었다. Willerman과 Fiedler(1974)는 8개월 때 Bayley 검사에 의해 IQ 140 이상으로 판명된 유아들을 포함하여 일반아동과 함께 4세 때 다시 검사를 실시하였는데 영재아들의 점수와 일반아동의 점수에 있어 의미 있는 차이가 나타나지는 않았다. 이런 결과는 7세 때 유아들을 대상으로 다시 실시하였을 때에도 마찬가지로 나타났다. 오히려 그들의 평균 IQ는 120 수준으로 낮아지는 경향이었다(Willweman & Fiedler, 1977).

5. 인지능력이 가속화되는 시기

결정적으로 이러한 연구들을 위해서는 영재유아들과 비교하여 일반적인 또래 유아들의 생활연령(CA)과 정신연령(MA)에 있어 어떠한 차이가 있는지를 살펴보아야 한다. Kanevsky(1992)는 영재 5세아는 7세 일반아와 비슷한 수준에서 문제를 해결하였으나 그들의 행동(예, 도움거부)은 영재 7세 유아와 더 유사했다. 다른 연구자들도 이러한 메타 인지기술에 대한 연구 결과에 동의하고 있다(Moss, 1990, 1992; Moss & Strayer, 1990).

McClalland(1982)는 높은 수준의 스탠포드-비네 IQ를 가진 학령전 유아들은 좀더 많은 언어문제를 풀었으나 MA 수준이 비슷한 더 나이든 아동의 수행 문제(performance problem)수준에는 미치지 못하는 것으로 나타났다.

Piaget의 이론에 초점을 맞춘 연구들이 활발했던 1970년대와 1980년대의 소규모 연구들은(Spitz, 1985; Tannenbaum, 1992) 똑똑한 학령전기 아동들의 나이에서 일어나는 구체적 조작기 단계를 관찰하였다. 6, 7세에 가능한 과제들은 아무리 똑똑한 4세아라도 해결할 수 없었다(Moore, Nelson-piercy, Abel, & Frye, 1984). 하지만 똑똑한 5세 유아는 그 과제를 성공적으로 수행하였다(DeVries, 1974). 그들이 어떤 사고를 습득하려면 몇 번의 연습만 하면 가능하며(Porath, 1992), 그러한 사고를 더 이상 누구의 도움 없이도 일반화시키게 된다. Loewen(2006)의 연구는 그러한 추론의 수준이 가변성 있는 적응적 수준이라는 쪽으로 다시 주목받고 있다. 즉, 똑똑한 4세 유아는 성인의 개입을 통하여 정신능력 수준을 효과적으로 신장시킬 수 있다는 것이다.

6. 발달의 비동시성

유아 영재는 발달에 있어 각각의 영역이 다르게 발달하는 경향이 나타난다. 예를 들면, 인지적 발달은 정서적 통제와 운동기능보다 더 앞서서 발달한다. 이러한 현상은 영재성 연구의 초기부터 알려져 왔다(Hollingworth, 1931; Terman, 1931). 연령이 어릴수록 그 불일치는 더욱 크다고 할 수 있다(Silverman, 2002).

그러한 비동시성에 대한 일반적인 지식은 임상적 관찰에서 나왔지만(Silverman, 2002) 경험적으로 증명하는 연구도 있다. 예를 들어 걸음마기 언어조숙아는 Baley 척도에 따르면 운동기술 또한 발달하였다(Robinson et al., 1990, Gross, 2004)는 영재그룹의 전형으로 일찍 걷는 것을 제시한 적이 있다. 인지능력에 있어서도 수학 조숙아의 경우(Robinson et al., 1997) 그들은 수학 능력이 공간, 언어 능력 보다 뛰어났지만 공간, 언어 능력 역시 다른 또래의 일반아들보다는 높은 경향이었다.

7. 유치원 조기입학

조기 학교입학과 관련된 연구(Robinson, 2004)나 발달촉진에 관한 연구(Colangelo, Assouline, & Gross, 2004)들은 긍정적인 결과를 보여 준다. 조기입학은 가장 생산적인 속진 학습의 형태이며 가격도 저렴하고 학문적으로 앞선 아동들에 의하여 적절한 도전을 많이 제공받을 수 있다. 그렇지만 이러한 선택은 신중을 기해야 한다. 많은 발달 연구자들은 일반적인 유아들과 나이든 아동들의 발달상태를 조사하였으며 어린 유아들은 확실히 나이든 아동들에 비해 '미숙하다'고 결론지었다(Gagné & Gagnier, 2004; Maddux, 1983). 조기입학에 관한 사회-정서적 결과에 관한 논문들은(Rankin & Vialle, 1996; Robinson, 2004) 학업적인 면에서는 매우 긍정적인 것에 동의하지만, 아이들의 사회-정서적인 면에 있어서는 매우 약하게 증진하며 극적으로 좋아지는 것은 아니었다고 밝히고 있다.

아직은 영재 유아에 대한 확실한 지식이 매우 부족하여 이들에 대해 더욱더 많은 연구가 있어야 한다. 영재유아들은 또래 일반 유아와 의미심장한 차이를 가지고 있으며 이러한 현상은 성장하면서도 어느 정도 안정성이 있다고 볼 수 있다. 집에서 그들의 부모는 일반 유아들에게 하는 행동과는 다르게 행동을 할 것이며, 영재유아들은 그들의 수준에 적절한 교육을 제공받기 위해 학교에 조기입학하는 것에 대한 전망이 제공되어져야 할 것이다.

제 2 절 청소년 영재판별

청소년 영재 및 재능아를 판별하는 전략이나 방침에 관한 노력은 계속되고 있으나 Feldhusen Hoover, 그리고 Sayler(1990)의 말처럼 이상적인 판별 체제는 아직까지 개발되지 않았다. 논리적으로 영재를 판별하기 위하여 사용된 각종 검사, 성적, 산출물, 수행, 동기 등이 혼합되어 버리면 영재성을 판별하기 어려워진다. 예를 들어 어떤 프로그램에서는 몇 점 이상의 점수를 얻은 학생을 영재로 판별하지만 어떤 프로그램에서는 특정한 점수를 제시하지 않고 상위 3~5%의 학생들만을 선발한다.

Davidson은 다음과 같은 세 단계를 사용함으로써 진짜 영재가 판별과정에서 제외되지 않도록 설계하였다. 첫 번째 단계에서는 Renzulli의 '재능자원'의 개념(Renzulli & Reis, 1985a, 1991b)을 도입하여 약 15~20%의 학생을 선발한다. 두 번째 단계에서는 지능검사, 성취도 검사, 창의성 검사에서 상위 10% 이내의 점수를 받은 학생을 자동적으로 프로그램에 배치한다. 가장 중요한 세 번째 단계는 창의성, 비판적 사고, 문제해결 또는 동기에 관한 관찰을 근거한 부모와 교사의 지명과 같은 비형식적인 방식을 많이 사용할 것을 권고하였다.

이러한 세 단계 영재판별 방법에 대해 살펴보면 다음과 같다(이경화 외 역, 2005).

1. 지능검사

사실 모든 영재교육 프로그램은 지적인 영재에 관심이 있다. 아동 청소년을 영재로 판별하는 데 쓰일 수 있는 도구로는 개인용 지능검사, 특히 아동용 Wechsler 지능검사(WISC)와 Stanford-Binet 지능검사 등이 있다.

2. 성취도 검사

특수 학문적 재능은 영재성의 중요한 범주다. 학문적 재능을 잴 수 있는 우수한 검사로는 아이오와 기초기술검사(Iowa Test of Basic Skills), 스탠포드 성취도 검사(Stanford Achievement Tests), 메트로폴리탄 성취검사(Meteropolitan Achievement Tests), SRA 성취도 시리즈(SRA Achievement Series), 캘리포니아 기초기술검사(California Test of Basic Skills), 그리고 STEP(Sequential Test of Educational Progress) 등과 같은 표준화된 성취도 검사들이 있다.

표준화된 검사들은 전국적인 수준의 규준에 근거해서 점수를 산출한다. 따라서 이러한 검사들은 교사들이 전국적인 규준에 비추어볼 때 자신이 가르치고 있는 학생들

중에서 영재교육 프로그램에 참가할 수 있을 만큼의 재능과 잠재력을 가진 학생들이 어느 정도 되는지를 파악하는 데 도움을 줄 수 있다.

3. 창의성 검사

창의성이 무엇인지에 대해 잘 알고 있는 교사는 창의적인 학생과 그렇지 않은 학생을 쉽게 구별할 수 있을 것이다. 창의성 검사는 학생들의 창의성에 대한 교사의 의구심을 확인하고 여러 교실을 직접 관찰하지 않고도 독특한 재능이 있는 창의적인 학생을 판별하는 데에도 사용될 수 있다.

창의성 검사에는 확산적 사고력 검사와 성격 및 전기적 특성 검사가 있다(Davis, 1989b, 1993). 확산적 사고력 검사는 학생들에게 특정한 사물의 특이한 용도에 대한 목록을 적게 하거나 하나의 대상이나 사건에 대해 가능한 한 많이 질문하는 것과 같이 개방형 문제를 통해 측정된다. 확산적 사고 검사는 관념적 유창성(산출된 아이디어의 수), 독창성(아이디어의 독특성) 등에 의해 점수화된다.

4. 교사지명

교사지명(teacher nomination)은 "우리가 새로운 영재교육 프로그램을 시작하려고 하는데 여기에 참여시키고 싶은 아이를 한두 명 정도 추천해 주세요!"와 같이 비형식적일 수도 있고, 객관적으로 점수화할 수 있는 평정 양식이나 체크리스트를 사용하는 것과 같이 형식적인 것일 수도 있다. 교사지명법은 아직 약간의 문제점이 있지만 가장 일반적인 판별방법 중 하나다.

5. 부모지명

아이들에 대해서는 그들의 부모가 가장 잘 안다. 예를 들어, 어떤 아이가 두 살 때 문장으로 말을 했고, 네 살 때 혼자서 글을 읽었으며, 다섯 살 때 태양계를 그렸으며 작곡을 하거나 창의적인 예술작품을 만들었다는 사실은 그 아이의 부모만이 알 것이다.

6. 또래지명

현재 미국에서 진행되고 있는 영재 프로그램들 중 약 25% 정도가 또래지명법을 사용하고 있을 정도로 또래들은 영재 급우를 정확히 지명할 수 있다(Cox, Daniel & Boston, 1985). 아이들은 또래와 특별한 관계를 가지고 있기 때문에 누가 어떤지에 대해 잘 파악한다. 이것은 아이들이 오랫동안 어떤 친구가 수학 문제를 가장 빨리 풀고 제일 잘 읽고 어려운 질문에 가장 정확한 대답을 하는지를 보아왔기 때문이다.

7. 자기지명

만일 어떤 학생이 자기를 최선의 선택이라고 생각한다면 또래지명 양식을 자기지명 양식으로 사용할 수도 있다. 어떤 학생들은 예술적 재능이나 창의성 혹은 과학적 재능이 있으면서 영재교육 프로그램에 참여하고 싶어하지만 지명을 받지 못하는 경우가 있다. 교사는 그런 학생들의 재능이나 창의성 또는 높은 성취동기를 알아채지 못할 수도 있기 때문이다.

8. 산출물 평가

학생이 이미 수행했거나 수행하고 있는 과제의 질은 학문적, 예술적, 창의적 또는 과학적 재능의 좋은 지표다. 교사들은 학생의 시, 과학, 전기, 혹은 컴퓨터 프로젝트, 연기력, 사진, 색다른 취미 등의 산출물을 통해 재능의 질적인 평가를 할 기회가 있을 것이다. 그러한 정보들은 전반적인 판별 과정에 매우 유용하게 사용될 수 있다.

〈고지능 영재〉

일반적으로 영재란 지능검사에서 표준편차 3 이상의 범위에 드는(IQ 135 이상) 영재아들을 말한다. 이 집단은 다시 뛰어난 영재(IQ 160~179)와 고지능 영재(IQ 180 이상)로 구분할 수 있다.

이러한 용어의 사용이 단지 이름붙이기의 문제로만 여겨져서는 안 된다. 지적장애 또는 청각장애아의 교사는 장애를 경도, 중도, 고도로 분류하고 상태의 수준에 따라 교육자가 반응하는 수준도 구분하는 것을 매우 중요하게 여긴다. 영재아도 역시 그들 연령의 표준범위에서 벗어난 비정상아의 범주이며 그들에게 적절한 학습 환경을 제공하기 위한 교육과정의 분화가 요구된다. 고도의 영재학생들은 일반아를 위해 제시된 교육과정과 비교할 때 속도, 수준, 복잡성에 있어서 차이가 있어야 할 것이다.

영재아 중에서도 그들의 학습능력이 매우 뛰어난 학생들을 볼 수 있다. Goldstein, Stocking과 Godfrey(1999)는 지능지수가 상위 1%에 해당하는 학생들 (135에서 200)의 지능지수는 표준범위의 98%이고, 표준편차 2의 범위 내에 해당하는 점수의 차이(IQ 64~IQ 132)만큼 넓게 분포되어 있다는 것을 지적하였다. 지적 능력으로 보았을 때, IQ 190 이상의 뛰어난 영재들은 같은 영재반의 IQ 130의 아동과는 다른 프로그램을 필요로 하는 것이 당연하며 이는 IQ 70인 아동에게 일반아들과 다른 장애인 프로그램을 사용하는 것과 같은 이치다.

♣ 말하기 읽기 활동

교사는 입학 초기에 아동의 읽기에 관한 발달 정도를 살펴보아야 한다. 어떤 부모들은 이러한 능력을 부모가 가르친 것이라고 생각할까봐 특별히 그러한 것을 교사에게 이야기하기를 꺼려할 수도 있다(Gross, 1993). 그렇지만 부모가 입학시점에서 유아의 읽기능력을 발달 정도에 대하여 교사와 솔직하게 이야기하는 것은 매우 중요하다. 교사는 유아의 읽기 발달 수준에 맞추어서 Individualized Educational Program(IEP)을 제공할 수 있고, 유아가 상급학년에서 읽기 수업을 들을 수 있도록 해줄 수도 있으며, 학교의 각 학년마다 두 개 이상의 반이 있다면 읽기능력이 발달한 학생들만 따로 집단을 구성하여 그들의 읽기 재능을 발달시키기 위한 수업을 다른 교사와 함께 시도해 볼 수 도 있다.

말하기와 읽기의 뛰어난 조기발달은 뚜렷한 고지능 영재 가능성의 징후다. 유치원 교사와 저학년의 교사들은 아동의 읽기능력에 주시하고 적절히 반응해야 하며 이후의 교사가 이러한 읽기 능력 발달을 촉진시킬 수 있도록 자세히 기록을 남기는 것도 중요한 것이다. 한편 교사는 언어능력 외에도 다른 재능이 있는지도 주의 깊게 살펴보아야 한다.

♣ 사회 · 정서적 발달

내성적인 성향의 고지능 영재아는 교사가 원하는 만큼 또래와 상호작용하지 못할 수도 있다. 교사는 그들을 "쌀쌀맞은" 또는 반사회적인 학생으로 잘못 생각할 수도 있다. 이러한 현상은 영재아의 경우 연상의 아이들과 더 잘 지내고, 평범한 집단보다는 소수가 밀접하게 연관되어 있는 그룹을 더 선호하는 것에서 나타난다. 교사와 부모는 영재아들이 그들의 우정에 관한 '알(노력)'을 한 바구니에 모두 담지 말라고 말하는 것을 피해야 한다. 그들에게는 마음과 생각을 나눌 수 있는 한두 명의 친구라도 사귀는 일이 매우 어려울 수도 있기 때문이다.

고지능 영재아의 독립적인 성향에 관한 몇몇 연구에서 대부분의 고지능 영재아는 능력수준이 비슷하지 않은 학습 집단 안에서는 꽤 까다롭고 부적절한 구성원일 수도 있다는 것을 제시한다.

♣ 교육계획에서 고려해야 할 점

* 고지능 영재아 지능의 범위는 매우 넓다. 각 수준의 영재아들은 적절하고 개별적인 교육 계획을 필요로 한다.
* 고지능 영재아들에게 있어 말하기와 읽기는 매우 초기에 발달한다. 대부분의 고지능 영재아들은 이미 읽기를 하면서 학교에 들어간다. 높은 학업적 능력과 다른 재능을 보이는 징후로써 읽기 능력은 공식적인 증거가 될 수 있다
* 고지능 영재아들이 종종 사회화에 어려움을 느끼는 이유를 두 가지로 나누어 볼 수 있는데 하나는 그들이 흥미와 능력을 함께 할 비슷한 또래를 발견하기 힘들기 때문이며, 다른 하나는 그들이 또래보다는 연상의 아이들과 함께 하기를 더 즐기기 때문이다. 고지능 영재아들이 속진이나 능력집단의 구성을 경험하게 되면 그들의 사회화 문제는 의미있게 정상화되거나 완전히 사라지기도 한다.
* 언어적 지능이 높은 영재들은 수학적 재능이 높은 영재아보다 사회적으로 거부될 가능성이 더 높다. 교사는 새 학년이나 입학 초기의 몇 주 동안 그들의 어휘력이 다른 아이들보다 뛰어난 아이들이 있는지를 잘 관찰해야 한다.
* 영재를 위한 속진제는 장기적인 삶에 미치는 영향 면에서도 매우 만족스러운 것으로 나타났다. 국가적 차원에서 속진제 과정을 제시하는 것(Colangelo, Assouline, & Gross, 2004)은 속진에 관한 다양하고도 개별적인 프로그램을 발전시키는데 기여했으며 급진적인 속진제는 고지능 영재아들에게 있어서 사회적으로나 학업적으로 긍정적인 효과를 나타내고 있다.

제 3 절 영재판별 프로그램

영재판별 움직임의 배경이 되는 철학은 개별적인 차이를 존중하는 심리학의 전통에

근거한다. 이러한 관점은 모든 학습자 사이의 공통점을 찾기보다는 개개인의 차별적인 능력을 파악하여 필요한 부분을 지원해 주는 방법을 지지한다(VanTassel-Baska, 1991). 영재판별에 관한 많은 연구의 수행은 개인적인 요구를 만족시키기 위한 목표달성 방법을 알리기 위해, 특히 적절한 교육적 제공 프로그램이나 영재판별 검사과정의 다양한 방면의 효과를 측정하기 위하여 설계되어진다.

영재판별이란 용어는 두 가지 의미로 사용된다. 일반적인 경우 “영재판별 도구”로써 특별히 고안된 평가방법을 의미하는 것이다. 이러한 접근은 상급학년의 아동을 측정하기 위해서 설계되는 표준화된 테스트를 능력이나 성취가 월등히 뛰어난 하급학년 아동을 대상으로 사용하는 것을 의미한다(Charlton, Marolf, & Stanley, 2002; Olszewski-Kubilius, 1998b). 상위수준 검사는 연상의 아동을 대상으로 만들어졌기 때문에 동 학년수준의 검사보다 더 어려운 항목들을 포함하고, 상위수준에 있어 더 넓은 범위의 측정이 가능하다. 다른 말로 상위수준 검사는 아동이 도달할 수 있는 좀 더 높은 범위의 수준을 정교하게 측정할 수 있다. 이러한 접근은 학년 레벨의 상위 3~5%에 해당하는 학생들에게 있어서 유용한 방법이다.

이러한 영재판별 도구로 사용되는 검사를 제공하는 것으로 같은 수준의 또래들보다 아동의 재능수준이 얼마나 어떻게 다른지를 확인하고자 하는 부모나 학교가 그들의 수준을 파악하도록 해 준다. 또한 부모나 교사가 잠재적으로 아동의 개별적인 교육적 필요성에 맞도록 교육과정 수정이 이루어지도록 결정할 수 있도록 해 준다.

영재판별 프로그램은 특별한 교육으로, 특히 하계 특별 프로그램은 여러 영재기관에 의해 운영되고 있다. 하계 프로그램은, 대략 3주의 집중적인 과정 동안, 고등학교, 대학수준의 과정과 유사한 과정을 운영하는 교육프로그램을 영재들이 경험할 수 있도록 하는 것이다. 유·초등 아동의 경우는 하계 교육 프로그램 보다 짧은 기간으로 하루 정도의 프로그램이나 또는 주말을 이용하는 것으로 학업적인 속진을 덜 강조하며 계발의 경향이 강한 쪽으로 진행된다.

1. 영재판별 심사기준

외국의 연구들에 의하면 4~6학년 학생들이 학년수준 검사에서 상위 5% 이내에 포함된 경우에 심사기준을 적용하는 연구들이 있다. 영재판별 검사에 있어, 이러한 학생들은 상급학년인 8~9 학년들을 대상으로 하는 Secondary School Admissions Test(SSAT), EXPLORE test와 같은 검사지를 사용하여 측정한다. 이러한 검사의 점수는 정상분포를 나타내고, 평균점수는 보통 이 검사지의 본래 대상인 상급학년 학생들의 평균 정도이거나 평균을 약간 넘는다(Lupkowski-Shoplik & Assouline, 1993; Lupkowski-Shoplik & Swiatek, 1999; Mills & Barnett, 1992).

비록 연구들이 이러한 근거를 영재들의 판별기준으로 제시하고는 있지만 실제적으로는 영재판별은 각각의 독립적인 심사기준에 맞추어 수행하고 있다. 각 주나 심지어 각 영재교육 기관마다 저마다의 방법으로 심사기준을 정하고 있기 때문에 영재판별을 원하는 학생들을 실제적으로 심사하는 통일된 기준을 결정하는 것은 불가능하다(Lupkowski-Shoplik, 2001). 비록 영재판별이 일반적으로 상위수준의 검사를 심사기준으로 인정하지만 심사목표는 가능성을 발견하는데 초점을 맞춘다. 따라서 허용할 수 있는 심사 조치는 매우 다양할 것이다.

심사기준도 지역에서 선택한 학년수준 검사에서 학생들이 얼마의 점수를 받았는지, 얼마나 많은 학생들이 지원을 하였으며 특정한 수준의 점수를 얻었는지 등과 같은 외부의 요인에 따라 매년 약간씩 변하는 실정이다. 그러한 비일괄적인 선발조치에 따라 매년 약간씩 다르게 진행되는 검사 기준에 관한 영재판별의 입학을 관리하는 노력의 일환으로 영재성 검사는 교육기간 중에도 정기적으로 재실시되어야 할 것이다.

2. 영재판별 참가자의 정서적 측면

영재판별이 청소년의 정서적 측면에 미치는 영향을 살펴보면 상위수준 검사를 이용한 심사가 정서적으로 부정적인 불안이나 긴장감을 유발하지는 않는 것으로 나타났다. Jarosewich과 Stocking(2003b)는 900명 이상의 영재판별 지원자들과 그들의 부모들 가운데 검사에 응하겠다고 답한 대상자들에 한해 그들의 경험을 조사하였고, 전반적으로 이러한 경험은 긍정적이었다. 학생과 부모는 학생이 "영재판별 검사"를 받는 동안의 감정에 대한 조사에서 긍정적인 느낌(예, 자존감, 자기확신, 흥미도, 현명함)에서 높은 반응을 보였고 부정적인 반응(예, 긴장감, 불안감, 걱정, 긴장, 좌절)에서는 낮은 반응을 보였다.

또 다른 연구에서는 EXPLORE 검사를 실시한 대상자들에게 실시한 정서반응질문에서 좌절감은 25% 미만이 반응하였다(Lupkowski-Shoplik, 2001). 이 연구는 모든 검사자들을 대상으로 실시한 것이었으므로 선택효과는 거의 없었다. 3학년은 1/3 정도가 좌절감에 대한 점수를 표시하였지만, 5학년의 1.6%, 6학년은 0%가 표시하여 학년이 올라갈수록 감소하는 추세였다. 학생의 학년 수준검사의 득점에 근거하여, 5, 6학년의 경우는 상위 5%에 해당하는 학생들이 상위수준 검사를 사용하여 영재판별 검사를 할 때 좌절감을 최소화할 수 있다고 제안하였다. 이러한 연구들을 통해서 영재판별 운영자들은 영재판별 지원자들의 사회적 · 정서적 안녕을 보호해 주어야 한다는 것을 보여 준다.

영재판별 지원자의 정서적 특징과 욕구에 관한 다른 연구들은 학생들의 만족도(Rogers, Schatz, & Dykstra, 2001), 자아개념(Plucker & Stocking, 2001; Swiatek, 2005), 학교에 대한 태도(Matthews & McBee, 2007)에 관하여 살펴보았다. 영재를 위한 다른 하계프로그램에서와 마찬가지로(Worrell, Szarko, & Gabeiko, 2001), 영재판별 교육 프로그램 참석자들은 이러한 사회적 기회가 프로그램의 학업적인 기여를 넘어서 정서적인 만족감을 느끼도록 한다고 보고하고 있다(Rogers et al., 2001). 하계 프로그램 참석자들은 영재판별 학생들은 하계 프로그램 상황이 아니고는 지적 또래를 만나는 기회가 거의 없다는 것을 생각해 볼 때 그들의 만족도가 높은 것은 당연한 사실이다(Barnett & Corazza, 1998). 많은 다른 연구들에 의하면 프로그램 참가자들은 그들의 정서적으로나 신체적으로 평균 이상의 건강함을 확인할 수 있었다(Parker, 1996; Matthews & McBee, 2007; Jarosewich & Stocking, 2003). 영재학생의 학업적 자기개념에 관한 Plucker와 Stocking(2001)의 연구에서는 그것이 일반적인 아이들처럼 영재아이들에게도 같은 방식으로 기능한다고 하였다.

영재아를 위한 학습방법

제 11 장

제 1 절 영재 교육과정의 구성

제 2 절 속진학습과 심화학습

제 3 절 정서학습과 리더십

제1절 영재 교육과정의 구성

1. 교육과정

영재 교육과정은 영재의 능력을 최대로 신장할 수 있도록 개발되어야 한다. 영재 교육과정이 기본적으로 갖추어야 할 특징적인 요소 및 원리를 몇 가지로 정리하면 다음과 같다(조석희 외, 1996).

1) 주제중심의 교육과정

사고 과정을 중시하긴 하지만 반드시 어떤 주제를 중심으로 교육과정을 구성함으로써 특정 사고 과정을 직접 적용할 수 있는 기회를 제공한다. 단편적인 지식을 머리속에 집어넣는 공부가 아니라, 한 가지 주제를 중심으로 다양한 활동을 함으로써 주제에 관하여 깊이 있게 이해하고 문제의 해결에 적용할 수 있는 수준까지 학습하도록 한다.

2) 과정중심의 교육과정

정보의 습득보다는 사고기술 및 과정의 발달을 강조하는 학습활동을 전개한다. 학습의 초점을 주로 질문과 문제에 두고, 이미 학습한 것을 토대로 사회적인 문제나 논쟁점에 관하여 분석하고 신랄하게 검토・비판하도록 한다. 이때 교사의 역할은 직접적인 감독보다는 보조자로서 학습에의 자극과 도전감을 느끼도록 하고, 학생들이 진리 탐구에 흥미를 갖도록 하는 것이다.

3) 활동중심의 교육과정

학습자들을 적극적으로 참여할 수 있게 하는 과제를 주 내용으로 삼아 학습 활동을 전개한다. 일반적으로 학습부진아는 구체물의 조작이 반드시 필요하지만, 영재들은 구체물이 없이 사고만으로도 충분히 흥미를 느낄 수 있다. 그러나 영재들도 구체물을 가지고 학습하고 활동중심으로 수업할 때 그 효과가 훨씬 큰 것으로 나타나고 있다. 따라서 가능한 한 교사의 일방적인 지시나 강의를 통한 수업보다는 학습자들이 적극적으로 참여할 수 있는 활동을 많이 포함하여야 한다.

4) 개방적인 교육과정

학년, 연령과 상관없이 높은 수준의 학습 내용에 접할 수 있도록 하며 학습자들이 형식에 얽매이지 않고, 다양하며 개인적인 반응을 할 수 있도록 허용하고, 그러한 반응을 존중해 주어야 한다. 이미 정해진 계획이라도 학생의 필요에 맞게 변경시킬 수 있을 만큼 융통성이 있어야 한다. 학습 내용의 수준이나 소재를 제한하지 않음으로써 충분한 도전감을 제공하고 창의적으로 문제를 해결하는 경험을 갖도록 한다.

5) 학습자의 자율적인 선택 중시

학습자는 기호, 욕구, 능력 등에서 개인차가 크므로 다양한 대안을 제공하여 다양한 흥미를 추구할 수 있도록 허용해야 한다. 왜냐하면 이런 흥미 추구과정에서 주어진 정규 교육과정의 학습을 더욱 적극적으로 해 나갈 수 있기 때문이다. 학생들이 스스로 선택한 주제나 소재가 교과와는 무관한 것처럼 보이는 경우라도 인정하며, 여러 사람의 합의에 의한 과제보다는 개인적으로 결정한 과제를 수행함으로써 더 큰 만족을 얻을 수 있게 한다.

2. 영재 지도방법

영재들을 효과적으로 지도하는 방법은 다음과 같다(Borich & Tombari, 1995).

1) 도전적인 문제의 제시

교사가 제시하는 도전적인 질문과 문제를 통해 영재학생들은 자신과 관련된 문제를 독립적으로 탐구할 수 있는 자유를 얻는다. 학생들은 탐구에 대한 책임감을 인식해야 하며, 학생들에게 자신이 추구하는 방향에 관련된 추가적인 참고문헌과 자료를 사용하기 위해 교사의 지원, 격려, 활용의 필요성을 느끼도록 한다.

2) 집단활동과 관련된 수업계획

영재학생은 대부분 다른 사람의 아이디어를 발견하여 그것을 새롭게 창조하고 변화시키는 데 뛰어난 능력을 보인다. 집단토론, 동료에 대한 인터뷰, 탐구, 논쟁 등은 영재학생을 전체 학급 학생들과 함께 가르칠 때 유용하게 사용할 수 있는 교수방법들이다.

3) 문제해결을 요구하는 실생활 문제의 포함

영재학생들에게는 내용 영역에 있어 세계의 갈등에 대해 실제적인 조사를 하게 해야 한다. 이것은 그들에게 새롭게 요구되는 지식을 찾게 하고 문제해결의 도전력을 증가시킨다. 특별한 정답이 없는 질문을 제기하는 것도 좋다. 예를 들어, "문명충돌의 긴장을 어떻게 감소할 수 있겠는가?"와 같은 질문이다. 또한, 자신의 의견만이 아닌 객관적인 증거와 가능한 해결책을 이끌 수 있도록 실제적인 문헌연구나 실험연구를 요구하는 것도 좋다.

4) 지식과 이해의 도출

영재학생들은 대부분 언어적 유창성이 높기 때문에 이들이 보이는 명쾌한 반응이 문제를 정확하고 심도 있게 이해한 것인지 아니면 표면적으로만 이해한 것인지를 결정하기가 어려울 수 있다. 따라서 영재학생을 검사하거나 질문할 때 심도 있는 이해와 표면적인 이해를 구분하기 위해서는 그들의 내부에 있는 지식과 이해를 도출해야 한다. 영재학생에 대한 평가는 단순한 지식 암기 양의 측정을 넘어서 대답에 대한 이유를 설명하고 알고 있는 사실을 조합하여 새로운 것을 만들어지는 일련의 과정을 통한 수행평가를 활용하는 것이 바람직하다.

5) 능력별 집단편성

계열구분을 반대하는 사람들은 능력별 집단편성은 비효과적이며 불공정하고 차별적이라고 비판하여 속진은 물론 영재교육 프로그램마저 부정한다. 연구결과에 따르면 능력별 집단편성을 실시할지라도 능력이 낮은 학생이나 중간 정도인 학생들의 성취도는 하락하지 않는다. 부분적인 혼합학년 집단편성이나 학급 내 능력별 집단편성은 모든 학생들의 성취도를 향상시킨다. 능력이 낮은 학생들의 자아 존중감은 이질집단에 있을 때 낮아지며, 영재들은 자신들과 능력이 유사한 영재들과 함께 공부했을 때 학습의 효과가 매우 크다. 계열구분을 반대하는 운동에도 불구하고 미국의 거의 모든 초·중등학교에서는 능력별 집단편성을 운영하고 있는 것으로 나타났다.

6) 협동학습

협동학습은 연령, 과목, 혹은 학습과제에 상관없이 모든 학생들의 성취도, 학습동기, 인지적 성장, 의사소통 기술에 효과적이라고 한다. 그러나 협동학습은 영재 학생들이 더 가치 있는 교육적 경험을 하는 것을 방해하기도 한다. 협동학습이 갖고 있는 사회적 빈둥거림, 무임 승차자(free rider effect), 봉 효과(sucker effect) 등은 영재들에게 직접적인 영향을 미친다. 협동학습의 이러한 문제점은 두 사람이 한 집단을 이루는 협동학습 방법(dyads)으로 해결될 수 있다. 협동학습은 최근 영재들의 요구에 관심을 갖고 있으며 고차원적 사고기술을 계발하기 위하여 더 복잡한 과제를 활용하는 경향이 있다.

3. 외국의 영재교육 프로그램

1) Anderson 영재학교

1987년에 설립된 New York 84번가에 위치한 Anderson 영재학교는 유치원부터 초등학교 5학년까지의 과정이 있는 시립 영재학교다. 12개의 학급으로 구성되어 있으며 전체 학생은 300명 정도다. 영재판별은 지능검사, 관찰 그리고 각종 활동을 통하여 판단하여 상위 3%에 속하는 학생에게 입학자격을 부여한다. 그 외에도 가정환경, 성장과정, 주변인의 추천 등의 종합적인 결과를 보충자료로 이용하고 있으며, 초등학교 수준에서 입학은 교사의 추천서를 중요한 준거로 삼고 있다.

교육과정은 각각 아동들이 각자의 지식수준, 사고방식 관심에 걸맞은 관심을 교육받을 수 있도록 교육환경을 최대로 배려하였을 뿐만 아니라 각자 적성과 흥미에 따라 각 아동들에게 맞는 교육을 받아 잠재력을 최대로 발휘할 수 있도록 교육과정의 틀을 만들고 있다. 교육과정의 운영은 New York 시의 기본 교육과정을 3개월 정도에 끝내고, 그 나머지 시간은 Anderson 프로그램의 핵심적인 영역의 창의성 증진을 위한 학습활동과 정서적이고 도덕적인 측면의 정의적 측면에 관심을 두고 있다.

임용되는 교사는 석사학위 이상과 영재교육과 관련된 학점을 이수해야 하고 2~3년의 교사경험이 요구되고 있다. 한 학급의 학생 수는 20여 명 정도이며 한 학급에 배당된 교사는 다루어지는 내용과 학급의 크기에 따라 3명 정도다. 교사는 주교사와 보조교사로 구성되어 있으며 주교사는 전체학습을 이끌고, 보조교사는 학생들의 학습을 일대일의 형식을 취하고 있으며 교사위주보다는 학생위주로 수업이 진행되고 있다.

학년이 올라갈수록 아동은 각자의 적성과 흥미에 따라 자신들이 투입하는 시간이 점점 많아진다. 각 아동은 언어방, 수학방, 과학방, 음악방 등으로 나누어진 교실 중에서 자신이 원하는 교실에 가서 스스로 재미있게 시간을 보내며 학습할 수 있다.

2) Hunter 영재학교

1870년 설립된 New York 94번가에 소재한 Hunter 영재학교는 유치원부터 중등학교 과정까지 있는 미국의 대표적인 공립영재학교다. 전체 학생은 1500명 정도이며, 유치원과 초등학교 과정이 300여 명이고 중등학교 과정이 1200여 명이다. 이 학교의 특징은 첫째, 영재판별은 다양한 방법을 통하여 시도되고 있으나 핵심적인 준거는 지능지수다. 지능지수 상위 5%를 준거로 하여 영재를 선발하되, 집착력, 성취동기, 창의력 검사의 결과점수가 보충자료로 이용되고 있었다. 영재판별 시기는 대부분 만 4세였으며, 이 때 영재아로 판별된 후에 특별한 이유가 없는 한 고등학교까지 다니게 된다.

둘째, 교육과정의 설계는 속진, 심화, 정교화, 신기성의 조화로 이루어져 있다. 한 가지 중요한 특징은 각 학년에 해당하는 교육과정이 2~3개월 동안에 끝나면 7~8개월 정도는 Hunter 영재학교에서 자체적으로 개발한 창의성, 문제해결, 개별연구 과제를 학습하고 있다. 한 학급의 학생 수는 20~25명 정도이며, 한 학급에 배당된 교사는 다루어지는 내용과 학급의 크기에 따라 2~5명 정도다. 교수방법은 학생들의 자유로운 창의적 활동을 통하여 생산된 학습결과물을 교사와 학생 간의 일대일의 상호과정을 통하여 학생의 창의성을 극대화시키고자 노력하고 있다. 교사들은 주로 학생들을 돕는다는 측면에서 학생들의 활동을 관찰하고 있으며, 학생들 각자는 자신의 창의적 활동을 극대화하는 자기계발적 학습활동을 하고 있는 모습을 볼 수 있다.

셋째, 교육을 받은 학생들 중 90% 이상이 주로 자기가 관심이 있는 영역의 전문가로서 사회활동을 하고 있다. 이 학교 출신자들의 특징 중 하나는 전문적인 각 분야에서 창의적인 지적 결과를 생산하고 있으며, 풍요로운 정서와 삶의 의미를 깊이 느끼고 있다.

3) 이스라엘의 영재교육

이스라엘에서의 영재교육의 대표적인 학교는 텔아비브(Tel aviv)학교와 하이파(haifa)학교다. 이들 학교에서 영재아를 선발하는 방법은 7~8세 어린이 전부에게 시험을 실시하여 상위 25% 이내인 자를 1차로 선발한 후 2차 시험을 실시하여 그 중에서 상위 1.5% 이상인 자를 영재교육 대상으로 하였다. 이들의 교육 목표는 지능이나 사고능력을 개발하고 발견이나 탐구를 통하여 아동들이 학습하는 기회를 마련하도록 하였다. 또한 아동들이 창조적인 사고를 하도록 유도하였으며, 사회적인 문제를 의식하도록 이끄는 교육목표를 설정하였다.

학습방법은 2개의 외국어, 과학, 수학 또는 음악과목에서 학습강화 프로그램을 지도하는 것이 특징이며 지도방법은 전통적이고 고전적인 교수방법이 아니고 교사가 융통성을 가지고 다양한 접근을 시도하고 있다. 특히 이 학교에서는 영재교육을 위한 교육강화 프로그램을 강조하고 있는데, 이 프로그램은 정규시간 외의 특별활동 방식으로 지도하고 있다.

이상에서 살펴본 예시들에서처럼 외국에서는 우리가 평준화를 시작하던 1970년대 후반부터 영재교육에 큰 관심을 갖기 시작했다. 이스라엘은 초등 1, 2학년 때 심화학습을 투입해 3학년 때 모두가 영재판별 검사에 응하게 한다. 영재아로 판별된 학생은 다양한 방법을 통하여 영재교육을 시킨다. 미국은 상위 3~5%의 영재아는 물론 경제적으로 어려운 영재아를 위해 1988년 연방정부법을 제정해 매년 1000만 달러를 특별 지원한다.

우리나라의 경우 지난 4반세기 동안 학교교육의 평준화만을 지나치게 강조 한 나머지 학력의 하향 평준화를 초래하고, 사교육비 부담을 늘렸다. 전문가들은 이제 평준화의 큰 틀은 유지하되, 적극적 보완책이 요청된다고 주장하고 있다. 학생들의 수준과 능력에 따른 맞춤교육이 필요하고 이를 위해서는 현재의 단선적인 교육과정 대신 소질과 적성을 키워 주는 복선형 교육과정을 도입해야 한다는 것이다. 또한 학생들에게 학교선택권을 늘려 주고, 교육환경도 획기적으로 개선해야 한다고 입을 모은다. 그 대안 중에 하나가 영재교육일 수 있다.

앞에서 영재교육을 실시하는 나라들의 특정 중의 하나는 재정적인 투자를 충분히 하고 있다는 것이다. 영재교육에는 투자증대가 필수적이다. 1997년 기준, 우리나라의 국내 총생산비 대 공교육비는 7.4%로 이스라엘을 제외하면 세계 최고수준이다. 하지만 학부모가 부담하는 공교육비를 제외하면 순수 정부부담은 4.4%로 경제협력개발기구 국가평균 4.8%에 미치지 못하고 있다. 전체적인 교육투자는 물론이고 영재교육에 대한 정부의 재정투자 확대가 절실히 요구된다(강갑원 외, 2009).

제 2 절 속진학습과 심화학습

일반적으로 속진은 학업 내용을 더 빨리 학습하도록 하는 것으로 해당 학생의 학년 수준보다 더 상위의 교육과정을 제공하는 것을 의미한다. 심화학습은 일반적으로 제공되는 교육과정의 내용보다 내용의 폭과 범위를 확장하여 다양한 교육 경험을 제공하는 것이다.

영재교육의 방법은 흔히 속진과 심화학습으로 대별되는데, 속진과 심화학습은 논쟁의 여지가 많은 문제다. 예를 들어, 속진제의 옹호자인 Stanley(1978)는 보충교육을 '심화학습'이라고 하였으며 과목별 속진이나 월반이 이루어지지 않는 심화학습은 유명무실할 따름이라고 주장하였다. 또한 Stanley와 Benbow(1986)는 대부분의 심화학습 프로그램을 '시간 때우기 식의 부적절한 학습활동'이라고 평가 절하하기도 한다. Van Tassel-Baska(1981)는 속진이란 특정한 학생들이 자신들이 학습 속도로 학습할 수 있도록 해 준다는 것을 의미하며, 속진제의 실행이 수반되지 않은 심화학습 활동은 영재아들에게 아무런 도움이 되지 않는다고 하였다.

반면 Frost(1981)는 심화학습이란 학습내용의 깊이와 범위에 대한 보충을 의미하기 때문에 이것은 다양한 학생들이 요구와 능력을 충족시켜 줄 수 있는 학습 활동이라고 주장하였다.

엄밀히 말해서 속진과 심화학습은 중첩되어 있고 명확하게 구분하기가 어렵다. 예를 들어, 초등학교의 수학, 과학, 컴퓨터, 혹은 외국어 교과 등의 특별 수업은 심화학습 활동이라고 할 수 있는가 아니면 속진의 한 가지 형태라고 할 수 있는가? 따라서 본 장에서는 상급학년에 배치하거나 학점 인정을 목적으로 실행되는 프로그램을 속진으로, 상급학년 배치나 학점 인정이 아니라 일반적인 학년 수준의 학습을 보충할 목적으로 실행되는 프로그램을 심화학습으로 정의한다.

그러므로 초등학교의 수학, 과학, 컴퓨터 등의 특별 수업과 고등학교의 드라마나 사진 수업은 상급학년 배치를 목적으로 하는 것이 아니기 때문에 심화학습 프로그램이라고 할 수 있다. 그러나 고등학교 조기졸업이나 조기 대학입학을 목적으로 하는 중등학교의 교육과정(예, 수학, 국어)은 속진에 해당된다. 조기입학, 월반, 압축 프로그램, 시험에 의한 학점 취득, 고등학교 재학 중에 대학학점 이수 역시 속진에 해당된다(송인섭 외 역, 2001).

학교에서 이루어지는 영재학생을 위한 프로그램을 속진과 심화학습으로 나누어 살펴보기로 한다(Goetz, Alexander & Ash, 1992).

1. 속진학습 프로그램

속진 프로그램(acceleration program)은 '교육 프로그램을 같은 나이 또래의 학생에게 실시하는 속도 또는 전통적인 속도보다 빨리 진행하는 것'이다. 속진교육은 교육과정을 이수하는 속도를 일반학생에 비해 빨리 진행한다. 속진교육의 형태로는 월반, 조기입학, 조기졸업, 학점인정 시험제도, 상급학교 과목 개설, 교육과정 압축 및 단기 완성, 사사제도(mentorship) 등이 있다.

연구들은 강력하게 영재판별로 선택한 학생들에 대한 속진제 교육과정의 성공을 지지한다. 이러한 대상은 상위수준의 검사에 의해 선택된 영재의 범위에 한한다. Stanley와 Stanley(1986)는 영재아들이 그들의 또래보다 2년 빨리 화학, 생물학 과정을 끝낼 수 있으며, 고등학교 1년 과정을 집중적인 하계 프로그램의 3주기 안에 배울 수 있었음을 증명하였다. 이러한 수업에 참가한 후 학생들의 시험 점수는 그들의 또래가 2년 뒤에 1년간의 수업과정을 마친 뒤에 받는 점수와 비슷했다.

Lynch(1992)는 3주간의 하계 프로그램 동안 고등학교 1년 과정에 해당하는 과학을 배운 900명의 고등학교 학생들을 추적하였다. 이러한 학생들은 과학 과목의 대학입학능력 시험을 치르는데 있어 일반적인 과정을 제 속도로 이수받은 학생과 비교하였을 때 문제가 없는 것으로 나타났다. 속진학습을 한 학생은 학교에서 2년 정도 걸린 과정을 일찍 성취한 결과를 얻었다. 다른 연구들도 집중적인 하계 프로그램의 장점으로 비슷한 결과들을 보고하였다(Olszewski-Kubilius, 1998a; Stocking & Goldstein, 1992; Swiatek, 2002).

현재 어린 학생들은 영재판별에는 포함시키지만 속진제를 실시하지 않기 때문에 이에 대한 연구는 거의 없다. 한 연구에서 Mills, Ablard와 Gustin(1994)은 수학에 있어서 3~6학년의 영재아들을 대상으로 학교 수업시간에 속진제를 실시하였는데 성공적인 실행결과가 나타났다. 학년수준의 상위 5%~13%에 해당하는 학생들을 대상으로 실시한 결과 이들은 평균적인 수학검사 기준에서 기대되는 점수보다도 높은 점수를 받았다.

그러나 이러한 장점에도 불구하고 속진제가 가지고 있는 문제점도 있다.

· 월반한 아동들은 자신보다 더 나이든 아동들과 잘 지내지 못할 것이며 친구도

거의 없을 것이다. 또한 그들은 학교생활이 즐겁지 않을 것이며 사회적 상호작용의 기회를 놓치게 될 것이다.

- 이들은 아동기에 반드시 경험해야 할 것들을 경험하지 못하게 될 것이다.
- 이들은 교과 이외의 활동에 거의 참여할 수 없을 것이다.
- 속진제는 과도한 학업적 요구와 스트레스를 유발시킬 뿐만 아니라 아동들의 심신적 탈진 및 반항 등 정서적 불안정의 원인이 될 것이다.
- 이들은 자만심에 가득차고 오만하게 될 것이며 속진에서 제외된 자녀의 부모들로부터 시샘을 받을 것이다.
- 일부 부모들은 자녀들의 상태를 고려하지도 않고 무리하게 조기입학시키려고 할 것이다.

또한 속진을 선택할 시 건강, 성별, 입학예정학교, 담당교사, 가족의 가치관 같은 점을 고려하여야 할 것이다.

조기 대학입학은 영재학생들이 자신의 교육연한을 단축시키는 좋은 방법이다. 이러한 입학 허용 학생을 판별하는데 역시 조심스럽게 판단해야 할 것이다. 국내의 경우 대학 조기입학 영재 학생의 경우도 12세에 조기 대학입학을 하였으나 대학생들과의 친근감 형성이나 다른 과목들을 수강하기 어려워 대학을 중도에서 포기한 사례도 있다 (KBS, 2005, 인간극장).

〈속진제의 종류〉

초등학생 : 조기입학, 월반, 무학년제, 교육과정 압축
중학생 : 월반, 학년 압축, 동시 등록제, 과목별 월반, 교육과정 압축
고등학생 : 동시 등록제, 과목별 월반, 멘터제, 시험에 의한 학점이수, 대학 조기입학

2. 심화학습 프로그램

심화 프로그램(enrichment program)은 정규 교육과정의 폭과 깊이를 보다 확장하여 가르치는 것이다. 즉, 속진 프로그램의 교육과정을 '보다 빨리' 가르치는 것이라면, 심화교

육은 '보다 넓고 깊게' 가르치는 것이라 할 수 있다.

따라서 심화교육을 위한 교육 프로그램은 정규 교육과정 및 수업을 네 가지 측면, 즉 교육과정의 깊이와 폭, 학생들에게 가르치는 속도, 교육 자료의 종류와 내용, 과정 기술(process skill)에 해당하는 고차원적 사고력에서 확장하여야 한다.

한 예로 영재학생으로 구성된 집단을 통한 지도의 방법이 있다. 영재들을 동질 집단으로 구성하여 지도하는 방법으로, 우리나라에는 과학고등학교, 예술고등학교, 외국어고등학교가 그 예다. 집단편성(grouping)의 장점은 비슷한 수준의 능력을 가진 학생들이 상호작용할 기회가 많아진다는 점과 영재학생들의 전담교사를 배치하여 전문적인 지도를 받을 수 있다는 점 등이다. Dunlap(1975)에 의하면, 영재들은 자기의 지능 수준에 맞는 집단 내에서는 상호작용이 잘 이루어지고 바람직한 습관과 태도를 발달시키며, 재능도 충분히 발휘한다고 한다.

심화학습 전략이란 교육의 과정과 내용을 달성하기 위한 방법으로 여기서 과정이란 창의적 사고, 문제해결, 비판적 사고, 과학적 사고, 다양한 주제와 개념들의 관계에 대한 사고와 같은 기술의 발달을 말하며 내용이란 교과나 프로젝트와 같은 활동을 말한다.

1) 심화학습 전략

심화학습 전략으로는 다음과 같은 것들이 있다.

① 개별학습과 개별 프로젝트—도서관과 인터넷 활용 프로젝트, 과학연구 프로젝트, 기타 개별 프로젝트
② 학습센터—수학센터, 미술센터, 과학센터, 지리, 역사, 외국어, 수공예, 음악감상 등을 가르치는 곳으로 활용됨
③ 현장견학
④ 토요일 프로그램—일상적인 학교생활에서 벗어나 자신들이 하고 싶은 일을 할 수 있는 기회 제공
⑤ 여름방학 프로그램—해외 프로그램, 대학에서 운영하는 프로그램, 기타 캠프
⑥ 멘터제—개인교수 멘터, 온라인 멘터
⑦ 미래 문제해결—자원센터, 특수학급 등에서 활용

⑧ 정신 오딧세이(Odyssey of the Mind; OM)—국제적인 창의적 사고와 문제해결 대회
⑨ 경시대회—대화기술, 에세이쓰기, 연설, 경제학, 언어, 문학, 미술, 수학, 운동과학, 사회, 슈퍼퀴즈 분야의 경쟁
⑩ 인터넷과 영재교육—컴퓨터와 인터넷 기술은 무한한 심화학습의 기회를 제공한다. 영재교육에 관한 정보는 www. hoagiesgifted. com 에서 얻을 수 있으며 이곳에는 다른 웹사이트들과도 연결되어 있다.

2) 심화학습 프로그램의 예

(1) 퍼듀대학의 재교육 프로그램

퍼듀 대학교의 GERI(Gifted Education Resource Institute)에서는 영재아와 재능아가 지닌 개인적인 능력 및 잠재력을 일생에 걸쳐 발전시키는데 목적을 두고 있다. GERI에서는 재능을 가진 영재아의 교육뿐만 아니라 세계 각국으로부터 전문가를 훈련시키는 과정을 두었다. 또한 영재아 가족을 위한 서비스를 제공하고 여름, 겨울 방학을 이용한 캠프를 실시한다.

GERI의 잘 알려진 영재교육 프로그램으로 '슈퍼토요일(Super Saturday)'이 있다. 슈퍼토요일은 학문적, 창의적 그리고 예술적으로 재능이 있는 아이들에게 도진직인 심화기회를 제공하도록 만들어진 mini-courses의 프로그램이다. 각 세션은 외국어, 시각적인 예술, 수학과 언어, 사회 그리고 과학을 포함한 다양한 영역을 포함한다.

슈퍼토요일 클래스는 재미있고 역동적이다. 아동들의 창의적 활동이 권장되고 관심영역에 참여할 수 있도록 한다. 소집단 활동과 현장견학을 통해 영재아 상호간에 관심과 정보를 교류할 수 있는 기회를 제공한다. 이 프로그램은 약 25년 동안 영재아들에게 도전적이고 재미있는 학습 경험을 제공해 왔다. GERI의 여름캠프는 4세 유아에서부터 청소년기에 이르는 영재를 대상으로 하여 양질의 교육적 경험을 제공하는 프로그램이다(이경화 · 박숙희, 2004).

(2) 존스 홉킨스 대학의 '재능 찾기(talent search)' 프로그램

이 프로그램은 존스 홉킨스 대학교의 Stanley가 처음 제안한 것으로, 정상보다 어린

연령에 치룬 학력고사(SAT)에서 뛰어난 성적을 얻은 특출한 영재 중학생들을 대상으로 한다. 1974년 영재 청소년센터(CTY)는 메릴랜드 주 볼티모어에 있는 학교 학생들에게 수학, 과학, 고전(희랍어, 라틴어), 독어 및 작문시간에 높은 수준의 수업을 제공하기 시작하였다. 이러한 코스들은 정규 일과가 끝난 후 또는 토요일에 대학 캠퍼스에서 1년 내내 제공되었으며 여름에 좀더 확대시켜 제공되었다. 영재 청소년센터가 시작된 이후, 다른 재능탐색 프로그램들이 급격히 증가하여 1974년 이후 매년 수천 명의 영재 중학생들이 정규 수업 이외의 고등학교나 대학 수준의 코스를 듣고 있다. 이 프로그램에 참여할 수 있는 자격은 또래들과 비교하여 상위 1% 안에 들어야 한다(박성익 외, 2003).

제 3 절 정서학습과 리더십

영재교육의 또 다른 목적으로는 리더십과 정의적 발달을 돕는데 있다. 리더십은 연방정부의 영재성 정의에 포함되어 있다. 즉 영재는 미래의 지도자인 것이다. 정서학습과 인성교육은 자아개념, 개인적 · 사회적 적응, 직업에 대한 열망, 도덕적 사고 등과 관련이 있다. 이 절에서는 리더십의 여러 가지 특성에 대하여 소개하였는데, 예를 들면 Renzulli의 리더십 평정척도에서는 책임감, 자신감, 인기도, 융통성, 다른 사람과의 즐거운 교류, 지배 경향성 등이 포함되어 있다. Renzulli의 Operation Houndstooth는 낙관주의, 도덕적 용기, 주제에 대한 몰두, 인간사에 대한 민감성, 신체적 · 정신적 에너지, 비전과 삶에 대한 인식 등을 촉진시킴으로써 리더십을 정서학습과 연결시키고 있다. Plowman은 리더십을 카리스마적, 직관적, 생성적, 분석적, 평가적, 상승 작용적 측면 등과 같이 6가지로 범주화했다. Sisk는 리더십을 다른 사람이 기량을 발휘할 수 있도록 돕는 것으로 정의하였다.

리더십 훈련에는 리더십 양식, 집단 역동성, 리더 역할, 리더십의 하위 기술 교수 등이 포함된다. Magoon은 리더십 훈련으로 학급 반장제, 멘터제, 교내 리더십 프로젝트, 지역사회 프로젝트, 시뮬레이션 등과 같은 5가지를 제안하였다. Plowman은 비판적 사고, 의사결정, 설득, 평가, 타인의 요구에 대한 이해, 의사결정 과정 등을 가르칠 것을 강조하였다. Maker는 영재들은 학년이 올라갈수록 리더의 역할을 많이 경험해야 한다고 주장하였다.

Karnes와 Chauvin의 리더십 기술 계발 프로그램은 리더십 특성과 기술을 평가하는 '리더십 기술 검사'와 리더십과 관련된 능력을 신장시켜 주는 활동에 대해 기술된 '리더십 기술 활동 핸드북'으로 구성되어 있다. Richardson과 Feldhusen의 '리더십 교육'은 리더십의 특성, 효과적인 리더가 되는 방법, 리더십 특성과 기술을 강화시키고 연습하기 위하여 설계된 활동 등이 기술되어 있다. Sisk는 목표 설정, 미래 대처, 성공 체계 계발, 자기에 대한 지식 획득, 대인간 유능성 신장, 가치관 차이와 갈등 대처 등과 같은 6개의 리더십 전략을 강조하였다. 영재들의 리더십을 교육시키는데 통신수단을 활용할 수 있다. 이 프로그램에서는 영재성과 대중성과의 관계를 중심으로 영재성에 대한 토론을 유도한다. 김미숙(2009)은 중학생 영재의 비전과 추진, 도전정신, 의사결정력, 의로움, 과제책임감, 대인관계 조직능력, 타인과 공동체 배려 등의 요인을 발달시키기 위한 리더십 프로그램을 개발하였으며 이를 평가할 수 있는 평가도구도 함께 개발하였다.

성취가 우수한 영재학생들은 흔히 자아개념과 도덕적 사고 수준이 높다. 자아개념은 성공 경험과 밀접한 관계가 있다. 학생들의 수행에 대한 교사의 피드백은 아동들에게 많은 영향을 미친다. 또한 학업에서의 실패는 자아가치가 낮다는 것을 의미한다. 자아개념을 잘 발달시킬 수 있도록 하는 것 그 자체가 교육의 목적 중의 하나다. 자아개념은 구조적이고 안정적이며 평가적이다. 성취 수준이 낮은 영재들의 자아개념은 낮은 편이다. 자아개념은 타인이 자신을 어떻게 지각하느냐에 따라 형성하기도 한다. 자기를 스스로 거부하는 학생들의 자아가치는 낮다. 특히 많은 노력을 했음에도 불구하고 실패를 했을 경우에는 자아를 낮게 지각한다. 변명은 자기를 보호하는 역할을 한다. 어려운 과제를 성취했을 때 자존감이 향상된다.

Piers-Harris의 척도는 학생들이 자아개념을 측정하는 도구다. 이 도구의 하위척도는 바른 행실에 대한 자기지각, 지적 위상과 학교에서의 지위, 외모, 불안, 인기도, 행복 등을 평가하며 전체적인 자아개념 점수도 산출한다. 남학생들이 여학생들에 비하여 자신이 덜 불안하다고 지각하고 여학생들은 남학생들에 비하여 자신들의 행실이

바른 것으로 지각하고 있는 것으로 나타났다. 학생들은 성취와 성공을 지향하거나 실패를 두려워하는데 동기화되어 있다. 의도적인 저성취는 실패를 회피하고 원인을 외부로 돌리는 수단으로 사용된다.

Kohlberg는 6단계의 도덕성 발달 단계를 제안하였다. 인습이전 수준에는 처벌을 피하고 자신이나 타인의 요구를 충족시켜 주는 것을 올바른 행동으로 간주한다. 인습 수준에서는 엄격한 사회적 인습에 따라 올바른 행동이 무엇인지 결정된다. 인습 이후 수준에 올바른 행동이란 보편적 원리와 자신이 결정한 원리에 따라 정의된다. 연구에 따르면 영재 청소년들은 인습 이후 수준에 해당된다. 아동들은 현재의 도덕성 발달 단계보다 한 단계 위의 도덕적 사고에 노출되어야 한다. 또한 아동들에게는 도덕적 딜레마를 제시하여 고차원적인 도덕적 사고를 유도해 낼 수 있다. Kohlberg가 제안한 단계는 수업을 통해 가르칠 수 있다.

인성교육협회(Character Education Partnership)는 도덕성 신장교육을 주목적으로 하고 있다. 협회에서는 학생들에게 인성중심의 시민권 프로젝트에 참여시키기, 인성교육과 교과교육 통합, 교사, 상담가, 행정가가 더 나은 인성교육을 준비하도록 돕기, 인성교육 교육과정 개발 등을 통하여 도덕적 문제에 관심을 갖도록 해야 한다고 주장한다. Fantini는 '배려'라는 가치를 가르칠 것을 주장하였다. 즉 학생들이 노인이나 장애아 문제와 같은 사회문제를 생각해 보도록 하고 지역사회의 봉사 활동 프로그램에 참여하도록 함으로써 인본주의적 사고를 할 수 있도록 해야 한다고 하였다. 영재들도 사회활동 프로젝트를 계획하고 실행할 수 있다. 가치관 명료화 전략은 영재와 다른 학생들이 자신의 신념과 감정을 탐색하도록 하는 방법이다. 이러한 전략의 예는 '당신은 …… 사람입니까?'당신은 …… 할 때 어떤 기분이 듭니까? 등이다.

마법의 동그라미(Magic Circle)기법은 아동들에게 사람들이 왜 행복(혹은 불행)해 하는지와 다른 사람들과 잘 어울릴 수 있는 방법을 가르쳐 준다. 'Character Education'과 'Values Are Forever'는 4~8학년을 대상으로 하고 있으며 다음과 같은 보편적인 가치를 이해하고 실생활에서 실천하는데 도움을 준다. 즉 정직, 책임감, 감정이입, 연민, 교육, 건강, 바람직한 학교생활과 공부습관, 자기 존중, 타인의 권리 존중, 환경보호, 긍정적인 인생 목표 등이다. 이 책은 '만일 …… 한다면 무슨 일이 일어날까? 라는 질문에 대한 브레인스토밍이나 역브레인스토밍, 시각화(감정이입), 문제해결, 퍼즐 맞추기, 그리고 자기 파괴적인 가치관이 실생활에 미치는 영향 등에 대하여 토론하도록 한다. 인본주의적 교사는 자아개념이 높고 타인을 좋아하며 변화를 주도한다. 그리고 정직하고 진지하며 진취적이고 타인의 필요와 감정에 예민하다.

〈영재학교가 길러 내야 할 인간의 모습〉

걸음마 단계에 있는 우리나라의 영재교육 수준의 활성화를 기대하면서 제기해 봄직한 문제 제기는 다음과 같다.

- 무엇을 위한 영재교육인가?
- 영재학교의 목표, 모습은 어떠해야 하는가?
- 기존의 영재교육기관의 문제점과 대응방안은 어떻게 마련할 것인가?
- 무엇을 영재학교의 자랑거리로 내세울 것인가?
- 영재교육과 기존의 교육체제와의 균형(조화)을 어떻게 마련할 것이고 영재교육 활성화를 위한 지원체제, 비효율화 제거를 어떻게 할 것인가?

영재들의 일화(예컨대, 장한나, 빌게이츠, 이찬진)는 다음과 같다.

- 위대한 사람들의 위대한 이야기인가?
- 보통 사람들의 위대한 이야기인가?
- 영재를 길러 내는 — 전국의 인재가 다 모였다는 — 영재학교가 어떤 모습의 명문 학교이어야 하겠는가?

특히 후자의 문제를 모색하는 데 참고가 될 만한 예를 외국의 사례를 들어 소개해 보면 이 세상에는 잘난 사람의 비범함도 필요하지만 보통사람들의 훌륭함도 이 나라, 이 사회를 지탱해 주고 원동력이 된다.

미국 28대 대통령을 지낸 우드로 윌슨의 자서전에 다음과 같은 명언이 적혀 있다.

"어느 나라를 막론하고 국가의 활력을 불어넣고 국가를 지탱해 나가는 힘은 이름 없는 평범한 시민들이었지 이른바 사회 저명인사나 권력자들이 결코 아니었다."

나라의 지도자라고 행세하는 사람들이 음미해 볼 내용이다.

영국에서는 매년 정초가 되면 자랑스러운 보통사람들을 뽑아 여왕이 친히 훈장을 달아주는 관례가 있다고 한다. 뽑힌 사람들의 면면은 농부, 광부, 도공(陶工), 목수, 청소부, 파출부, 막노동자, 신문배달 소년 등이다.

평범한 사람들의 위대함이 우리가 추구하고 본받고 동일시해야 할 인간상이고 삶의 모습이라는 것을 일깨워주는 아핑검 스쿨의 경우를 살펴보자. 영국 중부지방에 아핑검이라는 고도시(古都市)가 있는데 여기 자리잡고 있는 이 아핑검 스쿨은 아주 오랜 역사를 지닌 명문학교로서 이 학교에는 전통적으로 세 가지 큰 자랑거리가 있다는데 그 내용이 특이하고 상식을 뛰어넘는다.

역사가 긴 이 학교의 출신 중에는
첫째 자랑거리는, 장관이 된 사람이 한 사람도 없다는 것이고
둘째 자랑거리는, 온 나라에 이름을 떨친 장군이 된 사람이 단 한 사람도 없다는 것이며
셋째 자랑거리는, 백만 달러 이상 많은 돈을 번 부자가 단 한 사람도 없다는 것이다.

부귀영화, 입신출세가 모든 사람이 선망하는 가장 이상적인 삶의 모습이고 인물이라고 신봉하고 있는 현혹된 삶의 구조 속에서 왜 권력을 잡은 높은 지위에 오르지 못하고 돈 많이 번 부자가 못된 것이 그리 자랑스럽다는 것일까?

이 궁금증은 이 학교의 교육목표를 살펴보면 금방 풀린다. 이 학교의 삼대 목표(육성하고자 하는 인간상)는

첫째, 평범한 인간
둘째, 훌륭한 아버지
셋째, 선량한 시민육성

이라고 되어 있다. 이런 사람을 배출하다 보니 입신출세주의를 배격하지 않을 수 없고 그러다 보니 자연히 출세한 사람이 없게 된 것이고 따라서 이것이 이 학교의 전통이 되었다. 그리고 이 학교에서는 무엇이든 딱 부러지게 잘해 낼 수 있는 취미를 갖게 하여 일생을 즐겁게 사는 사람을 육성한다고 한다. 이런 교육을 받고 자라나서 이 학교 출신들은 대체로 좋은 아버지, 선량한 시민으로 남부럽지 않게 낙천적으로 살아간다는 것이다.

영국의 학교는 이처럼 나름대로 전통적 교풍(校風)을 선명하게 유지하고 자랑함으로써 명문교일 수 있다. 이를테면, 세계적으로 잘 알려진 이튼스쿨은 명문 중의 명문이다. 영국에서 정치가, 학자, 사업가로 크게 출세한 명사들의 출신교를 따져 보면 이튼이 21%로 압도적이다.

그러나 이튼이 유명한 것은 영국의 지도급 인물, 명사를 많이 배출해서라기보다 오랜 그 학교의 교풍과 전통 때문이라고 말한 것은 에머슨이다. 이튼은 영국 신사도를 유지해 온 정신적 지주로서의 긍지가 대단하다.

관련된 인간교육의 틀(자리매김)을 살펴보면, 대체로
- 페어플레이 정신에 투철한 사람
- 남의 약점을 터뜨리지 않는 사람
- 고자질을 하지 않는 사람
- 험담하지 않는 사람
- 오르지 나만이…… 하는 고고한 태도를 취하지 않는 사람

- 교만하지 않은 사람
- 자신에 대해 약하거나 비굴하지 않는 사람
- 신경질적으로 감정을 노출하지 않는 사람
- 약자나 소수 인종을 깔보지 않는 사람
- 배신하지 않는 사람
- 남의 이목을 끌려고 하지 않는 사람
- 남에게 고통을 주지 않는 사람
- 남의 말을 끝까지 듣는 사람
- 의롭고 공적인 일에 용기를 부리는 사람

관념적, 추상적 덕목이 아니라 실천 가능한 구체적인 덕목을 예시했다는 것이 놀랍다.

치열한 입시경쟁 시즌이 다가오는데 명문대학 합격자를 많이 내는 학교가 명문교가 아니라(많은 학교가 교정에 누가 어느 명문대학에 합격했다는 것을 자랑스럽게 알리는 것을 게시한다) 어떤 인간을 만들어 내느냐가 기준이다. 우리 상황을 영국의 명문학교의 기준과 대비하여 언론인 이규태(1990)는 다음과 같이 논평했다.

> "다만, 시험 잘 치는 요령, 좋은 '찍기 기계' 를 명문교가 아니라 '인간다운 인간' 을 만드는 그런 명문교 정신의 수혈(輸血)이 있었으면 한다. 이를테면 어느 학교출신…… 하면 리더십은 믿어도 된다든지, 인화력은 따 놓은 당상이니 도덕적으로 의심할 나위가 없다느니, 심지어 악기 하나는 능숙하게 잘 다룰 줄 안다든지, 외국어 하나는 뛰어나게 잘한다는…… 등 학교 나름대로의 인물됨됨이에 대한 고정관념을 형성시키는 그런 명문교가 되었으면 한다."

국제통화기금(IMF)의 경제적 신탁통치를 받아들이기로 한 1997년 11월 21일을 경제국치일이라고까지 표현되는 전례가 없는 경제위기, 장영자 사건을 뺨치는 희대의 금융사기 사건, 많은 사람이 이용하는 공공건물 · 시설물이 무너지는 인재, 세금도둑, 안전불감증, 정치불안, 임신 8개월의 젊은 부인이 돈이 탐나 유치원생을 유괴 살해하는 사건, 청소년들이 예사롭게 저지르는 범죄행위 등 이 모든 것이 지혜가 모자라, 배우지 못해 무지(無知)해서 발생된 사회 병리현상이 아닌 것이다.

영재학교가 명문학교로서 명성을 창출하면서 육성해야 할 인간, 즉 인간다운 인간의 모습, 덕목을 어떻게 제시하고 실천, 접근할 것인가, 그 내용과 절차는 어떻게 마련할 것인가는 교육자의 몫과 역할이다.

성경에도 대접을 받고자 하거든 자기를 낮추라고 가르치고 있고, 영재교육은 민주주의 그늘 아래에서 현대판 귀족(Democracy's Aristocrat)을 의도적으로 창출하는 방안이라는 냉소적이고 반혁신적인 태도를 영재교육 관계자들은 의식하고 왜곡된 영재학교의 이미지를 쇄신시키는 데 배전의 노력과 각성이 필요하다고 생각한다.

출처 : 김정휘, 2006. 지능심리학, 시그마프레스, pp. 618-621.

Memo

영재와 창의성

제 12 장

제 1 절 창의성의 개념 및 이론

제 2 절 창의성 관련변인

제 3 절 창의성 학습과 발달 경향

제 1 절 창의성의 개념 및 이론

창의성은 영재교육에 있어 가장 중요한 부분을 차지하고 있다고 해도 과언이 아닐 것이다. 최근에는 창의성 영재를 따로 판별하자는 목소리가 나올 만큼 그 중요성이 강조되고 있는 실정이다. 따라서 영재성을 나타낼 수 있는 매우 핵심적인 요소라고 할 수 있는 창의성의 개념을 살펴보고 창의성이 영재성에 미치는 효과와 학습법에 대해 살펴보기로 하겠다.

1. 창의성의 개념

창의성은 1950년대 후반에 본격적으로 논의되어 근래에는 창의학(creology)이라는 용어가 생길 정도로 많은 논의와 연구가 이루어져 왔다(전경원, 2000). 창의성에 대한 개념은 학자마다 다양하지만, 현 시점에서 가장 공통적인 것은 새롭고(novel), 적절한(appropriate) 산물이나 아이디어를 만들어 내는 능력이라고 할 수 있다(김정희 역, 2004). 창의성의 개념에 대해 Dacey는 역사적으로 르네상스 이전과 이후, 그리고 19세기 이후로 나누어서 살펴보면, 르네상스 이전의 창의성에 대한 시각은 '신비스러운 것, 초인적인 것으로서 신 또는 하나님에게 부여받은 선물'이라고 보는 시각으로 이 시기의 창의성에 대한 정의는 당시의 문화적 영향을 받은 것으로 다양한 종교적 영향에서 비롯된 것이 많았다고 하였다. 르네상스 이후의 창의성은 인본주의의 영향으로 창의성을 '인간의 타고난 재능'으로 보는 견해가 많았으나 이 때까지는 문헌상에 창의성이란 단어가 사용된 경우는 드물었으며 19세기를 지나면서 창의성에 대한 본격적인 논의가 시작되었다(이신동 · 이정규 · 박성은 · 김은진 역, 2006).

창의적인 사람에 대한 접근은 크게 두 가지 관점에서 이루어졌는데 하나는 창의성을 지적인 능력인 창의력으로 보는 입장과 다른 하나는 창의성을 성격적인 특성인 창의인성으로 보는 입장이다.

Guilford(1967)는 창의성을 지적인 능력으로 보고, 창의성이란 '아이디어의 생성'이라고 정의했으며, 기존의 지능에서 강조하는 수렴적 사고와는 달리 확산적인 사고를 필요로 하는 사고과정이라고 하였다. 그는 창의적인 사람들에게서 공통적으로 발견되는 지적 특성을 요인 분석한 결과 문제에 대한 민감성(sensitivity to problem), 사고의 유창성(fluent of thinking), 독창성(originality), 정교성(elaboration), 재정의 및 재구성(redefinition)을 들었다.

Torrance는 '창의적인 사고능력이란 창의적인 성취를 할 때 작용한다고 생각하는 일반화된 정신능력의 집합'이라고 정의하였으며, 창의성의 구성요인을 민감성, 문제를 규명하는 것, 해결되어야 할 문제점에 대한 추측, 문제해결책을 찾는 것, 가설을 검증하고 수정 · 재검토하여 결과를 얻어 내는 것이라고 하였다. 따라서 이에 근거하여 창의적이라고 판단하는 데는 얼마나 많은 아이디어의 다양한 수가 있는가(유창성), 얼마나 다양한 범주의 아이디어를 낼 수 있는가(융통성), 얼마나 비인습적이며 독특한 반응인가(독창성), 아이디어를 가다듬어 자세하고 정밀하게 표현하는가(정교성)라는 기준을 포함시킬 수 있다(이정규, 2005).

한편, 창의성을 정의하는 데 창의적 인성을 강조하는 학자들이 있다. 창의적인 사람의 인성에 관한 연구에서 Amabile(1983), Barron과 Harrington(1981) 등은 창의적인 사람은 비창의적인 사람과 구별되는 뚜렷한 성격적 특성을 갖는다는 것에 주목하고, 여러 분야에서 뛰어나게 창의적인 사람들의 인성 특성을 연구하였다. 한 예로, Wycoff와 Pryor(2003)의 창의성과 유머와의 관계 연구에서 유머와 관련된 검사의 결과가 창의적 인성과 정적인 상관이 있는 것으로 나타나 유머요인이 창의적 인성과 밀접한 관련이 있다고 주장하였다.

다음의 〈표 12.1〉은 창의성의 본질에 관한 여러 이론가들의 견해를 크게 '인지능력인 창의력에 관심을 두는 관점'과 '정의적 특성인 창의인성에 관심을 두는 관점'으로 대별하여 각각의 관점에서 사용하고 있는 창의력과 창의인성 용어에 대한 이론가들의 견해를 도표로 정리한 것이다(유경훈 · 김청자, 2008).

표 12.1 창의성의 관점과 구성요인의 비교

	이론가	정의 및 구성요인
창의력	Guilford(1967)	문제에 대한 민감성, 사고의 유창성, 독창성, 정교성, 재정의 및 재구성
	Torrance(1962)	유창성, 융통성, 독창성, 정교성
	박숙희(1999)	유창성, 독창성, 융통성, 정교성, 상상력
	박병기 · 강현숙(2006)	지식, 상상력, 민감성, 독창성, 유창성, 융통성, 정교성
창의인성	Martindale, Dailey(1989)	판단의 독립성, 자기 확신, 복잡성에의 끌림, 미적 지향성, 모험감수
	Daniels(1998)	독립적, 위험감수, 정열, 끈기, 호기심, 유머, 지각적이고 예술적, 상상력, 혼자 있는 시간을 오래 갖기, 개방적, 복잡성에 끌리는 경향
	Gelade(2002)	외향성, 개방성, 민감성, 호기심, 비동조성
	Sternberg, Lubart(1991)	모호함을 견디어냄, 끈기, 새로운 경험에 대한 개방성, 위험감수, 자신에 대한 확신과 용기
	Davis(1999)	기존의 규범에서 벗어나기, 독립적이고 뚜렷한 신념, 개방적, 호기심, 실험 태도, 유머감각, 위험감수, 애매모호함에 대한 인내, 높은 에너지, 끈기, 리더십, 적절한 지능
	김종안(1998)	인내/적극성, 개방성, 호기심, 유머, 독립성, 비순응성
	하주현(1999)	호기심, 자기확신, 상상력, 인내/집착, 유머

〈표 12.1〉에서 알 수 있듯이 많은 연구들에서 제시된 창의성의 다양한 구성요인 중에서 창의적 사고능력의 구성개념을 살펴보면 유창성, 독창성, 정교성, 융통성 등이 제시되고 있다. 또한 창의적인 인성특성 요인으로 독립심, 호기심, 유머, 정열과 끈기, 위험감수, 일에 대한 집착, 개방성, 자기확신, 상상력 등을 중요 요인으로 꼽고 있음을 알 수 있다. 따라서 개인의 창의성을 보는 입장에는 두 가지 관점이 존재하며 창의력은 대체로 창의적인 산출물을 내기 위해 사용되는 사고과정을 의미하는 것이며 창의인성은 산출물을 내기까지 개인이 갖는 태도나 성격 등의 정의적인 면을 의미함을 알 수 있다.

〈창의성을 발현시키는 욕구〉

1. 새롭고, 다양하고, 복잡한 자극에 대한 욕구

이러한 요구를 충족시키는 한 가지 방법은, 예를 들어 새로운 방법들, 새로운 예술, 새로운 차 또는 우리의 지식들을 시험하는 것과 같이 우리의 감각들을 자극시킬 새로운 것들을 창조하고, 발견하는 것이다. Berlyne(1960)은 새로운 것을 창조하거나 예술적인 것을 감상하고자 하는 것이 이 욕구에서 기인한다고 한다.

2. 의견과 가치들을 전달하려는 욕구

아이들이 기아로 죽어가는 것이 걱정되는 사진가들은 여윈 아이의 사진을 통하여 우리의 동정을 유발시킨다. 변화되기를 원하는 정치가는 우리의 신념에 호소하며, 우리가 반응하도록 자극시키려고 책을 쓴다.

3. 문제를 해결하려는 욕구

우리는 새로운 질병이나 우리의 일이 실패하려하는 일에 마주치면 우리에게 희망을 줄 수 있는 해답을 찾고자 노력한다.

* Franken, R. E.(2007), Human Motivation(6th).

2. 창의성의 이론적 접근

창의성의 개념들을 이론적인 접근방식에 따라 살펴보면 인지적 접근, 성격 특성 및 동기적 접근, 사회심리학적 접근, 통합적 접근으로 나눌 수 있다.

첫째, 창의적 사고와 관련된 인지능력과 사고과정을 설명하고자 하는 인지적 접근은 이전까지 소홀히 되어 왔던 창의성을 가치 있는 능력으로 평가하고 창의성과 관련된 인지적 능력을 구체화하는데 기여했다. 인지적 접근으로 심리 측정적(psychometric) 관점과 인지적(cognitive) 관점이 있다. 심리 측정적 관점은 창의성을 개개인이 가지고 있는 능력이라고 생각하여 지필검사를 활용한 심리측정법을 통해서 평범한 사람들을 대상으로도 창의성을 연구할 수 있다는 것에 주목하였다. 창의적인 사고능력의 학자인 Torrance는 이러한 사실을 바탕으로 1966년에 창의성 검사 도구를 개발하였다. 창의성이 확산적 사고와 관련이 있다고 보고, 문제에 대한 민감성, 사고의 유창성, 융통성 및 독창성, 그리고 주어진 문제를 세분화하고 명료화하는 정교성 등이 확산적 사고 능력에 포함된다고 보았다. 인지론적 관점은 창의성의 근본을 사고력과 지식에 초점을 두고 창의적 사고에 깔려 있는 정신적 표상과 과정을 이해하고자 하였다. Mumford(1998)는 정보의 부호화, 정보 입 · 출력을 위한 범주 탐색, 적절한 범주의 열거, 범주 정보의 결합 및 재조직, 아이디어 평가, 실행 및 점검이 창의성에 필요한 인지적 요소들이라고 제시하였다(한순미 외, 2005).

둘째, 성격특성 및 동기적 접근은 창의성의 근원을 개인이 지니고 있는 정의적 특성에서 보고자 하였다. Amabile(1983), Barron(1997), Mackinnon(1962), Csikszentmihalyi(1996) 등은 창의적인 사람은 비창의적인 사람과 구별되는 성격특성을 갖는다는 것에 주목하고, 여러 분야에서 뛰어나게 창의적인 사람들의 성격특성을 연구하였다. 이러한 연구에 의해 창의성이 발현되기 위해서는 인지적인 능력 외에도 그 사람이 어떤 성격특성과 동기성향을 가졌는지가 중요하다고 보았다. 행동주의적 관점에서는 보상이나 '긍정적 강화'에 의해 창의적인 활동이 일어난다고 보았으며 인본주의적 관점에서는 창의성과 자아실현에는 밀접한 상관이 있음에 관심을 두고 창의성은 자아실현되는 과정에서 얻어지는 것이라고 보았다.

셋째, 사회심리학적 접근은 창의성에 대한 외적 결정요인의 중요성에 중점을 두고 창의성의 원천으로서 사회 문화적 환경 변인에 관심을 두고 특정 환경 요인들이 개인의 창의적 행동에 어떻게 영향을 미치는가를 이해하고 설명하는 것을 추구한다(Amabile, 1983; Lubart, 1994). 즉, 같은 지적 능력과 성격특성을 갖고 있는 사람이라도 창의성을 지원해 주는 환경에 따라 창의적 수행 정도가 달라질 수 있다는 것이다.

넷째, 최근에 대두되고 있는 통합적 접근모델들의 경우 Wehner, Csikszentmihalyi와 Magyari-Beck(1991)은 지금까지의 창의성 연구를 장님과 코끼리 우화에 비유하여 일부분의 관련성만 보는 연구경향을 비판하고 창의성에 대한 이해가 다원적 접근을 필요로 함을 주장한 바 있다(김정희, 2004). 이에 따라 최근에는 창의성이 발현되기 위해서는 인지적 요소는 물론 정의적, 환경적 요소 등 다양한 요소들이 함께 상호작용해야 하며, 창의성을 지능, 지식, 성격, 동기, 환경 등의 요소들이 복합적으로 상호작용하여 발현되는 특성으로 보는 다원적, 통합적 접근이 창의성 이론의 주류를 이루고 있다(Csikszentmihalyi, 1989). 따라서 아동의 창의성 발달을 연구함에 있어서도 개인의 특성뿐만 아니라 환경요소들이 창의성 발달에 어떻게 영향을 주는가를 종합적으로 고려해야 한다는 주장이 대두되고 있다(Sternberg & Lubart, 1996; Urban, 1996).

1) Amabile의 요소모델

통합적 이론으로는 먼저 Amabile의 요소모델(componential model)을 들 수 있다. 그녀는 창의적 수행에 영향을 미치는 필수 요소를 다음과 같이 언급하였다.

(1) 영역관련 기능(domain-relevant skills)

일정한 영역에서의 소질, 지식, 재주와 같은 기능으로 예를 들면, 훌륭한 화가가 되기 위해서는 그림을 잘 그릴 줄 아는 재주가 필요한 것이며, 교수가 수업을 성공적으로 하기 위해서는 전공분야에 대한 뛰어난 지식을 갖고 있어야 한다.

(2) 창의성 관련 기능(creativity-relevant skills)

자신의 능력을 보다 훌륭하고 효과적이며 창의적인 성취로 달성하기 위한 창의적 기능으로 아무리 많은 지식과 기술이 있어도 융통성이 없고 자신의 능력을 창의적으로 활용하지 못한다면, 그 능력은 별로 빛을 발하지 못할 것이다. 그림을 잘 그리는 화가일지라도 자신만의 창의적인 생각이 없다면 사진처럼 있는 그대로를 그리는 일 밖에 할 수 없을 것이다.

(3) 과제동기(task-motivation)

개인의 내적으로 유발되는 일에 대한 흥미, 만족감, 도전과 같은 내적인 동기로 어떤 일에 의해 창의적 산출물을 기대하기 위해서는 그 일이 성취되기를 바라는 강한 욕구와 그 일에 대한 내적 동기가 높을 때 실현 가능해진다. 사람들은 외부의 압력이나 외적인 보상보다도 이루려고 하는 작업 자체에 관심이나 흥미 같은 내적인 동기가 유발될 때 가장 창의적인 활동을 할 수 있다.

(4) 창의적 환경(creative environment)

개인에게 창의적인 행동을 할 수 있는 환경으로 개인에게 창의적인 행동을 할 수 있는 모든 요소가 갖추어져 있어도 만약 분위기가 편안하거나 자연스럽지 못하고 억압적이라면 창의성의 발휘가 쉽지 않다. 실패에 대한 두려움과 불안감, 질서와 복종을 강조하는 위압적인 분위기는 새로운 생각을 불가능하게 할 것이다. 즉, 개인이 창의성을 발휘할 수 있는 조건이 갖추어져 있다 하더라도 가정, 학교, 사회, 국가의 시대적 배경 등이 그와 같은 산출물이나 행동에 방해가 되거나 환영하지 않는 분위기 속에서는 제대로 창의성이 발현될 수 없다.

2) Sternberg와 Lubart의 투자이론

Sternberg와 Lubart (1991, 1996)의 창의성 투자이론(invest theory of creativity)은 창의적인 사람을 아이디어의 세계에서 "싸게 사서 비싸게 파는(buy low and sell high)" 좋은 투자자로 묘사한다. 즉, 창의적인 사람은 동시대의 사람들이 대수롭지 않게 여기는 아이디어를 찾아 그 아이디어를 의미 있고 중요한 창의적인 것으로 발전시켜 타인들로 하여금 그 아이디어의 가치를 확신시킨다. 투자이론에 따르면 창의성은 여섯 가지의 자원을 필요로 하는데 다음과 같이 설명할 수 있다(김정희 역, 2004).

(1) 지적능력

새로운 방식으로 문제를 바라보고 전통적 사고의 한계를 벗어나는 통합적 능력, 아이디어의 가치를 인식할 수 있는 분석적 능력, 아이디어의 가치를 다른 사람들에게 설득시킬 수 있는 실용적 · 상황적 능력 등을 말한다.

(2) 지식

지식이 전제되지 않은 상태에서 새로운 아이디어를 가진다는 것은 불가능하다. 특정 분야에 대한 확고한 지식을 전제하고 있어야만 그 분야를 초월한 창의적인 아이디어를 낼 수 있는 것이다.

(3) 사고양식

자신의 선택을 새로운 방식으로 생각해 보는 입법적 사고방식(legislative style)이 특히 중요하다고 보았다. 즉, 창의적으로 사고하는 사람이 되기 위해서는 국부적인 동시에 전체적으로도 생각함으로써 문제의 중요성 여부를 인식할 수 있다.

(4) 인성적 특성

창의적인 활동을 하기 위해서는 장애를 극복하려는 의지, 의미 있는 경험을 감수하려는 의지, 불분명함에 대한 관용 및 자아 효능감, 기꺼이 관습에 대항할 수 있는 정신이 필요하다.

(5) 동기

자신들이 하고 있는 일을 사랑하거나 일 그 자체에 초점을 맞출 때 더욱 창의적으로 일하게 된다는 것이다.

(6) 환경

개인의 창의적인 아이디어를 지원하고 보상하는 외적 환경을 의미한다. 이는 창의적으로 생각하는 데 필요한 개인적 재원을 가지고 있어도 환경의 지원이 없다면 창의성이 표현되지 못한다고 보았다.

3) Urban의 창의성 요소모형

Urban의 창의성 요소모형도 통합적 접근모델에 해당되는 것으로서, 창의성이란 해결해야 하는 문제(problem), 과정(process), 산출물(product), 창의적인 성격(person), 환경(environment)의 4 PE 요인이 서로 상호작용하여 하나로 통합될 때 나타나는 것이라고 보았다. 그리고 이 가운데 창의적 과정의 요소를 여섯 가지로 설명하고 있다(Urban, 1996).

(1) 확산적 사고 활동

확산적 사고 활동으로는 아이디어의 양에 따라 결정되는 유창성, 아이디어의 양에 따라 결정되는 유창성, 아이디어나 해결방법의 종류와 범주를 바꾸는 방법인 융통성, 아이디어의 희귀성에 관련된 독창성, 아이디어를 구체화시키거나 변형시키는 정교성, 문제를 찾는 능력인 민감성 등이 이에 속한다.

(2) 일반적 지식과 사고기반

깊은 지식이 있을 때 정보와 자료를 빠르게 처리하고 유창하고 융통성이 있으며 연상이 풍부한 사고가 가능하다. 또한 창의적 활동의 시작단계와 마지막 단계에서 분석, 추론, 논리적 · 비판적 · 평가적 사고가 꼭 필요하다.

(3) 특정 영역에서의 지식 기반과 사고 및 작업 기능

특정 영역의 지식이나 사고 기능을 연마하지 않고는 우수한 창의성을 발휘할 수 없다.

(4) 초점 맞추기와 과제에 대한 집착력

특정 영역의 종합적이고 자세한 지식과 기능을 갖기 위해서는 훈련을 통해서 특정 주제에 대한 강한 집착과 끈기를 갖추어야 한다. 문제가 되고 있는 과제와 그에 관련된 주제 영역에 대해서는 오랜 시간에 걸친 주의집중이 필요하다.

(5) 동기와 동기화

적절한 동기, 특히 내적 동기는 창의성의 주요 전제조건이다. 동기는 과제를 수행하는 데 필요한 지식과 기능을 습득하는 정도와 범위와 창의적인 개인과 비창의적인 개인간의 차이를 설명해 준다.

(6) 개방성과 애매모호함에 대한 참을성

창의적 · 생산적인 문제해결 과정은 초점이 맞추어진 집중적인 활동으로부터 잠시 벗어나 초점을 흐리게 하는 단계에서도 가능하다. 적어도 특정 시간 동안에는 집단의 압력에 대한 저항, 비타협적인 행동, 자율적인 사고 자세를 유지하는 것이다.

4) Csikszentmihalyi의 체계모델

Csikszentmihalyi(1989)의 체계모델도 통합적 접근에 해당되는데 그에 의하면 창의성은 개인과 그들의 산물은 사회 환경 및 역사적 배경의 관점에서 고려되어야 한다고 주장하였다. 창의성은 결코 개인의 행동만으로 이루어지는 결과가 아니라 영역(domain), 개인(individual), 분야(field)의 세 시스템 간의 상호작용에 의해 나타나는 현상이기 때문이라는 것이다(최인수, 2000).

(1) 영역

선별된 새로운 아이디어나 형식을 보존하고 다음 세대로 전달하는 안정된 문화적 영역을 말한다. 창의적인 아이디어로 발전하게 될 정보는 창의적인 사람의 등장이 있기 훨씬 전부터 존재해 있는데, 이 정보는 문화의 상징 시스템, 즉 관행, 언어 및 각 특정 영역의 기호 내에 저장되어 있다.

(2) 개인

영역 내에서 창의적이라고 간주하게 되는 변화를 야기하며 문화로부터 유래된 정보의 변화를 발생시키는 이 시스템은 선천적 혹은 후천적인 인지적 융통성, 보다 끈질긴 동기, 인생에서의 드문 사건의 경험 등에 의해 발생될 수 있다.

(3) 분야

개인들로부터 야기되는 변화들에 대해 보존 가치가 있는 것들을 선별하고 영역으로 통합하는 사회적 제도를 말한다. 이 분야는 영역에 영향을 미칠 수 있는 모든 사람들이 이에 속한다. 예를 들면, 미술 분야의 경우 미술가, 미술사학가, 미술가의 개인적 명성을 성립시키는 미술평론가, 미술가와 작품을 살아남게 하는 수집가, 화랑주인 및 박물

관장 등이 있다.

이상에서와 같이 통합적 이론에 입각하여 창의성을 설명한 대표적인 통합적 접근 모델로 Amabile의 요소모델, Sternberg와 Lubart의 투자이론, Urban의 창의성 요소 모형, Csikszentmihaly의 체계모델 등을 살펴보았는데 이들 통합적 개념모형의 특징은 창의성은 인지적 능력과 정의적 특성 그리고 환경적 요인이 서로 상호작용하여 창의성을 나타내는 것으로 보고 있음을 알 수 있다. 인지적인 면으로는 관련지식 및 기능, 지적 능력, 사고양식, 확산적 사고활동, 지식 및 사고기반 등으로 나타났으며, 정의적인 면은 과제동기, 인성적 특성, 동기 및 동기화, 과제 집착력, 개방성, 참을성 등을 제시하였다. 또한 환경적인 면으로는 창의적인 환경, 아이디어를 지원하는 환경, 분야, 영역 등을 들었다. 이 가운데 모든 이론에서 공통적으로 언급한 인지적인 요인은 사고능력(지적 능력)과 지식 요인이었으며, 정의적인 영역에서는 인성적인 측면과 동기가 강조되고 있음을 알 수 있었다. 또한 환경적인 면이 공통적으로 언급되고 있는데, 환경적인 영역은 아이디어를 지원해 주는 창의적인 환경이 창의성 발현에 꼭 필요한 변인임을 알 수 있다.

제 2 절 창의성 관련변인

1. 지능과 창의성

IQ검사들의 기준을 이용한 초기 연구는 개인들이 창의성을 발현시키기 위해서는 특정 수준의 지능을 갖출 필요가 있다고 지적한다. 그러나 일정수준 이상(약 120) 지능과 창의적 행동 사이에 뚜렷한 상관관계가 없다(Barron & Harrington, 1981; 유경훈 · 김청자, 2008; 박병기 · 유경순, 2000). 최근 몇 년간 몇몇 이론가들은 지능의 다양성을 주장해 왔다. Gardner(1983)에 의하면, 사람들은 음악적, 신체-운동 자극적, 대인 관계적, 개인적 지능과 같은 것들에 대한 지능이 저마다 다르게 나타난다고 하였다. 나아가 그는 각각의 지능은 그림, 무용, 심리와 같은 특정 창의성의 발현과 관련된다고 주장한다.

한편, 서번트 신드롬 같이 한 분야에서 특별한 재능을 나타내는 사람들의 지능이 매우 낮은 경우도 앞으로 연구되어야 할 주제다. 핑리안의 경우 IQ는 70 이하이지만 그림은 매우 독창적이다(EBS, 2007).

2. 성격과 창의성

어떤 연구자들은 기질적 성격 유형이 창의성을 이끌어 낸다고 주장해 왔다. 몇 년간 수많은 연구자들은 이 유형을 밝히려는 노력으로 연구를 수행해 왔다(Martindale, 1989; Simonton, 2000). 이 연구는 창의적인 사람들은 독립적이고, 반사회적이고, 비형식적이며 심지어는 그들의 방식에 있어 자유분방한 기질이 있다는 것을 지적한다. 게다가 그들은 넓은 영역의 관심과 새로운 경험들에 대해 훨씬 개방적이며, 눈에 띄는 행동적이며, 사고가 융통성이 있고, 더 많은 위험을 부담하려는 경향이 있다(Simonton, 2000). Gelade(1997)의 연구는 경험에 대해 더 개방적이며 통제상황에서 창의적 개인들은 더 신경과민적이었다는 것을 발견하였다.

자극 추구동기가 높은 사람들은 동기가 약한 사람들보다 더 창조적인 경향이 있다는 Zuckerman(1979)의 발견은 창의성이 자극 추구자들로 하여금 다양성과 변화에 대한 그들의 욕구를 만족시켜 주는데 도움을 준다고 주장한다. 자극 추구와 창의성 사이에 겹쳐진 부분을 가정해 보면, 그 두 가지는 같은 시스템에 기초하는 것이 확실하다.

3. 학습된 인식 요소

Debono(1970, 1987)는 창의성에 대해 광범위하게 저술해 왔고, 뇌가 예측능력을 일관성있게 독립적으로 진화시켜 왔다는 견해를 취해 왔다. 유기체들이 그들의 환경을 탐험할 때, 그들은 자극의 다양한 요소들을 함께 연결시킨다. 이것은 그들로 하여금 오직 한 요소만을 보았다 하더라도 뒤에 올 자극의 이미지를 형성시킬 수 있게 한다. 예를 들어, 토끼는 사냥개의 몸 전체가 아닌 단지 머리만 보는 것으로도 판단이 가능하다. 분명히 이는 고도로 적응된 것이다. Debono는 우리가 요소들을 단지 전체의 부분들로만 본다면 그것들을 다른 방식들로 결합시키는 것은 매우 어려우며, 사람들이 어떻게 요소들을 재결합시키는 것을 배울 수 있을지에 대해 연구하여 이러한 사고를 발달시키도록 돕는 연습과제를 구상하였다.

Langer(1989)는 창의성 부족을 설명하기 위해 이와 흡사한 연장선상의 추론을 사용했다. 그녀는 우리 행동들의 많은 부분이 습관적이게 되고, 자동적이고, 무의식적으로 처리된다고 주장한다. 결과적으로, 우리는 사려 깊은 방식보다는 생각 없이 행동을 하게 된다. DeBono처럼 그녀는 우리가 일상적인 일들을 수행할 때는 그것들에 대한 적극적인 사고 없이 고도로 습관화된 상태라는 것을 인정한다. 그 중에서도 특히, 이런 습관화는 우리 뇌가 다른 것들에 초점을 두도록 자유롭게 한다. 그러나 아주 깊이 스며든 습관을 갖는다는 것은 그것들이 우리의 행동을 통제하게 될지 모른다는 것이다. 그러나 우리 환경이 변할 때, 우리는 계속해서 같은 반응들을 보인다. 심지어는 그 반응들이 더 이상 적합하지 않더라도 그렇다. 우리의 일상적인 행동 양식을 깨기 위해서 우리는 주의를 기울이는 것이 필요하다. 그런데 우리는 어떻게 주의를 기울일까? Langer는 그 첫 번째 단계는 다른 행동을 선택할 수 있다는 것을 인식하게 되는 것이라 주장한다. 그 다음 단계는 우리의 대안들이 무엇인가를 생각하는 것이다. 이는 우리 상황 판단에 기초한 대안을 생성해 내는 것을 말한다. Langer는 사람들이 의지로 주의를 기울이게 될 수 있다고 믿는다. 이것은 사람들이 창의적이 되도록 학습될 수 있다는 DeBono의 확신과 같은 입장이다.

4. 심리적 환경과 창의성

Mumford와 Gustafson(1988)은 일반 사람들도 특정 조건에서는 창의성을 드러내는 것에 대하여 연구하였다. 예를 들어, 만약 사람들이 창의성이 기대된다는 것을 알면, 그들은 규준에서 벗어난 생각방식인 창의성을 더 잘 수행할 것이다(Harrington, 1981; Torrence, 1965). 사람들이 질문 또는 자극이 제시되고 대답들이 유용성이나 실용성에 상관없이 가능한 한 많은 생각들이나 연상들을 생성해 내도록 요구받는다면 더 많은 생각을 제시할 수 있다. 예를 들어, 그들은 분필의 다양한 용도에 대하여 생각하도록 요구받을 수 있다. 확산적 사고의 점수는 그들이 생성해 내는 아이디어의 수와 함께 증가한다. 과학적 생산성은 조직의 풍토가 창조적 노력들을 위해 물리적 지원을 제공하고, 독립적 행동을 격려할 때 향상된다. 많은 연구들은 창의성의 표출에 대하여 자유롭게 받아주는 것과 창의성에 대한 보상은 모두에게 창의성을 표현하게 한다. 긍정적 효과는 사물들을 새로운 방식들로 결합하려는 서로 다른 자극들 사이의 관계를 보려는 경향을 증가시킨다(Isen, Daubman, & Nowicki, 1987). 환경에 관심을 갖기 시작한 이후 국내의 몇몇 연구들에서 가정과 학교, 사회환경이 창의성과 상관이 있음도 나타내는 결과를 제시하였다(박숙희, 1991; 김정원, 2005; 한순미, 2006; 유경훈 · 강순미, 2009; 유경훈, 2009).

5. 동기의 중요성

Simonton(2000)의 연구에 의하면 어려움에 직면하거나 새로운 상황들을 다루어야 할 필요에 직면한 사람들이 더 창의적이라고 판단될 수 있다. 이 연구는 두 가지를 지적한다. 첫째, 사람들이 강제적으로 새로운 상황을 처리해야 할 경우, 그들은 생각과 행동의 오래된 방식을 버려야 한다. 그들은 과거의 사회화에 의해 강요받지 않고, 새로운 방식들로 생각할 수 있어야 한다. 둘째, 역경에 직면했을 때, 인내의 중요성을 배운다(Simonton, 2000). 예를 들어, 한 사람이 직업을 갖지 못하다 마침내 성공하게 되었을 때 그 성공이 계속해서 노력한 대가라는 것을 배운다.

창의성에 있어 동기의 역할은 아무리 강조해도 부족하다(Runco, 2005). 동기를 부여하는 것은 단지 역경만이 아니다. 라이트 형제의 경우, 이전에 아무도 해 본 적 없는 무언가를 하려는 열망, 비행에 대한 열망이 그 동기였다. 예술가들에게 있어서 동기는, 단순히 생각이나 감정을 전달하려는 열망일지 모른다. 왜 일부 사람들은 다른 이들에 비해 좀 더 창의적이도록 동기를 부여받는지는 정확하지는 않지만 아마도 우리 유전자 속에 그 원인이 있을 수도 있다. 유경훈(2005, 2006, 2007)의 연구결과에 의하면 초등학교 아동의 경우 창의적 사고능력과 창의적 성격은 내 · 외적 동기, 자기결정성 동기, 성취목표 동기 등에서 상관이 있는 것으로 나타나 창의성에 대한 동기의 중요성을 입증하였다.

6. 보상과 창의성

몇몇 연구자들은 외재적 보상은 내재적 동기의 발달을 저해한다고 주장해 왔다. 따라서 외재적 보상은 창의성을 저해한다고도 주장되었다. 그러나 Eisenberger와 Cameron(1996)은 이에 동의하지 않으며 사람들이 한 가지 과업의 높은 창의성에 대해 반복적으로 보상을 받을 때, 차후에 일어나는 창의성은 향상된다(Eisenberger & Selbet, 1994)고 하였다. 사람들이 낮은 수준의 창의성에 대해 반복적으로 보상받을 경우에만 보상은 차후의 창의성을 경감시키는 것 같다. 창의성을 향상시키는 핵심은 높은 수준의 창의적 산출을 조건으로 보상을 제공하는 것이다.

Eisenberger와 Cameron을 비평하는 사람들은 보상의 유해한 영향들이 오직 제한된 조건에서만 발생한다고 주장하는 것은 잘못된 것이라고 지적했다. 비평가들은 Ryan과 Deci가 지적한 이유 때문에 보상이 대체로 창의성을 해친다고 주장한다(Hennessey & Amabile, 1998). 최근 보상이 어떤 형태로 주어지는가에 따라 창의성에 미치는 영향이 다르다고 주장하는 연구들이 제시되었다. 일반적으로 유경훈(2009)의 연구에 의하면 창의성 수행에 대한 언어적 보상을 실시한 경우 그렇지 않은 집단보다 창의적 사고력과 창의적 인성 점수가 의미있게 증원하는 것으로 나타났다.

정보제공적인 보상이나 과정수행에 대한 언어적 보상 등은 모두 창의성을 신장시키는 것으로 나타났다.

7. 출생순서와 창의성

출생순서와 가족에 대해 다룬 저서에서 Sulloway(1996)는 가족 내에서 출생순서가 늦는 아이들이 첫째들보다 더 창의적이라는 근거를 제시한다. 그는 첫째들은 부모님들의 관심의 초기 수용자인 경향이 있기 때문에 다른 형제들이 태어나 가족에 영입될 때, 그들의 특별한 가족 내 위치를 지키려고 고도로 동기를 부여받는다고 주장을 한다. 첫째 아이들은 부모의 기대에 따름으로써, 또한 가족의 전통들을 수행함으로써 자신의 위치를 지킨다. 한 마디로, 이들은 그들의 가족 내 지위를 유지하려고 노력한다. 후기 출생자들은 첫째들에 의해 차지되어 버린 특권적 위치로부터 배제되었음을 느껴서

장자들의 지배력에 반항하려는 경향이 있고, 스스로 인정받을 수 있게 해 줄 그리고 특권을 제공해 줄 전략들을 고안한다. 따라서 후기 출생자들은 형식들과 관습들에 반항하려는 창의적 능력들과 경향이 길러진다. 이는 후기 출생자들이 경험에 대해 개방적인 특성을 갖는 경향이 있으며, 형식에 얽매이지 않고 모험적이며, 반항적인 것과 관련된 성격적 특성을 갖기 쉽다. Sulloway의 연구에 의하면 후기 출생자들은 첫째들에 비해 개혁기 동안 46배나 더 많이 화형에 처해졌으며 개혁 좌파인 쪽이 개혁 우파보다 약 18배 더 많은 것으로 보고되었다. 그러나 국내의 경우 출산경향이 낮아지며 거의 외동 아이들과 두 자녀를 출산하는 분위기에 출생순위에 따른 창의성이 어떠한 연관성이 있는지에 관한 연구는 더 살펴보아야 할 주제이다.

8. 지식

새로운 대안들을 위해서 조직화 정보와 기본 지식이 필요하다. 생각은 저절로 떠오르지 않는다. 그것들은 전형적으로 기존에 지니고 있는 정보를 종합한 결과다(Langley, Simon, Bradshaw, & Zytkow, 1986; Runco, 2005). 따라서 창의성은 적당한 지능과 관련이 있는데 기본 지식을 위해서는 기본적 지능수준이 필요하기 때문이다. 기본적 지능수준을 가정한다면, 창의적이지 않은 사람들로부터 창의적인 사람들을 구별해 내는 것은 정보 수집과 기본적 지식을 얻고자 하는 동기의 정도다.

최근에 필수적인 기초 지식의 제공 없이 창의성을 가르치는 것이 유행이 되고 있다. 사람들은 아이들에게 창의적 이야기를 쓰도록 유도하거나, 문제들을 해결하도록 도울 교사를 고용한다. 창의성이 지식과는 독립적이라는 것은 잘못된 생각이다. 만약 우리의 지식에 깊이가 없다면, 우리 창의성은 피었다가도 곧 죽을 것이다. 마치 꽃이 그것에 영양을 줄 토양 없이는 죽는 것처럼 말이다.

새로운 생각들은 대개 기존 생각의 퇴고, 확장, 또는 새로운 적용이다. 예를 들어, Apple computer사의 Steve Jobs와 Steve Wozniak은 최초의 개인 컴퓨터를 창조해 내기 위해 다양한 출전들에서 아이디어들과 기술을 이용했다(Young, 1988). 재즈 작곡가인 Dave Brubeck은 그의 최고 흥행한 노래들의 일부를 생산해 낼 때 쇼팽과 일본음악으로부터 기본 주제를 차용했다(Calgary, 1997).

9. 통합과 판단의 보류

통합은 하나의 전체를 창조하기 위해 다양한 요소들을 한데 모으는 것을 수반한다. 통합은 어떻게 일어날까? '통합'이라는 것은 우리가 '통찰'이라고 부르는 것 또는 '창의성'이라고 하는 것을 통해 동시에 일어난다. '어떻게 하면 더 창조적이게 될 수 있는가'에 전문가인 DeBono(1970, 1987)에 의하면 매우 논리적 방식으로 접근될 수도 있다. Debono는 뇌를 양식 간의 중복적 요소를 찾아내는 고지능 문제해결체로 개념화시킨다. 뇌가 그 중복점을 찾아낼 때, 뇌에 새로운 양식이 나타난다.

DeBono에 따르면, 우리는 고의로 뇌 속의 다양한 패턴들(방식/ 양식)을 활성화시킴으로써 중복되는 요소를 찾아내는 이 과정의 속도를 높일 수 있다. DeBono는 이것을 후천적 사고라고 부른다. 우리는 새로운 패턴들이 나타날 때, 새로운 패턴이 나타나자마자 이것은 즉시 새로운 무언가로 인식될 것이며, 그 새로운 패턴과 기존 패턴의 공통점을 찾아가는 과정이 필요하다. 초기 이론가들이 창의성을 "아하" 또는 "통찰적 경험"으로 묘사했다는 것에 주목해야 한다. 이 현상은 사람들이 갑자기 본질적으로 다른 두 가지가 그들의 특정 · 공통적 특성들을 공유하기 때문에 관계가 있다는 것을 인식할 때 발생한다.

뇌가 패턴들 간의 중복되는 것을 찾아내도록 설계되었다는 개념은, 창의성은 애매모호함을 기꺼이 참아 내는 것과 연결된다는 주장과 일치한다. 그 모호함을 인내하는 것이란, 관련 없어 보이는 여러 정보들을 동시에 생각해 내는 것이다. 또한 이 개념은 창의성과 정보에 대한 개방성과 일치한다. 뇌에는 항상 새로운 정보를 이전의 정보와 중복되는 것을 찾으려는 조사활동이 존재한다.

확산적 사고는 문제해결을 위한 대안들을 찾기 위해 사용할 수 있다. 생각이 떠오르도록 인내심을 갖고 기다리는 것 대신 종종 과거 경험을 사용하여 가능성을 적극적으로 생산한다. 만약 내가 지붕 위에 올라간 공을 빼내기를 원한다면, 나는 다양한 가능성들을 생각해 낼 것이다. 그런데 가장 확실한 방법은 사다리가 될 것이다. 사다리가 없다면 나는 더욱 창의적이게 되어, 거기에 돌을 던지는 것이나, 정원의 호스로부터 나오는 수력을 이용해 공을 몰아 내는 것, 집에 가까운 나무를 타고 올라 지붕으로 뛰어내리는 것, 헬리콥터를 부르는 것 등의 가능성들을 생각해 낼 것이다. 이러한 대안들 중에서

적절한 것을 선택할 수 있다.

판단을 내리는 것은 창의적 사고를 방해한다. 즉, 종합하는 것을 막는다(Strickland, 1989). 자신의 의견이 비판받는 경우 사람들은 종종 창의성을 발휘하는데 어려움을 겪는데 그 이유는 그들은 시기상조의 판단을 내림으로써 창의성 과정을 단축시키는 경향이 있기 때문이다. Langer(1989)는 성급한 판단들을 부주의함의 원인이자 특성이라고 했다. Hobson(1988)은 꿈(창의적으로 이야기를 꾸며내는 것의 일종)을 꾸기 위해서 사람들은 자아통제 또는 자아 반성 시스템들을 무시할 필요가 있다고 주장한다. 내성적인 것과 자아중심적인 것은 좋은 결정을 내리는 것을 방해할 수 있다. 다양한 해결책에 관한 아이디어들이 자연적으로 발생될 수 있도록 우리는 뇌를 구속에서 자유롭게 할 필요가 있다.

놀이하는 듯한 태도를 수용하는 것은 판단을 보류시키는 좋은 방법이다. 놀이의 참된 본질은 목표를 성취하거나 종결점을 찾을 필요가 없이 즐기는 것이다. 놀이는 우리로 하여금 불확실성과 모호함을 다루게 하고 공상에 가입시킨다. 가장 순수한 형태에서 창의성은 판단을 완전히 보류한다.

제 3 절 창의성 학습과 발달 경향

1. 창의성 발달기법

만약 뇌가 정보를 종합하도록 구조가 되어 있다면, 우리 머릿속에 어떤 정보들을 단순히 열거함으로써 창의성을 향상시키는 것이 가능해야 한다. 많은 자료들이 이 주장을 뒷받침한다. 창의성을 증진시킬 수 있는 기법들을 소개하면 다음과 같다.

1) 시네틱스(synectics) 기법

이 기법은 상관없는 것끼리 연결시키는 방법이다. 몇몇 연구에서 사람들에게 관계가 없는 연상단어들을 제시하면 더 창의적 성과를 생성해 낸다는 것을 밝혔다(Gough, 1976; Mackinnon, 1962). 적당히 관련성이 없는 연상은, 단어들 간에 거의 중복되는 것이 없는 고도로 관련성이 적은 연상에 비해 단어들 간에 약간의 중복되는 경향이 있는 것을 뜻한다. 예를 들어, 건물을 설계하는 맥락에서 "피라미드"와 같은 단어는 "배"와 같은 단어보다는 적당히 관련성이 있다. 건물을 설계할 때 피라미드와의 관련성을 상상하기란 그리 어렵지 않으나 배와의 관련성은 훨씬 더 불명확하다.

DeBono(1987)에 의하면, 개인들에게 관련성이 적은 연상을 하도록 격려하는 연습들은, 그들의 창의성을 촉발시켜 줄 수 있다. 그는 수많은 그러한 연습들을 고안해 냈다. 만약 이러한 연습들을 해결하기 위해 사용되는 기술들이 익숙해지게 되면 사람들은 창의적이게 되는 것을 배울 수 있다. 이 이론은 창의적인 전문가의 꿈이 덜 창의적인 전문가의 꿈보다 더 받아들이기 어렵고, 비현실적 이었다는 발견과 일치한다(Sladeczek & Domino, 1985).

2) 브레인스토밍(brainstorming) 기법

브레인스토밍은 최초로 그룹의 문제해결을 촉진시키기 위해 작은 그룹들에 도입되었는데, 산업과 조직에서 매우 인기 있는 방법이다(Farr, 1990). 브레인스토밍은 사람들에게 교육되면 창의성 발현에 매우 유용하다(Simonton, 2000). 인터넷을 이용하면 먼 거리의 사람들 사이에서도 브레인스토밍을 할 수 있다. 브레인스토밍은 아이디어 생성과 관련되는 기법으로 전형적으로 브레인스토밍은 어떠한 의견도 어리석다거나 우스꽝스럽다는 판단을 해서는 안 된다. 사람들은 평가되지 않는 분위기에서 자유롭게 연상하도록 격려될 때 더 많은 아이디어를 생산해 낸다. 처음에는 바보스럽고, 심지어는 우스꽝스러운 생각들은 종종 더욱 실행 가능한 생각들을 생산해 내도록 자극한다.

〈브레인스토밍〉의 4원칙

① 부정적인 감정이 사고를 저해하므로 비판은 절대 금물이다.
② 허황되고 비현실적인 내용까지도 수용되는 자유분방한 분위기가 이루어져야 한다.
③ 일정 시간 동안 많은 아이디어를 산출하는 질보다 양이 우선시 된다.
④ 다른 사람의 아이디어에 편승하여 수정 및 첨가할 수 있다.

3) 스캠퍼(scamper) 기법

하나의 대상을 다양한 변형 · 수정을 가하여 새로운 것으로 변화시켜 보는 기법이다.

S : 대치하기(Substitute) — 무엇을 대신 사용할 수 있을까?

C : 결합하기(Combine) — 무엇을 결합할 수 있을까?

A : 동화시키기(Adapt) — 조건이나 목적에 맞게 조절할 수 있을까?

M : 수정하기(Modify), 확대하기(Magnify), 축소하기(Minify) — 색, 모양, 형태 등을 어떻게 바꿀 수 있을까?

P : 다르게 활용하기(Put to other uses) — 다른 용도로 사용할 수 없을까?

E : 제거하기(Eliminate) — 무엇을 삭제, 제거할 수 없을까?

R : 재정리하기(Rearrange), 순서바꾸기(Reverse) — 어떻게 순서를 바꿀 수 없을까?

2. 창의성의 발달 경향

창의성은 소수의 뛰어난 사람들만이 가지는 독특한 특성이 아니라 모든 인간에게 내재된 보편적인 특성이라고 보는 견해(Cropley, 1999; Lubart, 1994)가 지배적이다. Cropley(1999)는 아동기의 창의성에 대한 일반적인 견해들을 종합하여, 아동들이 그린 그림과 지어낸 이야기들과 가상놀이 등에서 창의성을 찾아볼 수 있다고 하였다. Gardner는 창의적인 인물들의 전기를 분석하여 이들이 아동기부터 창의적인 특성이 나타났음을 지적하였다. Anderson은 “아동에게 창의성은 보편적인 특성이다.”라고 하였으며, Gowan과 Demos는 “아동은 원래 창의적이고, 단지 그것을 표현할 올바른 환경만을 필요로 한다.”고 하였다(하주현, 1999).

Crabbe(1984)와 Sternberg(1984)는 “창의성 발달에 대해서는 초등학교 시기가 결정적이다.”라고 하였으며(조성연, 1990), Amabile(1989)은 “모든 아동들은 창의적일 수 있고, 성인이 되어서도 창의성을 그대로 유지할 수 있다. 단지 이러한 창의성이 유지되기 위해서는 동기유발이 매우 중요하다.”고 하였다(전경원, 2000). 이와 같이 많은 학자들은 아동기가 창의성을 나타내는 시기이며 창의성을 발달시켜야 할 중요한 시기임을 강조하고 있다.

Piaget의 인지발달 단계에 따르면 구체적 조작기에 해당하는 초등학교 시기는 탈중심화, 논리적 조작, 인과관계의 유추, 수직, 수평 등의 공간개념이 발달하는 시기다. 아동들의 사고는 인지가 발달되고 보다 사회 중심적인 사고를 하게 됨으로써 자기중심성을 벗어나며 따라서 아동의 아이디어는 자발적이고 자유스러운 상태에서 정확하고 현실적인 아이디어로 바뀌게 되며 외부세계에 대한 호기심이 활발해지는 경향을 볼 수 있다.

Rosenblatt와 Winner(1988)는 아동의 창의성 발달단계를 인습 이전 단계, 인습 단계, 인습 이후 단계로 구분하였는데 초등학생들에 해당하는 인습 단계(6, 8세~10, 12세)에서는 참신한 산출에는 좀 더 향상된 사고가 포함되지만 점차적으로 비판적이고 평가적인 기술이 발달하며, 규칙을 따르게 되므로 산출물은 어느 정도 외적 기준에 의해 형성되는 경향이라고 볼 수 있다(김미란, 2005).

Taylor(1975)는 창의성 발달을 5단계로 표현하였는데, 표현적 자발성(expressive spontaneity : 6세까지), 기술적 유능성(technical proficiency : 6세에서 12세), 발명적 재능(inventive ingenuity : 13세에서 20대), 혁신적 융통성(innovative flexibility : 20대 후반에서 30대 후반), 발현적 독창성(emergentive originality : 50대 후반에서 80대 후반)의 단계로 구분하였다(한순미 외, 2005). 아동기에 해당하는 기술적 유능성은 지식, 기법, 기술 등의 숙달을 의미하는 것으로 지식과 기술의 획득은 아동들의 학교생활과 관계가 있으며 아동들은 이 시기에 이러한 영역의 숙달기회를 갖는 시기라고 볼 수 있다.

이와 같이 학자들에 따라 창의성의 발달단계가 약간의 차이는 있으나 대체로 초등학교 시기는 기존의 외부세계를 무시하는 자기중심적인 사고의 창의적 특성에서 벗어나 외부세계에 대한 지식, 기술 등을 익히는 시기이며 사고가 발달하여 좀 더 현실적인 것에 관심을 갖고 호기심을 발달시켜 나가는 단계로 창의성이 발전되고 있음을 알 수 있다. 또한 아동의 창의성은 창의적 사고능력뿐 아니라 창의적 인성적 특성도 지니고 있음을 알 수 있다. 즉, 창의성의 발달단계로 볼 때 특히 아동기는 창의성의 결정적 시기(Torrance, 1962)이며, 창의성의 내적 강화의 시기(Lesner & Hillman, 1983)로 강조되고 있다.

Torrance(1979, 1984)는 창의적 사고력 검사의 도형검사와 언어검사를 이용하여 유치원 연령부터 성인까지를 대상으로 검사를 실시하여 연구를 실시한 결과 아동의 창의성은 초등학교 4학년과 중학교 1학년에서 현저히 감소하는 발달상의 불연속이 나타나며, 그 발달경향은 문화마다 다양하다고 지적한 바 있다. 또한 그는 창의성의 어떤 능력은 빠르게, 어떤 능력은 느리게 발달하면서 유치원 연령에서 성인 연령까지 계속적으로 발달한다고 하였다(하주현, 2001).

유연옥(2003)은 초등학교 1~6학년까지의 아동 458명을 대상으로 창의성 발달을 살펴보았다. 초등학교 1~3학년까지는 발달곡선을 그리다가 4학년 때 하강하며 5학년부터 상승하는 경향을 나타내었다. 이은해와 조성연(1985)은 초등학교 1학년에서 6학년 아동 288명을 대상으로 TTCT검사를 사용하여 창의적 사고능력의 발달경향성을 조사한 바 있다. 연구결과 창의적 사고는 1~3학년에 급격한 증가를 보였으며, 3 ~6 학년은 완만한 증가로 통계적인 의미가 없었으며, 부분적으로는 오히려 유창성은 5 학년, 추상성은 6 학년에서 하강을 나타내는 경향이었다. 우종옥(2003)은 3500명의 초등학생의 창의적 능력과 창의적 인성을 측정하였는데, 창의적 인성은 학년이 올라감에 따라 증가되는 경향이었으나, 창의적 능력은 4 학년까지 증가하다가 5학년에서 낮은 점수를 보이다가 6학년에 와서 다시 상승하는 경향을 보이기도 하였다. Carroll(1979), 하주현(1999)의 연구에서는 창의적 사고와 창의적 인성의 발달경향성을 살펴보았는데 초등학교 2학년에서 중학생까지 계속 높아지는 경향으로 나타났다.

창의성은 유아기에서 성인기까지 꾸준히 발달하는 경향이며, 아동기에 급진적으로 발달한다는 주장과 함께 학령기에는 발달이 불연속적인 경향을 띤다는 것이 선행연구들의 종합적인 발달 견해라고 볼 수 있다. 창의성은 누구나 잠재적으로는 가능성을 지닌 것이지만, 유아기, 아동기를 거쳐 발달하는 것이며 청년기, 성인기에는 이러한 창의적인 능력이 유지되는 것으로 본다. 노력의 다양한 영역에서, 주된 노력은 젊은 성인에 의해 이루어지고, 부수적 노력은 중년기에 최고가 되는 경향이 있다(Lehman, 1966).

창의성에 대한 능력이 나이가 듦에 따라 감소한다는 것을 믿는 심리학자들은 거의 없다. 중년기의 사람들은 우수한 지식기반이 있으므로 그들은 주요 공헌을 할 수 있다. 그들이 종종 부수적 공헌을 잘 한다는 사실은 그들이 복잡한 문제를 다루는 능력을 가지고 있다는 것을 입증한다. 마지막으로, 많은 연구물들이나 증거자료는 나이든 사람들이 그들의 삶 전반에 거쳐 고도로 창의적인 상태로 있다는 것을 제시한다.

그러나 동기부분에서 젊은층과 중년층의 차이가 있는 것으로 보인다. 예를 들어, 사람들이 중년기가 되면서 그들은 실용적 성취에 가치를 두게 되는데, 이는 아마 그들이 젊은 사람들보다 더 경력개발에 대해 걱정하기 때문일 것이다(Vaillant, 1977). 자료는 또한 아이디어들의 생성은 중년보다는 젊은이에게 더 중요하다는 것을 지적한다.

관련 없는 것들의 연합능력은 어떠한가? 젊은 사람들의 아이디어 창출은 기본적으로 동기의 문제일지 모른다. 젊은이들은 종종 많은 고지능 창의적 해결책을 내놓는다. 그런데 중년층들은 보다 실용적인 해결책들을 생산해 낸다. 경험을 토대로, 이 사람들은 어떤 유형의 연상들이 더 높은 보수를 받을 수 있는지를 배웠을 것이다(Owens, 1969).

영재아를 위한 성인의 역할

제 13 장

제 1 절　부모와 가정환경
제 2 절　교사의 전문성 개발

제1절 부모와 가정환경

1. 영재 자녀에게 권한을 부여하는 문제

비범한 언어 능력과 추론적 사고 능력을 보이는 아동들은 또래보다 총명하고 성숙해 보인다. 이들은 이러한 뛰어난 특성으로 인해 또래들과 같은 경험을 하지 못하는 경향이 있다. 부모들은 자녀의 풍부한 어휘력과 독해력 때문에 자녀에게 이상적인 환경을 조성해 주고 싶은 욕심에 매우 빨리 영재 아동의 진로를 결정해 버리는 경우가 많다.

바람직한 영재 부모의 역할에 관해 Ginsberg와 Harrison(1977)은 “영재아에게 훈련이 필요할 때 훈련을 시키고 방향 제시가 필요할 때는 적절하게 지도해 주어라. 그의 지적 능력이 우수하다고 해서 그에게 특권을 부여해서도 안 되고 용납하기 어려운 행동을 용인해서도 안 될 것이다.”라고 주장하였다. 성공적인 성취를 이룬 영재아들은 자신의 학교교육 기간 동안 부모와 교사들이 진로지도를 잘해 주었으며 그들의 안내에 따른 것이 현명한 결정이었다고 생각하게 될 것이다.

영재 아동에게 성인이 가지고 있어야 할 특정 문제에 대한 의사결정권을 부여하는 것은 바람직하지 않다. 부모가 너무 일찍 권한을 주고 뒤늦게 이를 되찾으려고 하는 과정에서 부모와 영재아 사이에 심각하고 지속적인 갈등이 초래될 수 있다. 이러한 과정에서 아동들은 부모에게 완강히 반항하게 되고 결국에는 아동의 교육에 가치로운 긍정적인 가정환경을 잃게 될 것이다.

Baldwin(1988)은 이런 아동을 ‘뿔난 아이’라고 묘사하면서 지나치게 방임된 아동들은 힘에 대한 부적절한 관념을 가지게 된다는 점을 지적하였다. 방임의 원인이 무엇이든지 간에 그것은 자신이 원하는 것을 얻는 것은 자기의 권리라는 신념과 부모를 이길 수 있다는 인식을 갖게 한다. 이러한 것들은 삶의 과정에서 일과 대인 관계에 있어 부정적인 영향을 미칠 수 있다.

2. 긍정적 기대

긍정적 기대를 가지고 부모의 역할을 하는 것은 영재 아동을 성공적으로 안내할 수 있다. 만일 부모를 통해 높은 성취, 긍정적인 태도, 건설적인 행동이 기대된다면 이는 아동에게 긍정적으로 내면화될 것이다.

부모는 아동이 공감할 수 있는 분명하고 일관적 메시지를 전달해 주어야 한다. 피아노 연주자, 조각가, 수학자, 신경학자 등의 재능 발달에 관한 Bloom(1985)의 연구에 의하면, 그들은 공통적으로 일찍부터 부모에게서 매우 분명한 메시지들을 전달받았다. 예를 들어, 그들의 부모들은 성취, 성공, 항상 최선을 다하는 것 등을 끊임없이 강조하였다.

Csikszentmihalyi는 수학, 과학, 음악, 스포츠, 미술 분야에서 특수한 재능을 가진 고등학생 210명을 대상으로 한 연구에서 피험자들은 지원을 해 주고 도전감을 제공해 주는 가정환경 속에서 가장 동기화된다는 것을 발견하였다. 그는 지원은 하지 않으나 도전감을 제공하는 가정, 도전감은 제공하지 않으나 지원해 주는 가정, 지원도 도전감도 제공하지 않는 가정의 학생들과 지원과 도전감을 모두 제공하는 가정의 학생들을 비교하였다. 그 결과 지원과 도전감을 모두 제공받은 가정의 학생들이 학습에 대한 내적 흥미가 더 많았으며 공부하는 동안 주의집중을 더 잘한 것으로 나타났다(Adler, 1991).

3. 이중적 메시지

학습이나 학교 생활의 중요성, 개성 존중, 적당한 휴식과 놀이의 필요성 등에 대한 부모의 호응은 긍정적이고 성취 지향적인 분위기를 촉진시킬 수 있다. 그러나 이러한 일들에 관해 지나치게 이중적인 메시지거나 반쪽 진리의 메시지를 주는 것은 아동 문제의 원인이 될 수 있다. 이중적 메시지(double message)는 한쪽 부모가 두 가지의 모순적인 메시지를 주거나 부모가 서로 상반되는 메시지를 주는 것이다.

1) '괜찮아 - 안돼'

혼란스러운 '괜찮아 - 안돼' 메시지는 사과하는 방법이나 용서와 호의를 받아들이는 방법을 배우는 데에도 좋지 않게 작용한다. 부모가 이러한 메시지를 주는 경우 아동들은 "다음에는 열심히 할게요."라는 말을 하거나 사과만 하면 모든 것이 해결될 수 있다는 것을 배우게 된다. 그 결과 이런 전략을 사용하는 영재아들은 학교와 가정에서 유창한 변명꾼이 될 수 있다. 예를 들어, 공부를 안하고 시험을 본 후 그들은 핑계를 대고 사과를 할 것이고 교사는 이를 믿게 되며, 가정에서 배운 것과 동일한 속임수가 교실에서도 나타난다. 이러한 상황은 부모와 교사, 그리고 영재아 자신을 혼란시키는 결과를 초래한다.

2) '잘했어, 하지만 네가 영재라고 생각하지는 말아라'

이 메시지는 적응을 잘하는 아동으로 키우고자 하는 부모들이 주로 사용한다. 그들은 자녀가 반장, 운동선수, 댄스 왕이 되거나 탁월한 리더십을 발휘하고 인기를 얻기를 기대하며, 자녀의 풍부한 어휘력이나 다양한 지적 관심 때문에 사회적으로 잘 적응하지 못하는 '멍텅구리'처럼 보이게 되는 것을 두려워한다.

또한 부모들은 자신의 영리한 자녀가 너무 공부에만 몰두하는 것을 걱정하여 자녀를 영재교육 프로그램에 참가시키지 않으려고 할 것이다. 그들은 자신의 자녀가 경시대회나 학교에서 우수한 성적을 거둔다면 "아주 잘했어, 하지만 네가 영재라고 생각하지는 말아라." 또는 "네가 독서에 관심이 있어서 나는 기쁘단다. 하지만 다른 것도 잘할 필요가 있단다. 축구팀에 들어가는 것은 어떠니?"라고 반응할 것이다.

이런 경우 아동이 책읽기를 멈추고 운동을 시작하여 성취를 이루면 부모는 이제 아동에게 이전과는 다른 새로운 메시지를 전달한다. 그러는 동안 아동은 무엇인가를 우수한 수준으로 성취하는 것에 대한 자신감이 없어지고 현재의 능력으로는 잘 수행하기 어렵다는 것을 느끼게 될 것이다. "성적도 좋지만 친구들과의 관계에 적응을 잘하는 것이 더 좋은 거야."라고 했다가 "인기있는 것도 좋지만, 너는 왜 네 능력만큼 좋은 성적을 받지 못하는 거니?"라는 이중 메시지는 학습부진을 초래할 수 있고 부모와 자녀 간의 관계를 긴장시킬 수 있다.

3) '네가 더 잘할 수 있도록 도와 줄게'

이러한 이중적 메시지는 아동의 영재성에 높은 가치를 두고 자신의 자녀를 역동일시하려는 부모들이 주로 사용한다. 이러한 부모는 아동의 삶을 통해 대리 만족을 얻기 때문에 아동의 성취가 곧 부모의 승리이고 아동의 실패가 곧 부모의 좌절이다. 이런 부모는 아동의 과제 수행에 지나치게 관여한다. 또한 아동이 수행하는 모든 일을 일일이 참견한다. 그러나 이러한 참견의 수준은 부모의 의견을 단순히 제안하는 것이 아니라 아동의 처음 아이디어가 바뀌면서 아동의 과제가 부모의 프로젝트로 바뀌게 되는 것이 보통이다. 그 결과 성인 수준의 프로젝트가 완성되기 때문에 아동은 교사로부터 칭찬을 받거나 상을 받게 되며, 부모는 자녀의 수행에 대해 기뻐하면서도 그것이 자신이 관여한 결과라는 사실에 대해서는 스스로 부인한다.

이러한 경우 불행하게도 아동은 자신의 능력에 대해 의구심을 갖게 된다. 비록 성공적인 결과에 대해 기뻐했지만 자신이 기여한 점이 무엇이었는지에 대해 의문을 갖는다. 무엇보다도 부모가 너무 높은 기준을 설정하기 때문에 아동은 새로운 프로젝트를 쉽게 시작하지 못한다. 그리고 일단 프로젝트가 시작되면 아동은 완벽을 추구하려 하고 이로 인한 부담감 때문에 작업이 지나치게 신중하고 조심스럽게 실행하게 되며, 그 결과 아동은 자신의 능력을 신뢰하지 못하게 된다.

아동은 실패와 무능감을 피하기 위해서 방어적으로 목표를 설정하게 될 것이다 (Covington & Beery, 1976). 따라서 아동은 실패할 염려가 거의 없는 아주 쉬운 과제를 선택하거나 핑계를 대고 완성하지 않아도 되는 아주 어려운 과제를 선택할 것이다. 부모는 자기 아이가 실패하는 것을 원하지 않을 뿐 아니라 아동을 도울 기회가 계속 주어지는 것을 기뻐한다는 것을 알고 있는 아동은 자신의 프로젝트와 활동에 부모가 점점 더 관여하도록 만들 것이다.

역동일시를 하고 있는 부모들이 그들의 자녀에게 주는 이중적 메시지는 "내 아동은 영재다. 그러나 만족스럽게 높은 수준으로 수행을 하기 위해서는 아직 나의 도움이 필요하다."는 것이다. 부모의 그런 호의는 자녀의 자신감과 자발성, 창의적 사고, 독립심을 빼앗는 결과를 초래한다. 아동들은 개인적 성취를 통해서만이 자신감을 얻을 수 있는 것이다.

4) '성적은 중요하다. 또는 성적에는 신경 쓰지 말아라'

성적에 대해 부모가 주는 메시지는 흔히 모순적이고 혼란스럽다. 사회과목에서 100

점을 받을 것을 강조한 부모가 일주일 뒤에 자녀가 80점을 받았을 때 "사회는 원래 아주 난해한 과목이니까 괜찮아."라고 말한다. 더 나아가 선생님, 동료, 형제, 심지어 조부모가 전달해 주는 성적에 대한 모호한 메시지도 아동을 혼란스럽게 한다.

이러한 성적에 대해 부모는 다음의 몇 가지 중요한 사실을 고려해야 한다.

첫째, 성적은 항상 아동의 수행을 평가하는 데에 사용되어 왔으며 좋은 성적을 받을 수 있는 기회가 있기도 하지만 그렇지 않을 수도 있다.

둘째, 아동들은 항상 자신의 성적을 완전하게는 아니더라도 어느 정도 통제할 수 있으며, 항상 교사나 평가자에 따라 결과는 달라질 수 있을 것이다.

셋째, 아동들은 자신이 할 수 있는 최대한의 성적을 받도록 노력해야 한다. 그러나 만일 최선을 다했는데도 결과가 만족스럽지 않다면 아동의 공부습관을 점검해야 한다.

넷째, 만일 성적이 좋지 않은 과목이 있다면 아동들은 다른 기회에 이를 만회할 수 있다는 자신감을 갖고 자신을 실패자로 여길 필요가 없다는 것을 깨닫는 것이 필요하다. 다른 기회란 다른 과목, 다른 학년, 다른 선생님, 나중에 성공하는 것 등이 될 수 있다.

다섯째, 비록 지루하고 따분한 과목일지라도 중요 과목에서 높은 성적을 받는 것은 영재와 재능아들에게 있어서 중요하다. 그러나 모든 과목에서 높은 성적을 받는 것이 그렇게 가치있는 것은 아니다. 체육에서 '수'받는 것은 분명히 좋은 것이지만 스포츠 분야의 직업을 선택할 것이 아니라면 '우' 나 '미'도 괜찮은 것이며 신체 활동을 즐기는 것이 성적보다 더 중요한 목표가 되어야 한다.

4. 부모가 할 수 있는 일

영재아의 부모로서 어떻게 하는 것이 바람직한 것인지에 관해서 이야기하자면 일단 영재아의 부모인 것을 운명적인 것으로 받아들여야 한다. 부모로서 어떻게 하는 것이 항상 옳다고 할 수도 없고, 절대적인 일관성이 필요하다고 말할 수도 없다. 그러나 분명한 것은 아동들에게 문제를 일으키는 원인이 되는 이중적 메시지의 패턴은 피해야 한다는 것이다.

만일 어떤 영재아가 생활을 잘하고 자신의 재능을 표현하는 것을 즐거워하고 긍정적으로 성장하고 있다면 그것은 그들의 부모가 부모로서의 역할을 잘 수행하고 있다는 증거다. 다시 말해 올바른 하나의 방법이란 없다. 그러나 만약 아동들이 스트레스 상황하에 있고 성취 수준이 저조하고 심각한 사회적 문제점을 가지고 있거나 가족과의 관계에서 어려움을 느낀다면 문제의 원인이 무엇인지를 가족구조 내에서 찾아야 한다. 전술한 이중적 메시지와 관련된 몇 가지 문제들은 쉽게 일어날 수 있는 것들이다. 이러한 메시지들에 관해 부모가 분명한 입장을 취해 준다면 분명히 영재아들은 가족관계나 학교생활 모두에서 잘 적응할 수 있을 것이다.

또한, Bloom(1985)은 다양한 분야에서 성공한 사람들은 어린 시절에 공통적으로 다음과 같은 가정환경에서 성장한 것으로 분석하고 있으며, 이는 아동의 잠재능력을 신장시키는 데 부모의 태도가 중요함을 잘 보여 준다.

① 부모가 아동의 재능에 관심을 갖고 이를 발달시키기 위하여 후원과 격려를 보낸다.
② 부모는 아동이 자신의 재능 분야에 참여하도록 조장하고 칭찬한다.
③ 아동의 발달단계에 따른 적절한 계획과 기준을 마련한다.
④ 가족 성원은 아동의 수행에 정보를 제공하는 조력자의 역할을 충실히 한다.
⑤ 부모는 아동의 행동을 관찰하면서 충분한 시간과 충분한 자료를 제공한다.
⑥ 부모는 아동에게 특별한 경험을 제공하고자 한다.
⑦ 부모는 아동의 능력이 발현될 수 있는 일에 참여할 것을 권장한다.

5. 형제 자매 간의 문제

부모가 아동을 양육하면서 흔히 경험하게 되는 것 중의 하나는 형제 자매 간의 경쟁문제인데, 이 문제를 완전히 제거할 수는 없지만 최소화할 수는 있을 것이다. 경쟁의 근본적인 원인은 아동들이 부모의 주목을 받고자 한다는 것이다. 영재 아동을 다른 형제 자매와 비교하는 것은 특별한 다툼이 일어날 소지가 될 수 있으므로 부모와 교사는 특히 주의해야 한다. 이와 관련한 몇 가지 사항을 설명하자면 다음과 같다.

부모들은 먼저 모든 자녀들에게 창의적이고 지적인 발달을 위한 가장 이상적인 기회를 제공해야 한다. 즉 모든 자녀들에게 동등한 기회를 제공해 주어야 한다는 것이다.

흥미와 능력이 부족한 다른 형제가 동일한 활동에 참여할 수 없다는 이유로 인해 영재아동이 좋은 프로그램에 참여할 기회를 주지 않거나 무시해서는 안 된다. 다른 아동에게도 반드시 동일하지는 않지만 동등한 교육의 기회를 제공할 수 있을 것이다.

예를 들면, 한 아이가 주말 컴퓨터반이나 러시아어 캠프에 참여하기를 강력하게 원한다면 다른 형제에게는 음악, 미술, 수영 또는 테니스반에 참여하도록 하는 것이 하나의 대안이다. 아이들은 서로 다른 능력과 요구를 가지고 있으므로 가장 생산적이고 공정한 접근은 그러한 차이에 맞추어 조절하는 것이다.

할머니, 고모, 삼촌 또는 이웃과 같은 중요한 타인(significant others)에 의해 일어나는 형제 자매 간의 비교와 차별대우도 형제 자매 간의 경쟁을 유발시킬 수 있다. 부모는 모든 형제들을 공정하게 대하도록 그들에게 분명히 요구해야 하며, 그들이 공정한 대우를 하고 있는지를 종종 점검할 책임이 있다. '중요한 타인'들은 형제 자매 중 특정한 아동만을 편애해서는 안 되며 아동의 연령이나 관심사, 그리고 능력에 적합한 대우를 해 주어야 할 것이다.

다음은 영재아에게 특별한 문제를 일으킬 수 있는 몇 가지 전형적인 형제 자매 관계의 유형과 대처 방법에 대한 것이다.

1) 형제 자매들이 모두 영재인 경우

한 가족의 아동들이 모두 영재인 경우는 별로 특이한 일이 아니다. 이는 유전적인 요소, 좋은 환경, 긍정적인 부모와 교사의 기대 또는 이 모든 요인들의 조합에 의해서 가능하다. 이때 그 가족의 아동들은 각각 손위 형제들만큼 해야 한다는 압력을 느끼게 된다는 점을 인식해야 한다.

예를 들어, 맏형이 영재였다면 그 밑의 동생들은 형이 재학했던 학교에 입학하자마자 교사들로부터 "아, 난 네 형을 잘 알고 있지. 그 애는 훌륭한 학생이었어!"라는 말을 들으면서 학교 생활을 시작하게 된다. 만일 이러한 이야기를 들은 아동이 자신감을 가진 영재라면 자신도 그 교사의 기대에 부응할 수 있다는 것을 알기 때문에 이러한 말을 듣는 것에 대해 기뻐할 것이다.

반면 자신감이 부족한 아동은 형만큼 잘하지 못하면 어떻게 될 것인가를 걱정하게 된다. 영재 부모는 손아래 형제들에게 성적에 대한 압력을 주어 더욱 노력하도록 하기 위해서 "네 형을 가르쳤던 그 선생님은 너 역시 공부를 잘하는 학생이라고 생각하고 있을 거야."라고 말할 수도 있을 것이다. 그러나 이러한 비교 때문에 아동들은 심각한 압력을 느끼게 된다는 점을 알아야 한다. 부모는 각각의 아동이 자신이 할 수 있는 최선의 노력을 기울이도록 기대해야 하며 아동의 수행은 형제간의 비교가 아니라 개별적으로 평가되어야 할 것이다.

2) 능력이 부족한 손위의 형제 자매가 있는 경우

가장 어려운 관계 중의 하나는 우수한 동생에 비해 한두 살 많은 형이나 누나가 보통의 또는 부족한 능력을 가진 경우다. 이럴 때 부모들은 영재가 아닌 손위 아이를 배려하기 위해서 동생인 영재 아동을 영재를 위한 심화 프로그램에 참여시키지 않는 것이 대부분이다. 이런 방법은 영재아의 능력을 계발할 수 있는 기회를 막는 것이며 영재아 자신은 좌절감을 경험하게 될 것이다. 물론 손위 아동도 어쨌거나 압력을 느낀다. 또한 대부분 손위 아동은 자신에게 아무도 높은 성취를 기대하지 않을 것이라는 확신 때문에 성취동기가 낮다.

이런 경우 부모는 영재 아동의 성취를 강화하는 것이 좋다. 물론 손위 아동의 성취에 대해서도 반드시 강화를 해 주어야 한다. 그러나 아동들이 서로 다른 개별적인 능력과 그들이 느끼는 경쟁 문제에 대해 논의할 수 있을 만큼 성숙했을 때 서로 터놓고 이야기할 수 있는 기회를 제공해 준다면 설사 재능이나 성취 면에서 분명히 형제간에 차이가 있더라도 스스로를 가치로운 사람이라고 인식하도록 하는 데에 도움이 될 것이다.

3) 재능이 부족한 형제 자매와 함께 있는 경우

지능이 아주 높거나 특별한 재능이 있는 영재는 다른 형제들과 경쟁이 안 된다. 이렇게 특별한 능력을 가진 경우에는 그 재능을 계발하는데 필요한 특별교육을 받기 위해 많은 시간과 재원을 필요로 한다. 시간이 지남에 따라 영재 아동은 자연스럽게 많은 주목을 받게 되며 그의 형제 자매들은 영재 형제의 성공에 감탄하지만 자신들은 그렇게 성공할 수 없다는 것을 인식하게 된다.

능력이 부족한 형제 자매들은 자신의 능력을 평가하는데 다른 기준을 사용하게 되거나 자신의 성공을 실패로 인식할 수도 있다. 이러한 경우에 부모는 영재아의 성공만을 보상해 줄 것이 아니라 다른 형제 자매의 능력과 노력에 대해서도 보상해 주어야 한다.

6. 또래압력

아동기 초기 동안 모든 아동들은 실제로 부모와 교사를 기쁘게 하고 훌륭한 아동이 되겠다는 생각을 많이 한다. Kohlberg(1974, 1976 : Kuhmerker, 1991)는 아동의 도덕성 발달 단계에서 이 시기를 '착한 아이 지향 단계'라고 명명하였다. 이 시기에 아동을 괴롭히는 또래압력은 별로 없다. 그러나 4, 5학년이 되면서부터는 또래의 규범과 기대에 따라야 한다는 압력이 가해지기 시작한다. 또래압력은 청소년기에 가장 극심해진다.

청소년기는 정체감 형성이라는 중요한 발달 현상이 시작되는 시기다(Erikson, 1968). 신체적 · 정신적으로 빠른 변화를 보이는 청소년기는 '정체감 위기'의 시기이기도 하다. 이때 긴밀한 가족관계와 훌륭한 부모의 모습은 청소년들이 혼돈감에서 벗어나는데 도움이 될 것이다. 그러나 이 시기는 가족의 유대관계에서 벗어나 더욱 강력해진 또래의 영향 속에서 정체감을 형성하게 된다.

부모와의 긍정적인 관계가 또래와의 관계에 해가 되는 것은 아니지만(Montemayor, 1984), 또래간의 신뢰 관계에 부모와 지나치게 친밀한 관계는 부정적으로 연합될 수도 있으며(Kandel & Lesser, 1972), 부정적인 관계는 부모와의 말다툼을 유발하여 청소년으로 하여금 부모의 규범을 거부하고 또래의 규범에 더욱 의존하게 만들 수도 있다(Hill, 1980).

이전에 높은 성적을 거두었던 자신의 능력에 대해 자만심을 가지고 있었던 영재아는 "공부는 쓸데없는 거야."라고 말하는 또래들의 압력을 수용하고 학업을 소홀히 하게 되는 것인데, 이때 긍정적인 가족관계를 유지하는 것이 이러한 시기 동안 '반 영재(anti-gifted) 또래압력'을 받게 되는 영재 아동에게 도움이 된다.

만약 영재 남학생이 스포츠에 뛰어난 것으로 그들의 영리해 보이는 이미지를 없앨 수 있거나, 영재 여학생이 귀엽게 보이는 이미지로 자신의 영리해 보이는 이미지를 흐릴 수 있다면 불편한 또래압력이 줄어 들게 될 수도 있다(Coleman, 1961). 또래들에게 수용되기 위한 또 다른 중요한 조건은 영재아가 유식한 어휘를 사용하지 않거나 높은 성취를 위해 열중하는 모습을 보이지 않고 공부와 독서 또는 학문적인 흥미에 대해 강조하거나 자랑하지 않는 등 자신의 학문적 능력과 우수성이 드러나지 않게 억제하는 기술을 가지는 것이다.

Brown과 Sreinberg(1990)가 캘리포니아와 위스콘신 주의 고등학생 8,000명을 대상으로 조사한 바에 의하면 똑똑한 아동들 중 90%가 자신이 똑똑한 아동으로 판별되기를 바라지 않았으며 그들은 '괴짜'나 '얼간이'라는 소리를 듣지 않으려고 토론반, 컴퓨터반, 혹은 우수반에 들어가지 않으려는 경향이 있었다. 또한 Luftig와 Nichols(1989)는 영재아들이 익살스럽게 보이는 행동을 함으로써 자신의 영재성을 숨기려 한다는 사실을 발견하였다. 또한 Luftig과 Nichols(1990)는 아동들 간에 영재 소년들의 인기가 가장 높고 그 다음이 일반 남아 소년, 일반 여아이며 영재 소녀들의 인기는 가장 낮게 나타났다고 하였다.

이러한 연구들은 모두 영재 아동에 대한 또래압력에 부모들이 관심을 가져야 한다는 점을 시사한다. 특히 보통 영재와 IQ가 극단적으로 높은 영재의 또래 압력을 비교한 많은 연구들은 지능이 높은 학생들에게 또래들 사이의 인기는 매우 중요한 문제라는 결론을 내리고 있다(Austin & Draper, 1981; Feldman, 1986; Gallagher, 1958; Ross & Parker, 1980).

청소년기에 있는 영재와 재능아들을 자극하는 가장 좋은 방법은 유사한 능력을 보이는 영재 집단끼리 연대 활동을 하게 하는 것이다. 그런 집단은 높은 성취를 이루도록 서로 격려하고 개인의 재능을 최대한 사용하도록 강화할 것이다. 예를 들면, 청소년 심포니 오케스트라, 상급 수준의 토요일 프로그램과 여름학교 프로그램, 특수반, 영재 또래 토론 집단 등은 청소년들이 자신의 재능을 가치롭게 여기고 긍정적인 자아개념과 자아정체감의 형성에 도움이 될 것이다.

또한 영재아의 부모들은 인간의 발달과정 중 불확실한 시기를 겪고 있는 이들의 고통을 가중시키지 않고 이들의 재능을 지원해 주고 존중해 주어야 한다. 실제로 부모들은 영재아에게 학창시절에 또래들로부터 인기를 얻으려고 지나치게 신경 쓰는 것이 바람직하지 않다는 것을 강조함으로써 자신의 자녀가 또래압력에 대응할 수 있도록 해야 할 것이다(Rimm, 1988b).

7. 학부모회

영재들은 소수집단이기 때문에 대부분의 경우 그들만을 위한 특별한 교육기회가 주어진다. 만일 적절한 영재교육 프로그램을 이용하기가 어렵다면 영재아의 부모와 영재교육에 관심 있는 교사들이 우선적으로 해야 할 일은 학부모회에 가입하거나 학부모회를 조직하는 것이다. 이러한 모임을 통해 부모는 자녀의 교육적 성장과 도전에 최우선의 관심을 두는 것이 중요하다는 것을 인식하게 된다.

영재아의 부모 1,039명을 대상으로 조사한 결과에 의하면 부모의 지속적인 관심이 영재아의 학업적 성공에 대한 핵심적인 요인인 것으로 나타났다(Gogul et al., 1985). 가장 적절한 부모의 역할은 아마도 지속적인 관심을 적극적으로 보이고 학업을 후원해 주는 것이라고 할 수 있을 것이다.

영재를 가르치는 교사가 학부모회의 역할과 부모 지원 역할의 중요성을 인식하는 것은 매우 중요한 일이다. 교사들이 영재아를 위해 적극적인 활동을 하는 부모들을 좋지 않은 시각으로 보아서는 안 된다. 학부모회는 영재들의 요구와 문제점에 대해서 자체적으로 교육을 받고 토요일 프로그램, 여름학교, 멘터 프로그램과 같은 심화학습 활동을 조직하는 일을 도울 수 있다. 또한 부모가 개별적으로 미술, 음악, 수학 또는 컴퓨터 단기과정반을 가르칠 수도 있으며(Tkach, 1986, 1987), 자원봉사자로서 개인교수를 하거나 다른 영재교육기관으로 아동을 위탁하거나 보호하는 역할을 함으로써 영재아를 위한 교육의 기회를 확장시키는데 중요한 기여를 할 수 있다.

8. 기타

1) 조기판별과 심리검사

다음의 〈표 13.1〉은 영재 아동의 부모 1,039명을 대상으로 조사한 결과 부모가 아동의 영재성을 아주 이른 시기에 인식할 수 있다는 것을 보여 준다(Gogul et al. 1985). 이 결과에 의하면 아동의 70%가 3세 이전에 부모에 의해 영재아로 정확하게 판별되었으며 특히 1세에서 3세 사이에 판별된 경우가 가장 많았다는 점에 주목할 필요가 있다. 부모가 아동의 영재성을 느끼게 된 주된 특성은 '조숙한 언어표현력'이 가장 많았고, 다음으로는 주의집중력, 우수한 기억력, 수준 높은 호기심, 독창적이고 창의적인 행동 등이었다.

메릴랜드 주에 있는 Towson주립대학교의 프로그램을 통해서도 부모가 취학전 아동이 영재성을 판별하는 것이 어느 정도 신뢰할 만하다는 것이 입증되었다(Hanson, 1984).

표 13.1 부모에 의해 영재로 판별된 아동의 비율

연령	%
0~6개월	7
6~12개월	15
1~2세	23
2~3세	35
4~5세	17
5세 이후	13

자녀의 언어적 영재성을 지각한 부모들이 자녀들을 4, 5, 6세를 위한 영재 프로그램에 참가하도록 했는데, 프로그램에 참가한 이후 아동들을 검사한 결과 이들 중 90%의 아동들이 읽기 검사에서 또래보다 1년 이상 높은 성취를 보이는 것으로 나타났다. 그러나 수학 성적은 일관성 있게 모두 높지는 않았는데 이것은 부모가 영재프로그램 참여 의사결정을 할 때 아동의 수학 능력을 고려하지는 않았기 때문으로 보인다. Louis와 Lewis도 부모가 가지고 있는 자기 아이의 영재성에 대한 신념이 아동의 실제 능력과 상당히 일치한다는 것을 발견하였다.

이러한 연구들은 모두 부모가 자기 자녀의 영재성을 인식하는 능력이 있다는 것을 확인해 주는 것들이다. 비록 영재성이 있음에도 부모에 의해 인식되지 못하는 비율이 얼마나 되는지 알 수는 없지만 이러한 증거들은 적어도 부모가 자녀의 영재성을 과잉 판별하지 않는다는 것을 보여주는 것이다. 부모들이 보통 자기 자녀의 영재성을 과대 추정하기보다는 과소 추정하는 경향이 있다고 지적하는 연구도 있다(Chitwood, 1986).

취학전 연령기에 있는 자신의 자녀가 영재라고 생각하는 부모는 자녀에게 심리검사를 받게 할 것이다. 그러나 심리검사의 결과는 다소 신뢰롭지 못할 수도 있으므로 그 결과를 조심스럽게 받아들일 필요가 있다. 검사 점수에는 아동의 피로, 스트레스 등 많은 요인들이 불리하게 작용할 수 있으므로(Perino & Perino, 1981), 그 점수를 아동의

능력에 관한 절대적인 측정치라고 생각하거나 능력에 한계가 있는 아이로 간주해서는 안 된다.

만일 부모가 아동의 조기입학 문제로 고민하고 있다면 아동을 정규 연령에 입학시키고 과목별 속진을 고려해 볼 수 있을 것이다. 그 다음의 결정에 필요한 정보들은 속진 과목 교사의 관찰을 통해 얻을 수 있을 것이다. 교사들은 영재아와 속진에 대한 지식을 제공해 줄 수 있는 훌륭한 관찰자다(Rimm & Lovance, 1992a : 1992b). 최근에는 좀 더 나이가 많은 성숙한 아동들이 자신감과 교육적인 면에서 장점이 있을 것이라고 믿고 아동의 입학 연령을 늦추는 경향이 있으나 많은 연구 결과들은 늦게 입학하는 것이 정상적인 연령에 입학하는 경우보다 학업적으로나 사회적으로 더 나은 성취를 보이지 않는다는 것을 보고하고 있다(Laidig, 1991; Langer, Kalk & Searls, 1984; Shepard & Smith, 1985).

2) 특수한 가정의 문제

오늘날의 사회에서는 한부모 가정이나 이혼 가정에서 생활하는 영재 아동들도 많이 있다. 이러한 가족 구조가 부모나 아동에게는 스트레스 요인이 될 수 있다. 다음은 이러한 가정의 아동에게 적응을 도모하고 스트레스를 줄이는데 도움을 줄 수 있는 몇 가지 주의 사항이다.

(1) 한부모 가정

Schreeve(1986) 등은 몇 년 안에 전체 아동의 약 50% 정도가 한부모 가정에서 아동기를 보낼 것이라고 추정하였으며, Henderson(1981), Hetherington과 Cox(1982) 등은 한부모 가정의 아동을 양친이 모두 있는 가정에서 자란 아동과 비교해 보았을 때 그들은 근심이 더 많고 정서적으로 불안한 상황에 있다고 주장하였다. 그러나 긍정적인 효과에 관한 연구도 있다.

Cornelius와 Yawkey(1985)의 연구에서 4~5세아 50명을 대상으로 28문항의 상상적 성향척도(Imaginative Predisposition Interview Scale : Yawkey, 1983)를 실시한 결과에 의하면 한부모 가정의 아동이 양친 가정의 아동보다 상상력 점수가 더 높으며 혼자서도 상상적인 놀이를 더 많이 하고, 상상적인 대화와 게임을 더 많이 하는 경향이 있었다. 그 이유에 대해 Manosevitz, Prentice와 Wilson(1973)은 한부모 가정의 아동은 혼자 있는 시간이 더 많기 때문이라고 주장하였다.

그러나 Schreeve(1986) 등은 보통의 능력 집단 중에서 한부모 가정의 아동들은 양친 가정의 아동들의 또래에 비해 학업성취도가 더 낮다는 사실을 발견하였으며, Gelbrich와 Hare(1989)도 한부모 가정의 영재아들이 보통 가정의 영재아들보다 성취수준이 더 낮았으며 학습부진의 문제는 여자보다 남자의 경우 더 심각하다고 하였다.

(2) 재구성 가정

부모의 이혼이나 재혼으로 인해 아동이 계부나 계모와 함께 살아갈 때 적절한 부모의 역할을 한다는 것은 쉽지 않다. 가장 큰 문제는 영재아들이 어른처럼 보이는 수준 높은 어휘력과 추리력을 보이기 때문에 이혼한 부모와 살아가는 동안 그들에게 어른의 역할이 주어지게 된다. 즉 부모가 자녀를 비밀을 공유하는 사람으로서나 상담가로서 대하게 되는 것이다. 아동들은 자신에게 권한이 주어진 것이라고 느끼기 때문에 처음에는 이런 새로운 어른 역할을 즐길 것이다. 그러나 이것은 매우 위험한 것이다. 이 아동들은 두 부모에 대한 충성심 때문에 괴로워하고 너무 일찍 주어진 책임감 때문에 불안해한다. 그들은 양쪽 부모간의 관계를 조절하기 위해 쉽게 자신을 희생시킨다. 실제로 영재아가 청소년기에 부모의 이혼 문제 때문에 어른처럼 신임을 받고 엄마의 고민을 들어야 했던 아동들은 자신을 힘겨운 존재로 인식하게 된다. 또 이러한 아동은 부모가 되었을 때 부모로서의 자신의 권리를 주장하지 못하게 된다.

제 2 절 교사의 전문성 개발

전문성 개발에 대한 두 가지의 정의가 있다. 1970년대, National Staff Development Council(NSDC)는 전문성 개발이란 '교육자가 모든 학생을 위해서 학습의 수준을 높이는데 필요한 지식, 기술, 태도와 신념을 습득하거나 강화하는 것'으로 정의하였다.

교육자의 학습이 학생에게 명백하게 영향을 미치는 것을 강조함으로써 교육자의 책임성을 자신의 변화, 학생의 변화 두 가지로 보고 있다.

다른 하나는 The National Research Center on the Gifted and Talented(NRC/GT; 1996)의 정의로 '전문성 개발은 교육자와 관리자들의 수행을 개선시키기 위한 학습기회를 제공하는 계획적인 프로그램'이다(Gubbins et al., 2002). 이러한 정의는 자세한 부분은 언급하고 있지 않지만 실천적인 면을 강조, NSDC 정의와는 달라서 전문성 개발이 학생 학습에 미치는 최종적인 영향은 언급하지 않았다.

전문성 개발에 관한 연구는 연구자들과 교육자들이 검사하고, 보고서를 작성하고, 설명하고, 다양한 청중들에게 알리기 위한 상당한 양의 문헌을 만드는 '현장 연구'다. 질적 방법과 양적 방법을 이용하여 다양한 반응들을 수집한 연구에서 결과들이 나온다. 어떤 결과는 연구자와 박사들에 의해 체계적으로 매일, 매주, 매달, 매년의 간격으로 경험적 데이터를 수집한 것으로부터 나온다. 경험적 데이터는 현장에서 저절로 알게 되는 사실로 실험적 입장에서는 연구로 여기지 않을 수도 있다. 그렇지만, 잘 입증되고 기록된 교육계획, 실행, 교육과정적 접근은 매우 유용하며 경우에 따라서는 계속해서 실험적인 연구로 연결될 수도 있다.

Bransford, Brown과 Cocking(1999)은 전문성 개발 활동을 포함한 연구들은 사전교육과 현장교육인 세미나, 워크숍, 하계 학회를 포함한 다양한 전문성 개발 활동의 효율성에 필요하다고 하였다. 교사집단의 학습에 기여하기 위한 과정과 체제를 확실히 하기 위하여 시간과 공간을 초월한 교사집단 전체로 확장되는 전문성 개발활동이 필요하다. 특히 영재교육에 있어서 어떤 전문성 개발 형식이 효과가 있는지에 관한 연구결과는 매우 부족한 실정이며 이러한 교사개발 프로그램이 영재학생들의 학업적 요구수준에 적절한 교육전략, 교육실천, 교육과정을 제공하고, 개정하고, 확장시키는가에 대한 연구 역시 더 말할 것도 없이 부족하다.

1. 지속적인 전문성 개발

Lieberman(1995)에 의하면 학생의 학습에서는 실제 상황을 경험하고, 창조하며, 해결할 수 있으며, 스스로 경험을 사용하고, 타인과 협동할 수 있는 기회가 폭넓게 주어지는데 반해, 교사가 학습자의 입장일 때는 이러한 기회가 주어지지 않고 있다고 하였다.

지속적인 전문성 개발에 있어 몇 가지 어려운 점이 있다. "프로그램 관련자의 도움으로 전문성 개발 교육에 의한 변화가 한 동안은 효과적으로 일어난다고 하여도 관련자가 떠나면 지속적으로 그러한 변화가 이어지기 힘들다는 것이다. 학교 내의 전문가가 없이 외부의 전문가에 의지하는 일은 교사의 변화를 지속시키기에 매우 불리하다. 변화를 수행하는데 있어 높은 수준의 전문가인 현장의 "실천가"는 변화를 유지시키는 데 지도자의 역할을 할 수 있을 것이다. 변화를 학교의 임무에 포함시키는 것은 매우 중요하다 그렇지 않으면 교육자들의 효과적인 변화는 지지의 부족으로 인해 소멸될 것이다(Moffett, 2000).

2. 전문성 개발 방법과 변화와의 관계

Sparks와 Hirsh는 연구와 경험을 바탕으로 전문성 개발에 대한 변화하는 생각들을 정리하였다(표 13.2 참조). 지속적인 변화를 유지를 위하여 전문성 개발은 학교와 지역협회의 목표에 초점을 맞추어야 한다. 성취 전략은 학교와 지역협회의 목표 달성을 위한 다음 단계로 정의하는 것에 초점을 맞추어야 지속적으로 유지될 것이다.

지역협회의 수준에 초점을 맞추는 것은 전체적인 목표에 있어서도 중요한 일이다. 학교에 초점을 맞춘 전문성 개발은 목표달성의 책임감을 촉진시키고, 학생들의 학습효과에 대한 성공과 실패에 적절히 대처하고 관찰할 수 있는 기회를 제공할 수 있다. 토론, 관찰, 질문을 격려하고 개개의 교사에 대하여 잘된 점과 그렇지 않은 점을 이야기해 보는 것은 "현장-접목하기"를 실천하는 방법이다(Sparks & Hirsh, 1997).

표 13.2 전문성 개발의 관점의 변화

기존의 관점	바람직한 관점
1) 개인적 발달	1) 개인적 발달과 조직의 발전
2) 단편적이고 부분적인 개선노력	2) 지역협회와 학교와 각 부서가 서로 밀착되어 있는 전략적인 계획
3) 지역협회 중심의 접근	3) 학교 중심의 접근
4) 성인의 욕구와 만족감	4) 학습자의 요구, 학습 결과와 연결되는 실제적인 행동변화

5) 교육현장과 상관없는 교육	5) 교육활동에 내재되어 있는 다양한 형태의 활동
6) 전문가에 의한 지식과 기술의 전달	6) 교수-학습에 참여하는 교사에 의한 검토와 조사
7) 일반적인 교육기술	7) 일반적인 것과 구체적인 기술의 조합
8) 기본적인 훈련자의 역할인 교육개발자	8) 협의, 계획과 촉진 서비스, 훈련을 제공하는 교육개발자
9) 소수의 교과영역에 제한되는 전문성 개발	9) 관리자와 주임교사들에 의해 모두에게 실행되는 전문성 개발
10) 교사를 일방적인 수용대상으로 여기는 전문성 개발	10) 학생 학습에 영향을 미치는 교육관련자에 대한 수행 개선
11) 재정이 어려우면 삭제하는 장식용으로서의 전문성 개발	11) 학생들이 건전한 시민과 노동자가 되기 위한 준비과정으로 학교교육에서 필수과정으로서의 전문성 개발

3. 전문성 개발 학습

전문성 개발은 교사를 위한 학습이다. 학습의 가장 중요한 정의는 '행동의 변화'다. 이 정의는 단순하지만 오랫동안 많은 연구들이 인간 행동을 바꾸는 것에 관한 복잡성을 밝히는 것과 관련되어 있다(Killion, 2002; Killion, Munger, Roy, & McMullen, 2003).

Hall과 Hord가 제시한 변화에 관한 몇 가지의 원칙을 살펴보면 다음과 같다.

- 원칙 1 : 변화는 일시적인 사건이나 과정이 아니라 어느 정도 지속적이어야 한다.
- 원칙 2 : 변화를 아는 것과 실천하는 것에는 차이가 있다.
- 원칙 3 : 개별적인 것이 변화되어야 전체적인 것이 변화한다.
- 원칙 4 : 변화는 모두 같은 수준으로 일어나는 것이 아니다.
- 원칙 5 : 변화에 있어 성공의 열쇠는 중재 프로그램의 실천이다.
- 원칙 6 : 관리자 리더십은 장기적인 변화의 성공에 필수적인 요소다.
- 원칙 7 : 학교는 변화를 위한 중요한 기본 단위다.
- 원칙 8 : 변화를 촉진하는 것은 여러 사람의 노력이다.
- 원칙 9 : 적절한 간섭은 변화에 있어서 위험성을 줄여 준다.

• 원칙 10 : 학교 상황은 변화가 일어나는 과정에 영향을 미친다(Hall & Hord, 2001).

이러한 변화의 원칙에 있어서 교사들의 계속적인 학습은 필수적이다. 변화는 새로운 이해와 새로운 방법의 실천을 요구한다. 전교직원이 새로운 교육프로그램이나 교육방법을 실천하려면 그것을 배워야 한다. 공식적 · 비공식적인 연수교육은 변화를 위하여 중요한 기회다. 따라서 변화를 위한 학습기회는 확실한 변화를 구체화할 전문가 양성 측면에서 계속 제공되어야 한다.

위에 제시한 법칙들은 변화의 과정이 매우 복잡하다는 것을 알려 준다. 기존의 전략, 교육실천, 교육과정을 따르는 것이 더 편안하고 안전하다고 생각될 수 있다. 새로운 접근법을 배운다고 그것이 반드시 채택되어지는 것은 아니다. 많은 선생님들이 오랫동안 지녀왔던 교수와 학습에 대한 신념을 바꾸는 교육적 전략이나 과정은 마음 내키지 않는 것일 수도 있기 때문이다.

4. 영재교육에서의 잠재적 전문성 개발로서의 속진

몇 십년 동안 속진에 관해 연구한 Stanley(2000)는 간결하게 전문성 개발로서의 속진의 목적을 제시한다. "학생을 돕는다는 것은 그들이 알지 못하는 것을 배우도록 하는 것이다"(Colangelo, Assouline, & Gross, 2004).

공식적, 비공식인 전문성 개발의 기회는 있었을지라도 속진학습이 학생에게 미치는 영향에 관한 과거와 현재의 종단연구에서 전문성 개발에 관한 것은 발표된 것이 없다. 발표된 것들은 속진학습의 형태에 따른 효과를 살펴본 연구들이 대부분이다. 적절한 속진학습 유형에 관한 토론이 있을 때, 의사결정 과정에 참여했던 교육자들은 아마도 공식, 비공식적으로 전문성 개발에 참여했을 것이다.

Robinson(2004)과 Colangelo, Assouline과 Lupkowski-Shoplik(2004)는 의사결정 과정에 초점을 맞추어 연구하였다. 속진제에 있어 학년이나 과목을 결정하는 것은 인지, 정서적 수준, 학습자의 준비도, 가정과 학교의 지지도와 함께 고려되어야 한다. 이러한 과정은 그러한 속진학습이 가장 확실한 최선의 것인지 확신하기 위해 꼭 필요한 것이다. Rogers와 동료들(2004)은 속진지원 학생들의 준비도 수준과 요구를 반영하고 변화수준을 유지하기 위하여 지원학생들이 선택한 속진학습은 교육자들에 의해 정기적으로 검토되어야 한다고 하였다. 따라서 분명히 기술되거나 표현되지는 않았을지라도 속진학습은 암묵적으로 교사의 전문성 개발을 포함하고 있다는 것을 알 수 있다.

Lubinski(2004)는 수학적 영재아에 대하여 종단적 연구를 실시하고 있는데 영재아로서 월반을 경험했던 성인들을 대상으로 다음과 같은 결과를 밝혔다. 학습 속도의 차이에 따라 개별적인 조치를 취해 주는 속진학습과 그러한 기회에 참여할 수 있었던 영재아들은 그들이 매우 긍정적으로 성인기에 도달했다는 것이다.

5. 영재교육에서 나타나는 전문성 개발

영재교육과 연관된 전문성 개발의 결과에 관심이 증가하고 있다. Croft(2003)는 전문성 개발의 원칙을 영재교육에 연결시키고, 전문성 개발의 기회를 '몇몇 전문 지식의 통합'으로 보았다. 그것은 다음을 포함한다.

- 영재교육과 주제 영역에서 교육이론과 실제의 균형
- 국가기준의 복잡한 수행목표를 반영하는 주제에서 진보된 내용
- 지적 영재아들의 요구를 만족시키는 교육과정을 실시하기 위한 교사의 지식 · 학교의 프로그램 목적에 맞는 실천가능성 파악
- 지능 측정으로 평가하던 것에서 다양한 재능이 있는 학생을 위한 평가(직접적인 지시, 비디오, 개별적 독립 학습, 소그룹 토의, 현장경험과 또래교육 등)를 지속하기 위한 영재교육의 역사적, 현실적인 문제 인식
- 영재 아동의 속진수업을 하는 영재 교사의 관찰

영재교육 현장에서 교육과정은 중요한 연구대상이다(Renzulli, Gubbins, & Koehler, 2003). Reis와 동료들(1993)은 기존의 전문성 개발 과정을 교사들의 능력과 기술을 확장하고 강화하기 위한 새로운 전문성 개발 과정으로 대신하는 실험연구를 실시하였다. 실험대상의 교사는 새로운 전문성 개발 과정(비디오, 책, 논문, 시뮬레이션, 동료 지도)을 받았으며 기존의 전문성 개발 교육을 받은 교사들과 차이가 있는지를 알아보기 위해서 두 집단의 교사반 학생들의 몇 과목의 학습 정도를 사전에 조사하였다(Reis, Westberg, Kulikowich,

& Purcell, 1998). 결과는 새로운 전문성 개발과정을 연수받은 교사는 매우 효과적으로 배우고 실천하는 것으로 나타났다. 이는 학생들의 성취와 학습태도 등에 있어서 매우 긍정적인 반응이 나타나는 것으로 확인할 수 있었다(Reis & Westberg, 1994; Reis et al., 1993).

Gubbins와 동료들(2002)은 교사 전문성 개발에 관한 국가적인 차원의 연구를 실시하였는데 다음을 강조한다.

- 도전감, 신뢰성, 능동적 학습을 하도록 교사 교육과정 수정
- 학습의 깊이와 폭을 강조하는 다양한 전문성 개발과 학습자의 특성에 맞는 차별화
- 전문가와 직접적인 현장 연구자로서의 교사들과 상호적인 연구 활동과 풍부한 전략(Burns et al., 2002; Gubbins et al., 2002).

효과적인 전문성 개발 과정을 위한 필수적인 요소는 다음과 같다.

- 기존의 수업전략과 실행을 바꾸기 위해 개인적, 직업적으로 헌신하려는 의지
- 학교수준, 학년수준, 소그룹 또는 개별적인 필요성 인식
- 지식 획득과 학습한 것의 실제적용
- 실천, 피드백, 반응을 활성화하기
- 학교수준과 지역수준 자료를 모으고 분석하여 이에 근거한 결과 도출하기

Tomlinson(1999, 2005)은 차별적인 교육은 교육 전략이나 교수모형과 같은 형식의 변화보다는 학생들의 준비도, 흥미, 학습 프로파일, 즉 개별적인 발달을 옹호하는 교수와 학습에 관한 사고 방식의 변화다. 즉, 교육자가 전형적으로 생각하는 평가, 교수, 학습, 수업, 시간배분, 교육과정을 변화시키려고 하는 사고방식의 차이에서 나타난다고 하였다.

차별화된 교육을 실시하는 첫 한 해 동안 교사들은 새로운 방식보다는 기존의 방식에 따라 행동하는 경향이 많았다. Guskey(1986), Reis와 Westberg(1994)의 초기연구는 교사들에게 현재 지니고 있는 교육신념에 대한 부적절함을 강조하는 것보다는 새로운 학습내용이 얼마나 효과적인지를 강조하여 교사들의 행동을 변화시키려고 하는 것이 더 효과적이라는 Tomlinson의 결과를 확인하였다.

교사들은 오랫동안 지녀온 생각 때문에 혁신을 사용하여 성공하기가 어려워 보였다.

새로운 변화에 저항하는 교사들의 생각을 바꾸는 것도 어렵지만 어떤 혁신적인 방법일지라도 교사가 자신의 교실에서 직접 실천하지 않으면 의미가 없다. Fullan(2005)은 "우유부단한 실천은 실질적인 변화로 볼 수 없다."라고 하였다. 저항을 변화시키는 것은 해결해야 할 주요 문제점이다.

따라서 교사가 자신의 발달을 측정할 수 있도록 수업에서의 전략, 실천, 교육과정에 대한 정확하고 구체적인 목표를 세워 주는 것이 필요하다(National Foundation for the Improvement of Education, 1996; Stigler & Hiebert , 1999). Landrum, Callahan, Shaklee(2001)는 프로그램 구성, 프로그램 운영과 관리, 사회 · 정서적 생활지도와 상담, 학생 판별, 교육과정과 교수법, 전문성 개발, 프로그램 평가와 관련된 설명이 있는 기준과 표본 결과를 제공하는 것이 효과적임을 주장하였다.

6. 교육내용, 전략과 실행의 통합

전문성 개발에 관한 연구는 종종 특별한 교과영역을 목표로 이루어진다. 수학, 독서/국어, 사회적 학습에 관한 프로그램 실시에서 나타난 전문성 개발의 중요성에 관한 연구들의 실례를 살펴보면 다음과 같다.

1) M3 프로젝트

이 프로젝트는 수학적 사고력 지도와 관련된 연구다.

교사의 수학 지식을 늘리고, 3~5학년 수학과목의 속진을 위한 다양한 전문성 개발 계획을 포함한다. 전문가와 교육과정을 탐색하는 지속적인 방법인 출판물과 테크놀로지를 이용한 다양한 자원의 이용, 교사와 연구자들 사이의 상호교류, 학생의 발달에 관한 정기적인 최신정보의 입수 등이다. 이러한 프로젝트 실행 결과로서 교사들은 지식과 기술 증가를 스스로 인식하는데 있어 사전-사후 검사 결과에서 통계적으로 유의미한 차이를 보였다.

2) Enrichment Model Reading Study

학생의 독서량, 이해, 독서태도와 관련하여 읽기 프로그램의 효과에 관한 연구다. 학생들이 책에 관심을 갖도록 하고, 흥미에 근거한 독서기회를 제공하고, 개별적인 독서지도를 통해 책을 고르고, 매일 독서량을 늘리도록 격려하는 것으로 풍부한 독서경험을 제공하는 것이다. 일정기간 동안 교사에게는 전문성 개발 기회가 제공되었다. 전문성 개발, 지도, 지원자료는 교사 관찰을 통해 그 효과가 확인되었고 학생성취의 변화를 나타내는 자료도 제시되었다. SEM-R의 실행은 비교집단에 비해 실험집단 학생의 독서량이 증가되고 독서태도가 좋다는 것을 보여 주었다.

3) 아테네 프로젝트

국어를 중심으로 몇 학교의 3~5학년을 대상으로 실시되었다(Van Tassel-Baska, 2003a). 전문성 개발의 목적은 '교사, 관리자, 폭넓은 교육 관련자를 위한 전문성 개발 훈련 모델을 발달 실현시키는 것'이었다. 수업관찰과 즉석 지도, 기술적 접근 등은 교사가 프로젝트의 목표 달성에 집중하도록 하였다. 연구자에 의해서 설계되고, 전문가가 참여한 전문성 개발은 프로그램 실시방법에 대해 설명하였다. 교장은 지역 협력자들의 원조를 구하고, 문학적 분석과 해석, 창작에 대한 평가를 지원하고, 프로그램에 대해 부모들과 교류하고, 수업의 훈련과 실천을 포함한 모니터링에 의해 프로그램의 효과적인 실천을 확실히 하였다. 국어과 수업 효과에서 Van Tassel-Baska, Zuo, Avery, Little(2002)은 William & Mary 대학의 영재아를 대상으로 Integrated Curriculum Model(Van Tassel-Baska, 1995, 2003 b)에 근거한 4개의 주제(여행과 목적지, 문학 감상, 자서전, 1940년대)로 10년 동안의 변화를 측정하는 연구를 실시하였다. 결과는 국어를 대상으로 한 프로그램에서 "설득력 있는 글쓰기, 의사소통기술, 문학적 분석, 모두 차이가 있다."고 하였다(Van Tassel-Baska et al., 2002).

4) Project Phoenix

William과 Mary 대학에서 2~8학년의 사회과 교육과정에 초점을 맞춘 이 프로젝트는 교사들은 미국의 역사, 세계사와 정부에 관한 전문성 개발과정을 교육받았다. 교사는 각각의 분야에서 중요한 사고 전략에 대하여 배웠다. 실험집단의 학생들은 내용평가에서 효과적인 증진을 보였다(Little, 2002). 연구 기간 동안 제시된 주제와 관련된 주요내용과 전략, 실행을 제공하는 것은 중요하다.

전문성 개발의 공식적 · 비공식적 접근은 교육자에게 변화된 것을 알리고, 체계화하고, 수업에서 적용하는 것을 지도해 주는 것에서 매우 중요하다. 각 변화의 독특성을 고려할 때 하나의 전문성 개발이 가장 효과적이라는 단정은 내릴 수 없다. 전문성 개발 방법을 결정할 때에 일정한 공식은 없다. 전문성 개발은 교사와 학생을 위한 교육적 결과를 개선한다는 주요 목표를 갖는 전문 학습이다. 영재아들은 일반아들에 비해 소수이기 때문에 더욱더 학교와 지역의 책임성이 서로 잘 연관되어져 있어야 한다. 영재를 위한 교육 프로그램 활동은 양질의 교육 체제를 위한 확고한 교육 실천의 필요성을 고려해야 한다. 또한 전문성 개발은 전체적이고 장기적인 계획이어야 한다. 교육적, 정신적 자원들을 지도할 수 있는 지혜로운 교육자와 혁신적인 전문가들이 전략적인 전문성 개발계획을 담당해야 한다. 많은 시간, 능력, 자원이 교사와 학생을 변화시키는 전문성 개발에 투입되어야 한다. 교사학습과 학생학습 간의 관계는 앞으로 더 연구되어야 할 중요한 문제다.

교사의 전형적인 학습경로와 그것이 학습을 위한 기회로 바뀌는 방법에 대한 경험적인 연구가 필요하다. 현재 연구되어지는 결과들에 대한 내용은 실제 교사에게 전달되어 실천되기가 어려운 실정이다. 교사는 어떤 상황에서 실제와 연관지어 가장 잘 배울 수 있는가? 교사가 되기 위해 초기에는 어떤 지식과 기술을 습득해야 하는가? 그들이 교육현장에 들어갔을 때 어떤 지식과 기술이 가장 요구되는가? 어떤 조직적, 본질적, 인간적 자원이 교사의 교육을 지원하고 유지하도록 계속적으로 도와 주는가? 이러한 질문에 대한 연구들이 더 이루어질 필요가 있다.

Donovan과 Pellegrino는 연구가 현장적용과 단절되어 있음을 지적하고 변화에 민감하게 반응해야 하는 교실환경에서 학습자로서 교사와 학생에 관한 앞으로의 연구방향을 위한 교수와 학습에 대한 질문을 제시하였다(표 13.3 참조).

표 13.3 전문성 개발에 관한 질문

효과적인 전문성 개발의 형태는 무엇인가?

* 전문성 개발은 학습한 것을 실행하고, 생각과 아이디어를 토론하고, 다시 반영하기 위한 진행과정의 관점으로 보아야 한다.
* 전문성 개발은 교사가 자연스러운 상황에서 전략과 실행과 교육과정을 경험할 수 있도록 교육현장 적용 기회를 포함해야 한다.
* 다양한 전문성 개발(예; 동료 코치, 지도자 상담, 회의)은 학교와 지역 안에서 필요에 따라 개별적, 집단적으로 실시되어야 한다.

전문성 개발은 어떻게 변화과정과 연관되어 있는가?

* 전문성 개발은 교육개혁의 '원동력'이다.
* 전문성 개발의 주요 목적은 교사와 학생을 위한 교육효과를 높이기 위한 것이다.
* 전문성 개발의 목표는 분명하고 명료하게 표현되어 있어야 한다.
* 체계적인 전문성 개발은 학교, 지역, 교육자의 요구를 파악해야 한다.

영재교육에 있어서 전문성 개발은 어떻게 전략, 실행, 교육과정을 촉진시키는가?

* 전문성 개발은 교사에게 학생의 다양한 학업적 요구에 반응하기 위한 새로운 전략, 실행, 교육과정을 배우고 실천할 기회를 제공한다.
* 전문성 개발은 잠재적 영향력에 효과적으로 접근할 수 있도록 혁신적인 전략, 실행, 교육과정에 신중하고 정확하게 표현되어야 한다.

효과적인 전문성 개발의 수혜자는 교육관리자, 교사, 학생과 교육단체들이다. 교사들은 자신이 학교라는 이름의 교육적 '현장' 변화의 주역임을 알아야 한다. 교육현장에서 새로 배운 내용들을 실제교실에서 연습하고, 반영하고, 적용시킬 수 있도록 기회를 주는 일은 교육 변화과정에 있어 매우 중요한 일이다. 많은 정치적, 사회적, 교육적인 압력이 전반적인 교육에 있어 새로운 변화를 금지할 수 있다. 너무 많은 시간, 새로운 임무, 자원이 필요하다고 생각하기 때문에 기존의 체계를 유지하고자 할 수 있다. 따라서, 조직적인 전문성 개발이 교수-학습 사이클의 효과적 혁신에 절대적으로 필요하다는 것을 인식하는 것은 매우 시급한 일이다.

교육자는 전문성 개발을 위해 계속 노력하는 것은 굴러 떨어지는 돌을 끊임없이 밀어 올리는 시지포스의 신화를 넘어서는 노력이라고 생각해야 한다. 전문성 개발은 바람직한 교육적인 결과에 대한 지식, 기술, 태도, 신념을 변화시키기 위하여 목표를 설정하고 회의하는 연속적인 과정일 것이다(송인섭 외 역, 2009).

Memo

영재아 상담 및 특수영재

제 14 장

제 1 절 영재아의 이해 및 상담
제 2 절 특수영재

제 1 절 영재아 이해 및 상담

영재아 상담은 영재아 프로그램에서 자주 간과되었을 뿐만 아니라 잘못 이해되어 왔다. 실제로 영재아 상담이라는 말을 들을 때면 일반 교육현장에서 실행되는 상담과 졸업을 앞둔 고등학교 학생들을 대상으로 하는 진로상담을 생각하게 될 것이다. 이 장에서는 초등학교 저학년에서부터 고등학교에 재학 중인 영재아들에게 필요한 자아 정체감, 사회성, 가족, 직업 등과 관련된 문제와 대처 방법들에 관하여 살펴볼 것이다.

많은 영재교육 전문가들은 상담과 생활지도가 영재아 발달에 필수적이기 때문에 모든 영재아 프로그램에 이러한 활동을 반드시 포함시켜야 한다고 주장한다(Bireley & Genshaft, 1991; Colangelo, 1991; Gallagher, 1990, 1991a; Landrum, 1987).

상담의 필요성에 대한 예비조사에 따르면 영재아들은 흔히 남들과 다르다고 느끼며 가족이나 친구들과 조화로운 관계를 유지하는데 어려움이 있는 것으로 밝혀졌다. 많은 영재아들은 '영재성'이란 말이 찬사와 조롱을 동시에 내포하기 때문에 혼란스러워한다. 영재아들은 흔히 일반 학생들과는 다른 문제에 관심을 보이며, 이들 역시 가족구성원이나 친구들 간의 갈등, 인터넷 중독, 범죄, 학교 부적응 등 다양한 개인적 · 가정적 문제를 갖고 있다.

영재아들에게서 흔히 볼 수 있는 문제는 다음과 같다(Delisle, 1992; Landrum, 1987; Silverman, 1983).

· 사회적 관계에서의 어려움, 또래로부터의 따돌림
· 재능을 드러내 보이도록 요구하는 외부 압력
· 불안, 우울
· 비난 수용의 어려움
· 권위에 대한 저항
· 학교 과제에 대한 도전감 부족
· 획일적인 과제 수행에 대한 거부
· 지나친 경쟁심

· 미숙한 공부습관

· 지적 차이의 본질과 중요성 이해 부족

· 일상생활에서의 지적 욕구 불 충족

· 다양한 흥미 영역에서 만족할 만한 진로선택의 어려움

· 만족할 만한 삶의 철학 개발 필요성

Landrum(1987)은 여러 자료를 바탕으로 상담 프로그램의 목표를 개인적 · 사회적 분야, 직업분야, 학업 분야로 범주화하였다(표 14.1 참조).

표 14.1 상담프로그램의 목표

♣ 개인적 · 사회적 분야

· 영재아 자신이 타인과의 유사점 및 차이점을 평가할 수 있도록 한다. (초)

· 사회에 적응할 수 있는 기술을 개발한다. (초)

· 자신의 능력과 한계를 수용하고 특정한 분야에서 우수하다는 것이 모든 영역에서 우수해야 한다는 것을 의미하는 것이 아니라는 것을 알도록 한다. (초)

· 또래들과의 활동에 참여하도록 한다. (초)

· 학교, 학습, 공동체, 사회 등에 대한 긍정적인 태도를 계발하도록 한다. (초)

· 자신의 가치를 명확하게 하고 도덕적 갈등을 해결하도록 한다. (초)

· 청소년기에 발생하는 지적, 사회 · 정서적, 신체적 변화를 이해하고 대처할 수 있는 방법을 학습하도록 한다. (중)

· 관심있는 분야를 탐색하도록 한다. (중)

· 개인적 문제를 분석하도록 한다. (중/고)

♣ 직업분야

· 지신의 장 · 단점을 근거로 직업을 탐색하도록 한다. (중/고)

· 독자적인 조사와 직접 경험을 통해서 다양한 직업군을 탐색하도록 한다. (중/고)

· 직업이나 학업적 요구 및 관심과 일치되는 대학을 탐색하도록 한다. (중/고)

· 직업 세계의 이해와 미래 노동자로서의 능력을 개발하도록 한다. (중/고)

♣ 학업분야

· 균형과 만족을 제공해 주는 교육활동이나 특별활동을 경험하도록 한다. (초)

· 지적 욕구를 자극시켜 줄 수 있는 학업 프로그램에 참여하도록 한다. (초)

· 효과적인 문제해결 기술을 획득하도록 한다. (초)

· 학습을 방해하는 문제를 해결하도록 한다. (초)

· 달성 가능하고 현실적인 목표를 설정하도록 한다. (중)

· 요구 충족에 도움이 될 수 있는 근원을 파악하도록 한다. (중/고)
· 학업과 관련된 문제를 분석하도록 한다. (중/고)
· 학습 기술이나 시험 치르기 기술을 개발하도록 한다. (중/고)
· 관심있는 수업을 수강하도록 한다. (중/고)

이것은 초등학교와 중 · 고등학교에서 영재교육을 담당하는 교사나 상담자들이 주로 고려해야 할 활동들이다. 영재아들이 갖고 있는 독특한 개인적 · 교육적 문제를 이해하도록 하는데 일차적인 목적을 두고 있다. 교사, 상담가, 부모 혹은 그 밖의 다른 사람들에 의해서 실행될 수 있는 상담 기술, 활동, 전략 등을 살펴보도록 한다(송인섭 외 역, 2001). 다음의 〈표 14.2는〉는 Van Tassel-Baska(1982a)가 제안한 영재아 상담의 원리다.

표 14.2 영재아 상담의 원리

① 영재아 상담자는 영재아의 지적, 정의적 특성을 잘 이해해야 한다.
② 영재아가 이질감, 열등감, 사회적 고립 등을 느끼지 않도록 하며 영재아들이 자신의 특수한 특성을 이해하도록 도움을 주어야 한다.
③ 학업이나 직업 또는 심리 사회적 상담 프로그램은 영재아의 인지적 · 정의적 요구에 초점을 두어야 한다.
④ 영재아가 적절한 학교교육을 통하여 개인적 진보를 이룰 수 있도록 도움을 주는 것과 같이 영재아를 옹호하는 행동을 해야 한다.
⑤ 적절한 교사 뿐만 아니라 도서관, 대학, 박물관 등과 같은 유용한 자원에 대한 정보를 제공해 주어야 한다.
⑥ 영재아들은 일반 학생들에 비하여 교육기회와 진로 선택의 폭이 더 광범위하고, 또 진로를 일찍 선택해야 하기 때문에 이들의 의사결정과 기능숙달 계획에 도움을 주어야 한다.
⑦ 영재아가 자기 주도적이며 독자적인 학습자가 될 수 있도록 격려하고 도움을 주어야 한다.
⑧ 영재아의 장 · 단점을 평가할 수 있는 절차를 개발하고 영재아가 자신의 계획을 개발할 수 있도록 도움을 주어야 한다.
⑨ 영재아가 자신의 문제나 현재의 상황을 파악할 수 있도록 격려해 주고 적절한 독서 목록을 제공해 주며 그 이후에 진행되는 토론을 정리해 주어야 한다.
⑩ 사회 경제적 지위가 낮은 영재아의 가치 갈등을 잘 고려해야 한다.
⑪ 여자 영재아에 특별한 관심을 갖고 이들이 학업적 포부수준을 높이 설정하도록 하며 수학이나 과학과 같은 과목을 더 많이 수강하도록 해야 한다.
⑫ 영재아의 개인적 요구나 문제에 관하여 학교 내의 다른 교사들과의 의사소통이 지속되도록

해야 한다.
⑬ 영재아 프로그램에 참가할 영재아 판별 과정에 참여해야 한다.
⑭ 영재아의 학습부진, 사회적응, 개인적 문제 등과 같은 여러 문제들과 관련된 현직 연수를 실행하기 위하여 부모, 심리학자 혹은 기타 인사들과 협의해야 한다.

1. 영재아의 이해

1) 리더십, 자아존중감, 사회적응 및 정체성

영재아는 발달 초기부터 자신의 영재성 때문에 여러 가지 심리적 문제를 경험하게 된다. Silverman(1991)에 따르면 영재아들은 태어날 때부터 잠을 잘 자지 않고, 환경에 민감하게 반응하며 부모가 자신들의 욕구를 충족시켜 주기를 갈망하는 매우 활동적인 아동들이라고 하였다. 영재아들의 발달은 일정하지 않아 언어 기술은 조숙하더라도 소근육 협응 능력은 평범할 수가 있다(Rimm, 1986b). 또한 이들은 자신보다 나이가 더 많은 아동이나 성인과 함께 지내기를 좋아하는 경우도 있다.

학교에서는 일반적으로 정신연령이 아니라 생활연령을 바탕으로 학급이 편성된다. 이러한 학급에서 자신의 지적 · 사회적 욕구를 충족시킬 수 없다는 것을 깨닫게 되는 영재아는 소외감, 좌절감, 이질감 등을 느낄 수 있다. 영재아들은 자신과 유사한 능력, 흥미, 문제, 요구 등을 갖고 있는 '진짜 또래' 들과의 교류가 불가능하기 때문에 사회성이 미숙할 수도 있으며, 일반 아동들로부터 따돌림을 당할 수도 있다.

학령기 아동의 자아존중감은 대부분 학업성취 정도에 의하여 영향을 받는다. 일반적으로 영재아들은 일반 학생들에 비하여 학업적 자아존중감과 자신감이 높다(Colangelo, 1991; Fanos, Fung & Robinson, 1985). 사실 영재아들의 학문적 자아개념은 높은 반면 사회적 자아개념은 낮은 편이다(Ross & Parker, 1980; Winne Woodlands & Wong, 1982).

연령이 어린 영재아들은 학업과 관련된 자신들의 영재성에 자긍심을 갖지만 자신들의 영재성 때문에 또래들과의 사회적 관계가 원만하지 않게 되는 것을 좋아하지 않는다. 영재아는 교사나 일반 아동들이 자신을 부정적으로 생각할 것이라고 믿는 경향이 있다(Colangelo & Kelly, 1983; Kerr, Colangelo & Gaeth, 1988). 간혹 영재아들은 자신들이 '멍청이'

혹은 '괴짜' 등으로 판단되는 것이 두려워 자신들의 영재성을 숨긴다.

지능지수가 높을수록 또래간의 상호관계가 더 미숙할 수도 있다는 Silverman, Chitwood, 그리고 Waters(1986; Silverman, 1991)의 연구에서는 지적 자아개념과 사회적 자아개념 간의 관계에 관한 연구결과 일반 아동들에게서는 지적 자아개념과 사회적 자아개념 간의 불일치가 없었고, 중간 정도의 영재아들(IQ 120~131)에게는 이들 요인들 간에 약간의 불일치가 발견되었다. 그러나 지능이 매우 높은 영재아들에게서는 사회적 자아개념보다 지적 자아개념이 훨씬 높은 것으로 나타났다.

영재아는 사회적 고립감, 독특성, 이질감, 자기 분석적 능력으로 인하여 자신이 누구이며 어떠한 인간이 되어야 할 것인가와 같은 정체성 문제를 심각하게 고민하게 된다. Colangelo(1991)는 상담자들은 질문이나 토의를 통하여 영재아들이 자기지각과 타인과의 관련성을 명확히 이해하도록 해야 한다고 제안하였다.

영재아들이 영재학교나 영재학급 혹은 영재 프로그램에 참여하도록 했을 때 이들의 지적 · 사회적 욕구 둘 다 충족될 수 있다(Higham & Buescher, 1987; Silverman, 1991a). 즉 모든 학생들이 영재아들이고 지능과 능력을 가치있게 여기고 인정해 주는 환경에서 학생들의 사회적 관계가 활발하게 이루어진다고 볼 수 있다.

영재 또래들 사이에서도 소외되는 영재아들이 있다. Cornell(1990)은 대학에서 주최한 심화 프로그램에 참여한 5학년에서 11학년의 영재아들을 인기가 없는 영재아, 보통인 영재아, 인기가 많은 영재아로 구분하여 연구를 수행하였다. 그 결과 세 집단간에는 학업성취도나 능력면에서 차이가 없었으나 자아개념과 부친의 직업에서 차이가 나타났다. 인기가 없었던 영재아들은 학업적, 신체적 자아개념은 낮지 않았지만 사회적 자아개념은 낮았다. 인기가 많았던 영재아들의 부친은 더 유명한 직업을 갖고 있었는데, 아마도 이것이 의복, 언어 사용, 자신감 혹은 가족의 사회 경제적 지위와 관련된 행동에서의 차이를 유발시켰을 가능성이 있다.

교사들은 인기가 없는 영재아들이 과업과 의사결정을 독자적으로 수행하지 못하고, 새로운 과제를 주도적으로 실행하는 능력이 부족하고 지나치게 주목받으려고 하며 소란스럽고 덜 협조적이라고 하였다. 또한 이들은 실패를 잘 수용하지 못하며 지나치게 비판적이라고 한다.

2) 정서적 예민성과 과도한 흥분

지적, 창의적 영재아들 중에는 일반인들에게 찾아보기 어려울 정도로 정서적으로 예민하고 과도하게 흥분하는 영재아들이 있다. Piechowski (1991)는 정서적 예민성과 과도한 흥분이 심리운동, 지적, 상상, 감각, 정서 영역에 미치는 영향을 다음과 같이 기술하였다.

심리 운동적 측면에서 볼 때 이러한 아동들의 에너지, 동기, 열정, 불안 수준은 지나치게 높아 의무감에서 이야기를 하거나 말의 속도가 빠르다. 이들은 행동을 해야 한다는 압박감을 느끼고 충동적으로 행동을 하는 경우도 있다. 즉 이들은 주의력결핍과잉행동장애(ADHD)의 증상을 보인다.

영재아들의 정서적 상태는 지적 분야에서 질문, 발견, 진리 탐구, 이상과 이론적 분석 등을 좋아한다. 이들은 다양한 영역의 책을 읽으며 특정한 문제해결에 몰두하고 자신이 설정한 의문을 지속적으로 탐구한다. 또한 가치와 도덕적 추론에 대한 이들의 관심은 범우주적 가치를 개발하는 데 도움이 된다.

상상 분야에서 이들은 매우 창의적인 사람의 특징을 나타낸다. 이들은 생생한 상상, 환상, 꿈, 마술적 사고, 발명, 시적 · 드라마적 지각 등을 즐긴다. 또한 사실과 허구를 혼합하고 사물을 시각적으로 생생하게 재생하며 특이한 것을 선호하지만 미지에 대한 두려움을 갖는다.

정서적으로 예민하고 과도하게 흥분하는 영재아들은 감각 분야에서 생동감 있는 감각을 경험하게 된다. 이러한 학생들은 오감(五感)의 사용을 즐기며 이들의 정서상태는 극단적이며 감정의 변화가 심한 것으로 나타난다. 정서상태가 긍정적일 때는 기쁨, 환상적인 생동감, 믿을 수 없을 정도로 많은 에너지가 발생하며 정확한 사리판단과 다른 사람에 대한 배려가 나타난다. 반면에 정서가 부정적일 때는 수줍음, 공포, 불안 등이 나타나서 위장병, 의기소침, 죄책감, 우울, 자살 충동, 열등감을 갖기도 한다.

이러한 특성을 지닌 아동이나 청소년 영재들은 이질감, 당혹감, 심지어 죄책감까지 느끼게 될 것이다. 영재아들은 과도한 예민성과 흥분 수준을 조절할 수 없기 때문에 고립감과 자신의 능력에 대한 의구심을 갖게 되어 지신에게 무언가 잘못이 있을 것이라고 생각하게 될 것이다. 이러한 갈등을 해결하기 위해 이들은 자신의 영재성을 숨기고 자신들이 만든 공상적인 세계에 파묻히려고 한다. 이러한 해결법은 결국 '내부 방어'로서 생동감 상실, 성취감 축소, 자신의 정체성에 대한 혼동 등의 결과를 낳는다(Piechowski, 1991).

불행하게도 영재아들의 정서적 상태를 이해하는 교사나 상담자는 거의 없다. 영재아의 정서적 예민성과 과도한 흥분의 가치를 이해하지 못하는 교사, 상담자, 부모 등이 그것을 무시하거나 나타나지 못하도록 하는 것은 그들 개인 뿐 아니라 사회적으로 매우 큰 손실이다.

3) 명칭 붙임

정신지체아, 정서장애아, 학습장애아 등과 같이 명칭을 붙이는 것은 특수교육은 물론 영재교육에서도 논란의 대상이 되고 있다. 명칭을 붙이는 것은 특수한 학습자의 판별, 기금 조성, 적절한 프로그램 제공 등의 과정에 반드시 필요하지만, 이러한 명칭 붙이기는 성인들로 하여금 고정관념이나 잘못된 가정을 갖도록 하는 경우가 많다. 또한 이것은 특수한 학습자로 낙인된 아동 자신이 자신을 다르게 지각하도록 하는 원인이 되기도 한다(Colangelo, 1991; Rist & Harrell, 1982).

영재 혹은 영재 프로그램이라는 명칭은 긍정적인 이미지를 주지만 한편으로는 민주주의의 평등 이념과 부합되지 않는다. 우리는 누군가가 갖고 있는 재능을 인정하면서도 "모든 인간은 평등하게 창조되었다."라는 평등의 개념을 믿는다(Colangelo & Davis, 1991; Gardner 1961). 이러한 평등주의적 개념은 1990년대 초기에 절정을 이루게 되어 능력별 집단편성의 폐지와 협동학습의 촉진을 유발시켰다.

대부분의 영재아들은 자신이 영재라고 불리며 영재 프로그램에 참여하기를 원하지만 자신의 자아가 어느 정도 확고하게 형성되는 청소년기에 이르면 그러한 꼬리표를 좋아하지 않게 되고 영재 프로그램에 참여하기를 꺼려하기도 한다. 영재아라는 명칭이 가족의 역동성에 미치는 영향에 관한 연구는 거의 없다. 그러나 영재아가 있는 가정에서는 형제 자매 간의 질투와 경쟁이 증가한다고 한다(Peterson, 1977). 또한 영재아의 형제 자매는 그렇지 않은 아동의 형제 자매에 비하여 사회적으로나 정서적으로 잘 적응하지 못한다(Cornell, 1983).

Renzulli와 Reis(1991b)는 영재아라는 꼬리표로 인하여 행동상의 문제가 영재아에게 나타날 수 있기 때문에 영재라는 명칭의 사용을 지양할 것을 주장하였다. 영재성은 영재아 판별 과정에서 아동에게 부여되는 꼬리표가 아니라 개발되어야 하고 나타나야 할 행동이다. 이러한 의미에서 영재라는 명칭으로 인하여 발생할 수 있는 사회적 문제를 예방할 수 있는 전략이 필요하다.

4) 영재아의 유형

Betts와 Neihart(1988)는 인지적, 성격적, 동기적 차원을 바탕으로 영재아를 다음과 같은 6가지 범주로 구분하였다.

(1) 성공적 영재아

이들은 의지가 굳고, 성취 지향적이며 완벽주의적인 성향이 있다. 성인이나 또래들로부터 칭찬을 받지만 위험 감수, 적극적 태도, 내재적 동기 등의 개발이 필요하다.

(2) 도전적 영재아

이들은 창의적이지만 쉽게 좌절하고 지루해 하며 반항적일 뿐만 아니라 주도권을 잡으려는 경향이 있다. 이들에게는 자의식, 자기 통제감, 융통성, 소속감 등을 더 많이 갖도록 하고 이들의 창의성을 지원해 줄 필요가 있다.

(3) 소극적 영재아

소극적 영재아들은 불안정하고 수줍어하며 자아개념이 낮다. 영재아로 판별되지 않을 수 있으며 순응자 혹은 도전을 두려워하는 아동으로 인식될 수 있다. 이들에게는 자의식, 자기수용, 영재 또래들과의 상호작용, 독자적 의사결정 등이 요구된다.

(4) 중도 탈락 영재아

이들은 여러 해 동안 학교 교육과정이 자신의 욕구를 충족시켜 주지 못했기 때문에 분개하며 언제 폭발할지 모르며 탈진되어 있다. 성인들은 이들을 고독한 반항아로 간주할 것이며 또래들 역시 이들을 '멍청이' 혹은 '중도 탈락 예정자'라고 생각할 것이다. 이들에게는 이들이 신뢰하는 성인과 함께 일을 할 수 있는 기회와 개인 및 가족상담이 필요하다.

(5) 장애를 가진 영재아

학습장애, 혹은 정서장애 등을 갖고 있는 영재아가 있을 수 있다. 이들에게서는 낮은 자아존중감, 좌절감, 무기력, 분노 등을 찾아볼 수 있다. 성인이나 또래 모두 이들을 평범하지만 무엇인가 이상한 학생으로 볼 것이며 이들이 갖고 있는 장애만을 주목할 수도 있다. 이러한 영재아들은 이들의 영재성을 강화시켜 줄 수 있는 성인이나 또래 지원 집단, 그리고 이들의 장점과 기술 개발에 중점을 둔 대처 전략이 필요하다.

(6) 자율적 영재아

이들은 자신을 잘 파악하고 있어서 자신의 장 · 단점을 수용한다. 이들은 열성적이고 내재적으로 동기화되어 있으며 심리적으로도 건강하다. 이들은 성인이나 또래들로부터 칭찬을 받으며 책임감이 있는 것으로 간주된다. 이들은 자신들의 영재성이나 재능을 계발시킬 수 있는 기회와 시간, 그리고 지지가 필요하다.

2. 진로지도와 상담

진로 선택은 영재아를 비롯해서 모든 사람들에게 중요한 의미가 있다. 예를 들어, 예술, 의학, 법학, 과학, 봉사, 사업 등과 같은 장래 진로는 영재아의 정체성이자 자기 표현의 수단이 될 것이다. 이들의 진로에는 삶의 철학과 가치가 반영되어야 할 것이다.

1) 진로결정

영재아들은 자신들의 성격, 흥미, 능력을 구체적인 진로 선택과 관련시키고 다양한 직업군의 장 · 단점, 직업을 갖는데 필요한 자격 조건, 훈련, 삶의 방식을 이해하는데 도움이 필요하다. 이때 현장견학, 개인지도 프로그램, 현장연구 프로그램 등이 도움이 될 것이다. 또한 각종 검사나 평가 자료는 교사 혹은 상담자가 영재아의 능력, 흥미, 교육적, 직업적 요구를 이해하는데 도움을 줄 수 있을 것이다.

Perrone(1991)은 자아개념 형성과 진로 선택을 결정짓는 것은 사회계층, 지능, 성별 요인이라고 하였다. 즉 진로는 사회계층, 능력에 대한 지각, 성 역할에 대한 자기 정의 등을 근거로 형성되는 자기기대와 타인의 기대를 바탕으로 결정된다는 것이다. Perrone은 또한 청소년들은 진로를 결정할 때 실질적인 직업 활동보다 직업을 갖게 될 경우에 교류하게 될 사람들의 성격이나 직업 양식을 더 중요시한다고 하였다. 따라서 상담자는 학생들의 잘못된 직업관을 수정하도록 도움을 줄 필요가 있다.

Perrone은 진로결정 과정에서 나타나는 사회계층, 지능, 성의 역할에 대하여 다음과 같은 5단계로 기술하였다.

1 단계(3~5세)에서 아동은 성인에게 가치를 부여하는데, 그것은 성인의 크기와 힘이 특정한 활동의 허용 여부를 결정하기 때문이다. 자신에게 만족감을 주는 환상을 바탕으로 진로를 선택하기 때문에 이 단계의 아동들은 사탕 가게나 장난감 가게를 갖고 싶어한다.

2 단계(6~8세)에서 아동은 성 역할에 관심을 갖게 되어 자신의 성과 부합되는 진로를 선호한다. 이 시기에 비서나 간호사가 되기를 원하는 남자 아이들은 많지 않으며 군인이나 우편 배달원이 되기를 원하는 여자 아이들은 거의 없다.

3 단계(9~13세)에서는 사회적 가치를 고려하게 된다. 사회적 계층과 직업의 위신이 포부와 기대에 영향을 미친다. 또한 이 단계의 아동들은 능력이 직업의 중요한 결정 요인이며 지적 능력이 높을수록 더 높은 수준의 직업을 가질 수 있다는 것을 인식하게 된다. 아동들의 행동과 포부설정은 주로 또래에 의해 영향을 받으며, 사회계층이 높은 아동일수록 포부수준이 높은 경향이 있다.

4 단계(청소년 초기)는 정체성 위기로 불리는 청소년기로서 내적으로 독특한 자아(internal unique self)에 관심을 갖게 된다. 이 시기의 진로 선택 과정에서 우선적으로 고려되는 것은 성 역할이며, 그 다음에는 직업의 사회적 계층이 고려된다. 또한 이 시기의 학생들은 특정한 직업을 성취하는데 필요한 노력의 양을 고려하게 되어 노력이 많이 요구되는 직업은 선택하지 않으려고 한다.

5 단계(청소년 후기~성인초기)는 자신의 통합된 세계관을 바탕으로 직업을 선택하는 시기

다. 이 시기의 영재아들은 풍부하고 다양한 경험을 바탕으로 자신이 선택하는 직업이 사회와 어떤 관계가 있는가를 이해하고 수용하게 된다. 이들은 자신의 흥미를 대신해 줄 수 있는 세계관을 획득하며 자신의 직관을 발달시키고 신뢰한다. 또한 수단과 목적에 동등한 가치를 부여하며 발전 가능성을 바탕으로 직업을 선택하게 된다.

영재아들은 진로를 결정하는데 있어 여러 면에서 일반 아동들과는 다르다. 다음에 제시하는 〈표 14.3〉을 참조하기 바란다.

표 14.3 영재아의 진로선택의 특징

심리학적 요인
· 진로를 선택할 때 성 역할 고정관념의 영향을 비교적 적게 받는다.
· 평생 동안 직업을 바꾸지 않으려고 한다.
· 진로는 정체성 확립에 중요한 역할을 한다. 자신의 의지로 진로를 선택하려고 한다.
· 성취와 숙달 욕구가 강하다
· 사회에 기여하고자 하는 욕구가 강하다
· 수단과 목적을 동시에 만족시킬 수 있는 목표를 추구하려고 한다.

심리-창의적 요인
· 개인적 · 환경적 한계와 현재 상태에 대한 도전, 자신과 타인에 대한 의문을 검증해 보고자 하며 과제를 쉽게 종결하려고 하지 않는다.
· 자신의 미래를 창조할 능력이 있다.
· 위험을 기꺼이 수용하려고 한다.
· 자신의 삶에 전적으로 몰입해 있다는 증거로 변화를 추구하려고 한다.

사회적 요인
· 미래 의식이 강한데 이들은 존재(being)보다는 성장(becoming)을 중요시한다.
· 폭넓은 세계관을 갖고 있다.
· 사회에 대한 책임감이 강하다.

2) 다양한 잠재력

잠재력이 다양함으로써 경험하게 되는 딜레마는 '풍요 속의 빈곤'이라는 표현으로 기술된다(Colangelo, 1991; Deose, 1992; Sanborn, 1979). 특정한 분야에만 탁월한 능력을 갖고 있는 영재아들이 있지만 대다수의 영재아들은 많은 영역의 일을 잘할 수 있는 능력을 갖고 있는 많은 잠재력 중에서 하나 혹은 둘을 선택하기가 쉽지 않다는 것을 발견하게 될 것이다.

한 영재학생은 고등학생이지만 대학에서 철학과 컴퓨터 과학과 관련된 과목을 수강하고 있었는데 담당 교수들은 각각 자신의 전공에 그 학생이 적합하다고 주장하였다. 어렵게 한 전공을 선택하여 대학에 입학했을 때조차도 문학과 과학 전공의 교수들 역시 그 학생에게 자신들의 분야에서 학업을 할 것을 권장하였다.

무엇보다도 영재아가 흥미 있어 하는 분야에서 자신의 잠재력을 전문적으로 신장시킬 수 있는 진로를 탐색할 수 있는 기회를 제공해야 한다. 한편, 학생들은 장기적인 관점이나 도전감을 줄 수 있는 직업보다는 즉각적인 흥미를 제공해 주는 직업에 매력을 느끼는 경우가 많다. 상담자들은 학생들이 편견없이 다양한 직업 세계를 탐색하고 도전감과 성장 가능성을 고려해서 직업을 선택할 수 있도록 도움을 주어야 한다. 최근 재능있는 많은 학생들은 독특한 직업 선택의 기회를 만들기 위해 자신의 전공을 다른 전공과 결합하기도 한다. 예를 들면, 법학을 전공하는 학생이 경영학, 의학, 혹은 지질학을 동시에 공부하기도 한다.

3) 기대

기대와 관련된 문제는 매우 많다. 예를 들면, 자녀의 높은 능력을 맹신하는 일부 부모들은 자녀들에게 최고의 성적, 일류대학 진학, 높은 직위의 직업 등을 기대한다 (Zaffrann & Colangelo 1979). 반면에 어떤 부모들은 자신의 자녀가 갖고 있는 특별한 재능을 무시하고 대학 진학을 지원해 주지 않으며 부모가 원하는 일을 시키고자 한다.

부모나 친척, 심지어 영재아 자신조차도 높은 학업과 직업적 성취를 기대한다고 해도 학생 자신은 전적으로 다른 방법으로 살기를 원할 수도 있을 것이다. 또한 영재아들의 직업과 관련된 기대는 사회 경제적 지위에 의해 제한될 수 있다. 상담자들은 장학금 알선과 같은 방법으로 가정의 경제적 사정이 어려운 영재아들이 그들의 환경을 극복할 수 있도록 도와주어야 한다.

3. 글쓰기와 독서치료

상담하는 것을 불편해하면서도 글로 자신을 잘 표현하는 영재아들이 많다. 자신에 관한 글쓰기는 영재아들이 상담자에게 말로 표현해야 한다는 부담 없이 자신의 문제, 감정, 지각, 포부 등을 분명히 하는데 도움을 줄 수 있다. 이러한 아동들에게 '미래의 나' 와 같은 주제를 제시해 준다면 아동들은 개인적, 사회적, 교육적 혹은 진로와 관련된 문제에 관한 자신의 생각을 기술할 수 있을 것이다. 이러한 에세이는 상담자에게 개인적 면담이나 생활지도에 필요한 주요한 정보를 제공해 준다.

Kenny(1987b)는 자아개념이나 또래 관계와 관련된 학생들의 긴장, 스트레스, 불안 등을 명확하게 하기 위하여 다양한 창의적 글쓰기 전략을 사용하였다. 창의적 글쓰기는 학생과 교사(혹은 상담자) 간의 관계를 긍정적으로 유지하는데 도움이 된다. 창의적 글쓰기는 에세이, 시, 단편 소설, 저명 인사에게 보내는 편지 등 다양한 형태가 가능하다.

독서치료(bibliotheraphy)는 독서 자료를 통해서 정서적 문제를 해결해 주고 정신건강을 촉진시켜 주는 것이다(Delisle, 1992). 영재아에게 영재성 때문에 겪게 되는 어려움과 장점에 관하여 독서하는 것은 영재아들이 자신을 이해하는 통로를 제공해 줄 수 있다. 일반적으로 독서치료는 영재아들이 자신의 문제를 이해하고 자신이 느끼는 감정이 특이한 것이 아니며 더욱이 잘못된 것도 아니라는 것을 인식하도록 하는 데 목적이 있다.

4. 스트레스 해소법

영재아들은 보통 아동들이 일반적으로 느끼지 못하는 독특한 형태의 스트레스를 받는다. 특히 이들이 경험하는 이질감은 스트레스의 근원이 되며 정서적 예민성과 과도한 흥분에 의해 더욱 확장될 수 있다. Webb, Meckstroth, 그리고 Tolan(1982)의 지적대로 모든 영재아들은 일정한 양의 스트레스를 받을 수밖에 없다. 특히, 지능지수 160 이상이 되는 영재아들의 경우 어떠한 상황에서도 적응하기가 어려울 것이며 그러한 상황에서 나타나는 스트레스를 인내해야 한다. Webb, Meckstroth, 그리고 Tolan은 영재아들에게 도움이 될 수 있는 스트레스 대처 전략을 다음과 같이 제안하였다.

1) 스스로 해소

영재아들은 또래들의 질투, 분노 혹은 그 밖의 다른 행동들에 의하여 스트레스를 받기 쉽다. 영재아들은 또래들의 행동을 통제할 수는 없겠지만 자기 자신은 통제할 수 있다.

2) 혼잣말

우리 모두는 '난 어쩔 수 없어'와 같은 혼잣말에 속박되는 경향이 있다. 영재아들은 2~3세부터 혼자말로 자신을 평가하기 시작한다(Webb, Meckstrotb & Tolan, 1982). 자신이 설정한 목적을 성취하지 못했을 때 발생하는 자기비판이나 자기비하와 같은 부정적인 혼잣말은 완벽주의적 성향이 있는 영재아들에게 흔히 있는 일이다.

3) 비합리적 신념에 대한 인식

일부 부정적인 혼잣말은 "나는 반드시 ~해야 한다"와 같은 비합리적 신념 체제의 근원이 되기도 한다. 비합리적 신념의 예는 다음과 같다.

· 나는 모든 일을 완벽하게 수행해야만 한다.
· 모든 사람들이 나를 좋아해야만 한다.
· 내가 인기를 얻지 못한다면 나는 사회에서 버림받은 것이나 마찬가지다.
· 나의 행복은 내가 나 자신을 어떻게 생각하느냐가 아니라 다른 사람들이 나를 어떻게 생각하느냐에 달려 있다.

이와 같은 생각이 자신의 스트레스가 된다는 것을 인식하고 신념을 바꾸고자 노력한다.

4) 기타

Webb, Meckstroth, 그리고 Tolan(1982)은 영재아들이 스트레스를 통제하도록 하는 데 도움을 줄 수 있는 몇 가지 전략을 제안하였다. 예를 들면, 학생들에게 "최악의 경우에는 어떤 일이 일어날 것인가?"와 같은 질문을 함으로써 학생들이 스트레스를 덜 받도록 한다거나 실패를 하게 된 원인의 일부를 타인에게 전가시키도록 함으로써 영재아 자신을 적극적이고 창의적 문제해결자라는 관점을 갖도록 하는 것이다.

또한 학생들에게 일의 선을 긋는 방법을 가르칠 수 있다. 예를 들어, 교사와의 마찰로 인하여 발생한 스트레스가 그밖의 다른 영역에 영향을 미치지 않도록 하는 것이다. 또한 스트레스에 예민한 학생들에게는 마음의 평온을 유지하도록 하는 방법이 도움이 될 수 있다. 조깅이나 에어로빅과 같은 육체적 운동은 잘 알려진 치료법이다. 그밖에 농담을 하거나 스트레스 요인을 적극적으로 무시하는 것 등이 스트레스 대처 방법이 될 수 있다(송인섭 외 역, 2001).

5. 영재아 상담 프로그램 개발

Colangelo(1991)는 영재아 상담 프로그램의 개발을 안내할 수 있는 두 가지 접근, 즉 치료적 접근과 발달적 접근을 제안하였다. 영재아들은 심각한 문제를 갖고 있거나 그러한 문제에 직면할 위험이 있다는 가정을 하는 것이 치료적 접근이다. 여기에서 상담자는 문제해결을 돕거나 영재아들이 직면하게 되는 어려움을 최소화할 수 있도록 항상 대기하는 역할을 하게 된다. 발달적 접근의 주요 목적은 치료보다는 영재아들의 교육적 성장을 지원해 줄 수 있는 학교와 가정환경을 만들어 주는데 있다.

발달적 관점에 따른 상담 계획에는 다음과 같은 요소들이 포함될 수 있다.

· 명확하고 일관성 있는 원리
· 정의적, 인지적 요구를 바탕으로 한 활동
· 영재아에 대한 지식이 풍부한 상담자
· 치료적 서비스뿐만 아니라 개인, 가족 혹은 교사 상담 제공
· 해당 학생은 물론 교사, 부모 혹은 행정가의 참여
· 상담자의 전문성 개발

1) 행정가, 교사, 상담자 및 부모의 역할

상담과 관련된 행정가, 교사, 상담자, 그리고 부모의 역할과 책임은 다음과 같다

(Landrum, 1987).

· 영재성의 의미를 알고 영재아의 요구와 문제를 이해한다.
· 교사, 상담자, 그리고 기타 다른 또래들간의 협동 작업을 조정한다.
· 교사나 다른 담당자들이 적절한 훈련을 받을 수 있도록 영재아 교육에 대한 학교 및 교육청 차원의 연수를 제공한다.
· 영재아 교육 담당자들이 정규적인 모임을 가질 수 있도록 한다.
· 영재아 담당자들의 의견을 경청하고 교육적으로 가치있는 의사결정을 할 수 있어야 한다.
· 적절한 재정을 확보하여 프로그램과 적절한 시설을 제공한다.

2) 교사의 역할

· 영재들의 의견을 경청한다.
· 아동의 재능 정도를 파악해서 지나친 기대를 해서는 안 된다.
· 검사 자료나 누가적 기록에 나타난 정보를 이해한다.
· 아동에게 지적인 도전감을 제공한다.
· 학생의 개인적 흥미를 지원해 주거나 자극한다.
· 진로에 관한 정보를 제공한다.
· 학생에 대한 정보를 다른 교사나 상담자와 공유한다.
· 영재아의 인적 자원이 될 수 있는 사람이나 지역 인사를 확보한다.
· 영재프로그램의 장·단점을 평가한다.

3) 상담자의 역할

· 학생이 상담에 자발적으로 참여하도록 유도하여 학생의 말에 경청한다.
· 학생이 자신의 가치를 명료화시킬 수 있도록 한다.
· 개인과 집단 회의를 제공한다.
· 학생이 적절한 자원을 찾을 수 있도록 지원하며 필요한 경우 특별한 서비스를 제공한다.

· 생활지도를 하고 담임 교사가 그러한 활동을 할 수 있도록 도움을 제공한다.
· 교육이나 과업 추구와 관련된 학생 자신의 흥미를 탐색해 보도록 한다.
· 개별 학생들에 관한 정보를 수집하며 학부모와 상담을 한다.
· 영재아가 잘 적응할 수 있는 학교 풍토를 조성하기 위하여 교사, 교장 혹은 그 밖의 담당자들과 협력한다.
· 상담 프로그램을 학생 개개인에 적합하도록 전반적으로 조정한다.

4) 부모의 역할

· 학생의 말을 경청한다.
· 학교와의 의사소통을 원활하게 한다.
· 교육과정 결정에 참여한다.
· 학부모회를 조직한다.
· 아동의 잠재력을 신장시킬 수 있는 시간과 시간 관리법을 가르친다.
· 아동이 의사결정을 현명하게 하도록 도움을 준다.
· 창의적인 사고를 할 수 있도록 여유를 갖고 지켜 본다.
· 독서를 장려한다.
· 위험을 적절히 감수하는 도전적인 일을 시도하도록 하고 여가 시간을 잘 활용하도록 한다.
· 연령에 합당한 기대를 한다.
· 아동의 흥미를 지원한다.
· 부모가 충족하지 못한 목표를 아동이 성취시켜 줄 것이라고 기대하지 않는다.

6. 상담자를 위한 상담활동

다음은 상담자가 활용할 수 있는 중재 전략과 활동의 예다(Landnum, 1987).

첫째, 자의식 고취, 자아개념 개발, 자기발견, 자기향상, 자아실현 추구 등과 같은 개인적·사회적 목적을 달성하기 위한 전략이다.

- 또래 공동체를 만들고 영재아가 특정한 문제를 토론할 수 있도록 집단상담을 사용하라.
- 문제의 이해를 돕도록 시뮬레이션과 역할극을 활용하라.
- 자의식을 고취시키기 위하여 독서치료나 개인적 글쓰기를 사용하라.
- 여자 아이들이 수학, 과학, 컴퓨터와 같은 교과를 수강하도록 권장하라.

둘째, 공부향상, 문제해결, 자기 주도적 학습과 같은 학업 목표를 안내할 수 있는 전략들이다.

- 노트정리, 요약, 복습, 시험 치르기, 재미있는 책읽기 등과 같은 활동을 권장하라.
- 분석, 명료화, 문제해결 전략 수립 등과 같은 문제해결 기능을 연습하고 개발할 수 있는 활동을 제공하라.
- 도서관 활용이나 정보인출 체제와 같은 탐색 기술의 학습과 자율적 학습을 조장하라.
- 적용, 분석, 종합, 평가와 같은 고차원적인 사고를 촉진시킬 수 있는 질문을 활용하라.
- 아동(특히 사회경제적 지위가 낮은 아동)이 미술, 음악, 과학, 독서 등을 즐길 수 있도록 하라.
- 학생이 자발적인 흥미를 보이는 영역을 주목하고 지원하라.
- 지역사회의 자원 인사가 참여하는 세미나를 개최하라.

마지막으로 목표를 충족시킬 수 있는 전략들이다.

- 신문이나 잡지를 이용해서 학생들이 진로와 관련된 개인적인 포트폴리오를 만들도록 하라.
- 관심이 있는 직업을 갖고 있는 사람들이 일하는 모습을 사진으로 찍어보도록 하라.
- 다양한 직업 세계의 사람들을 인터뷰하고 그것을 수업시간에 활용하라.
- 학부모들을 '직업 체험의 날'에 참여하도록 한다.
- 유명한 인물들이 탄생한 날에는 그들의 직업에 대해 토론해 보도록 한다.
- 하나 혹은 그 이상의 직업을 창출해 보도록 하라.
- 부모나 공동체 구성원을 개인교사로 활용하라.

· 대학을 방문해 보고 학생과 함께 대학지원 절차를 점검해 보아라.
· 졸업생들을 초청하여 진로와 관련된 제반 문제들에 관하여 토론해 보도록 하라.

제 2 절 특수영재

1. 장애영재

대다수의 장애영재는 학습장애아인 경우가 많고(Minner, 1990), 세 종류의 학습장애 영재가 존재한다. 첫째, 영재이지만 학교에서 어려움을 겪는 경우 둘째, 자신의 뛰어난 능력을 인정받지 못한 채 학습장애아로 불리는 경우 셋째, 장애와 뛰어난 능력이 서로 상쇄효과를 일으켜서 교실에서 드러나지 않는 대다수의 경우다.

일반적으로 미성취영재와 장애영재는 다음과 같은 면에서 유사하다(Silverman, 1989) : 사회적 기술의 결여, 사회적 고립, 비현실적 자기기대, 완벽주의, 주의산만, 학교생활에서의 좌절, 낮은 자기존중감, 과제완수 실패 등이다.

GLD(Gifted Learning Disabled)라고 불리는 학습장애 영재는 높은 언어표현 능력, 학문적 미성취에 따른 좌절과 실패에 대한 두려움, 비일관적 사회적 기술, 불안정한 자아상, 낮은 자기효능감 등을 가지고 있지만, 친구들에게는 거부당하지 않는다. 학습장애 영재는 메타인지적 수행능력이 높고, 긍정적인 정서, 내적 동기화, 독립성, 비언어적 의사소통을 사용한다는 점에서 영재아와 비슷한 특징을 보인다. 반면 학문적 과제에 대한 좌절과 불안, 회피와 서두름, 집중력 부족 등의 특성은 학습장애아와 비슷하다. 한 가지 고려해야 할 점은 대다수의 교사들이 학습장애아와 영재에 대한 고정관념을 갖고 있기 때문에 학습장애아들이 영재 아를 위한 프로그램에 적합할 수 있다는 것을 고려하지 못한다는 것이다.

ADHD(Attention Deficit Hyperactivity Disorder) 증상은 7세 이전에 시작되는데, 영재와 ADHD 학생은 둘 다 공통적으로 높은 수준의 에너지를 가지고 있다. 둘의 차이는 영재의 에너지는 방향이 있고 집중적이며 강렬하다면, ADHD 아동의 에너지는 산발적이며 일정하지 않고 산만하다는 것이다. 영재는 도전감이 없는 교과과정을 지루하게 여기기 때문이지만, ADHD 아동의 경우는 주의력 결핍, 충동성, 과잉활동이 원인이라고 할 수 있다. 한 아동 내에 영재성과 ADHD의 특성이 결합될 때, 강화된 소외감, 민감성, 과잉반응이 나타난다.

아스퍼거 증후군(Asperger's Syndrome; AS) 아동은 사회적 교류가 없고, 행동패턴이 반복적으로 이루어진다. 영재성과 아스퍼거 증후군이 결합되면, 두 가지 특징 모두 사라지는 경향이 있다. 영재성과 아스퍼거 증후군의 공통점은 언어적 유창성이나 조숙함, 탁월한 기억력, 글자나 숫자를 좋아함, 특정 주제에 몰입, 어린 나이에 상당한 정도의 사실적 정보 획득, 관심 있는 주제에 대해 끊임없이 얘기함, 감각자극에 대한 과민함, 다양한 범주의 능력, 관심 없는 주제에 대한 보통수준의 수행 등이 있다.

아스퍼거 증후군 영재아의 특징은 현학적이고 유창한 말솜씨를 보이며, 일상적인 활동에 저항할 뿐만 아니라 변화에 대한 대처능력에 문제를 나타낸다. 또한 다른 사람들이 그들을 어떻게 보는지를 인식하지 못하고, 자신이 정상에서 벗어난 일을 했다는 것을 깨닫지 못한다. 일반 영재아가 외부 사건에 주의를 돌리는 반면, 아스퍼거 증후군 영재아는 내부적인 사건에 의해 주의가 산만해지는 경향이 있다.

장애영재의 판별은 일반영재 판별과 상당히 유사하지만, 반드시 고려해야 할 점이 있다.

장애영재는 자신의 약점을 보충하기 위해 단어, 개념화 능력, 언어표현 영역 등에서 자신의 우월한 능력을 사용할 수 있다. 또한 구어의 사용, 기억력, 문제해결 능력, 호기심, 추진력이 학습장애 영재의 지표가 될 수 있기 때문에(Beckley, 1998), 포트폴리오 평가가 중요한 판별도구가 된다고 볼 수 있다.

장애영재를 발견하는 데 있어 중요한 문제는 "장애"라고 명명하는 것에 대한 기대의 기능이다. 대부분의 특수교육 프로그램은 영재교육 프로그램에 비해 자신들이 사용할 수 있는 더 많은 인적 자원과 재정지원이 있기 때문에, 장애영재는 기본적으로 특수교육 프로그램에 배치될 수 있다. 문제는 일단 아동이 장애아로 분류되면, 교사들은 해당 집단에 맞는 행동을 기대하게 되고, 결국 이러한 결과가 학생이 가지고 있는 영재성을 가리는 분위기를 만드는 것이다. 또 다른 문제는 특수교사 중 아주 소수의 교사들만이 영재아의 행동특성을 알고 있어서 정상에서 벗어난 어떤 행동들을 무조건 장애에 의한 것으로 해석할 가능성이 많다는 것이다.

학습장애 영재의 경우 문제가 더 복잡해지는데, 학습장애 영재는 한두 영역에서 영재성을 보이고, 다른 영역에서는 학습문제를 가지고 있다. 그래서 행동문제를 보일 수 있고, 집단을 이루어 작업하는 것이 어려울 수 있다. 과잉행동, 수업방해행동, 극도의 위축 등의 형태로 진단하는 학습문제 행동에 대한 평가형태는 때로는 영재성을 발견하는 형식이기도 하다. 문제를 야기하는 과도한 에너지가 학생이 관심 있는 영역에서의 성취를 이루게 하는 원동력이 될 수도 있다는 것이다.

장애영재를 판별하기 위한 지침(Silverman, 1989)을 몇 가지 살펴보면, 교사와 부모에게 장애영재의 특성목록 배부, 어려운 문제는 맞추고 쉬운 문제는 틀리는 경우를 포함해서 수행에 있어서의 불일치, 이야기 자료 이해 정도와 구두로 제시한 자료의 이해 정도 비교, 수학적 계산능력과 수학적 분석능력 비교, 아동의 활동 관찰, 특별한 강점과 어려워하는 점의 확인 등을 들 수 있다

2. 미성취영재

미성취영재아의 행동은 개인, 가족, 사회, 학교 관련 행동들로 범주화되며, 학업 미성취를 예측하는 가장 중요한 요인은 부정적 자아개념이다. 성취영재와 미성취영재는 스스로 목표를 세우고 그 목표를 달성하기 위해 노력하는 것에서 차이가 있다. 또한 평소 괜찮은 성적을 받지만, 그 이상은 하지 않는 학생들도 있다.

미성취의 원인은 개인 가정환경 및 부모 학교 차원으로 구분하여 생각해 볼 수 있다. 우선 개인 성격과 관련된 부분을 살펴보면 내부와 외부 요인에 의해 영향을 받는 것을 알 수 있다. 내적 압박요인으로는 영재의 과민성, 사회성의 결여, 완벽주의 등을 들 수 있다. 외적 요인의 영향으로는 다르다는 이유로 한 개인을 소외시키려는 사회적 압력, 영재아들이 가지고 있는 예민함과 완벽주의의 문제를 강화시키는 사회적 기대의 영향 등을 들 수 있다.

성별에 따른 미성취아들의 차이가 있는데, 우선 남학생의 경우 1학년 때 성취아들에 비해 낮은 성적을 받기 시작하기 때문에 3학년쯤 되면 더 눈에 띠게 된다. 반면 여학생

미성취영재의 경우 6학년이 되어서야 성적의 하락이 나타난다. 따라서 중학교 3학년쯤 되어야 눈에 띄는 차이를 보인다. 남녀 학생 모두 미성취가 점차 악화되는 것이 문제다. 특히 청소년기에 있는 여학생 영재아들은 자신의 높은 학문적 능력이 알려진다면 인기가 떨어질거라고 염려하기도 한다. 고등학교에 재학 중인 많은 학생들은 학문적 성취보다 친구들의 인정을 더 중요하게 생각한다. 대부분의 연구에서 남학생 미성취아가 여학생 미성취아에 비해 적어도 2배 이상 많다고 보고하고 있다.

적절한 지도 없이 영재의 다양한 관심이 너무 많은 영역으로 확장되는 것도 미성취의 중요 원인이 되기 때문에 선택과 집중이 중요하다. 일반적으로 미성취아들은 자신에 대한 강한 믿음과 부정적 경험을 극복하는 회복력이 결여되어 있다(Reis & McCoach, 2000). 만성적인 미성취아와 장애로 인한 미성취아에 대한 적절한 개입 방안은 다르기 때문에 두 가지를 구분하는 것이 필요하다.

둘째, 가정환경과 부모의 영향으로 미성취가 일어난다. 미성취영재가 있는 가정에서 일어나는 일을 보면, 다음과 같은 몇 가지 공통점이 있다. 아이들이 엄마에게 의존하는 경향이 있고, 아빠는 따뜻함과 애정이 부족하여 거부적이거나 지배적인 태도를 보인다. 아빠와 딸 또는 아빠와 아들의 관계가 부정적이거나 아예 존재하지 않는다. 부모가 자녀에게 비현실적 목표를 세우고 자녀들은 스스로 그것을 이룰 때만이 가치 있다고 생각한다. 부모는 자녀의 성취에 대해 적절한 보상을 하지 않고, 자녀의 학교생활에 적극적이지 않고, 지지적 입장을 취하지 않는다. 아동의 성취가 부모에 대해 위협이 되는 경우가 있고, 부모는 애정, 신뢰, 승인의 태도를 보이지 않는다. 부모가 지나치게 엄격한 것도 중요한 특정 중의 하나다. 또한 행동과 학업수행에 대해 불분명한 지침을 주거나 부부간의 양육방식의 불일치, 자녀와의 정서적 거리감 등의 환경은 자녀에게 성취의 가치에 대한 복합적 메시지나 비일관된 메시지를 전달한다(Baker, Bridger, & Evans, 1998). 셋째, 학교차원에서는 지나치게 경쟁적인 학급분위기, 부정적인 기대, 비현실적이고 부적절한 목표의 설정, 냉정한 교사의 태도, 도전감을 주지 않는 너무 쉬운 과제 등이 미성취를 야기시킨다.

미성취의 예방과 교정과 관련하여 몇 가지 중요한 점을 살펴보면, 첫째, 개인적 차원에서는 강력한 내적 통제의 소재가 중요하다. 즉 자신의 노력여하에 따라 결과가 달라질 수 있다고 생각하는 것이 중요하다. 둘째, 때로 학생들은 의식적으로 미성취를 결정하기도 한다. 예를 들어 항상 자신의 노력이 부적절한 것으로 여겨질 때 차라리 아무것도 안하는 것이 덜 고통스럽고 비난을 피할 수 있게 된다는 것이다.

부모는 가정에서 지적인 자극을 주고, 호기심을 유발할 수 있는 환경을 제공해 주고 아동과 긴밀하고 상호 존중하는 관계를 맺는 것이 필요하다. 또한 자녀에게 바라는 행동의 역할 모델이 되고, 가정과 학교에서 자녀의 활동에 관심을 갖는 것이 필요하다. 다른 형제자매들과 비교하지 말고, 자녀가 효과적으로 시간을 사용하도록 도와 줘야 한다. 자신과 경쟁하는 법을 가르치고 자신이 관심 있는 것에 대해 스스로 목표를 세우도록 해야 한다.

셋째, 학교의 영향을 들 수 있다. 미성취의 문제는 초등학교 시기에는 쉽게 교정될 수 있지만, 중 · 고등학교로 가면 바뀌기가 쉽지 않다. 학교에서 배우는 교과내용이 지루하고 적절하지 않아 미성취가 되는 경우가 있다(Supplee, 1989). 고등학교 영재아들이 학교수업을 지루해 하는 요인을 조사한 연구결과에 따르면(Kanevsky & Keighley, 2003), 학생들이 이미 아는 내용을 가르쳤기 때문에 영재아들이 수업을 지루해한다는 것이다. 학습에 대한 학생들의 생각은 다섯 가지 상호 관련된 특징으로 요약되었는데 그것은 통제, 선택, 도전감, 복잡성을 배려하였다. 분명한 것은 그 학생들이 받았던 학교교육이 그들이 생각한 학습의 개념과 같지 않았다는 점이다.

교사들도 자신들의 의도와는 상관없이 학생들의 미성취를 야기시키는 데 일정한 역할을 한다. 너무 낮은 기대를 하거나 높은 성취를 하도록 과도한 기대를 해서, 또는 영재아들의 수행에 대해 공정하지 않은 성적평가 방식을 하는 것이다. 영재아들은 또래들과 어울리고 싶어서 미성취를 야기하기도 한다. 오랫동안 노력하지 않고 학문적 성공을 해온 고등학생의 경우, 공부기술을 제대로 발달시키지 못한 경우들이 있다. 심지어 대학에 와서야 공부기술을 익히지 못한 것이 문제가 되는 경우가 있기 때문에 이러한 공부기술을 적절한 시점에서 가르쳐야 한다. 또한 능력별로 편성된 영재반에 있는 미성취 영재들의 경우 학과공부, 창의성, 또래에 의해 수용된다고 지각하는 것에서 그렇지 않은 반에 있는 영재들에 비해 더 좋은 효과를 나타내는 것으로 나타났다(Davis & Rimm, 2004).

3. 여성영재

여성 영재아와 관련된 이슈들은 19세기부터 20세기에 걸쳐 일어난 평등성 확보를 위한 일련의 노력들과 관련되어 있다. Blackwell(1821–1910)은 29곳의 미국 의과대학 입학 거부 후 뉴욕의 Geneva College에 입학, 수석 졸업 후 도시 병원에서는 임상실습을 할 수 없어 뉴욕 슬럼가에 사무실 하나를 얻어 진료를 시작했다. 이후 그의 사무실은 여성과 아동을 위한 뉴욕병원(New York Infirmary for Women and Children)으로 발전했다. Lockwood(1830–1917)가 2년 동안 법대입학 거부 후 입학한 사건이나 MIT 최초의 여자 졸업생이자 MIT 최초 여교수인 Richards(1842–1911)가 MIT에서는 박사학위를 못받고 죽기 1년 전인 69세 때 Smith College에서 명예박사학위 받은 사건도 평등성을 위한 여성의 노력의 일환이었다.

특히 고등교육 분야와 관련하여, 미국의 여교수 비율을 살펴보면, 1981년 26.7%였던 것이 2000년에는 37.5%가 되었다. 이 중 종신교수가 된 여교수 비율은 34.8%였다. 평균 임금수준의 격차도 존재하는데, 2005년을 기준으로 할 때 남교수($91, 102)와 여교수($81, 719)의 평균 임금이 차이가 나는 것을 알 수 있다.

미국의 과학 및 공학 분야를 보면, 1970년대에는 모든 과학 및 공학 분야 박사학위의 10분의 1이 여성이었다가 2005년에는 3분의 1이 되었다. 그러나 50개의 연구 중심대학의 교수에 재직 중인 여성은 전체의 15%, 과학 및 공학관련 직업 분야에서는 23%에 불과한 것으로 나타났다. 과학 및 공학 분야 학사학위를 받은 여성은 29%이고, 과학 및 공학 분야 종사자의 18%였다. 여성의 박사학위 취득비율은 점차 증가하는 추세지만, 남성 박사학위 취득자에 비해 실업률이 2~5배 정도 높다. 학문분야 이외에 다른 분야에서도 여성의 임금이 남성에 비해 낮다(2004년 기준, 남성 1달러 vs. 여성 80센트).

유명한 Terman의 연구(Terman & Oden, 1959)를 보면, 글쓰기를 가장 잘했던 영재 아동은 대부분 여자 아동이었는데, 실제로 가장 뛰어난 성인 작가들은 남성이었다. 또한 가장 뛰어난 예술가 들은 남성이었지만, 어린 시절 여성 영재아들이 남성 영재아들에 비해 예술적 능력이 뛰어났다는 것을 알 수 있다. 왜 인생의 어느 시점에서 뛰어난 여성들이 다른 시점에서는 그렇지 못한가?

여성은 개인적으로 아주 어린 시절부터 수동적이고 의존적인 존재로 길러지는 경험을 한다. 또한 학교에서는 교사들이 남학생들에게 더 많은 관심을 갖고 수업참여를 하도록 격려한다(미국대학여학생협의회, American Association of University Women, AAUW, 1992). 남자 아이들은 구체적이고 자세한 피드백, 칭찬, 비판, 교정을 받는 반면, 여자 아이들은 그렇지 못하다. AAUW는 방대한 연구 결과들을 인용하면서 남아와 여아에 대한 이러한 교사 행동의 차이가 상위 10% 학생들에게서 더 큰 점수 차이를 야기시킨다고 보았다. 입학 초기, 여학생들은 자신이 속해 있는 집단 아이들의 행동을 모방함으로써 자신의 능력을 숨기는 것을 학습한다(Silverman, 1993). 여학생들은 원래 자신의 능력보다 능력이 떨어지는 것처럼 보여줄 수 있으며, 더 많은 사회적 인정을 받기 위해 자신의 지적 능력을 덜 보여줌으로써 보상을 받는다. 6학년 여학생은 자신이 독립적이고 능력 있는 사람으로 인식되기보다 인기 있는 사람이 되는 것을 더 중요하게 생각하는 경향이다.

부 록

1. 장애인 등에 대한 특수교육법
2. 장애인 등에 대한 특수교육법시행령

1. 장애인 등에 대한 특수교육법

법률 제8852호(정부조직법) 일부개정 2008. 02. 29.

제1장 총칙

제1조 (목적)

이 법은 「교육기본법」 제18조에 따라 국가 및 지방자치단체가 장애인 및 특별한 교육적 요구가 있는 사람에게 통합된 교육환경을 제공하고 생애주기에 따라 장애유형 · 장애정도의 특성을 고려한 교육을 실시하여 이들이 자아실현과 사회통합을 하는데 기여함을 목적으로 한다. [[시행일 2008.5.26]]

제2조 (정의)

이 법에서 사용하는 용어의 정의는 다음과 같다.

1. "특수교육"이란 특수교육대상자의 교육적 요구를 충족시키기 위하여 특성에 적합한 교육과정 및 제2호에 따른 특수교육 관련서비스 제공을 통하여 이루어지는 교육을 말한다.
2. "특수교육 관련서비스"란 특수교육대상자의 교육을 효율적으로 실시하기 위하여 필요한 인적 · 물적 자원을 제공하는 서비스로서 상담지원 · 가족지원 · 치료지원 · 보조인력지원 · 보조공학기기지원 · 학습보조기기지원 · 통학지원 및 정보접근지원 등을 말한다.
3. "특수교육대상자"란 제15조에 따라 특수교육을 필요로 하는 사람으로 선정된 사람을 말한다.
4. "특수교육교원"이란 「초 · 중등교육법」 제2조제5호에 따른 특수학교 교원자격증을 가진 자로서 특수교육대상자의 교육을 담당하는 교원을 말한다.
5. "보호자"란 친권자 · 후견인, 그 밖의 사람으로서 특수교육대상자를 사실상 보호하는 사람을 말한다.
6. "통합교육"이란 특수교육대상자가 일반학교에서 장애유형 · 장애정도에 따라 차별을 받지 아니하고 또래와 함께 개개인의 교육적 요구에 적합한 교육을 받는 것을 말한다.
7. "개별화교육"이란 각급학교의 장이 특수교육대상자 개인의 능력을 계발하기 위하여 장애유형 및 장애특성에 적합한 교육목표 · 교육방법 · 교육내용 · 특수교육 관련서비스 등이 포함된 계획을 수립하여 실시하는 교육을 말한다.
8. "순회교육"이란 특수교육교원 및 특수교육 관련서비스 담당 인력이 각급학교나 의료기관, 가정 또는 복지시설(장애인복지시설, 아동복지시설 등을 말한다. 이하 같다) 등에 있는 특수교육대상자를 직접 방문하여 실시하는 교육을 말한다.
9. "진로 및 직업교육"이란 특수교육대상자의 학교에서 사회 등으로의 원활한 이동을 위하여

관련 기관의 협력을 통하여 직업재활훈련 · 자립생활훈련 등을 실시하는 것을 말한다.

10. "특수교육기관"이란 특수교육대상자에게 유치원 · 초등학교 · 중학교 또는 고등학교(전공과를 포함한다. 이하 같다)의 과정을 교육하는 특수학교 및 특수학급을 말한다.

11. "특수학급"이란 특수교육대상자의 통합교육을 실시하기 위하여 일반학교에 설치된 학급을 말한다.

12. "각급학교"란 「유아교육법」 제2조제2호에 따른 유치원 및 「초 · 중등교육법」 제2조에 따른 학교를 말한다.

[[시행일 2008.5.26]]

제3조 (의무교육 등)

① 특수교육대상자에 대하여는 「교육기본법」 제8조에도 불구하고 유치원 · 초등학교 · 중학교 및 고등학교 과정의 교육은 의무교육으로 하고, 제24조에 따른 전공과와 만 3세미만의 장애영아 교육은 무상으로 한다.

② 만 3세부터 만 17세까지의 특수교육대상자는 제1항에 따른 의무교육을 받을 권리를 가진다. 다만, 출석일수의 부족 등으로 인하여 진급 또는 졸업을 하지 못하거나, 제19조제3항에 따라 취학의무를 유예하거나 면제받은 자가 다시 취학할 때의 그 학년이 취학의무를 면제 또는 유예받지 아니하고 계속 취학하였을 때의 학년과 차이가 있는 경우에는 그 해당 연수(年數)를 더한 연령까지 의무교육을 받을 권리를 가진다.

③ 제1항에 따른 의무교육 및 무상교육에 드는 비용은 대통령령으로 정하는 바에 따라 국가 또는 지방자치단체가 부담한다.

[[시행일 2008.5.26]]

제4조 (차별의 금지)

① 각급학교의 장 또는 대학(「고등교육법」 제2조에 따른 학교를 말한다. 이하 같다)의 장은 특수교육대상자가 그 학교에 입학하고자 하는 경우에는 그가 지닌 장애를 이유로 입학의 지원을 거부하거나 입학전형 합격자의 입학을 거부하는 등 교육기회에 있어서 차별을 하여서는 아니 된다.

② 국가, 지방자치단체, 각급학교의 장 또는 대학의 장은 다음 각 호의 사항에 관하여 장애인의 특성을 고려한 교육시행을 목적으로 함이 명백한 경우 외에는 특수교육대상자 및 보호자를 차별하여서는 아니 된다.

1. 제28조에 따른 특수교육 관련서비스 제공에서의 차별
2. 수업참여 배제 및 교내외 활동 참여 배제
3. 개별화교육지원팀에의 참여 등 보호자 참여에서의 차별
4. 대학의 입학전형절차에서 장애로 인하여 필요한 수험편의의 내용을 조사 · 확인하기 위한 경우 외에 별도의 면접이나 신체검사를 요구하는 등 입학전형 과정에서의 차별

[[시행일 2008.5.26]]

제2장 국가 및 지방자치단체의 임무

제5조 (국가 및 지방자치단체의 임무)

① 국가 및 지방자치단체는 특수교육대상자에게 적절한 교육을 제공하기 위하여 다음 각 호의 업무를 수행하여야 한다.

1. 장애인에 대한 특수교육종합계획의 수립
2. 특수교육대상자의 조기발견
3. 특수교육대상자의 취학지도
4. 특수교육의 내용, 방법 및 지원체제의 연구 · 개선
5. 특수교육교원의 양성 및 연수
6. 특수교육기관 수용계획의 수립
7. 특수교육기관의 설치 · 운영 및 시설 · 설비의 확충 · 정비
8. 특수교육에 필요한 교재 · 교구의 연구 · 개발 및 보급
9. 특수교육대상자에 대한 진로 및 직업교육 방안의 강구
10. 장애인에 대한 고등교육 및 평생교육 방안의 강구
11. 특수교육대상자에 대한 특수교육 관련서비스 지원방안의 강구
12. 그 밖에 특수교육의 발전을 위하여 필요하다고 인정하는 사항

② 국가 및 지방자치단체는 제1항의 업무를 수행하는데 드는 경비를 예산의 범위 안에서 우선적으로 지급하여야 한다.

③ 국가는 제1항의 업무 추진이 부진하거나 제2항의 예산조치가 부족하다고 인정되는 지방자치단체에 대하여는 예산의 확충 등 필요한 조치를 하도록 권고하여야 한다.

④ 교육과학기술부장관은 제1항의 업무를 효율적으로 수행하기 위하여 보건복지부장관 · 노동부장관 · 여성가족부장관 등 관계 중앙행정기관 간에 협조체제를 구축하여야 한다. [개정 2008.2.29 제8852호(정부조직법)]

[[시행일 2008.5.26]]

제6조 (특수교육기관의 설립 및 위탁교육)

① 국가 및 지방자치단체는 특수교육대상자의 취학편의를 고려하여 특수교육기관을 지역별 및 장애영역별로 균형 있게 설치 · 운영하여야 한다.

② 국가 및 지방자치단체는 국립 또는 공립의 특수교육기관이 부족하거나 특수교육대상자의 의무교육 또는 무상교육을 위하여 필요한 경우에는 사립의 특수교육기관에 그 교육을 위탁할 수 있다.

③ 제2항에 따라 특수교육을 위탁한 경우에는 해당 특수교육기관의 교육여건이 국립 또는 공립

특수교육기관의 수준에 미달하지 아니하도록 지원하여야 한다.
④ 제2항에 따른 위탁교육 · 제3항에 따른 지원 또는 비용부담 등에 관하여 필요한 사항은 대통령령으로 정한다.
[[시행일 2008.5.26]]

제7조 (위탁교육기관의 변경신청)
① 제6조제2항에 따라 교육을 위탁받은 사립의 특수교육기관에 취학하고 있는 특수교육대상자 또는 그의 보호자는 해당 특수교육기관의 교육활동이 매우 불량하거나 특수교육대상자의 특성에 맞지 아니하여 특수교육대상자의 교육에 현저한 지장을 주고 있다고 판단되는 때에는 교육장 또는 교육감에게 그 사유를 구체적으로 명시하여 취학하고 있는 교육기관 외의 교육기관에 취학할 수 있도록 교육기관 변경을 신청할 수 있다.
② 제1항에 따른 변경신청을 받은 교육장 또는 교육감은 신청 접수일부터 30일 이내에 제10조제1항에 따른 시 · 군 · 구특수교육운영위원회 또는 시 · 도특수교육운영위원회를 열어 신청인 · 해당 학교의 장 등 이해관계인의 의견을 들은 후 변경 여부를 결정 · 통보하여야 한다.
[[시행일 2008.5.26]]

제8조 (교원의 자질향상)
① 국가 및 지방자치단체는 특수교육교원의 자질향상을 위한 교육 및 연수를 정기적으로 실시하여야 한다.
② 국가 및 지방자치단체는 특수교육대상자의 통합교육을 지원하기 위하여 일반학교의 교원에 대하여 특수교육 관련 교육 및 연수를 정기적으로 실시하여야 한다.
③ 제1항과 제2항에 따른 교육 및 연수에 필요한 사항은 대통령령으로 정한다.
[[시행일 2008.5.26]]

제9조 (특수교육대상자의 권리와 의무의 안내)
국가 및 지방자치단체는 제15조제1항 각 호의 장애를 가지고 있는 자를 알게 되거나 제15조에 따라 특수교육대상자를 선정한 경우에는 2주일 이내에 보호자에게 해당 사실과 의무교육 또는 무상교육을 받을 권리 및 보호자의 권리 · 책임 등을 통보하여야 한다.
[[시행일 2008.5.26]]

제10조 (특수교육운영위원회)
① 제5조에 따른 국가 및 지방자치단체의 업무수행에 관한 주요 사항을 심의하기 위하여 교육과학기술부장관 소속으로 중앙특수교육운영위원회를, 교육감 소속으로 시 · 도특수교육운영위원회를, 교육장 소속으로 시 · 군 · 구특수교육운영위원회를 각각 둔다. [개정 2008.2.29 제8852호(정부조직법)]
② 제1항에 따른 중앙특수교육운영위원회의 구성 · 운영 등에 관하여 필요한 사항은 대통령령으

로, 시 · 도특수교육운영위원회 및 시 · 군 · 구특수교육운영위원회의 구성 · 운영 등에 관하여는 특별시 · 광역시 · 도 및 특별자치도(이하 "시 · 도"라 한다)의 교육규칙으로 각각 정한다.
[[시행일 2008.5.26]]

제11조 (특수교육지원센터의 설치·운영)

① 교육감은 특수교육대상자의 조기발견, 특수교육대상자의 진단 · 평가, 정보관리, 특수교육 연수, 교수 · 학습활동의 지원, 특수교육 관련서비스 지원, 순회교육 등을 담당하는 특수교육지원센터를 하급교육행정기관별로 설치 · 운영하여야 한다.
② 제1항에 따른 특수교육지원센터는 하급교육행정기관이나 특수학교, 특수학급이 설치된 일반 초 · 중 · 고등학교 또는 관할 지역의 관공서(장애인복지관을 포함한다) 등 특수교육대상자를 비롯한 지역주민의 접근이 편리한 곳에 설치하여야 한다.
③ 특수교육지원센터의 설치 · 운영 등에 관하여 필요한 사항은 대통령령으로 정한다.
[[시행일 2008.5.26]]

제12조 (특수교육에 관한 연차보고서)

정부는 특수교육의 주요 현황과 정책에 관한 보고서를 매년 정기국회 개회 전까지 국회에 제출하여야 한다.
[[시행일 2008.5.26]]

제13조 (특수교육 실태조사)

① 교육과학기술부장관은 특수교육대상자의 배치계획 · 특수교육교원의 수급계획 등 특수교육 정책의 수립을 위한 실태조사를 3년마다 실시하여야 한다. [개정 2008.2.29 제8852호(정부조직법)]
② 교육과학기술부장관은 대학에 취학하는 장애학생의 교육여건을 개선하기 위하여 필요하다고 인정하는 경우 장애학생의 교육복지 실태 등에 관한 조사를 실시할 수 있다. [개정 2008.2.29 제8852호(정부조직법)]
③ 제1항과 제2항에 따른 조사의 내용과 방법, 그 밖에 조사에 관하여 필요한 사항은 대통령령으로 정한다.
[[시행일 2008.5.26]]

제3장 특수교육대상자의 선정 및 학교배치 등

제14조 (장애의 조기발견 등)

① 교육장 또는 교육감은 영유아의 장애 및 장애 가능성을 조기에 발견하기 위하여 지역주민과 관련 기관을 대상으로 홍보를 실시하고, 해당 지역 내 보건소와 병원 또는 의원(醫院)에서 선별검사를 무상으로 실시하여야 한다.

② 교육장 또는 교육감은 제1항에 따른 선별검사를 효율적으로 실시하기 위하여 지방자치단체 및 보건소와 병 · 의원 간에 긴밀한 협조체제를 구축하여야 한다.
③ 보호자 또는 각급학교의 장은 제15조제1항 각 호에 따른 장애를 가지고 있거나 장애를 가지고 있다고 의심되는 영유아 및 학생을 발견한 때에는 교육장 또는 교육감에게 진단 · 평가를 의뢰하여야 한다. 다만, 각급학교의 장이 진단 · 평가를 의뢰하는 경우에는 보호자의 사전 동의를 받아야 한다.
④ 교육장 또는 교육감은 제3항에 따라 진단 · 평가를 의뢰받은 경우 즉시 특수교육지원센터에 회부하여 진단 · 평가를 실시하고, 그 진단 · 평가의 결과를 해당 영유아 및 학생의 보호자에게 통보하여야 한다.
⑤ 제1항의 선별검사의 절차와 내용, 그 밖에 검사에 필요한 사항과 제3항의 사전 동의 절차 및 제4항에 따른 통보 절차에 필요한 사항은 대통령령으로 정한다.
[[시행일 2008.5.26]]

제15조 (특수교육대상자의 선정)
① 교육장 또는 교육감은 다음 각 호의 어느 하나에 해당하는 사람 중 특수교육을 필요로 하는 사람으로 진단 · 평가된 사람을 특수교육대상자로 선정한다.
1. 시각장애
2. 청각장애
3. 정신지체
4. 지체장애
5. 정서 · 행동장애
6. 자폐성장애(이와 관련된 장애를 포함한다)
7. 의사소통장애
8. 학습장애
9. 건강장애
10. 발달지체
11. 그 밖에 대통령령으로 정하는 장애
② 교육장 또는 교육감이 제1항에 따라 특수교육대상자를 선정할 때에는 제16조제1항에 따른 진단 · 평가결과를 기초로 하여 고등학교 과정은 교육감이 시 · 도특수교육운영위원회의 심사를 거쳐, 중학교 과정 이하의 각급학교는 교육장이 시 · 군 · 구특수교육운영위원회의 심사를 거쳐 이를 결정한다.
[[시행일 2008.5.26]]

제16조 (특수교육대상자의 선정절차 및 교육지원 내용의 결정)
① 특수교육지원센터는 진단 · 평가가 회부된 후 30일 이내에 진단 · 평가를 시행하여야 한다.

② 특수교육지원센터는 제1항에 따른 진단 · 평가를 통하여 특수교육대상자로의 선정 여부 및 필요한 교육지원 내용에 대한 최종의견을 작성하여 교육장 또는 교육감에게 보고하여야 한다.
③ 교육장 또는 교육감은 특수교육지원센터로부터 최종의견을 통지받은 때부터 2주일 이내에 특수교육대상자로의 선정 여부 및 제공할 교육지원 내용을 결정하여 부모 등 보호자에게 서면으로 통지하여야 한다. 교육지원 내용에는 특수교육, 진로 및 직업교육, 특수교육 관련서비스 등 구체적인 내용이 포함되어야 한다.
④ 제1항에 따른 진단 · 평가의 과정에서는 부모 등 보호자의 의견진술의 기회가 충분히 보장되어야 한다.
[[시행일 2008.5.26]]

제17조 (특수교육대상자의 배치 및 교육)
① 교육장 또는 교육감은 제15조에 따라 특수교육대상자로 선정된 자를 해당 특수교육운영위원회의 심사를 거쳐 다음 각 호의 어느 하나에 배치하여 교육하여야 한다.
1. 일반학교의 일반학급
2. 일반학교의 특수학급
3. 특수학교
② 교육장 또는 교육감은 제1항에 따라 특수교육대상자를 배치할 때에는 특수교육대상자의 장애정도 · 능력 · 보호자의 의견 등을 종합적으로 판단하여 거주지에서 가장 가까운 곳에 배치하여야 한다.
③ 교육감이 관할 구역 내에 거주하는 특수교육대상자를 다른 시 · 도에 소재하는 각급학교 등에 배치하고자 할 때에는 해당 시 · 도 교육감(국립학교의 경우에는 해당 학교의 장을 말한다)과 협의하여야 한다.
④ 제3항에 따라 특수교육대상자의 배치를 요구받은 교육감 또는 국립학교의 장은 대통령령으로 정하는 특별한 사유가 없는 한 이에 응하여야 한다.
⑤ 제1항부터 제4항까지의 규정에 따른 특수교육대상자의 배치 등에 관하여 필요한 사항은 대통령령으로 정한다.
[[시행일 2008.5.26]]

제4장 영유아 및 초 · 중등교육

제18조 (장애영아의 교육지원)
① 만 3세 미만의 장애영아의 보호자는 조기교육이 필요한 경우 교육장에게 교육을 요구할 수 있다.
② 제1항에 따른 요구를 받은 교육장은 특수교육지원센터의 진단 · 평가결과를 기초로 만 3세 미만의 장애영아를 특수학교의 유치원과정, 영아학급 또는 특수교육지원센터에 배치할 수 있다.

③ 제2항에 따라 배치된 장애영아가 의료기관, 복지시설 또는 가정 등에 있을 경우에는 특수교육 교원 및 특수교육 관련서비스 담당 인력 등으로 하여금 순회교육을 제공하도록 할 수 있다.
④ 국가 및 지방자치단체는 장애영아를 위한 교육여건을 개선하고 설비를 정비하기 위하여 노력하여야 한다.
⑤ 그 밖에 장애영아의 교육지원에 필요한 사항은 대통령령으로 정한다.
[[시행일 2008.5.26]]

제19조 (보호자의 의무 등)
① 특수교육대상자의 보호자는 그 보호하는 자녀에 대하여 제3조제1항에 따른 의무교육의 기회를 보호하고 존중하여야 한다.
② 부득이한 사유로 취학이 불가능한 의무교육대상자에 대하여는 대통령령으로 정하는 바에 따라 제1항에 따른 취학의무를 면제하거나 유예할 수 있다. 다만, 만 3세부터 만 5세까지의 특수교육대상자가 「영유아보육법」에 따라 설치된 보육시설 중 대통령령으로 정하는 일정한 교육 요건을 갖춘 보육시설을 이용하는 경우에는 제1항에서 정하는 유치원 의무교육을 받고 있는 것으로 본다.
③ 제2항에 따라 취학의무를 면제 또는 유예 받은 자가 다시 취학하고자 하는 경우에는 대통령령으로 정하는 바에 따라 취학하게 할 수 있다.
[[시행일 2008.5.26]]

제20조 (교육과정의 운영 등)
① 특수교육기관의 유치원 · 초등학교 · 중학교 · 고등학교과정의 교육과정은 장애의 종별 및 정도를 고려하여 교육과학기술부령으로 정하고, 영아교육과정과 전공과의 교육과정은 교육감의 승인을 받아 학교장이 정한다. [개정 2008.2.29 제8852호(정부조직법)]
② 특수교육기관의 장 및 특수교육대상자가 배치된 일반학교의 장은 제1항에 따른 교육과정의 범위 안에서 특수교육대상자 개인의 장애종별과 정도, 연령, 현재 및 미래의 교육요구 등을 고려하여 교육과정의 내용을 조정하여 운영할 수 있다.
③ 특수학교의 장은 교육감의 승인을 받아 유치원 · 초등학교 · 중학교 · 고등학교과정을 통합하여 운영할 수 있다.
[[시행일 2008.5.26]]

제21조 (통합교육)
① 각급학교의 장은 교육에 관한 각종 시책을 시행함에 있어서 통합교육의 이념을 실현하기 위하여 노력하여야 한다.
② 제17조에 따라 특수교육대상자를 배치받은 일반학교의 장은 교육과정의 조정, 보조인력의 지원, 학습보조기기의 지원, 교원연수 등을 포함한 통합교육계획을 수립 · 시행하여야 한다.
③ 일반학교의 장은 제2항에 따라 통합교육을 실시하는 경우에는 제27조의 기준에 따라 특수학

급을 설치 · 운영하고, 대통령령으로 정하는 시설 · 설비 및 교재 · 교구를 갖추어야 한다.
[[시행일 2008.5.26]]

제22조 (개별화교육)

① 각급학교의 장은 특수교육대상자의 교육적 요구에 적합한 교육을 제공하기 위하여 보호자, 특수교육교원, 일반교육교원, 진로 및 직업교육 담당 교원, 특수교육 관련서비스 담당 인력 등으로 개별화교육지원팀을 구성한다.

② 개별화교육지원팀은 매 학기 마다 특수교육대상자에 대한 개별화교육계획을 작성하여야 한다.

③ 특수교육대상자가 다른 학교로 전학할 경우 또는 상급학교로 진학할 경우에는 전출학교는 전입학교에 개별화교육계획을 14일 이내에 송부하여야 한다.

④ 특수교육교원은 제1항부터 제3항까지의 규정에 따른 업무를 수행하기 위하여 각 업무를 지원하고 조정한다.

⑤ 제1항에 따른 개별화교육지원팀의 구성, 제2항에 따른 개별화교육계획의 수립 · 실시 등에 관하여 필요한 사항은 교육과학기술부령으로 정한다. [개정 2008.2.29 제8852호(정부조직법)]
[[시행일 2008.5.26]]

제23조 (진로 및 직업교육의 지원)

① 중학교 과정 이상의 각급학교의 장은 특수교육대상자의 특성 및 요구에 따른 진로 및 직업교육을 지원하기 위하여 직업평가 · 직업교육 · 고용지원 · 사후관리 등의 직업재활훈련 및 일상생활적응훈련 · 사회적응훈련 등의 자립생활훈련을 실시하고, 대통령령으로 정하는 자격이 있는 진로 및 직업교육을 담당하는 전문인력을 두어야 한다.

② 중학교 과정 이상의 각급학교의 장은 대통령령으로 정하는 기준에 따라 진로 및 직업교육의 실시에 필요한 시설 · 설비를 마련하여야 한다.

③ 특수교육지원센터는 특수교육대상자에게 효과적인 진로 및 직업교육을 지원하기 위하여 대통령령으로 정하는 바에 따라 관련 기관과의 협의체를 구성하여야 한다.
[[시행일 2008.5.26]]

제24조 (전공과의 설치·운영)

① 특수교육기관에는 고등학교 과정을 졸업한 특수교육대상자에게 진로 및 직업교육을 제공하기 위하여 수업연한 1년 이상의 전공과를 설치 · 운영할 수 있다.

② 교육과학기술부장관 및 교육감은 지역별 또는 장애유형별로 전공과를 설치할 교육기관을 지정할 수 있다. [개정 2008.2.29 제8852호(정부조직법)]

③ 전공과를 설치한 각급학교는 「학점인정 등에 관한 법률」 제7조에 따라 학점인정을 받을 수 있다.

④ 제1항 및 제2항에 따른 전공과의 시설 · 설비 기준, 전공과의 운영 및 담당 인력의 배치 기준

등에 관하여 필요한 사항은 대통령령으로 정한다.
[[시행일 2008.5.26]]

제25조 (순회교육 등)

① 교육장 또는 교육감은 일반학교에서 통합교육을 받고 있는 특수교육대상자를 지원하기 위하여 일반학교 및 특수교육지원센터에 특수교육교원 및 특수교육 관련서비스 담당 인력을 배치하여 순회교육을 실시하여야 한다.
② 교육감은 장애정도가 심하여 장 · 단기의 결석이 불가피한 특수교육대상자의 교육을 위하여 필요한 경우 순회교육을 실시하여야 한다.
③ 교육감은 이동이나 운동기능의 심한 장애로 인하여 각급학교에서 교육을 받기 곤란하거나 불가능하여 복지시설 · 의료기관 또는 가정 등에 거주하는 특수교육대상자의 교육을 위하여 필요한 경우 순회교육을 실시하여야 한다.
④ 제1항부터 제3항까지의 규정에 따른 순회교육의 수업일수 등 순회교육의 운영에 필요한 사항은 대통령령으로 정한다.
[[시행일 2008.5.26]]

제26조 (종일제를 운영하는 유치원 과정의 교육기관)

①「유아교육법」제2조제6호에 따른 종일제를 운영하는 유치원 과정의 교육기관에 특수교육대상자가 배치되는 경우 해당 각급학교의 장은 특수교육대상자에 대한 종일제 운영을 담당할 인력을 학급당 1인 이상 추가로 배치할 수 있다.
② 제1항에 따른 종일제 담당 인력의 자격기준, 운영방법 등에 관하여 필요한 사항은 대통령령으로 정한다.
[[시행일 2008.5.26]]

제27조 (특수학교의 학급 및 각급학교의 특수학급 설치 기준)

① 특수학교와 각급학교의 장은 다음 각 호의 기준에 따라 학급 및 특수학급을 설치하여야 한다.
1. 유치원 과정의 경우 : 특수교육대상자가 1인 이상 4인 이하인 경우 1학급을 설치하고, 4인을 초과하는 경우 2개 이상의 학급을 설치한다.
2. 초등학교 · 중학교 과정의 경우 : 특수교육대상자가 1인 이상 6인 이하인 경우 1학급을 설치하고, 6인을 초과하는 경우 2개 이상의 학급을 설치한다.
3. 고등학교 과정의 경우 : 특수교육대상자가 1인 이상 7인 이하인 경우 1학급을 설치하고, 7인을 초과하는 경우 2개 이상의 학급을 설치한다.
② 교육감은 제1항에도 불구하고 순회교육의 경우 장애의 정도와 유형에 따라 학급 설치 기준을 하향 조정할 수 있다.
③ 특수학교와 특수학급에 두는 특수교육교원의 배치기준은 대통령령으로 정한다.

[[시행일 2008.5.26]]

제28조 (특수교육 관련서비스)

① 교육감은 특수교육대상자와 그 가족에 대하여 가족상담 등 가족지원을 제공하여야 한다.

② 교육감은 특수교육대상자가 필요로 하는 경우에는 물리치료, 작업치료 등 치료지원을 제공하여야 한다.

③ 각급학교의 장은 특수교육대상자를 위하여 보조인력을 제공하여야 한다.

④ 각급학교의 장은 특수교육대상자의 교육을 위하여 필요한 장애인용 각종 교구, 각종 학습보조기, 보조공학기기 등의 설비를 제공하여야 한다.

⑤ 각급학교의 장은 특수교육대상자의 취학 편의를 위하여 통학차량 지원, 통학비 지원, 통학보조인력의 지원 등 통학 지원 대책을 마련하여야 한다.

⑥ 각급학교의 장은 특수교육대상자의 생활지도 및 보호를 위하여 기숙사를 설치 · 운영할 수 있다. 기숙사를 설치 · 운영하는 특수학교에는 특수교육대상자의 생활지도 및 보호를 위하여 교육과학기술부령으로 정하는 자격이 있는 생활지도원을 두어야 한다. 생활지도원의 배치 기준은 국립학교의 경우 교육과학기술부령으로, 공립 및 사립학교의 경우에는 시 · 도 교육규칙으로 각각 정한다. [개정 2008.2.29 제8852호(정부조직법)]

⑦ 각급학교의 장은 각급학교에서 제공하는 각종 정보(교육기관에서 운영하는 인터넷 홈페이지를 포함한다)를 특수교육대상자에게 제공하는 경우 특수교육대상자의 장애유형에 적합한 방식으로 제공하여야 한다.

⑧ 제1항부터 제7항까지의 규정에 따른 특수교육 관련서비스의 제공을 위하여 필요한 사항은 대통령령으로 정한다.

[[시행일 2008.5.26]]

제5장 고등교육 및 평생교육

제29조 (특별지원위원회)

① 대학의 장은 다음 각 호의 사항을 심의 · 결정하기 위하여 특별지원위원회를 설치 · 운영하여야 한다.

1. 대학의 장애학생 지원을 위한 계획
2. 심사청구 사건에 대한 심사 · 결정
3. 그 밖에 장애학생 지원을 위하여 대통령령으로 정하는 사항

② 특별지원위원회의 설치 · 운영 등에 관하여 필요한 사항은 대통령령으로 정한다.

[[시행일 2008.5.26]]

제30조 (장애학생지원센터)

① 대학의 장은 장애학생의 교육 및 생활에 관한 지원을 총괄 · 담당하는 장애학생지원센터를

설치 · 운영하여야 한다. 다만, 장애학생이 재학하고 있지 아니하거나 대통령령으로 정하는 바에 따라 장애학생 수가 일정 인원 이하인 소규모 대학 등은 장애학생 지원부서 또는 전담직원을 둠으로써 이에 갈음할 수 있다.

② 장애학생지원센터(제1항에 따라 장애학생 지원부서 또는 전담직원으로 갈음하는 경우에는 이를 말한다)는 다음 각 호의 업무를 담당한다.

1. 장애학생을 위한 각종 지원에 관한 사항
2. 제31조에서 정하는 편의제공에 관한 사항
3. 교직원 · 보조인력 등에 대한 교육에 관한 사항
4. 장애학생 교육복지의 실태조사에 관한 사항
5. 그 밖에 대학의 장이 부의하는 사항

③ 장애학생지원센터의 설치 · 운영에 관하여 필요한 사항은 대통령령으로 정한다.

[[시행일 2008.5.26]]

제31조 (편의제공 등)

① 대학의 장은 해당 학교에 재학 중인 장애학생의 교육활동의 편의를 위하여 다음 각 호의 수단을 적극적으로 강구하고 제공하여야 한다.

1. 각종 학습보조기기 및 보조공학기기 등의 물적 지원
2. 교육보조인력 배치 등의 인적 지원
3. 취학편의 지원
4. 정보접근 지원
5. 「장애인 · 노인 · 임산부 등의 편의증진보장에 관한 법률」 제2조제2호에 따른 편의시설 설치 지원

② 국가 및 지방자치단체는 제1항에 따라 필요한 경비를 예산의 범위 안에서 지원하여야 한다.

[[시행일 2008.5.26]]

제32조 (학칙 등의 작성)

대학의 장은 이 법에서 정하는 장애학생의 지원 등에 관하여 필요한 내용을 학칙에 규정하여야 한다.

[[시행일 2008.5.26]]

제33조 (장애인 평생교육과정)

① 각급학교의 장은 해당 학교의 교육환경을 고려하여 「장애인복지법」 제2조에 따른 장애인의 계속교육을 위한 장애인 평생교육과정을 설치 · 운영할 수 있다.

② 「평생교육법」 에 따른 평생교육시설 및 평생교육단체는 장애인의 평생교육 기회의 확대를 위하여 별도의 장애인 평생교육과정을 설치 · 운영할 수 있다.

③ 「평생교육법」 제13조에 따라 설치된 평생교육센터는 장애인의 평생교육 기회 확대 방안

및 장애인 평생교육 프로그램을 개발하고 연구하여야 한다.
④ 「평생교육법」 제14조에 따라 설치된 지역평생교육정보센터는 평생교육단체와 평생교육시설이 장애인 평생교육과정을 설치 · 운영할 수 있도록 지원하여야 한다.
[[시행일 2008.5.26]]

第34조 (장애인평생교육시설의 설치)
① 국가 및 지방자치단체는 초 · 중등교육을 받지 못하고, 학령기를 지난 장애인을 위하여 학교형태의 장애인평생교육시설을 설치 · 운영할 수 있다.
② 국가 및 지방자치단체 외의 자가 제1항에 따른 장애인평생교육시설을 설치하고자 하는 때에는 대통령령으로 정하는 시설과 설비를 갖추어 교육감에게 등록하여야 한다.
③ 국가 및 지방자치단체는 장애인평생교육시설의 운영에 필요한 경비를 예산의 범위 안에서 지원하여야 한다.
[[시행일 2008.5.26]]

제6장 보칙 및 벌칙

第35조 (대학의 심사청구 등)
① 장애학생 및 그 보호자는 대학에 이 법에 따른 각종 지원조치를 제공할 것을 서면으로 신청할 수 있다.
② 대학의 장은 제1항에 따른 신청에 대하여 2주 이내에 지원 여부 및 그 사유를 신청자에게 서면으로 통지하여야 한다.
③ 장애학생 및 그 보호자는 제1항에 따른 신청에 대한 대학의 결정(부작위 및 거부를 포함한다)과 이 법을 위반하는 대학의 장 또는 교직원의 행위에 대하여 특별지원위원회에 심사청구를 할 수 있다.
④ 특별지원위원회는 제3항의 심사청구에 관하여 2주 이내에 결정을 하여야 한다.
⑤ 제3항에 따른 심사에서는 청구인에게 의견진술 기회를 주어야 한다.
⑥ 대학의 장, 교직원, 그 밖의 관계자는 제4항에 따른 결정에 따라야 한다.
⑦ 그 밖에 특별지원위원회에 대한 심사청구에 관하여 필요한 사항은 대통령령으로 정한다.
[[시행일 2008.5.26]]

第36조 (고등학교 과정 이하의 심사청구)
① 특수교육대상자 또는 그 보호자는 다음 각 호의 어느 하나에 해당하는 교육장, 교육감 또는 각급학교의 장의 조치에 대하여 이의가 있을 때에는 해당 시 · 군 · 구특수교육운영위원회 또는 시 · 도특수교육운영위원회에 심사청구를 할 수 있다.
1. 제15조제1항에 따른 특수교육대상자의 선정

2. 제16조제3항에 따른 교육지원 내용의 결정 사항
3. 제17조제1항에 따른 학교에의 배치
4. 제4조를 위반하는 부당한 차별

② 제17조제1항에 따라 특수교육대상자를 배치받은 각급학교의 장은 이에 응할 수 없는 특별한 사유가 있거나 배치받은 특수교육대상자가 3개월 이상 학교생활에의 적응에 상당한 어려움이 있는 경우에는 해당 시 · 군 · 구특수교육운영위원회 또는 시 · 도특수교육운영위원회에 심사청구를 할 수 있다.

③ 시 · 군 · 구특수교육운영위원회 또는 시 · 도특수교육운영위원회는 제1항과 제2항의 심사청구를 받은 때에는 이를 심사하여 30일 이내에 그 결정을 청구인에게 통보하여야 한다.

④ 제3항의 심사에서는 청구인에게 의견진술의 기회를 주어야 한다.

⑤ 교육장, 교육감, 각급학교의 장, 그 밖의 관계자는 제3항에 따른 결정에 따라야 한다.

⑥ 제3항에서 정하는 심사결정에 이의가 있는 특수교육대상자 또는 그 보호자는 그 통보를 받은 날부터 90일 이내에 행정심판을 제기할 수 있다.

⑦ 제1항부터 제4항까지의 규정에 따른 심사청구의 절차 등에 관하여 필요한 사항은 대통령령으로 정한다.

[[시행일 2008.5.26]]

제37조 (권한의 위임과 위탁)

① 이 법에 따른 교육과학기술부장관의 권한은 그 일부를 대통령령으로 정하는 바에 따라 교육감에게 위임할 수 있다. [개정 2008.2.29 제8852호(정부조직법)]

② 이 법에 따른 교육감의 권한은 그 일부를 대통령령으로 정하는 바에 따라 교육장에게 위임할 수 있다.

[[시행일 2008.5.26]]

제38조 (벌칙)

다음 각 호의 어느 하나에 해당하는 자는 300만원 이하의 벌금에 처한다.

1. 제4조제1항을 위반하여 장애를 이유로 특수교육대상자의 입학을 거부하거나 입학전형 합격자의 입학을 거부하는 등의 불이익한 처분을 한 교육기관의 장
2. 제4조제2항제1호부터 제3호까지의 규정을 위반하여 특수교육 관련서비스의 제공, 수업참여 및 교내외 활동 참여와 개별화교육지원팀에의 보호자 참여에 있어서 차별한 자
3. 제4조제2항제4호를 위반하여 대학의 입학전형절차에서 수험편의의 내용의 확인과 관계없는 별도의 면접이나 신체검사를 요구한 자

[[시행일 2008.5.26]]

부칙 [2007.5.25 제8483호]

제1조(시행일) 이 법은 공포 후 1년이 경과한 날부터 시행한다. 다만, 제3조 중 유치원 및 고등학

교 과정에 대한 의무교육의 실시는 국가 및 지방자치단체의 재정여건을 고려하여 대통령령으로 정하는 바에 따라 순차적으로 실시한다.

제2조(다른 법률의 폐지) 특수교육진흥법은 폐지한다.

제3조(특수교육대상자에 대한 경과조치) 이 법 시행 당시 종전의 「특수교육진흥법」의 규정에 따라 선정된 특수교육대상자는 이 법에 따라 선정된 특수교육대상자로 본다.

제4조(벌칙 적용에 관한 경과조치) 이 법 시행 전의 행위에 대한 벌칙의 적용에 있어서는 종전의 「특수교육진흥법」의 규정에 따른다.

제5조(다른 법령의 개정) ①고등교육법 일부를 다음과 같이 개정한다.

제45조제5항중 "「특수교육진흥법」 제15조제3항의 규정을 준용한다"를 "「장애인 등에 대한 특수교육법」 제27조에 따른다"로 한다.

②장애인고용촉진 및 직업재활법 일부를 다음과 같이 개정한다.

제8조제2항제1호중 "「특수교육진흥법」 第2條第3號"를 "「장애인 등에 대한 특수교육법」 제2조제10호"로 한다.

③학원의 설립 · 운영 및 과외교습에 관한 법률 일부를 다음과 같이 개정한다.

제2조의2제1항제1호중 "「특수교육진흥법」 제10조제1항"을 "「장애인 등에 대한 특수교육법」 제15조제1항"으로 한다.

제6조(다른 법령과의 관계) 이 법 시행 당시 다른 법령에서 「특수교육진흥법」 및 그 규정을 인용한 경우 이 법 중 그에 해당하는 규정이 있는 때에는 종전의 규정에 갈음하여 이 법 또는 이 법의 해당 조항을 인용한 것으로 본다.

부칙 [2008.2.29 제8852호(정부조직법)]

제1조(시행일) 이 법은 공포한 날부터 시행한다. 단서 생략

제2조부터 제5조까지 생략

제6조(다른 법률의 개정) ①부터 〈93〉까지 생략

〈94〉 장애인 등에 대한 특수교육법 일부를 다음과 같이 개정한다.

제5조제4항 중 "교육인적자원부장관"을 "교육과학기술부장관"으로 한다.

제10조제1항, 제13조제1항 · 제2항, 제24조제2항 및 제37조제1항 중 "교육인적자원부장관"을 "교육과학기술부장관"으로 한다.

제20조제1항, 제22조제5항, 제28조제6항 후단 중 "교육인적자원부령"을 각각 "교육과학기술부령"으로 한다.

〈95〉부터 〈760〉까지 생략

제7조 생략

2. 장애인 등에 대한 특수교육법 시행령

대통령령 제21962호(장애인고용촉진 및 직업재활법 시행령) 일부개정 2009. 12. 31.

제1장 총칙

제1조 (목적)

이 영은 「장애인 등에 대한 특수교육법」에서 위임된 사항과 그 시행에 필요한 사항을 규정함을 목적으로 한다.

제2조 (의무교육의 실시)

「장애인 등에 대한 특수교육법」(이하 "법"이라 한다) 제3조 및 법률 제8483호 부칙 제1조 단서에 따라 특수교육대상자에 대한 의무교육은 다음 각 호에 따라 차례로 각각 실시한다.

1. 2010학년도: 만 5세 이상 유치원 과정 및 고등학교 과정
2. 2011학년도: 만 4세 이상 유치원 과정
3. 2012학년도: 만 3세 이상 유치원 과정

제3조 (의무교육의 비용 등)

① 법 제3조제3항에 따라 국가 또는 지방자치단체가 부담하여야 하는 비용은 입학금, 수업료, 교과용 도서대금 및 학교급식비로 한다.

② 국가 및 지방자치단체는 제1항의 비용 외에 학교운영 지원비, 통학비, 현장 · 체험학습비 등을 예산의 범위에서 부담하거나 보조할 수 있다.

제2장 국가 및 지방자치단체의 임무

제4조 (위탁교육)

① 교육감은 법 제6조제2항에 따라 특수교육대상자에 대한 교육을 사립(私立) 특수교육기관에 위탁하기 위하여 매 학년도가 시작되기 10개월 전까지 관할 구역에 있는 사립 특수교육기관의 교육여건, 교육 가능한 인원, 교육기간 등에 관하여 그 특수교육기관의 장(특수학급이 설립된 사립학교의 장을 포함한다)과 협의하여야 한다.

② 교육감은 특수교육대상자의 교육을 위탁한 사립 특수교육기관에 대하여 국립 또는 공립 특수교육기관과 같은 수준의 교육을 할 수 있도록 운영비, 시설비, 실험실습비, 진로 및 직업교육

비, 교직원의 인건비, 그 밖에 특수교육에 필요한 경비를 지급하여야 한다.
③ 제1항과 제2항 외에 위탁교육의 운영에 관한 세부 사항은 교육감이 정하는 바에 따른다.

제5조 (교원의 자질 향상)
① 교육과학기술부장관 및 교육감은 통합교육에 대한 이해를 높이기 위하여 일반학교의 교원(특수교육교원은 제외한다. 이하 이 조에서 같다)에게 연수를 받게 하는 경우 특수교육에 관한 내용을 포함하여야 한다.
② 교육과학기술부장관 및 교육감은 통합교육을 효율적으로 시행하기 위하여 통합교육을 지원하는 일반학교의 교원에 대하여는 특수교육과 관련된 직무연수 과정을, 특수교육교원에 대하여는 일반교과 교육에 관한 직무연수 과정을 개설 · 운영하여야 한다.

제6조 (중앙특수교육운영위원회 구성·운영)
① 법 제10조제1항에 따른 중앙특수교육운영위원회(이하 "중앙위원회"라 한다)는 위원장을 포함하여 15명 이내의 위원으로 구성한다.
② 중앙위원회의 위원장(이하 "위원장"이라 한다)은 교육과학기술부 제1차관이 되고, 위원은 당연직위원과 위촉위원으로 구성한다.
③ 당연직위원은 교육과학기술부, 행정안전부, 문화체육관광부, 보건복지가족부, 노동부, 여성부의 고위공무원단 소속 공무원으로서 해당 부처의 장관이 지명하는 사람이 된다.
④ 위촉위원은 다음 각 호의 어느 하나에 해당하는 사람 중에서 위원장이 위촉한다.
1. 특수교육교원 자격이 있는 사람으로서 7년 이상 특수교육대상자를 교육하거나 교육하였던 사람
2. 특수교육대상자의 학부모 또는 보호자로서 특수교육 분야에서 활동하거나 활동 경험이 있는 사람
3. 「고등교육법」 제2조제1호 또는 제3호에 따른 학교에서 특수교육에 관한 학문을 가르치는 부교수 이상으로 재직하거나 재직하였던 사람
⑤ 위촉위원의 임기는 2년으로 하되, 2차에 한하여 연임할 수 있다.
⑥ 중앙위원회의 회의는 연 2회 이상 개최하여야 하며, 위원장이 필요 하다고 인정하거나 재적위원 3분의 1 이상이 요구하는 경우에는 위원장이 회의를 소집한다.
⑦ 중앙위원회의 회의는 재적위원의 과반수 출석으로 개의하고, 출석위원 과반수의 찬성으로 의결한다.
⑧ 중앙위원회는 필요하다고 인정되면 관계 행정기관에 직원의 출석 · 설명과 자료 제출을 요구할 수 있다.
⑨ 그 밖에 중앙위원회의 구성 및 운영 등에 필요한 사항은 중앙위원회의 의결을 거쳐 위원장이 정한다.

제7조 (특수교육지원센터의 설치·운영)

① 교육감은 법 제11조에 따른 특수교육지원센터를 설치할 때 그 업무를 수행할 수 있는 독립된 공간을 확보하여야 한다.

② 교육감은 특수교육지원센터가 그 업무를 효율적으로 수행할 수 있도록, 담당 업무를 전담하는 특수교육 분야의 전문인력을 배치하여야 한다.

③ 교육감은 지역의 지리적 특성 및 특수교육의 수요 등을 고려하여 필요한 경우에는 하나의 하급교육행정기관에 2 이상의 특수교육지원센터를 설치 · 운영할 수 있다.

④ 특수교육지원센터는 담당 업무를 효율적으로 수행하기 위하여 관련 기관과의 연계체제를 구축하고 협력하여 업무를 수행할 수 있다.

⑤ 교육감은 특수교육지원센터의 진단 · 평가 과정에서 장애가 의심되는 영유아 또는 학생이 이전에 의료적 진단을 받지 아니한 경우에는 이에 대한 의료적 진단을 보건소, 병원 또는 의원에 의뢰하여야 한다.

⑥ 교육감은 제5항에 따라 의료적 진단을 보건소, 병원 또는 의원에 의뢰한 경우에는 그 비용을 부담하여야 한다.

제8조 (실태조사)

① 법 제13조에 따라 실태조사할 사항은 다음 각 호와 같다.

1. 특수교육대상자의 성 · 연령 · 장애유형 · 장애정도별 현황
2. 특수교육기관 및 그 교육과정의 운영 실태
3. 특수교육 관련서비스의 제공 현황
4. 특수교육 지원을 위한 행정조직 및 지원 현황
5. 특수교육재정의 확보 · 분배 · 활용 현황
6. 특수교육대상자의 교육성과 및 학교 졸업 후의 생활상태
7. 장애인 평생교육과정 및 장애인 평생교육시설의 운영 현황
8. 특수교육대상자 및 그 보호자, 특수교육에 관한 전문가 등 특수교육 관련자의 특수교육 지원에 대한 만족도 및 요구 사항

② 실태조사는 표본조사의 방법으로 시행하되, 특수교육에 관하여 정확한 현황을 파악하고 조사 항목의 특성상 필요한 경우에는 전수조사(全數調査)의 방법으로 시행할 수 있다.

제3장 특수교육대상자의 선정 및 학교 배치 등

제9조 (장애의 조기발견 등)

① 교육장 또는 교육감은 매년 1회 이상 법 제14조제1항에 따른 홍보를 하여야 한다.

② 교육장 또는 교육감은 장애의 조기발견을 위하여 관할 구역의 보육시설 · 유치원 및 학교의 영유아 또는 학생(이하 "영유아 등"이라 한다. 이하 이 조에서 같다)을 대상으로 수시로 선별검사

를 하여야 한다. 이 경우 「국민건강보험법」 제47조제1항 또는 「의료급여법」 제14조제1항에 따른 건강검진의 결과를 활용할 수 있다.

③ 교육장 또는 교육감은 선별검사를 한 결과 장애가 의심되는 영유아 등을 발견한 경우에는 병원 또는 의원에서 영유아 등에 대한 장애 진단을 받도록 보호자에게 안내하고 상담을 하여야 한다.

④ 교육장 또는 교육감은 선별검사를 받은 영유아 등의 보호자가 법 제15조에 따른 특수교육대상자로 선정받기를 요청할 경우 영유아 등의 보호자에게 영유아 등의 건강검진 결과통보서 또는 진단서를 제출하도록 하여 영유아 등이 특수교육대상자에 해당하는지 여부를 판단하기 위한 진단 · 평가를 하여야 한다.

⑤ 교육장 또는 교육감은 제3항에 따라 진단 · 평가한 결과 영유아 등에게 특수교육이 필요하다고 판단되면 보호자에게 그 내용과 특수교육대상자 선정에 필요한 절차를 문서로 알려야 한다.

⑥ 제2항부터 제5항까지의 규정에 따른 선별검사 및 진단 · 평가에 필요한 사항은 교육과학기술부령으로 정한다. 이 경우 제2항에 따른 선별검사에 관한 사항은 보건복지가족부장관과 협의하여야 한다.

제10조 (특수교육대상자의 선정 기준)

법 제15조에 따라 특수교육대상자를 선정하는 기준은 별표와 같다.

제11조 (특수교육대상자의 학교 배치 등)

① 교육장 또는 교육감은 법 제17조제1항에 따라 특수교육대상자를 학교에 배치할 때에는 해당 학교의 장과 특수교육대상자에게 각각 문서로 알려야 한다.

② 교육장 또는 교육감은 특수교육대상자를 일반학교의 일반학급에 배치한 경우에는 특수교육지원센터에서 근무하는 특수교육교원에게 그 학교를 방문하여 학습을 지원하도록 하여야 한다.

③ 각급학교의 장은 특수교육대상자에 대한 교육지원의 내용을 추가 · 변경 또는 종료하거나 특수교육대상자를 재배치할 필요가 있으면 법 제22조제1항에 따른 개별화교육지원팀의 검토를 거쳐 교육장 및 교육감에게 그 특수교육대상자의 진단 · 평가 및 재배치를 요구할 수 있다.

제12조 (배치에 대한 이의)

법 제17조제4항에서 "대통령령으로 정하는 특별한 사유"란 해당 특수학교가 교육하는 특수교육대상자의 장애종류와 배치를 요구받은 특수교육대상자의 장애종류가 달라 효율적인 교육을 할 수 없는 경우를 말한다.

제4장 영유아 및 초·중등교육

제13조 (장애영아의 교육지원)

① 만 3세 미만의 장애영아(이하 이 조에서 "장애영아"라 한다) 교육의 수업일수는 매 학년도

150일을 기준으로 하되, 장애영아의 건강 상태 및 교육과정의 운영상 필요한 경우에는 교육과학기술부장관, 교육감 또는 교육장의 승인을 받아 30일의 범위에서 줄일 수 있다.

② 법 제18조제2항에 따라 특수교육을 받는 영아학급 등의 교원 배치에 관한 사항은 교육과학기술부장관, 교육감 또는 교육장이 정한다.

③ 교육감이나 교육장은 법 제18조제2항에 따라 장애영아를 특수교육지원센터에 배치하여 교육을 하는 경우 「특수학교시설 · 설비기준령」 별표에 따른 보통교실을 그 특수교육지원센터에 갖추어야 한다.

④ 장애영아 담당 교원은 「초 · 중등교육법」 제21조제2항에 따른 특수학교 유치원교사 자격증을 소지한 사람으로서 유치원 과정 담당 경력이 3년 이상인 사람으로 한다.

제14조 (취학의무의 유예 또는 면제 등)

① 특수교육대상자의 보호자가 법 제19조제2항에 따라 특수교육대상자의 취학의무를 유예받거나 면제 받으려는 경우에는 관할 교육감 또는 교육장에게 취학의무의 유예 또는 면제를 신청하여야 한다.

② 제1항에 따른 신청을 받은 교육감 또는 교육장은 법 제10조제1항에 따른 관할 특수교육운영위원회의 심의를 거쳐 특수교육대상자의 등 · 하교 가능성, 순회교육 실시 가능성 및 보호자의 의견 등을 고려하여 면제 또는 유예를 결정한다. 이 경우 유예기간은 1년 이내로 하고, 유예기간을 연장하려는 경우에도 관할 특수교육운영위원회의 심의를 거쳐야 한다.

③ 취학의무를 면제 또는 유예받은 사람이 다시 취학하고자 하는 경우 그 보호자는 교육감 또는 교육장에게 취학을 신청하고, 그 신청을 받은 교육감 또는 교육장은 관할 특수교육운영위원회의 심의를 거쳐 취학 여부를 결정하여야 한다.

제15조 (보육시설의 교육 요건)

법 제19조제2항 단서에서 "대통령령으로 정하는 일정한 교육 요건을 갖춘 보육시설"이란 다음 각 호의 사항을 모두 충족하는 시설을 말한다.

1. 「영유아보육법」 제30조제1항에 따른 평가인증을 받은 시설
2. 장애아 3명마다 보육교사 1명을 배치한 시설(보육교사가 3명 이상인 경우에는 보육교사 3명 중 1명은 「초 · 중등교육법」 제21조제2항에 따른 특수학교 유치원교사 자격증을 소지한 교사여야 한다)

제16조 (통합교육을 위한 시설·설비 등)

① 일반학교의 장은 법 제21조제2항에 따라 통합교육을 실시하는 경우에는 특수교육대상자의 교내 이동이 쉽고, 세면장 · 화장실 등과 가까운 곳에 위치한 66제곱미터 이상의 교실에 특수학급을 설치하여야 한다. 다만, 배치된 특수교육대상자의 수 및 그 학교의 여건 등을 고려하여 시 · 도 조례로 정하는 바에 따라 44제곱미터 이상의 교실에 학급을 설치할 수 있다.

② 일반학교의 장은 법 제21조제2항에 따라 통합교육을 실시하는 경우에는 배치된 특수교육대

상자의 성별, 연령, 장애의 유형 · 정도 및 교육활동 등에 맞도록 정보 접근을 위한 기기, 의사소통을 위한 보완 · 대체기구 등의 교재 · 교구를 갖추어야 한다.

제17조 (전문인력의 자격 기준 등)

법 제23조제1항에서 "대통령령으로 정하는 자격이 있는 진로 및 직업교육을 담당하는 전문인력"이란 특수학교의 정교사 · 준교사 · 실기교사의 자격이 있는 사람으로서 다음 각 호의 어느 하나에 해당하는 사람을 말한다.

1. 대학이나 대학원에서 직업재활에 관한 전공을 이수한 사람
2. 진로 및 직업교육과 관련한 국가자격증 또는 민간자격증 소지자
3. 진로 및 직업교육과 관련한 직무연수를 이수한 사람

제18조 (진로 및 직업교육을 위한 시설 등)

① 중학교 과정 이상 각급 학교의 장은 법 제23조제2항에 따라 진로 및 직업교육을 위하여 66제곱미터 이상의 교실을 1개 이상 설치하여야 한다.

② 특수교육지원센터는 특수교육기관, 한국장애인고용공단지부 등 해당 지역의 장애인 고용 관련 기관, 직업재활시설, 장애인복지관, 산업체 등 관련 기관과 협의체를 구성하여야 한다. [개정 2009.12.31 제21962호(장애인고용촉진 및 직업재활법 시행령)] [[시행일 2010.1.1]]

③ 교육감은 특수교육대상자의 취업을 위하여 직업훈련실을 특수학교에 설치하고, 이에 필요한 인력과 경비를 지원하도록 노력하여야 한다.

제19조 (전공과의 설치·운영)

① 법 제24조제1항에 따른 전공과를 설치 · 운영하는 특수교육기관의 장은 66제곱미터 이상의 전공과 전용 교실을 1개 이상 설치하여야 하며, 세부적인 시설 · 설비의 기준은 교육감이 정한다.

② 전공과를 설치한 교육기관의 장은 그 설치 목적을 달성하기 위하여 현장실습이 포함된 직업교육계획을 수립하여야 한다.

③ 전공과의 수업 연한과 학생의 선발 방법은 교육감의 승인을 받아 전공과를 설치한 교육기관의 장이 정한다.

④ 전공과를 전담할 인력은 전공과를 설치한 특수교육기관의 고등학교 과정과 같은 수준으로 배치한다.

제20조 (순회교육의 운영 등)

① 교육장이나 교육감은 법 제25조제1항에 따른 순회교육을 하기 위하여 순회교육을 받는 특수교육대상자의 능력, 장애 정도 등을 고려하여 순회교육계획을 작성 · 운영하여야 한다.

② 순회교육의 수업일수는 매 학년도 150일을 기준으로 하여 각급학교의 장이 정하되, 순회교육을 받는 특수교육대상자의 상태와 교육과정의 운영상 필요한 경우에는 지도 · 감독기관의 승인을 받아 30일의 범위에서 줄일 수 있다.

③ 교육장이나 교육감은 순회교육대상자를 위하여 의료기관 및 복지시설 등에 학급을 설치 · 운영할 수 있다.

제21조 (유치원 과정의 종일제 담당 인력의 자격기준 및 운영방법)

① 법 제26조제1항에 따라 특수교육대상자에 대한 종일제 운영을 담당하는 인력은 「영유아보육법」 제21조제2항에 따른 보육교사의 자격 또는 「유아교육법」 제22조 및 「초 · 중등교육법」 제21조에 따른 교원의 자격을 가지고 있는 사람으로 한다.

② 종일제를 운영하는 유치원 과정의 교육기관의 장은 교육과 보육을 연계하고 정규교육과정을 포함하여 1일 8시간 이상으로 운영하며, 그 밖에 운영에 필요한 사항은 교육감이 정한다.

③ 교육감은 종일제를 운영하는 유치원 과정의 교육기관에 대하여 그 교육에 소요되는 경비를 부담하거나 보조하여야 한다.

제22조 (특수학교 및 특수학급에 두는 특수교육교원의 배치기준)

법 제27조제3항에 따라 배치하는 특수교육 담당 교사는 학생 4명마다 1명으로 한다. 다만, 도시와 농촌 · 산촌 · 어촌 교육의 균형발전, 특수교육지원센터의 운영현황 및 특수교육대상자의 지역별 분포 등을 고려하여 특별시 · 광역시 · 도 · 특별자치도별 교사는 교육과학기술부장관이, 단위 학교 · 학급별 교사는 해당 교육감 또는 교육장이 배치 기준의 40퍼센트의 범위에서 가감하여 배치할 수 있다.

제23조 (가족지원)

① 법 제28조제1항에 따른 가족지원은 가족상담, 양육상담, 보호자 교육, 가족지원프로그램 운영 등의 방법으로 한다.

② 제1항에 따른 가족지원은 「건강가정기본법」 제35조에 따른 건강가정지원센터, 「장애인복지법」 제58조에 따른 장애인복지시설 등 과 연계하여 할 수 있다.

제24조 (치료지원)

① 법 제28조제2항에 따른 치료지원에 필요한 인력은 「의료기사 등에 관한 법률」 제4조에 따른 면허 또는 「자격기본법」 제19조제1항에 따라 주무부장관이 공인한 민간자격을 소지한 사람으로 한다.

② 교육감 또는 특수학교의 장은 특수교육지원센터 또는 특수학교에 에 치료실을 설치 · 운영할 수 있다.

③ 교육감은 「공공보건의료에 관한 법률」 제2조에 따른 공공보건의료기관 및 「장애인복지법」 제58조에 따른 장애인복지시설 등과 연계하여 치료지원을 할 수 있다.

제25조 (보조인력)

① 교육감은 법 제28조제3항에 따라 각급학교의 장이 특수교육대상자를 위한 보조인력을 원활

하게 제공할 수 있도록 보조인력 수급에 관한 계획의 수립, 보조인력의 채용 · 배치 등 보조인력의 운영에 필요한 업무를 수행한다.

② 교육감 또는 교육장은 보조인력의 자질 향상을 위하여 특수교육에 관한 연수를 실시하여야 한다.

③ 보조인력의 역할 및 자격은 교육과학기술부령으로 정하고, 그 밖에 운영 방법에 관한 세부사항은 교육감이 정하여 고시한다.

제26조 (각종 교구 및 학습보조기 등 지원)

교육감은 법 제28조제4항에 따라 각급학교의 장이 각종 교구 · 학습보조기 · 보조공학기기를 제공할 수 있도록 특수교육지원센터에 필요한 기구를 갖추어 두어야 한다.

제27조 (통학 지원)

① 교육감은 각급학교의 장이 법 제28조제5항에 따른 통학 지원을 원활하게 할 수 있도록 통학차량을 각급학교에 제공하거나 통학 지원이 필요한 특수교육대상자 및 보호자에게 통학비를 지급하여야 한다.

② 각급학교의 장은 특수교육대상자가 현장체험학습, 수련회 등 학교밖 활동에 참여할 수 있도록 조치를 취하여야 한다.

제28조 (기숙사의 설치·운영)

① 교육감은 법 제28조제6항에 따른 기숙사의 운영에 필요한 경비를 예산의 범위에서 부담하거나 보조할 수 있다.

② 공립 및 사립학교의 기숙사 시설 · 설비 기준은 시 · 도 교육규칙으로 정한다.

제29조 (기타 특수교육 관련서비스의 제공)

① 교육과학기술부장관 또는 교육감은 제23조부터 제28조까지의 규정에서 정한 특수교육 관련서비스 외에 보행훈련, 심리 · 행동 적응훈련 등 특정한 장애유형의 특수교육대상자에게 필요한 특수교육 관련서비스를 제공하여야 한다.

② 제1항의 특수교육 관련서비스 제공에 필요한 인력은 국가자격 또는 「자격기본법」 제19조제1항에 따라 주무부장관이 공인한 민간자격을 소지한 사람으로 한다.

제5장 고등교육 및 평생교육

제30조 (특별지원위원회의 설치·운영)

① 대학의 장은 그 대학에 장애학생이 10명 이상 재학하는 경우에는 법 제29조에 따른 특별지원위원회(이하 "특별지원위원회"라 한다)를 설치 · 운영하여야 한다.

② 장애학생이 10명 미만인 대학의 장은 법 제30조제2항에 따른 장애학생 지원부서 또는 전담직

원이 법 제29조제1항제1호 및 제3호에 관한 특별지원위원회의 기능을 수행할 수 있도록 할 수 있다.

③ 특별지원위원회의 위원 자격, 구성 및 회의 개최 시기 등은 해당 대학의 장이 정한다.

제31조 (장애학생지원센터의 설치·운영 등)

① 법 제30조제1항 단서에서 "일정 인원"이란 9명을 말한다.

② 법 제30조제1항에 따른 장애학생지원센터, 장애학생 지원부서 또는 전담직원은 장애학생 지원계획을 수립하고, 그 사실을 장애학생에게 알려야 한다.

제32조 (학교형태의 장애인평생교육시설)

① 법 제34조제2항에서 "대통령령으로 정하는 시설과 설비"란 다음 각 호에 해당하는 시설 · 설비를 말한다.

1. 49.5제곱미터 이상의 수업실
2. 학습에 필요한 시설 및 설비
3. 도서 및 자료 500권 이상을 갖춘 자료실
4. 관리실
5. 「장애인 · 노인 · 임산부 등의 편의증진 보장에 관한 법률 시행령」 별표 2에 따라 교육연구시설에 설치하여야 하는 편의시설

② 교육감은 법 제34조제2항에 따른 장애인평생교육시설을 설치 · 운영하는 사람이 교육감이 관리하는 공공시설을 이용하려는 경우, 그 공공시설의 본래 이용 목적을 해치지 않는 범위에서 이용할 수 있도록 지원하여야 한다.

제6장 보칙

제33조 (심사청구 절차)

법 제35조제3항 및 법 제36조제1항 또는 제2항에 따른 심사청구 및 그 심사청구에 대한 결과의 통지에 필요한 서류는 각각 교육과학기술부령으로 정한다.

부칙 [2008.5.26 제20790호]

제1조 (시행일) 이 영은 공포한 날부터 시행한다.

제2조 (다른 법령의 폐지) 특수교육진흥법 시행령은 폐지한다.

제3조 (다른 법령의 개정) 초 · 중등교육법 시행령 일부를 다음과 같이 개정한다.

제40조를 다음과 같이 하고, 같은 조 별표 1의2를 삭제한다.

제40조 (특수학교 등의 교원) ①특수학교에는 법 제19조에 따라 교장 및 교감을 둔다. 다만, 학급 수가 5학급 이하인 학교에는 교감을 두지 아니할 수 있으며, 3학급 이상인 분교장에는 따로 교감을 둘 수 있다.

② 특수학교 등에 두는 특수교육담당 교사의 배치기준은 따로 대통령령으로 정한다.

③ 특수학교에는 전문상담교사 및 사서교사를 둘 수 있다.

제4조 (다른 법령과의 관계) 이 영 시행 당시 다른 법령에서 「특수교육진흥법 시행령」 또는 그 규정을 인용하고 있는 경우 이 영 중 그에 해당하는 규정이 있으면 종전의 규정을 갈음하여 이 영 또는 이 영의 해당 조항을 인용한 것으로 본다.

부 칙 [2009.12.31 제21962호(장애인고용촉진 및 직업재활법 시행령)]

제1조(시행일) 이 영은 공포한 날부터 시행한다. 다만, ……〈생략〉……, 부칙 제3조제1항부터 제6항까지 및 같은 조 제8항의 개정규정은 2010년 1월 1일부터 시행한다.

제2조 생략

제3조(다른 법령의 개정) ①부터 ⑤까지 생략

⑥ 장애인 등에 대한 특수교육법 시행령 일부를 다음과 같이 개정한다.

제18조제2항 중 "한국장애인고용촉진공단지부"를 "한국장애인고용공단지부"로 한다.

⑦ 및 ⑧ 생략

참고 문헌

강갑원 · 김연진 · 송인섭 · 이경화(2008). 특수아동교육의 이해, 서울 : 동문사.

김정원(2005). 아동의 기질 및 양육태도와 창의성향과의 관계, 「교육심리연구」 19(4), 933-951.

김정휘(2006). 지능심리학. 서울 : 시그마프레스.

김정희 역(2004). 지혜, 지능, 그리고 창의성의 종합, 서울 : 시그마프레스.

김종안(1998). 통합적 접근에 기초한 아동의 창의성 측정도구 개발, 성균관대학교 박사학위논문.

김청자(2009). 교육심리학의 이해, 서울 : 동문사.

박병기 · 유경순(2000). 창의성과 지능의 관계구조, 교육심리연구, 14(2), 235-261.

박성익 외(2003). 영재교육학원론. 서울 : 교육과학사.

박숙희(1991). 가정환경, 인지양식, 창의성 간의 관계연구, 숙명여자대학교 석사학위논문.

송인섭 · 이신동 · 이경화 · 최병연(2001). 영재교육의 이론과 방법. 서울 : 학문사.

송인섭 외 역(2009). 영재교육의 주요 이슈와 실제, 서울 : 시그마프레스.

유경훈(2005). 창의적 사고능력에 영향을 미치는 정의적 특성변인에 관한 연구, 영재와 영재교육, 4(1), 5-27.

유경훈(2005). 초등학생의 창의성향과 성취동기 및 내 · 외재적 동기와의 관계연구, 한국교육문제연구소 논문집, 22, 41-58.

유경훈(2006). 창의성과 성취동기 및 내 · 외재적 동기와의 관계연구, 아동교육, 15(3), 71-82.

유경훈(2006). 초등학생의 창의적 사고능력과 창의적 인성에서의 성별차이, 영재와 영재교육, 5(2), 101-117.

유경훈(2009). 청소년의 가정 · 교실 환경과 자기효능감 및 학업성취 간의 관계구조 모형분석, 청소년

시설환경, 7(1), 15-26.

유경훈 · 김청자(2008). 아동의 창의성에 대한 환경적 · 인지적 · 동기적 변인들의 효과, 영재와 영재교육 17(1), 13-32.

유경훈 · 강순미(2009). 아동의 창의성에 부모성격, 양육태도, 가정의 분위기가 미치는 영향, 아동교육, 18(3), 121~133.

유경훈 · 박숙희(2009). 언어적 보상에 따른 아동의 창의성 프로그램 효과, 영재와 영재교육, 8(4), 97~114).

이경화 · 최병연 · 박숙희 역(2005). 영재교육, 서울 : 박학사.

이경화 · 김혜진 · 김옥분 역(2008). 경험연구에 기초한 영재교육, 서울 : 시그마프레스.

이경화 · 박숙희(2004). 유아영재교육, 서울 : 동문사.

이신동 · 이정규 · 박성은 · 김은진 역 · Dacey, J. S., Lennon, K. H. 저(2006). 창의성의 이해, 서울 : 박학사.

이신동 · 이경화 · 최병연 · 박숙희 역(2002). 유아영재교육의 이해, 서울 : 학문사.

이정규(2005). 창의성의 영역성에서의 연령 집단별 차이, 교육심리연구, 19(1), 291-310.

전경원(2000). 동서양의 하모니를 위한 창의학, 서울 : 학문사.

전경원 외 역(2009). 창의성 : 이론과 주제, 서울 : 시그마프레스.

조석희 외(1996). 영재교육의 이론과 실제, 한국교육개발원.

최인수(2000). 창의성을 이해하기 위한 체계모델, 생활과학, 3, 441-464.

하주현(2001). 창의적 인성검사(Creative Personality Scale; CPS)의 연령별 타당화 및 연령별 발달경향 연구, 교육심리연구, 15(3), 323-351.

한순미(2006). 환경은 창의성을 어떻게 조형하는가? 영재와 영재교육, 5(2), 167-188.

Abikoff, H. and Hechtman, L. (1996). Multimodal therapy and stimulants in the treatment of children with attention deficit hyperactivity disorder. In E. Hibbs and P. Jensen(eds), Psychosocial Treatments for Child and Adolescent Disorders : Empirically Based Strategies for Clinical Practice (pp. 341-369). Washington, DC : American Psychiatric Association.

Abraham, W. (1976). The early years : Prologue to tomorrow. Exceptional Child, 42, 330-335.

Adler, T (1991. September). Support and challenge : Both key for smart kids. Science Monitor, 10.

Ainsworth, M., Blehar, M., Waters, E. and Wall, S. (1978). Patterns of Attachment : A Psychological Study of Strange Situations. Hillsdale, NJ : Lawrence Erlbaum.

Allen, R. C. (1969). Legal rights of the disabled and disadvantaged (GPO 1969-0-360-797). Washington, DC : U. S. Department of Health, Education, Welfare, National Citizens Conference on Rehabilitation of the Disabled and Disabled and Disadvantaged.

Amabile, T. M.,(1983), The social Psychology of creativity; A componential conceptualization.

Journal of Personality and Social Psychology 45, 357-376.

American Psychiatric Association, 1994, p. 39.

American Psychiatric Association. (1994). Diagnostic and statistical manual of mental disorders (4th ed). Washington, DC : Author.

Anastopoulos, A., Barkley, R. and Shelton, T. (1996). Family based treatment : Psychosocial interbention for children and adolescents with attention deficit hyperac-tivity disorder. In E. Hibbs and P. Jensen (eds), Psychosocial Treatments for Child and Adolescent Disorders : Empirically Based Strategies for Clinical Practice (pp. 267-284). Washington, DC : American Psychiatric Association

Anderson, R. S. (1975). Education in Japan : A century of modern development. Washington, DC : U.S. Government Printing Office.

Austin, A. B. and Draper, D. C. (1981). Peer relationships of the academically gifted : A review. Gifted Child Quarterly, 25, 129-133.

Bailey, A., Phillips, W. and Rutter, M. (1996). Autism : Towards an integration of clinical genetic neuropsychological and neurobiological perspectives. Journal of Child Psychology and Psychiarty, 37, 89-126

Baldwin, B. A. (1988). Beyond the cornucopia kids : How to raise healthy achieving children. Wilmington, NC : Directions Dynamics.

Barkley, R. (1981). Hyperactive Children : A Handbook for Diagnosis and Treatment. New York : Guilford.

Barkley, R. (1987). Defiant Children : A Clinician's Manual for Parent Training. New York : Guilford.

Barkley, R. (1990). Attention Deficit Hyperactivity Disorder : A Handbook for Diagnosis and Treatment. New York : Guilford

Barkley, R. (1994). Impaired delayed responding : A unified theory of attention deficit hyperactivity disorder. In D. Rout (ed.), Disruptive Behaviour Disorders in Childhood : Essays Honouring Herbert C. Ouay (pp. 11-57). New York : Plenum.

Barkley, R. A. (1990). Attention-deficit hyperactivity disorder : A handbood for diagnosis and treatment. New York : Guilford.

Barkley, R., Guevermont, A., Anastopoulas, A. and Fletcher, K. (1992). A comparison of three family therapy programs for treating gamily conflicts in adolescents with attention deficit hyperactivity disorder. Journal of Consulting and Clinical Psychology, 20, 163-188.

Barkley, R., Guevremont, A., Anastopoulas, A. and Fletcher, K. (1992). A comparison of three family therapy programs for treating family conflicts in adolescents with attention deficit hyperactivity disorder. Journal ofConsulting and Clinical Psychology, 60, 450-462

Barlow-Cohen, S. (1995). Mindblindness : An Essay on Autism and Theory of Mind. Cambridge, MA : MIT Press.

Barnett, L. B., & Corazza, L. (1998). Identification of mathematical talent and pro-grammatic efforts to facilitate development of talent. High Ability Studies, 9, 48-61.

Barron, F. & Harrington, D. M.(1981), Creativity, Intelligence and Personality, Annual Reviews Inc. 32, 439-476.

Barron, F.(1997), Introduction. In F. Barron, A. Montour., & A. Barron(Eds.), Creators on creating. New York : Putnam.

Beck, A., Emery, G. and Greenberg, R. (1985). Anxiety Disorders and Phobias. New York : Guilford.

Berk, L. and Potts, M. (1991). Development and functional significance of private speech among attention deficit hyperactivity disordered and normal bous. Journal of Abnormal child Psychology, 19, 357-377.

Bettelheim, B. (1967). The Empty Forty Fortress. New York : Free Press.

Betts, G. T. and Neihart, M. (1988). Profiles of the gifted and talented. Gifted Child Quarterly, 32, 248-253.

Beutler, L., Machado, P. and Neufeldt, s. (1994). Therapist variables. In A. Bergin and S. Garfield(eds), Handbook of Psychotherapy and Behaviour Change (fourth edition, pp. 229-269). Chichester : Wiley.

Bireley, M. and Genshaft, J. (1991). Adolescence and giftedness : A look at the issues. In M. Bireley and J. Genshaft (Eds.), Understanding the gifted adolescent : Educational, developmental, and multicultural issues. New York : Teachers College Press.

Blagg, N. (1987). School Phobia and its Treatment. London : Croom Helm.

Blatt, S. and Zuroff, D. (1992). Interpersonal relatedness and self definition : Two prototypes for depression. Clinical Psychology Review, 12, 527-562

Bloom, B. S. (Ed.). (1985). Developing talent in young people, New York : Ballantine Books.

Bransford, J. D., Brown, A. L., & Cocking, R. R. (1999). How people learn : Brain, mind, experience, and school. Washington, DC : National Academy Press.

Bregman, J. and Gerdtz, J. (1997). Behavioural interventions. In D. Cohen and F. Volkmar(eds), Handbook of Autism and Pervasive Developmental Disorders(second edition, pp. 606-631). New York : Wiley.

British Psychological Society (1994). Purchasing clinical psychology services : Services for people with learning disabilities and their carers. Briefing Paper Number 11. Leicester : British Psychological Society.

Brown, B. B. and Steinberg, L. (1990). Academic achievement and social acceptance : Skirting the “brain-nerd” connection. Education Digest, 55(7), 55-60.

Butler, C. and Hope, T. (1995). Manage Your Mind : the Mental Fitness Guide. Oxford : Oxford University Press.

Cantwell, D., & Baker, L. (1989). Stability and natural history of DSM-III childhood diagnoses. Journal of the American Academy of Child and Adolescent Psychiatry, 28, 691-700.

Carter, J., & Sugai, G. (1989). Survey of prereferral practices : Responses from state departments of education. Exceptional Children, 55, 298-302.

Charlton, J. C., Marolf, D. M., & Stanley, J. C. (2002). Follow-up insights on rapid educational acceleration. Roeper Review, 24, 145-151.

Chitwood, D. G. (1986). Guiding parents seeking testing. Roeper Review, 8, 177-179.

Cohen, D. and Volkmar, F. (1997). Handbook of Autism and Pervasive Developmental Disorders(second edition). New York : Wiley.

Cohen, P., Cohen, J., Kasen, S., Velez, C., Hartmark, C., Hohnson, J., Rojas, M., Brook, J. and Streuning, E. (1993). An epidemiological study of disorders in late childhood and adolescence - 1. Afe- and gender-specific prevalence. Journal of Child Psychology and Psychiatry, 34, 851-867

Colangelo, N. (1991). Counseling gifted students. In N. Colangelo and G. A. Davis (Eds.), Handbook and gifted education (273-284). Needham Heights. MA : Allyn and Bacon.

Colangelo, N. and Kelly, K. R. (1983). A study of student, parent, and teacher attitudes toward gifted programs and gifted students, Gifted Child Quarterly, 27, 107-110.

Colangelo, N., Assouline, S. G., & Gross, M. U. M. (2004). A nation deceived : How schools hold back America's brightest students (Vol. II). Iowa City, IA : The connie Belin & Jacqueline N. Blank International Center for Gifted Education and Talent Development.

Coleman, J. S. (1961). The adolescent society. New York : The Free Press.

Cone, T. E. & Wilson, L. R. (1981). Quantifying a severe discrepancy : A critical analysis. Learning Disability Quarterly, 4, 359-371.

Cornell, D. G. (1983). Gifted children : The impact of positive labeling on the family system. American Journal of Orthopsychiatry, 53(2), 322-355.

Cornell, D. G. (1990). High ability students who are unpopular with their peers. Gifted Child Quarterly, 34, 155-160.

Covington, M. V. and Beery, R. G. (1976). Self-worth and school learning. New York : Holt.

Cox, J., Daniel, N., & Boston, B. A. (1985). Educating able learners : Programs and promising practices. Austin : University of Texas Press.

Croft, L. (2003). Teachers of the gifted : Gifted teachers. In N. Colangelo & G. A. Davis, Handbook of gifted education (3rd ed., pp. 558-571). Boston : Allyn & Bacon.

Cropley, A.(1994), More ways than one : Fostering creativity, Norwood, NJ : Ablex.

Csikszentmihalyi, M.(1996). Creativity : Flow the psychology of discovery and invention, New York : Harper Collins.

Dadds, M., Heard, P. and Rapee, R. (1992). The role of family intervention in the treatment of child anxiety disorders : Some preliminary findings. Behaviour Change, 9, 171-177

Dauber, S. L. and Benbow, C. P. (1990). Aspects of personality and peer relations of extremely talented adolescents, Gifted Child Quarterly, 34, 10-15.

Davis, G. A. (1989b). Testing for creative potential. Contemporary Educational Psychology, 14, 157-174.

Davis, G. A. (1993). Identifying the creatively gifted. In J. Genshaft, M. Bireley, & C. L. Hollinger (Eds.), A guidebook for serving the gifted and talented. Washington, DC : National Association of School Psychologists.

Delisle, J. R. (1992). Guiding the social and emotional development of gifted youth. New York : Longman.

Dettmer, P. A., & Landrum, M. S. (Eds.) (1998). Staff development : The key to effective gifted education programs. Waco, TX : Prufrock.

Douglas, J. W. B. (1973). Early disturbing events and later enuresis. In I. Kolvin, R. C. MacKeith, & S. R. Meadow(Eds.), Bladder control and enuresis(pp. 109-117). Philadelphia : Lippincott.

Dupaul, G., Guevremont, D. and Barklley, R. (1991). Attention deficit hyperactivity disorder. In T. Kratochwill and R. Morris (eds), The Practice of Child Therapy (second edition, pp. 115-144). New York : Pergamon.

Egger, J., Carter, C., Graham, P., Gumley, D. and Soothill, J. (1985). Controlled trial of oligoantigenic treatment in the hyperkinetic syndrome. Lancet, I, 540-545

Erikson, E. H. (1968). Identity : Youth and crisis. New York : Norton.

Feindler, E. and Ecton, R. (1985). Adolescent Anger Control : cognitive-Behavioural Techniques. New York : Pergamon.

Feingold, B. (1975). Hyperkinesis and learning difficulties linked to artificial food flavours and colours. American Journal of Nursing, 75, 797-803

Feldhusen, J. F., Hoover, S. M., & Sayler, M. F. (1990). Identifying and educating gifted students at the secondary level. Unionville, NY : Royal Fireworks.

Feldman, D. H. (1986a). Giftedness as a developmentalist sees it. In R. J. Sternberg and J. E. Davidson (Eds.), Conceptions of giftedness. Cambridge, MA : Cambridge University Press.

Feldman, D. H. (1986b). Nature's gambit : Child prodigies and the development of human potential. New York : Basic Books.

Franken, R. E.(2007). Human motivation(6th), Belmont CA : Thomson/Wadsworth.

Fullan, M. (2005, November). 10 do and don't assumptions about change. The Learning Principal, 1(3), 1, 6-7.

Gadow, K. (1992). Paediatric psychopharmacology : A review of recent research. Journal of Child Psychology and Psychiatry, 33, 153-195

Gallagher, J. J. (1958). Peer acceptance of highly gifted children in elementary school. Elementary School Journal, 465-470.

Gallagher, J. J. (1990). Editorial : The public and professional perception of the emotional status of gifted children. Journal for the Education of the Gifted, 13(3), 202-211.

Gallagher, J. J. (1991a). Educational reform, values, and gifted students. Gifted Child Quarterly, 35, 12-19.

Gardner, J. W. (1961). Can we be equal and excellent too? New York : Harper & Row.

Gilberg, C. (1991). Outcome in autism and autistic-like conditions. Journal of the American Academy of Child and Adolescent Psychotherapy, 30, 375-382.

Ginsberg, G. and Harrison, C. H. (1977). How to help your gifted child. New York : Monarch Press.

Gogul, E. M., McCumsey, J., and Hewett, G. (1985, November/December). What parents are saying. G/C/T, 7-9.

Goldberg, D., Magrill, L., Hale, J., Damaskinidou, P. J. and Tham, S. (1995). Protection and loss : Working with learning-disabled adults and their families. Journal of Family Therapy, 17, 263-280.

Goldstein, A. P., Spafkin, R. P., Gershaw, N. J., & Klein, P. (1983). Structures learning : A Psychoeducational approach for teaching social competencies. Behavioral Disorders, 8(3), 161-170.

Goodman, K. (1976). Reading : A psycholinguistic guessing game. In H. Singer and R. Ruddle (eds), Theoretical Models and Processes of Reading (second edition, pp. 497-508). Newark, EE : International Reading Association.

Graham, S. & Harris, K. R. (1989). Improving learning disabled students' skills at composing essays : Self-instructional strategy training. Exceptional Children, 56, 201-216.

Greenlaw, M. J., & McIntosh, M. E. (1988). Educating the gifted : A source book. Chicago : American Library Association.

Gross, M. U. M. (1993b). Nurturing the talents of exceptional gifted individuals. In K. A. Heller, F. J. Mönks. & A. H. Passow (Eds.), International handbook of research and developments of giftedness and talent (pp. 473-490). New York : Pergamon.

Gubbins, E. J., Westberg, K. L., Reis, S. M., Dinnocenti, S. T., Tieso, C. L., Muller, L. M., et al. (2002). Implementing a professional development model using gifted education strategies with all students. Storrs : National Research Center on the Gifted and Talented, University of Connecticut.

Guilford, J. P.(1967), The nature of human intelligence, New York : McGrow-Hill.

Hallahan, D. P., & Kauffman, J. M. (2003). Exceptional Learners : Introduction to Special Education (9th ed.). Boston : Allyn and Bacon.

Hanna, G. S., Dyck, N. A. & Holen, M. C. (1979). Objective analysis of achievement-aptitude discrepancies in LD classification. Learning Disability Quarterly, 2, 32-38.

Hanson, I. (1984). A comparison between parent identification of young bright children and subsequent testing. Roeper Review, 7(1), 44-45.

Harris, S. and Handleman, J. (1997). Helping children with autism enter the mainstream. In D. Cohen and F. Volkmar (eds), Handbook of Autism and Pervasive Developmental Disorders (second edition, pp. 665-676). New York : Wiley

Hauser, P., Zametkin, A., Martinez, P., Vitietllo, B., Matochik, J., Mixon, A. and Weintraub, B. (1993). Attention deficit hyperactivity disorder in people with generalized resistance to thyroid hormone. New England Journal of Medicine, 328, 997-1001.

Hermelin, B. and O'Connor, N. (1970). Psychological Experiments with Autistic Children. Londo n : Pergamon.

Hewison, J. (1988). The long term effectiveness of parent involvement in reading : A follow up th the Harringey reading project. British Journal of educational Psychology, 58, 184-190

Higham, S. J. and Buescher, T. M. (1987). What young gifted adolescents understand about feeling different. In T. M. Buescher (Ed.), Understanding gifted and talented adolescents : A resource guide for counselors, educators, and parents (26-30). Evanston, IL : Center for Talent Development, Northwestern University.

Hill, J. P. (1980). The family. In M. Johnson (Ed.), Toward adolescence : The middle school years. (Seventy-ninth Yearbook of the National Society for the Study of Education.) Chicago : University of Chicago Press.

Hinshaw (1994). Attention Deficits and Hyperactivity in Children. Thousand Oaks, CA : Sage Publications.

Hinshaw, S. (1996). Enhancing social competence : Integrating self-management strate-gies with behavioural procedures for children with ADHD. In E. Hibbs and P. Jensen (eds), Psychosocial Treatments for Child and Adolescent Disorders : Empirically Based Strategies for Clinical Practice (pp. 285-309). Washington, DC : American Psychiatric Association.

Hobson, R. (1993), Autism and the Development of Mind. Hillsdale, NJ : Lawrence Erlbaum.

Hodges, J. and Tizard, B. (1989). IQ and behavioural adjustment of ex-institutional adolescents. Journal of Child Psychology and Psychiatry, 30, 53-75

Hollingworth, L. S. (1942). Children above 180 IQ Stanford-Binet : Origin and development. New York : World Book.

Howlin, P. and Rutter, M. (1987). Treatment of Autistic Children. New York : Wiley. Hudson, J., Nutter, R. and Galaway, B. (1994). Treatment foster care programs : A review of evaluation research and suggested directions. Social Work Research, 18, 198-210.

Jarosewich, T., & Stocking, V. B. (2003a). Medication and counseling histories of gifted students in a summer residential program. Journal of Secondary Gifted Education, 14, 91-99.

Jarosewich, T., & Stocking, V. B. (2003b). Talent Search : Student and parent perceptions of out-of-level testing. Journal of Secondary Gifted Education, 14, 137-150.

Johnson, R. and Zaba, J.(1994). Examining the link between vision and literacy. Journal of Behavioral Optometry 5(2) : 41-43.

Johnson, R., D. Nottingham, R. Stratton, and Zaba, J.(1996). The vision screening of academically and behaviorally at-risk pupils. Journal of Behavioral Optometry 7 : 39-42.

Jordan, R. and Powell, S. (1995). Understanding and Teaching Children with Autism. New York : Wiley.

Kandel, D. B. and Lesser, G. S. (1972). Youth in two worlds. San Francisco : Jossey-Bass.

Katz, J., N. Stecker, and D. Henderson. (1992). Central auditory processing : A transdisciplinary approach. St. Louis : Mosby.

Kazdin, A. E. (1995). Child, parent and family dysfunction as predictors of outcome in cognitive-behavioral treatment of antisocial children. Behaviour Research and Therapy, 33, 271-281.

Kendall, P. (1992). Coping Cat Workbook. Admore, PA : Workbook Publishing.

Kerr, B. A., Colangelo. N., and Gaeth, J. (1988). Gifted adolescents attitudes toward their giftedness. Gifted Child Quarterly, 32, 245-247.

Killion, J. (2002). Assessing impact : Evaluating staff development. Oxford, OH : National Staff Development Council.

Killion, J., Munger, L., Roy, P., & McMullen, P. (2003). Training manual for assessing impact : Evaluating staff development Oxford, OH : National Staff Development Council.

Klaus, M. H. & Kennell, J . H. (1976). 'Maternal-Infant Bonding. St. Louis : Mosby.

Klin, A. and Volkmar, F. (1997). Asperger's syndrome. In D. Cohen and F. Volkmar (eds), Handbook of Autism and Pervasive Developmental Disorders (second edition, pp. 94-122). New York : Wiley.

Koegel, L. and Koegel, R. (1996). The child with autism as an active communicative partner. In E. Hibbs and P. Jensen (eds), Psychosocial Treatments for Child and Adolescent Disorders

: Empirically Based Strategies for Clinical Practice (pp. 553-572). Washington, DC : American Psychological Association.

Koegel, R., Schreibman, L., O'Neill, R. and Burke, J. (1983). The Personality and family interaction characteristics of parents of autistic children. Journal of Consulting and Clinical Psychology, 51, 683-692.

Kohlberg, L. (1974). The child as moral philosopher. In G. A. Davis and T. F. Warren (Eds.), Psychology of Education : New looks. Lexington, MA : D. C. Heath.

Kohlberg, L. (1976). Moral states and moralization : The cognitive developmental approach. In T. Lockona (Ed.), Moral development and behavior. New York : Holt, Rinehart, and Winston.

Koslowe, K. C. (1995). Optometric services in a reading disability clinic : Initial results. Journal of Behavioral Optometry. 6 : 67-68.

Kuhmerker, L. (1991). The Kohlberg legacy for the helping professions. Birmingham, AL : R.E.P. Books.

Laidig, P. (1991, Summer). The summer birthday dilemma : Outcomes of delayed school entry. The Wisconsin School Psychologist, 1, 3.

Landrum, M. S. (1987). Guidelines for implementing a guidance/counseling program for gifted and talented students. Roeper Review, 10. 103-107.

Landrum, M. S., Callahan, C. M., & Shaklee, B. D. (Eds.) (2001). Aiming for excellence : Gifted program standards : Annotations to the NAGC pre-K-grade 12 gifted education program standards. Waco, TX : Prufrock Press.

Langer, P., Kalk, J. V., and Searls. D. T.(1984). Age of admission and trends in achievement : A comparison of Blacks and Caucasians. American Educational Research Journal. 21, 61-78.

Lewis, C., Hitch, G. and Walker, P. (1994). The prevalence of specific arithmetic difficulties and specific reading difficulties in 9 to 10 year old boys and girls. Journal of Child Psychology and Psychiatry, 35, 283-292.

Lewis, R. B., & Doorlag, D. H. (1995). Teaching special students in the mainstream. Englewood Cliffs, NJ : Prentice-Hall.

Lieberman, A. (1995). Practices that support teacher development. Phi Delta Kappan, 76, 488-489.

Lord, C. and Rutter, M. (1994). Autism and pervasive developmental disorders. In M. Rutter, E. Taylor and L. Hersov (eds), Child and adolescent Psychiatry : Modern Approaches (third edition, pp. 569-593). Oxford : Blackwell.

Lovaas, O. (1987). Behavioural Treatment and normal educational and intellectual functioning in young autistic children. Journal of Consulting and Clinical Psychology, 55, 3-9

Lubart, T. I.(1994). Creativity. In E. C. Carterette & M. Friendman (general eds.) The Handbook of perceptions and cognition, vol. 12. NY : Academic Press.

Lufting, R. L. and Nichols, M. L. (1990). Assessing the social status of gifted students by their age peers. Gifted Child Quarterly, 34, 111-115.

Lupkowski-Shoplik, A. (2001). Carnegie Mellon Elementary Student Talent Search : Establishing appropriate guidelines for qualifying test scores. In N. Colangelo & S. G. Assouline (Eds.), Talent development IV : Proceedings from the 1998 Henry B. and Jocelyn Wallace National Research Symposium on Talent Development (pp. 379-385). Scottsdale, AZ : Great Potential Press.

Lupkowski-Shoplik, A., & Swiatek, M. A.(1999). Elementary student talent searches : Establishing appropriate guidelines for qualifying test scores. Gifted Child Quarterly, 43, 265-272.

Mackinnon, D. W.(1962). The nature and nuture of creative talent, American Pshchologist 17, 484-495.

Marcus, L., Kunce, L. and Schopler, E.(1997). Working with families. In D. Cohen and F. Volkmar (eds), Handbook of Autism and Pervasive Developmental Disorders (second edition, pp. 631-649). New York : Wiley.

Martindale, C. & Dailey, A.(1996). Creativity, primary process cognition, and personality, Personality and Individual Differences 20(4), 409-414.

Matthews, M. S., & McBee, M. T. (2007). School factors and the underachievement of gifted students in a talent search summer program. Gifted Child Quarterly, 51, 167-181.

Maughan, B. (1995). Annotation : Long term outcomes of developmental reading problems. Journal of Child Psychology and Psychiatry, 36, 357-371.

McArdle, P., O'Brien, G. and Kolvin, I. (1995). Hyperactivity : Prevalence and relation-ship with conduct disorder. Journal of Child Psychology and Psychiatry, 36, 279-304.

McEachin, J., Smith, T. and Locas, O. (1993). Long term outcome for children with 며샤느 who received early intensive behavioural treatment. American Journal of Mental Retardation, 97, 359-372

Meichenbaum, D. (1977). Cognitive-Behaviour Modification : An Integrative Approach. New Yor k : Plenum.

Metzer, D. A. and D. L. Schur. (1967). Suppressions, academic performance, and near optometric findings : a correlation study. Unpublished 5-year thesis. Forest Grove, OR : Pacific University.

Meyer, A. E. (1965). An educational history of the Western world. New York : McGraw-Hill.

Mills, C. J., & Barnett, L. B. (1992). The use of the Secondary School Admission Test(SSAT) to identify academically talented elementary students. Gifted Child Quarterly, 36, 155-159.

Minner, S. (1990). Teacher evaluations of case descriptions of LD gifted children. Gifted child

Quarterly. 34, 37-39.

Minuchin, S. (1974). Families and Family Therapy. Cambridge, MA : Harvare University Press.

Moffett, C. A. (2000). Sustaining change : The answers are blowing in the wind. Educational Leadership, 57(7), 1-7.

Montemayer, R. (1984). Changes in parent and peer relationships between childhood and adolescence : A research agenda for gifted adolescents. Journal for the Education of the Gifted, 8(1), 9-23.

Morris, R. J. (1985). Behavior modification with exceptional children : Principles and practices. Glenview, IL : Scott, Foresman.

Mumford, D. D. & Gustafson, S . B.(1988). Creative thought : Strucyure, components, and educational implications, Roeper Review 21(1), 145-156.

Novaco, R. (1975). Anger Control : The Development and Evaluation of an Experimental Treatment. Lexington, MA : Heath.

O'Connor, K. (1991). The Play Terapy Primer. New York : Wiley.

Oliver, C. (1995). Annotation : Self-injurious behaviour in children with learning disabilities : Recent advances in assessment and intervention. Journal of Child Psychology and Psychiatry, 30, 909-927.

Ollendick, T., King, N. and Yule, W. (1994). International Handbook of Phobic and Anxiety Disorders in Children and Adolescents. New York : Plenum.

Olszewski-Kubilius, P. (2003). Special summer and Saturday programs for gifted students. In N. Colangelo & G. A. Davis (Eds.), Handbook of gifted education (3rd ed., pp. 219-228). Boston : Allyn & Bacon.

Parker, W. D. (1996). Psychological adjustment in mathematically gifted students. Gifted Child Quarterly, 40, 154-157.

Pelham, W. and Hinshaw, S. (1992). Behavioural intervention for attention deficit dis-order. In S. Turner, K. Calhoun and H. Adams (eds), Handbook of Clinical Behaviour Therapy (vol. 2, pp. 259-283). New York : Wiley.

Pelham, W. and Hoza, B. (1996). Intensive treatment : A summer treatment programme for children with ADHD. In E. Hibbs and P. Jensen (eds), Psychosocial Treatments for Child and Adolescent Disorders : Empirically Based Strategies for Clinical Practice (pp. 311-341). Washington, DC : American Psychiatric Association.

Perfetti, C. (1985). Reading Ability. New York : Oxford University Press.

Perino, S. C. and Perino, J. (1981). Parenting the gifted-developing the promise. New York : R. R. Bowker Company.

Peterson, D. (1977). The heterogeneously gifted child. Gifted Child Quarterly, 21, 396-408.

Piechowski, M. M. (1991). Emotional development and emotional giftedness. In N. Colangelo and G. A. Davis (Eds.), Handbook of gifted education (285-306). Needham Heights, MA : Allyn and Bacon.

Plowman, P. D. (1981). Training extraordinary leaders. Roeper Review, 3(3), 13-16.

Plucker, J. A., & Stocking, V. B. (2001). Looking outside and inside : Self-concept development of gifted adolescents. Exceptional Children, 67, 535-548.

Prins, P. (1994). Anxiety in medical settings. In T. Ollendick, N. King and W. Yule (eds), International Handbook of Phobic and Anxiety Disorders in Children and Adolescents (pp. 267-293). New York : Pelnum.

Prizant, B., Schuler, A., Wetherby, A. and Rydell, P. (1997). Enhancing language and communication development : Language based approaches. In D. Cohen and F. Volkmar (eds), Handbook of Autism and Pervasive Developmental Disorders (second edition, pp. 572-605). New York : Wiley.

Quine, L. and Rutter, D. (1994). First diagnosis of severe mental and physical disability. Journal of Child Psychology and Psychiatry, 35, 1273-1289.

Reis, S. M., & Westberg, K. L. (1994). The impact of staff development on teachers' ability to modify curriculum for gifted and talented students. Gifted Child Quarterly, 38, 127-135.

Reis, S. M., Westberg, K. L., Kulikowich, J., Caillard, F., Hébert, T., Plucker, J., et al. (1993). Why not let high ability students start school in January ? The curriculum compacting study (Reasearch Monograph No. 93106). Storrs : national Research Center on the Gifted and Talented, University of Connecticut.

Reis, S. M., Westberg, K. L., Kulikowich, J. M., & Purcell, J. H.(1998). Curriculum compacting and achievement test scores; What does research say ? Gifted Child Quarterly, 42, 123-129.

Renzulli, J. S. (1986). The three-ring conception of giftedness : A developmental model for creative productivity. In R. J. Sternberg & J. E. Davidson (Eds.), Conceptions of Giftedness (pp. 53-92). Cambridge, MA : Cambridge University Press.

Renzulli, J. S., & Reis, S. M.(1985). The schoolwide enrichment model : A comprehensive plan for educational excellence. Mansfield Center, CT : Creative Learning Press.

Renzulli, J. S. and Reis, S. M. (1991b). The Schoolwide Enrichment Model : A comprehensive plan for the development of creative productivity. In N. Colangelo and G. A. Davis (Eds.), Handbook of gifted education (111-141). Needham Heights, MA : Allyn and Bacon.

Renzulli, J. S., & Reis, S. M. (1991). The reform movement and the quiet crisis in gifted education. Gifted Child Quarterly, 35, 26-35.

Rimm, S. B. (1988). AIM-TO : Achievement identification measure-Teacher observation. Watertown, WI : Apple Publishing Co.

Rimm, S. B. and Lovance, K. J. (1992b). The use of subject and grade skipping for the prevention and reversal of underachievement. Gifted Child Quarterly, 36, 100-105.

Rimm, S. B., and Lovance, K. J. (1992a). How acceleration may prevent underachievement syndrome. Gifted Child Today, 15(2), 9-14

Rist, R. and Harrell, J. (1982). Labeling the learning disabled child : The social ecology of educational practice. American Journal of Orthopsychiatry, 52, 146-160.

Ritchart, R. (2001). From IQ to IC : A Dispositional View of Intelligence. Roeper Review, 23, 143-150.

Robert E. Franken (2007). Human Motivation(6th). Thomson/Wadsworth.

Robin, A. and Foster, S. (1989). Negotiating Parent-Adolescent Conflict. New York : Guilford.

Robinson, A. (1997). Cooperative learning for talented students : Emergent Issues and Implications. In N. Colangelo & G. A. Davis (Eds.), Handbook of gifted education (2nd ed.; pp. 243-252). Boston : Allyn & Bacon.

Robinson, A. (2003). Cooperative learning and high ability students. In N. Colangelo & G. A. Davis (Eds.), Handbook of gifted education (3rd ed., pp. 282-292). Boston : Allyn & Bacon.

Robinson, N. M. (2004). Effects of academic acceleration on the social-emotional status of gifted students. In N. Colangelo, S. G. Assouline, & M. U. M. Gross (Eds.). A nation deceived : How schools hold back America's brightest students (Vol. II, pp. 47-57). Iowa City, IA : The Connie Belin & Jacqueline N. Blank International Center for Gifted Education and Talent Development.

Rogers, K. B., Schatz, E., & Dykstra, M.(2001). The effects of content, cognitive congruence, and camaraderie on talented students' attitudes toward academically accelerated residential programs. In N. Colangelo & S. G. Assouline (Eds.), Talent development IV : Proceedings from the 1998 Henry B. and Jocelyn Wallace National Research Symposium on Talent Development (pp. 415-417). Scottsdale, AZ : Great Potential Press.

Ross, A. and Parker, H. (1980). Academic and social self-concepts of the academically gifted. Exceptional Children, 47, 6-10.

Schachar, R. (1991). Childhood hyperactivity. Journal of Child Psychology andPsychiatry, 32, 155-191.

Schachar, R. and Logan, G. (1990). Are hyperactive children deficient in attentional capacity? Journal of Abnormal Child Psychology, 18, 493-513.

Schopler, E. (1997). Implementation of TEACHH philosophy. In D. Cohen and F. Volkmar (eds), Handbook of Autism and Pervasive Development Disorders (second edition, pp. 767-795). New York : Wiley.

Schopler, E., Lansing, M. and Waters, L. (1980). Individualised Assessment and Treatnent for

Autistic and Developmentally Disabled Children : Teaching Strategies for Parents and professionals. Volume III. Austin, TX : Pro-Ed.

Schopler, E., Lansing. M. and Reichler, R. (1979). Individualised Assessment and Treatment for Autistic and Develppmentally Disabled Children : Teaching Strategies for Parents and Professionals. Volume II. Austin, TX : Pro-Ed.

Schreibman, L. and Koegel, R. (1996). Fostering self-management : Parent-delivered pivotal response training for children with autistic disorder. In E. Hibbs and P. Jensen (eds), Psychosocial Treatments for Child and Adolescent Disorders : Empirically Based strategies for Clinical Practice (pp. 525-552). Washington, DC : American Psychological Association.

Scott, S. (1994). Mental retardation. In M. Rutter, E. Taylor and K. Hersov (eds), Child and Adolescent Psychiatry : Modern Approaches (third edition, pp. 616-646). Oxford : Blackwell.

Sears, P. S. (1979). The Terman genetic studies of genius, 1922-1972. In A. H. Passow (Ed.), The gifted and the talented. Chicago : National Society for the Study of Education.

Shapiro, D. and Shapiro, D. (1982). Meta-analysis of comparative theory outcome studies : a replication and refinement. Psychological Bulletin, 92, 581-604.

Shepard, L. A. and Smith, M. L. (1985). Boulder Valley kindergarten study : Retention practices and retention effects. Boulder, CO : Boulder Valley Public Schools.

Siegel, L. S. (1989). IQ is irrelevant to the definition of learning disabilities. Journal of Learning Disabilities, 22, 469-479.

Sigman, M. (1995). Behavioural research in childhood autism. In M. Lenzenweger and J. Haugaard (eds), Frontiers of Developmental Psyhopathology (pp. 190-206). New York : Springer.

Silverman, L. K. (1989). Invisible gifts, invisible handicaps. Roeper Review, 12, 37-42.

Silverman, L. K. (1991a). Family counseling. In N. Colangelo and G. A. Davis (Eds.), Handbook of gifted education (307-320). Needham Heights, MA : Allyn and Bacon.

Smith, D. D. & Luckasson, R. (1995). Special education : Teaching in an age of challenge. Boston : Allyn & Bacon.

Smith, T. (1993)〉 Autism. In T. Giles (ed.), Handbook of Effecitve Psychotherapy (pp. 107-134). New York : Plenum.

Snowling, M. (1996). Annotation : Contemporaches to the teaching of reading. Journal of Child Psychology and Psychiatry, 37, 139-148.

Sparks, D., & Hirsh, S. (1997). A new vision for staff development. Alexandria, VA : Association for Supervision and Curriculum Development.

Stanley, J. (2000). Helping students learn what they already don't know. Psychology, Public Policy, and the Law, 6, 216-222.

Stanley, J. C. (1978a). Concern for intellectually talented youths : How it originated and fluctuated. In R. E. Clasen & B. Robinson (Eds.), Simple gifts. Madison, WI : University of Wisconsin-Extension.

Stanley, J. C. (1978b). Identifying and nurturing the intellectually gifted. In R. E. Clasen & B. Robinson (Eds.), Simple gifts. Madison, WI : University of Wisconsin-Extension.

Stanley, J. C., & Benbow, C. P. (1986). Youths who reason exceptionally well mathematically. In R. J. Sternberg & J. E. Davidson (Eds.), Conceptions of giftedness (pp. 361-387). New York : Cambridge University Press.

Stanovich, K. (1989). Explaining the difference between the dyslexic and the garden-variety poor reader : The phonological-core variable-difference model. Journal of Learning Disabilities, 21(10), 590-604.

Sternberg, R. J. & Lubart, T. I.(1991). An Investment theory of creativity and its development. Human Development 34, 1-31.

Sternberg, R. J. & Lubart, T. I.(1996). Creative giftedness : A multivariate investment approach, Gifted Child Quarterly 37(1), 7-15.

Stevenson, J. (1992). Evidence for a genetic etiology in hyperactivity in children. Behavior Genetics, 22, 337-343.

Stigler, J., & Hiebert, J.(1999). The teaching gap : Best ideas from the world's teachers for improving education in the classroom. New York : Free Press.

Strauss, A. and Lehtinen, L. (1947). Psychopathology and Education of the Brain-Injured Child. New York : grune and Stratton.

Swiatek, M. A. (2005). Gifted students' self-perceptions of ability in specific subject domains : Factor structure and relationship with above-level test scores. Roeper Review, 27, 104-109.

Tannenbaum, A. J. (1979). Pre-Sputnik to post-Watergate concern about the gifted. In A. H. Passow (Ed.), The gifted and the talented (pp. 5-27). Chicago : National Society for the Study of Education.

Tannock, R. (1998). Attention deficit hyperactivity disorder : advances in cognitive, neurobiological and genetic research. Journal of Child Psychologcal and Psychiatry, 39, 65-100.

Taylor, E. (1994b). Physical treatments. In M. Rutter, E. Taylor and L. Hersov (eds), Child and Adolescent Psychiatry : Modern Approaches (third edition, pp. 880-899). Oxford : Blackwell.

Taylor, H. G. (1988). Learning disabilities. In E. J. Mash & L. G. Terdal (Eds.), Behavioral assessment of childhood disorders (2nd ed, pp. 402-4500. New York : Guilford.

Taylor, H. G. (1989). Learning disabilities. In E. J. Mash & R. A. Barkley (Eds.), Treatment of childhood disorders (pp. 347-380). New York : Guilford.

Terman, L. M. and Oden, M. H. (1947). Genetic studies of genius : Vol. 4. The gifted child grows up. Stanford, CA : Stanford University Press.

Terman, L. M. and Oden, M. H. (1959). Genetic studies of genius : Vol. 5. The gifted group at midlife : Thirty-five years' follow-up of a superior group. Stanford, CA : Stanford University Press.

Thompson, M. (1990). Developmental Dyslexia (third edition). London : Hurr.

Tkach, J. R. (1986, March/April). What to do with a gifted kid this summer. G/C/T, 24-25.

Tomlinson, C. A. (1995), Deciding to differentiate instruction in middle school : One school's journey, Gifted Child Quarterly, 39, 77-87.

Tomlinson, C. A. (2005), Traveling the road to differentiation in staff development. Journal of Staff Development, 26(4), 8-12.

Topping, K. (1986). Parents as Educators : Training Parents to Teach their Children. London : Croom Helm.

Torrance, E. P. (1962), Guiding creative talent. Englewood Cliffs, N. J. : Prentice Hall.

Tsai, L. (1987). Pre-, peri-, and neonatal complications in autism. In E. Schopler and G. Mesibov (eds), Neurobiological Issues in Autism (pp. 179-189). New York : Plenum.

Tsuin-chen, O. (1961). Some facts and ideas about talent and genius in Chinese history. In G. Z. F. Bereday & J. A. Lauwerys (Eds.), Concepts of excellence in education : The year-book of education. New York : Harcourt, Brace & World.

Urban, K. K.(1996). 창의성 - 요소적 접근모델, 인간발달연구, 24(1), 5-27.

Van Acker, R. (1997). Rett's syndrome : A pervasive developmental disorder. In D. Cohen and F. Volkmar (eds.), Handbook of Aytism and Pervasive Eevelopmental Disorders (second edition, pp. 60-93). New York : Wiley.

Van Tassel-Baska, J. (1991a). Counseling. In R. E. Clasen (Ed.), Educating able learners (videotape series, No. 10). Madison, WI : University of Wisconsin-Extension.

Van Tassel-Baska. J. (1991b). Serving the disabled gifted through educational collaboration. Journal for the Education of the Gifted. 14(3), 246-266.

VanTassel-Baska, J. (1981, December). The great debates : For acceleration. Paper presented at the meeting of the CEC/TAG National Topical Conference on the Gifted and Talented Child, Orlando. FL.

VanTassel-Baska, J. (1995). The development of talent through curriculum. Roeper Review, 18, 98-102.

VanTassel-Baska, J. (2003b). Curriculum planning & instructional design. Denver, CO : Love.

VanTassel-Baska, J. (Ed.). (2003a). A guide to implementation of Project Athena. Williamsburg, VA : College of William and Mary, Center for Gifted Education.

VanTassel-Baska, J., Zuo, L., Avery, L. D., & Little, C. A. (2002). A curriculum study of gifted student learning in the language arts. Gifted Child Quarterly, 45, 30-44.

Veron, P. E. (1989). The nature-nurture problem in creativity, in A. Gliver, R. R. Ronning, C, R. Reynolds (ed.), Handbook of creativity, J. N. Y : Plenum Press.

Volkmar, F., Klin, A. and Cohen, D. (1997). Deagnosis and classification of 며샤느 and related conditions : Consensus and issues. In D. Cohen and F. Volkmar (eds), Handbook of Autism and Pervasive Developmental Disorders (second edition, pp. 5-40). New York : Wiley.

Volkmar, F., Klin, A., Marans, W. and Cohen and, D. (1997). Childhood disintegrative disorder. In D. Cohen and F. Volkmar (eds), Handbook of Autism and Pervasive Developmental Disorders (second edition, pp. 47-59). New York : Wiley.

Vygotsky, L. S. (1962). Thought and Language. Cambridge, MA : MIT Press.

Webb, J. T., Meckstroth, E. A., and Tolan, S. S. (1982). Guiding the gifted child. Dayton, OH:Ohio Psychology Press.

White, M. and Cameron, J. (1987). Portage Early Education Programme (anglicised Version). Windsor : NFER-Nelson.

Winne, P., Woodlands, M., and Wong, B. (1982). Comparability of self-concept among learning disabled, normal, and gifted students. Journal of Learning Disabilities, 15, 470-475.

Wolfe, B. (1992). Integrative psychotherapy of the anxiety disorders. In J. Norcross and M. Goldfried (eds), Handbook of Psychotherapy Integration(pp. 373-402). New York : Basic Books.

Wycoff, E. B. & Pryor, B.(2003), Cognitive Processing, Creativity, Apprehension, and the Houmorous Personality, North American Journal of Psychology 5, 31-44.

Yule, B. and Carr, J. (1987). Behaviour Modification for People with Mental Handicaps (second edition). New York : Croom Helm.

Zeider, M. Endler, N. S. (1987) eds. handbook of coping; theory, reserch, application, New York; John Wiley, 24-43.

Zeidner, M. and Endler, N. (1996). Handbook of Coping : Theory, Research, Applications. New York : Wiley.

저자 소개

✍ 최기창

· 건국대학교 경영학과(경영학 박사)

· 대구대학교 특수교육과(문학박사, 특수교육전공)

· 현, 상지영서대학 사회복지과 교수

✍ 유경훈

· 상명대학교 교육학과(교육학 박사)

· 전, 상지영서대학 사회복지과 겸임교수

서울대학교 사범대학 교육연구소 연구원

특수교육학개론

초판발행 2010년 3월 10일
3판발행 2014년 3월 5일

2014. 2.

저 자 최기창 · 유경훈
발행인 김현태
발행처 태영출판사

주 소 (152-705) 서울 구로구 구로동 104-10 동남오피스텔 201호
전 화 02 · 839-3757, 839-3752
팩 스 02 · 837-3754
등 록 2005년 5월 30일 제12-421호
http://www.taeyeongbook.co.kr
E-mail tys2005@hanmail.net
ISBN 978-89-6302-023-5 93370
정 가 17,000원

* 잘못 만들어진 책은 교환해 드립니다.

NAVER 태영출판사

불법복사는 지적재산권을 훔치는 범죄행위입니다.

저작권법 제97조의 5(권리의 침해죄)에 따라 위반자는 5년이하의 징역 또는 5천만원 이하의 벌금에 처하거나 이를 병과할 수 있습니다.